# REFORMA DOS RECURSOS
# EM PROCESSO CIVIL

## TRABALHOS PREPARATÓRIOS

MINISTÉRIO DA JUSTIÇA
DIRECÇÃO-GERAL DA POLÍTICA DE JUSTIÇA

# REFORMA DOS RECURSOS EM PROCESSO CIVIL

TRABALHOS PREPARATÓRIOS

**REFORMA DOS RECURSOS EM PROCESSO CIVIL**
TRABALHOS PREPARATÓRIOS

AUTOR
MINISTÉRIO DA JUSTIÇA
DIRECÇÃO-GERAL DA POLÍTICA DE JUSTIÇA

EDITOR
EDIÇÕES ALMEDINA, SA
Av. Fernão Magalhães, n.º 584, 5.º Andar
3000-174 Coimbra
Tel.: 239 851 904
Fax: 239 851 901
www.almedina.net
editora@almedina.net

PRÉ-IMPRESSÃO | IMPRESSÃO | ACABAMENTO
G.C. – GRÁFICA DE COIMBRA, LDA.
Palheira – Assafarge
3001-453 Coimbra
producao@graficadecoimbra.pt

Maio, 2008

DEPÓSITO LEGAL
275520/08

Os dados e as opiniões inseridos na presente publicação
são da exclusiva responsabilidade do(s) seu(s) autor(es).

Toda a reprodução desta obra, por fotocópia ou outro qualquer
processo, sem prévia autorização escrita do Editor, é ilícita
e passível de procedimento judicial contra o infractor.

---

*Biblioteca Nacional de Portugal - Catalogação na Publicação*

PORTUGAL. Direcção-Geral da Política de Justiça
Reforma dos recursos em processo civil : trabalhos preparatórios. - (Obras colectivas)
ISBN 978-972-40-3373-0

CDU  347
     061

# PLANO DA OBRA

## Reforma dos Recursos em Processo Civil
### Trabalhos Preparatórios

Nota Prévia (Directora-Geral da Política de Justiça)

**CONFERÊNCIAS**

Programa da conferência "Reforma do Sistema de Recursos em Processo Civil e Processo Penal" – Faculdade de Direito da Universidade Nova de Lisboa – 17 de Maio de 2005

*Comunicações escritas*
Miguel Galvão Teles
José Lebre de Freitas
Carlos Lopes do Rego
Manuel José Aguiar Pereira
Armindo Ribeiro Mendes

Programa da conferência "Reforma do Sistema de Recursos em Processo Civil e Processo Penal" – Escola de Direito da Universidade do Minho – 7 de Julho de 2005

*Comunicações escritas*
António da Costa Neves Ribeiro
José Vieira e Cunha

Programa da conferência "Reforma do Sistema de Recursos em Processo Civil e Processo Penal" – Faculdade de Direito da Universidade do Porto – 22 de Setembro de 2005

Programa da conferência "Reforma do Sistema de Recursos em Processo Civil e Processo Penal" – Faculdade de Direito da Universidade Lusíada de Lisboa – 22 de Novembro de 2005

*Comunicações escritas*
　J. O. Cardona Ferreira

**Programa da conferência "Reforma do Sistema de Recursos em Processo Civil e Processo Penal" – Faculdade de Direito da Universidade de Coimbra – 25 de Novembro de 2005**

*Comunicações escritas*
　António Santos Abrantes Geraldes
　Maria José Capelo/Miguel Mesquita/Lucinda Dias da Silva/Diogo Duarte Campos
　Carlos Ferrer

**Programa da conferência "Reforma do Sistema de Recursos em Processo Civil e Processo Penal" – Faculdade de Direito da Universidade de Lisboa – 15 de Dezembro de 2005**

*Comunicações escritas*
　J. O. Cardona Ferreira

**Programa da conferência "Reforma do Sistema de Recursos em Processo Civil" – Centro de Estudos Judiciários – 1 de Fevereiro de 2006**

*Comunicações escritas*
　Mariana França Gouveia
　António Santos Abrantes Geraldes

**ANTEPROJECTO DE REVISÃO DO REGIME DOS RECURSOS EM PROCESSO CIVIL**

*Pareceres*
　Conselho Superior de Magistratura
　Ordem dos Advogados
　Procuradoria-Geral da República

**PROJECTO QUE ACOMPANHOU A PROPOSTA DE LEI DE AUTORIZAÇÃO**

*Pareceres*
　Associação Sindical dos Juízes Portugueses
　Conselho Superior dos Tribunais Administrativos e Fiscais
　Ordem dos Advogados

*Acta da discussão parlamentar da Proposta de Lei de Autorização n.º 95/X/2*

**LEI DE AUTORIZAÇÃO LEGISLATIVA N.º 6/2007, DE 2 DE FEVEREIRO**

**PROJECTO DE DECRETO-LEI AUTORIZADO SUBMETIDO A AUDIÇÕES PÚBLICAS**

*Pareceres*
   Armindo Ribeiro Mendes
   Associação Sindical dos Juízes Portugueses
   Comissão Nacional de Protecção de Dados
   Conselho de Acompanhamento dos Julgados de Paz
   Conselho Superior da Magistratura
   Conselho Superior dos Tribunais Administrativos e Fiscais
   Ordem dos Advogados
   Procuradoria-Geral da República
   Sindicato dos Magistrados do Ministério Público

**OUTROS CONTRIBUTOS**
   Código de Processo Civil (Anteprojecto 1993)
   Relatório Preliminar do Grupo de Trabalho constituído pelo XVI Governo

**TABELA DE CORRESPONDÊNCIAS**

# NOTA PRÉVIA

No percurso que conduziu à reforma do regime dos recursos em processo civil, dois momentos há que deverão ser destacados por corresponderem às mais aconselhadas práticas de produção legislativa: o trabalho de avaliação legislativa prévia efectuado pelo Gabinete de Política Legislativa e Planeamento (GPLP), antecessor da Direcção-Geral da Política de Justiça (DGPJ), e o amplo período de debate público que se consagrou ao novo regime.

Na origem da reforma do sistema dos recursos cíveis esteve uma avaliação prévia, levada a cabo pelo então GPLP, a qual pretendeu dar a conhecer não só a prática da tramitação processual dos recursos cíveis e penais mas também o modo de funcionamento global dos tribunais superiores.

O referido projecto de avaliação legislativa foi traçado de modo a compreender as seguintes etapas: *i*) Visitas às instalações dos tribunais superiores e entrevistas a magistrados judiciais, magistrados do Ministério Público e a funcionários judiciais; *ii*) Entrevistas a advogados; *iii*) Entrevistas a juristas especializados em matéria de recursos; *iv*) Recolha de informação junto dos tribunais e de outras entidades (através da resposta a um questionário) tendo em vista a construção de indicadores de desempenho; *v*) Elaboração e apresentação de um *Relatório de Avaliação do Sistema dos Recursos*; *vi*) Discussão pública; *vii*) Preparação de medidas legislativas correspondentes e sua divulgação e análise no âmbito de discussão pública; *viii*) Redacção das alterações legislativas pertinentes para apresentação ao Governo.

Destas várias etapas, destaca-se a fase *v*), a qual correspondeu à elaboração do *Relatório de Avaliação do Sistema dos Recursos*, posteriormente incorporado na obra *O Sistema de Recursos em Processo Civil e em Processo Penal* (publicado, em 2006, na Coimbra Editora). Este relatório procurou ser um diagnóstico baseado em dados objectivos, analisados de acordo com metodologias próprias das ciências sociais e não apenas uma mera análise jurídica dos regimes legais.

Outra etapa importante do percurso que culminou com aprovação do novo regime dos recursos cíveis, foi o longo período de debate público, onde a todos, docentes universitários, estudantes e profissionais forenses, se procurou dar uma oportunidade para apresentarem sugestões que pudessem contribuir para a melhor revisão possível do regime dos recursos em processo civil.

Assim, a discussão pública, correspondente à fase *vi*) do mencionado projecto de avaliação legislativa, materializou-se, nomeadamente, na realização de conferências públicas em diversas faculdades de direito por todo o País, de acordo com a seguinte calendarização: Faculdade de Direito da Universidade Nova de Lisboa, 17 de Maio de 2005 (ocasião em que o *Relatório de Avaliação do Sistema dos Recursos* foi, pela primeira vez, apresentado); Escola de Direito da Universidade do Minho, a 7 de Julho; Faculdade de Direito da Universidade do Porto, a 22 de Setembro; Faculdade de Direito da Universidade Lusíada de Lisboa, a 22 de Novembro; Faculdade de Direito da Universidade de Coimbra, a 25 de Novembro; Faculdade de Direito da Universidade de Lisboa, a 15 de Dezembro e, ainda, Centro de Estudos Judiciários (CEJ), a 1 de Fevereiro de 2006.

Entregue a matéria atinente aos recursos em processo penal à Unidade de Missão para Reforma Penal (UMRP)[1], a fase *vii*) compreendeu, essencialmente, a apresentação de um *Anteprojecto de Revisão do Regime dos Recursos em Processo Civil (1.º Documento de Trabalho)*, no âmbito das audições públicas, mais concretamente, na conferência realizada na Faculdade de Direito da Universidade de Coimbra. Da sua discussão resultou a utilidade de prosseguir um objectivo mais ambicioso, expresso no abandono do velho dualismo recursório e no consequente abolição do recurso de agravo, assim se chegando à última fase (*viii*).

Realizando esse desiderato, a proposta do Governo à Assembleia da República, corporizada na Proposta de Lei de Autorização n.º 95/X/2,

---

[1] Por esse motivo, e visto se atender aqui apenas à reforma dos recursos cíveis, a presente publicação cinge-se aos textos referentes aos trabalhos preparatórios conducentes à alteração do Código de Processo Civil. Por outro lado, e na sequência das conferências a que acima se aludiu, incluem-se também, mas tão só, as *comunicações escritas* oportunamente facultadas à DGPJ.

daria lugar à Lei n.º 6/2007, de 2 de Fevereiro, autorizando o Governo a alterar o regime dos recursos em processo civil e o regime de resolução de conflitos.

Na sequência de novo amadurecimento, o projecto viria a ser apresentado a audições públicas, recolhendo deste modo variadíssimas contribuições de entidades individuais e colectivas, que aqui não se nomeiam apenas pelo facto de, outro modo, se poder pecar por omissão.

Por considerarmos estar perante um acervo de informação de interesse público e de grande utilidade para o intérprete, nesta obra pretendemos tornar acessíveis a todos os textos proferidos nas diversas conferências realizadas, bem como os comentários efectuados pelas diversas entidades que se pronunciaram sobre o anteprojecto apresentado, a Proposta de Lei de Autorização n.º 95/X/2 e, ainda, o texto final submetido a audições públicas. Por também terem tido o seu lugar e alguma influência no pensamento dos envolvidos na preparação dos anteprojectos legislativos, é de elementar justiça a publicação de um extracto do *Anteprojecto de Código de Processo Civil*, coordenado pelo Professor Antunes Varela, na parte referente aos recursos, e do *Relatório Preliminar do Grupo de Trabalho*, presidido pelo Dr. Miguel Galvão Teles.

A todos agradecemos a autorização para a publicação dos textos incluídos nesta obra, bem como a prestimosa e séria colaboração nos trabalhos que levaram à reforma dos recursos em processo civil.

Um agradecimento especial é devido ao Dr. José Brito, consultor da DGPJ, sem cujo empenhamento, zelo e elevado sentido de serviço público a presente edição não viria a acontecer.

A publicação do novo regime dos recursos em processo civil pelo Decreto-Lei n.º 303/2007, 24 de Agosto de 2007, fechou um ciclo dando, agora, início a um outro. Entre os projectos da DGPJ para os tempos mais imediatos, inclui-se a realização de diversas sessões de divulgação e de esclarecimento relativas ao novo regime dos recursos, alargadas a magistrados, advogados e os restantes operadores judiciários, esperando-se um largo acolhimento. Que o novo ciclo possa pois dar lugar a uma discussão igualmente frutuosa é o desejo que anima esta Direcção-Geral.

Lisboa, 13 de Novembro de 2007

Rita Brito
*Directora-Geral da Política de Justiça*

# CONFERÊNCIAS

## PROGRAMA DA CONFERÊNCIA
## "REFORMA DO SISTEMA DE RECURSOS EM PROCESSO CIVIL E PROCESSO PENAL"
## FACULDADE DE DIREITO DA UNIVERSIDADE NOVA DE LISBOA

### 17 DE MAIO DE 2005

#### SESSÃO DE ABERTURA
*Dr. Alberto Costa*
S. Ex.ª O Ministro da Justiça
*Prof. Doutor José Lebre de Freitas*
Presidente, Jurisnova
*Prof.ª Doutora Assunção Cristas*
Directora, Gabinete de Política Legislativa e Planeamento

**Avaliação do Sistema de Recursos em Processo Civil e Processo Penal**
**Apresentação de Relatório**
*Mestre Hugo Seabra, Dr.ª Helena Marques*
*Dr. Alexandre Fraga Pires, Dr. Pedro de Almeida Cabral,*
*Dr.ª Susana Larisma*
Consultores, Gabinete de Política Legislativa e Planeamento

**Algumas linhas para uma Reforma do Sistema de Recursos**
*Mestre Miguel Galvão Teles*
Advogado
*Prof. Doutor José Lebre de Freitas*
Faculdade de Direito da Universidade Nova de Lisboa

DEBATE
Moderação: *Prof.ª Doutora Assunção Cristas*

### O Direito de Recurso em Processo Civil
Dr. *Carlos Lopes do Rego*
Procurador-Geral Adjunto, Tribunal Constitucional
Dr. *Aguiar Pereira*
Juiz Desembargador, Tribunal da Relação de Lisboa
Mestre *Armindo Ribeiro Mendes*
Advogado, Professor Convidado
Faculdade de Direito da Universidade Nova de Lisboa

### DEBATE
Moderação: Mestre *Elísio Borges Maia*
Director Adjunto, Gabinete de Política Legislativa e Planeamento

### O Direito de Recurso em Processo Penal
Mestre *Rui Patrício*
Advogado, Faculdade de Direito da Universidade de Lisboa
Prof. *Doutor Germano Marques da Silva*
Faculdade de Direito da Universidade Católica Portuguesa

### DEBATE
Moderação: Dr. *Rui Simões*
Director Adjunto, Gabinete de Política Legislativa e Planeamento

### SESSÃO DE ENCERRAMENTO
S. Ex.ª O Secretário de Estado da Justiça
Mestre *João Tiago da Silveira*

## COMUNICAÇÕES ESCRITAS

### PALAVRAS DE BOAS VINDAS

Prof. Doutor José Lebre de Freitas
*Faculdade de Direito da Universidade Nova de Lisboa*

### ALGUMAS LINHAS PARA UMA REFORMA DO SISTEMA DE RECURSOS

Mestre Miguel Galvão Teles
*Advogado*

### INTERVENÇÃO

Prof. Doutor José Lebre de Freitas
*Faculdade de Direito da Universidade Nova de Lisboa*

### O DIREITO AO RECURSO EM PROCESSO CIVIL

Procurador-Geral Adjunto Carlos Lopes do Rego
*Tribunal Constitucional*

### O DIREITO AO RECURSO EM PROCESSO CIVIL (BREVE REFLEXÃO EM TORNO DA POSSÍVEL ALTERAÇÃO DO REGIME)

Desembargador Manuel José Aguiar Pereira
*Tribunal da Relação de Lisboa*

### NOTAS PARA A INTERVENÇÃO NO COLÓQUIO DE APRECIAÇÃO DO RELATÓRIO DO GPLP SOBRE "AVALIAÇÃO DO SISTEMA DE RECURSO EM PROCESSO CIVIL E EM PROCESSO PENAL"

Mestre Armindo Ribeiro Mendes
*Advogado*

# PALAVRAS DE BOAS VINDAS

José Lebre de Freitas

Sr. Ministro da Justiça, Sr. Procurador Geral da República, Srs. Magistrados e advogados aqui presentes, Sra. Directora do Gabinete de Política Legislativa e Planeamento, minhas senhoras e meus senhores:

Cabe-me, em nome da Jurisnova, associação da Faculdade de Direito da Universidade Nova de Lisboa, a quem o Ministério da Justiça concedeu a honra de colaborar na realização do presente colóquio, dar as boas vindas, primeiro ao Sr. Ministro da Justiça, que o inaugura, e depois aos participantes. Seguem-se duas palavras de perspectiva sobre a importância do debate que se vai seguir.

Em causa está uma possível reforma do direito dos recursos no processo civil e no processo penal.

No campo do processo civil, tivemos importantes alterações no quadro da revisão de 1995-1996, aditadas pelos novos limites à recorribilidade introduzidos pelo DL 375-A/99, de 20 de Setembro, pela dispensa, pelo DL 183/2000, de 10 de Agosto, da transcrição das passagens da gravação cujo sentido fosse posto em causa no recurso da matéria de facto e, por fim, pela introdução da regra do efeito meramente devolutivo no recurso de apelação, devida ao DL 38/2003, de 8 de Março. No campo do processo penal, o muito mais recente CP de 1987 (mais recente quando comparado com o CPC de 1961, senão com o de 1939) sofreu, em matéria de recursos, algumas alterações, operadas pela Lei 59/98, de 25 de Agosto, que redistribuiu a competência das instâncias de recurso, acentuando a vocação da Relação para a reapreciação do julgamento de facto e a do Supremo para o conhecimento da matéria de direito, e sofreu ainda, no que à estrutura da decisão se refere, alguma simplificação com o DL 320-C/2000, de 15 de Dezembro.

Estas alterações, embora as do processo civil não tivessem ousado questionar o sistema dos recursos, foram relativamente recentes e o cansaço dos operadores judiciários perante sucessivas alterações legislativas aconselharão a que, ao menos no curto prazo, novas alterações de lei só tenham lugar quando, à margem de meras considerações de perfeccionismo técnico, a experiência haja revelado que são imprescindíveis ao melhor funcionamento dos tribunais.

Será então que, no campo dos recursos, haverá que modificar a lei, em altura em que as Relações e o Supremo são rápidos a decidir (ainda que aos 4 meses médios de duração do processo no tribunal de recurso haja que acrescentar o período que decorre entre a interposição do recurso e o recebimento do processo nesse tribunal)?

Novas alterações processuais – não é de processo, mas de organização judiciária, a subida das alçadas – só podem encontrar justificação numa finalidade preventiva (trata-se de actuar antes que a situação de desafogo dos juízes da Relação e do Supremo se inverta) ou na consideração de que uma nova concepção do papel do Supremo Tribunal de Justiça (um Supremo com menos casos e sobretudo com casos exemplares, que possam constituir precedente respeitado pelos outros tribunais) induzirá maior êxito, já não no plano quantitativo da decisão rápida, mas no plano qualitativo da decisão justa. Este último vai ser, creio, o ponto fulcral da discussão que se vai seguir.

Uma ideia de limitação drástica do direito ao recurso para o STJ tem de ser confrontada com a realidade estatística dos provimentos dos recursos para ele interpostos e esta mostra que, nos últimos 15 anos, a taxa anual de provimento nele obtida foi elevada (entre 18% e 38% do total dos recursos findos, tendo quase estabilizado em torno de 25% desde 1997 e aumentando para valores entre 31% e 43% quando se considerem apenas os recursos que atingiram o julgamento no STJ) e foi, pelo menos, de 20% em matéria cível. Haverá ainda, ao considerar essa ideia, que ter em conta, por um lado, que o recente aumento das custas, a recente maior dificuldade na obtenção do apoio judiciário e a também recente introdução da regra do efeito devolutivo do recurso de apelação não deixarão de servir de crivo a alguns recursos dilatórios e, por outro lado, que a falta de publicação de todos os acórdãos do STJ dificulta a definição do interesse público a ter em conta no eventual juízo sobre a importância extraprocessual da causa de que se pretende recorrer. Será então aconselhável manter, por enquanto, as traves mestras do nosso sistema de recursos e deixar para os países do norte da Europa os critérios, diversos do da alçada, que limitam o acesso das partes aos tribunais superiores, sem prejuízo de desde já se melhorar o sistema de acesso ao corpo de magistrados dos tribunais superiores, criando primeiro as condições sem as quais uma futura limitação do direito ao recurso para o STJ talvez não tenha grande justificação?

O Sr. Ministro já aqui o disse: a opção do Ministério é outra. A tendência nacional para o abuso do direito ao recurso – o Estado, através do Ministério Público, é o primeiro a dar o exemplo! – deve, a exemplo do que outros países europeus têm feito, ser travada, com determinação, desde que também com equilíbrio. O óptimo estudo realizado pelo GPLP é equilibrado e prudente. Nele, os dados empíricos e os principais problemas são apresentados numa perspectiva arguta, que não pode senão facilitar a discussão que, a partir deles, este colóquio se propõe realizar e, sobretudo, as opções que o Ministério da Justiça irá seguidamente fazer. Discutir com tal ponto de partida é verdadeiro prazer.

# ALGUMAS LINHAS PARA UMA REFORMA DO SISTEMA DE RECURSOS*

MIGUEL GALVÃO TELES

**Introdução**

1. A Comissão ou o Grupo de Trabalho para a reforma da Justiça e o que fez.
2. A necessidade de um pacto para a Justiça (pacto entre partidos, com audiência das profissões jurídicas) – não só para assegurar estabilidade, como para evitar aproveitamento partidário de interesses feridos (incluindo dos advogados).
3. O excelente trabalho do GPLP.
4. Recursos em processo civil e em processo penal – restrição ao processo civil, sem prejuízo da possibilidade de transposição de soluções para o processo penal.

---

\* O texto que ora se publica reproduz, *ne varietur*, as notas que ao tempo foram preparadas para apoiar a exposição oral, não apresentando, pois, a configuração de discurso corrido. O Grupo de Trabalho nele mencionado consistiu na Comissão (informal) para a Reforma da Justiça, a que tive a honra de presidir, criada pelo Ministro José Pedro Aguiar Branco e cujo funcionamento foi acompanhado muito de perto pelo então Secretário de Estado da Justiça, Dr. Paulo Rangel. Compunham o Grupo, além de mim, o Conselheiro José António de Mesquita, então acabado de se jubilar como Vice-Presidente do Supremo Tribunal de Justiça, o Procurador-Geral Adjunto Carlos Lopes do Rego, o Desembargador José Aguiar Pereira e o Dr. Joaquim Taveira da Fonseca, advogado. O Grupo teve muito pouco tempo para trabalhar (entre Novembro de 2004 e Fevereiro de 2005), mas deixou, no Ministério, alguma obra, em parte utilizada na recente reforma do regime de recursos. As menções feitas, entre parêntesis, no texto referem-se ao excelente relatório do GPLP, de Maio de 2005.

**5.** Alguns aspectos estatísticos.
- Para mais de 400000 processos cíveis entrados anualmente em 1.ª instância em 1998, 1999, 2000 (p. 42, gr. 11) (suponho que não se incluem nem injunções, nem acções executivas), temos perto de 3000 recursos entrados no STJ em 2004 (p. 38, gr. 7), o que significa uma taxa inferior a 1%. Para qualquer coisa como cerca de 13000 recursos cíveis findos nas Relações em 2003 (p. 35, gr. 3), os recursos entrados no STJ em 2004 representam menos de 25%. A filtragem não se faz só pela alçada, porque a percentagem de recursos findos nas relações com valor superior à alçada anda perto dos 45% (p. 60, quadro 12).
- Taxa brutal de provimento, total ou parcial, nas Relações, próxima dos 40%, descontando os processos findos antes de julgamento (p. 61).
- Taxa elevada de provimentos no STJ – perto de 30%, descontando os recursos findos antes de julgamento (p. 63).

**6.** Necessidade de preparar recolha de informação para que a estatística forneça outros elementos. P. ex.:
- Qual é a percentagem, em 1.ª instância, de processos não contestados?
- Qual é a percentagem de recursos para a Relação que impugnam a decisão em matéria de facto? E qual é a taxa de provimento em matéria de facto?
- Qual é a quantidade de repetições de julgamentos?
- Qual é a percentagem, nas Relações e no Supremo, de decisões sumárias (art. 705.º CPC)? E de utilização da faculdade prevista no art. 713.º, n.º 5 (decisão por remissão)?
- Qual é a percentagem de "duplas conformes"? Qual é a percentagem de "duplas conformes" alteradas pelo STJ? E qual é a percentagem de provimentos no STJ que confirmam a decisão de 1.ª instância?

# A Missão do Supremo Tribunal de Justiça e os Recursos em Processo Civil

## A) *Aspectos Gerais*

**1.** A reforma do processo: a equação entre eficiência e qualidade. O Relatório do GPLP mostra que não temos, no sistema de recursos, problemas graves de eficiência. Mas temos problemas de qualidade, resultantes da falta de tempo para preparar as decisões.

**2.** Dois tipos de Supremos Tribunais: *limitados* no acesso e *restritos* na composição, *abertos* no acesso e *amplos* na composição. O primeiro tipo anglo-saxónico, de origem inglesa, o segundo tipo continental, de origem francesa.

**3.** Como a história explica os dois tipos de supremos tribunais e como explica ainda que os primeiros tenham vindo associados a ausência de carreira de magistratura judicial e os segundos a uma carreira de magistratura judicial.

**4.** Como a circunstância de o primeiro tipo de tribunais se ter estabelecido em sistemas jurídicos que acolhem a regra do precedente e o segundo em sistemas jurídicos de império da lei reforçou a propensão para manter as características de uns e de outros.

## B) *A tendência, no continente, para a restrição do acesso aos supremos tribunais*

**1.** O aumento de litigiosidade conduziu à multiplicação de tribunais de 1.ª instância e de recurso (2.ª instância). Mas, para se manter a unidade, pelo menos formal, do Supremo, num sistema de acesso aberto, teve de se ir alargando a sua composição. E, mesmo com composição muito alargada, sob pena de termos supremos tribunais com mais de mil juízes, os processos têm de ser decididos com estudo sumário.

**2.** *O caso português*

O caso português não é dos mais graves, porque Portugal tem 10 milhões de habitantes. Em 2003 e 2004 terão entrado, por ano, cerca de 4000 recursos, cíveis, sociais e penais (p. 38. gr. 6). Com 53 juízes operativos (excluindo o Presidente do Tribunal e os Presidentes das Secções), a média (isolando um ano) é de cerca de 75 recursos para relatar por ano, com pelo menos mais 150 para intervir. Isso significa quase dois processos para relatar e pelo menos outros quatro para intervir por semana. Será suportável. Mas ninguém poderá dizer que há tempo para estudar com cuidado os processos (sobretudo aqueles de que não se é relator). Argumentar-se-á que muitos dos processos não precisam de mais estudo. Responderei que então não deviam chegar ao Supremo.

**3.** *O caso francês*

Comparemos com a *Cour de Cassation*, de que obtive elementos estatísticos na Internet.

Na *Cour* entraram, em 2004, 29788 recursos, dos quais cerca de 22000 cíveis, incluindo comerciais e sociais (21965). A relação populacional entre Portugal e a França é de cerca de 1 para 6, o que mostra que a taxa de acesso à *Cour de Cassation* é superior à do STJ. De qualquer modo, e como o número de recursos entrados é de mais de 7 vezes superior, a *Cour de Cassation* deveria ter mais de 400 juízes. É evidente que não tem: um tribunal de 400 juízes é já impensável. Tem perto de 200 juízes, incluindo referendários. Como é que se decidem 30000 processos? Ou os 23500 processos cíveis findos em 2004?

Há dois factores importantíssimos: cerca de 25% de recursos não chegam a julgamento e há mais de 26% de rejeições liminares. 11000 processos para cerca de 160 juízes cíveis já é melhor. Mas, mesmo assim, é significativamente mais do que em Portugal. Como são "despachados"? Provavelmente "a despachar" e seguramente com um larguíssimo papel dos assessores. O risco evidente é o de que para estes se desloque efectivamente o poder de decisão.

**4.** *Comparação com o Reino Unido e os Estados Unidos*
– A Câmara dos Lordes, com presentemente 12 *Law Lords of Appeal in Ordinary* julgou, em 2003, 65 recursos;
– O Supremo Tribunal Federal dos Estados Unidos da América, com 9 juízes, julgou, em 2003, 89 recursos por meio de 73 decisões.

**5.** *A recomendação do Conselho da Europa de 1995*

Terá sido isto que levou o Conselho da Europa a, na Recomendação R (95) 5, de 7 de Fevereiro, recomendar, conforme vem referido no estudo do GPLP (p. 164), que se restringisse o acesso aos Supremos Tribunais pela relevância das questões de direito ou pela necessidade de uniformizar a jurisprudência.

**6.** *O § 543 da ZPO*

A Alemanha já adoptou o sistema, na reforma da ZPO de 2001 (§ 543), entrada em vigor em 1 de Janeiro de 2002: o tribunal *a quo* declara se cabe recurso, com possibilidade, no caso negativo, de reclamação (*Beschwerde*) para o Supremo. O critério é o da importância da questão para o desenvolvimento do Direito ou da necessidade de uniformização da jurisprudência.

**7.** A adopção do sistema igualmente pelo art. 150.º, n.º 1, do CPTA (note-se, porém, que aqui se tratou de acrescentar um recurso.)

### C) *A reforma do regime de recursos para o STJ proposta pelo "grupo de trabalho"*

**1.** A opção: avançar imediatamente e *de pleno* para o cumprimento da recomendação do CE e para um sistema de tipo alemão, ou procurar, pelo menos a título transitório, uma solução menos abrupta. Escolha da segunda via, até para permitir fazer o balanço das experiências alemã e do STA.

**2.** O único critério, que não fosse de valor, capaz de permitir definir os casos em que seria sempre possível recorrer para o STJ era o da "dupla conforme", utilizado negativamente: há recurso sempre que não haja dupla conforme (exigindo-se, para esta, a ausência de voto de vencido). Se houver dupla conforme, o recurso só é admitido segundo os critérios do n.º 1 do art. 150.º do CPTA. Foi-se buscar a ideia da "dupla conforme" à reforma de 1995, que a utilizara para o agravo, no n.º 2 do art. 754.º. Na reforma de 1996 o efeito da dupla conforme ficou limitado às decisões interlocutórias.

**3.** Verificou-se alguma relutância, no Grupo de Trabalho, a que, havendo dupla conforme, o recurso só se tornasse possível na base dos referidos critérios. E surgiu, como compromisso, a ideia de uma super-alçada de 250000 euros: desde que o valor da acção ou da sucumbência excedesse essa superalçada, ou se tratasse de acções referentes a interesses imateriais, também haveria sempre recurso.

**4.** Uma das críticas feitas no Relatório do GPLP à proposta do Grupo de Trabalho refere-se ao facto de não se exigir, para que a "dupla conforme" se verifique, identidade de fundamento.

Razões:
Primeiro: era a solução de 1995, para o agravo.
Segundo: a dificuldade de saber quando é que estaríamos ou não perante o mesmo fundamento torna inconveniente, em nome da certeza jurídica, uma definição de "dupla conforme" em que se requeira a identidade do fundamento.
Para se introduzir o requisito da identidade de fundamento teria de falar-se de unidade total ou parcial. Mesmo assim, poderiam suscitar-se muitas dúvidas.

[Hipóteses:
– A sentença de 1.ª instância invoca um fundamento principal e um subsidiário. A Relação acolhe apenas um dos dois.
– A sentença de 1.ª instância utiliza vários fundamentos no mesmo plano, dizendo que cada um é suficiente de per si. A Relação acolhe apenas um ou alguns.
– A sentença de 1.ª instância invoca vários fundamentos, dizendo que só valem em conjunto. A Relação acolhe os mesmos ou acolhe alguns apenas, mas dizendo que valem por si.
– O mesmo fundamento, com variação].

**5.** Dúvidas sobre se não se deve avançar imediatamente para um sistema de tipo alemão, perante a taxa de provimento de recursos nas Relações.

Tentar fazer amostragem quanto a percentagem de recursos para o Supremo com "dupla conforme" e quanto a taxa de provimento desses recursos.

**6.** "Interesse social", "interesse público" ou "interesse social geral"? (Risco de, a transpor-se, pura e simplesmente, a fórmula do art. 150.º, n.º 1, do CPTA, se entender que há sempre interesse social nos processos de trabalho).

### D) *Implicações no recrutamento dos juízes do supremo e das Relações e no processo dos recursos para o STJ*

**1.** A necessidade de assegurar o efectivo acesso ao STJ de pessoas de fora da carreira, sobretudo quando a intervenção se tender a reduzir a grandes questões de direito. A comparação com o Tribunal Constitucional.

**2.** Concursos de acesso ao STJ de base documental, mas com júri, integrando pessoas "de fora", e discussão.

**3.** Para quem não seja magistrado judicial ou do MP: possibilidade de convite (com intervenção de júri).

**4.** Não deslocação das vagas e, porventura, não preenchimento de outras vagas sem que, pelo menos, parte das vagas destinadas a quem não tenha a qualidade de magistrado sejam preenchidas.

**5.** Para as Relações: necessidade de se atribuir maior peso a critérios de mérito, embora com limite de antiguidade mínima.

**6.** Inspecções: reavaliação global do sistema e necessidade absoluta de intervir fortemente o critério da *qualidade* (não do conteúdo) das decisões.

**7.** Oralidade – conveniência de, quando a disponibilidade de tempo do Supremo o permitir, cumular alegações escritas com debate oral (porventura a requerimento de uma das partes ou por decisão do Tribunal), destinado principalmente a perguntas do tribunal e resposta às mesmas.

# INTERVENÇÃO

José Lebre de Freitas

**1.** Nos anos 70 e 80 usava eu, como advogado, dizer aos clientes que me perguntavam quanto tempo demoraria a decidir um recurso em tribunal judicial (Relação ou Supremo) que era de contar com o mínimo de 6 meses, embora fosse de 1 ano o tempo médio de duração duma instância de recurso, e que esta poderia ainda, sem anormalidade (estatística, entenda-se), prolongar-se até 18 meses e mesmo, agora já com algum azar, até 2 anos.

Esta situação está, como o relatório do GPLP revela, profundamente alterada: a duração média dum recurso foi em 2003, quer na 2.ª instância, quer no Supremo, de 4 meses e, nos 4 anos anteriores, de 4 meses no Supremo e de 5 a 6 meses[1] na Relação. Vê-se igualmente, no gráfico a ps. 79, que a duração média de duração dum recurso no STJ tinha sido de 9 a 10 meses entre 1990 e 1995 e já de 8 meses em 1996, de 6 meses em 1997 e de 5 meses em 1998, enquanto na Relação foi decrescendo, progressivamente[2], desde 12 meses em 1990 até 7 meses em 1998.

É certo que estes números têm de ser lidos com algum cuidado. É que, até à revisão de 1995-1996, as alegações das partes nos recursos de apelação e de revista tinham lugar normalmente no tribunal *ad quem* e o tempo de duração do recurso, contado desde a entrada do processo neste tribunal, englobava os prazos para as partes as produzirem; hoje,

---

[1] Mais precisamente: de 6 meses em 1999 e de 5 meses nos 3 anos seguintes.
[2] 11 meses de 1991 a 1993, 9 a 10 meses entre 1994 e 1997 (mais precisamente, 10 meses em 1994 e 1996 e 9 meses em 1995 e 1997) e 7 meses em 1998.

alega-se sempre na 1.ª instância e, portanto, estes prazos estão fora do cômputo. Por outro lado, por muito injustificado que isso seja, a remessa do processo para o tribunal superior tarda, não poucas vezes, de modo muito significativo[3]. O certo é que não se sabe qual o tempo médio consumido, em primeira instância, desde a apresentação do requerimento de recurso até à subida do processo, período durante o qual podem, inclusivamente, levantar-se questões atinentes aos efeitos do recurso[4] e tem lugar, no agravo, o despacho de reparação ou sustentação.

Acrescentemos, pois, em previsão optimista, aos 4 meses dos quadros estatísticos apresentados, mais 3 meses[5], relativos ao período relativo ao despacho de recebimento e às alegações; partindo ainda do princípio de que o Ministério da Justiça conseguirá disciplinar os funcionários judiciais de modo a respeitarem os prazos legais de conclusão e de envio do processo ao tribunal superior, o tempo médio de duração do recurso logo passará para 7 meses. Concordemos, mesmo assim, que, se maior não for, este prazo ainda é razoável.

**2.** A discussão acerca duma reforma da lei processual que, de alguma forma, restrinja o direito ao recurso, sem prejuízo da actuali-

---

[3] Antes do Código das Custas de 1996, a desculpa era a contagem do processo. Desde que ela passou apenas a ser feita no final, esta, já outrora má, justificação deixou de o ser.

[4] Fixa-os normalmente, a título provisório, o juiz no despacho de admissão (art. 687-4 CPC); mas este é precedido da audição do recorrido quando, no agravo, o recorrente peça a atribuição de efeito suspensivo (art. 740-3 CPC), a qual, hoje, pode ainda dar lugar à prestação de caução (art. 740-4 CPC); semelhantemente se passam hoje as coisas no recurso de apelação, em que, aliás, a caução condiciona sempre a atribuição do efeito requerido (art. 692-3 CPC), ao passo que, até ao DL 38/2003, sendo a regra a do efeito suspensivo da apelação, era a parte vencedora que podia requerer o seu afastamento, também mediante prestação de caução (anterior art. 692-2-d CPC).

[5] Sendo o prazo para alegações de 30 dias na apelação e na revista e de 15 dias no agravo (com mais 10 dias quando é impugnada a decisão de facto e podendo ainda haver contra-alegações do primeiro recorrente) e tendo lugar no segundo o despacho de sustentação ou reparação, um período médio de 60 dias para alegações (já contando com a notificação imediata das alegações entre advogados) não peca seguramente por excesso (cf. arts. 698, 724-1 e 743 do CPC). Acrescentem-se 30 dias para o despacho de admissão e questões a esta relativas e encontramos facilmente os 3 meses. Claro que, a haver frequentes acordos das partes para a prorrogação dos prazos (art. 147-2 CPC), esta previsão optimista fica logo necessariamente ultrapassada.

zação das alçadas, poderia ficar por aqui, pois pequenas melhorias não justificariam a alteração dum sistema que proporcionou normalmente, ao longo de cada um dos últimos 15 anos, a alteração efectiva média, total ou parcial, de mais de 35% das decisões recorridas e de mais de 40% das decisões recorridas efectivamente reapreciadas pelo tribunal da Relação[6], bem como entre 15% (1990) e 24% (2000) das decisões recorridas e entre 18,3% (1994) e 26,6% (2003) das decisões recorridas efectivamente reapreciadas pelo STJ[7].

Lê-se, no entanto, no relatório apresentado, que, malgrado o aumento gradual e sustentado da eficiência dos tribunais superiores, o crescimento contínuo do número de recursos, embora aparente tendência para estabilizar[8], pode aconselhar a tomada de medidas de reforma legislativa tendentes a prevenir situações futuras de congestionamento, nomeadamente no STJ (ver, nomeadamente, a conclusão 34). Sem menosprezar o argumento, não me parece que uma reforma actual do sistema de recursos deva ser encarada com receio de que, a curto ou médio prazo, as dimensões actuais dos tribunais superiores (sobretudo, do STJ) não permitam satisfazer necessidades futuras, tanto mais quanto não é de excluir *in limine* a possibilidade dum redimensionamento futuro à medida dessas novas necessidades.

Diversa consideração merece, porém, em meu entender, um outro tipo de constatação: a de que, desde há 2 ou 3 décadas, se tem vindo a verificar uma perda generalizada de qualidade na maior parte das decisões judiciais.

---

[6] P. 65 do relatório. Só em 1998 (34%) e em 1999 (31%) se ficou aquém dessa percentagem, que atingiu, em 1993, 41% e, em 1994 e 1996, 39% dos recursos findos (com ou sem julgamento).

[7] P. 68 do relatório do GPLP. Em 2004, essas percentagens foram, respectivamente, de 20% e 22,7%.

[8] Nos últimos 15 anos, o aumento de recursos entrados foi, no processo cível, de cerca de 80% nas Relações e no Supremo (p. 35, 38 e 42 do relatório), contra 150% de entradas mais na 1.ª instância (p. 41). Desde 1995 nas Relações (em que houve até decréscimo entre 2002 e 2004) e desde 1998 no STJ, o ritmo de crescimento é menor. A maior dificuldade na obtenção do apoio judiciário, o aumento da tabela das custas e a atribuição de efeito meramente devolutivo ao recurso de apelação podem ter contribuído para a diminuição, nos últimos tempos, do número de recursos meramente dilatórios; é cedo para o dizer, mas o facto de 2004 ter sido, depois de 1993, 1994 e 1996 (cf. nota 6), o ano com maior percentagem de provimentos na Relação pode significar alguma coisa.

Esta perda de qualidade revela-se em todos os planos, desde a 1.ª instância, onde tem papel de relevo alguma imaturidade dos novos juízes, ao Supremo, em que talvez alguma pressão da carga de trabalho[9], aliada à banalização do recurso em casos sem dignidade jurídica, a possa em parte explicar. Repare-se que falo de perda de qualidade média, pois felizmente há óptimos magistrados que, sejam quais forem as circunstâncias em que trabalham, conseguem, em regra, produzir decisões correctas e sensatas. Vale então a pena fazer um exercício de prognose: será que o afunilar das condições do recurso de revista e do agravo em 2.ª instância, de modo que tendencialmente apenas cheguem ao Supremo os casos de mais difícil ou relevante solução, a exemplo do que se encontra hoje estabelecido para o STA, contribuirá previsivelmente para a produção, pelo Supremo, de decisões de melhor qualidade[10] e, por via disso, induzirá os magistrados da Relação e, por fim, os da 1.ª instância a procurar no exemplo do precedente criado pelo STJ orientações que os levem, também eles, a melhorar a qualidade das decisões que proferem?

**3.** Não é duvidoso que um menor número de recursos para decidir proporciona condições para o estudo mais profundo das questões a resol-

---

[9] A estarem certos os dados do relatório do GPLP, esta pressão não deve, em termos actuais, ser sobrevalorizada. No quadro a ps. 88 do relatório, vê-se que ela tem diminuído: era, por conselheiro, de 97 em 1990 e chegou a 113 em 1994 o número resultante da soma dos processos entrados com os pendentes transitados do ano anterior, tendo sido em 2003 de 85 (chegou a ser de 72 em 2000 e de 78 em 2001); era, por desembargador, de 140 em 1990 e chegou a 146 em 1993 o número dos mesmos processos distribuídos e acumulados, tendo sido de 109 em 2003 (depois de ter chegado a 95 em 1999 e a 99 em 2000). Quanto à produtividade média (número de processos concluídos por juiz e por ano), foi crescendo, com oscilação mas também com global progressividade, ao longo do período considerado, e, se em 1990 era de 47 por conselheiro e de 57 por desembargador, foi em 2003, respectivamente, de 68 e de 77 (quadro de ps. 89). Tendo o Conselho Superior da Magistratura fixado em 90 o número de decisões finais que, segundo um critério de produtividade média, cada desembargador deveria proferir ou relatar por ano (ps. 91) e sabido que oscilou entre 3% (em 2001) e 13% (em 1999) dos recursos entrados na Relação e entre 10% (em 1998) e 19% (em 1990) dos recursos entrados no STJ o número daqueles que findaram sem julgamento (quadros de ps. 61 e 63), a pressão da carga de trabalho talvez não deva dizer-se excessiva.

[10] "Sendo milhares os casos que chegam à Cour de Cassation, é irrelevante pretender que o trabalho dos seus juízes, por muito conscienciosos que sejam, tenha a qualidade necessária" (Tunc, **La Cour de cassation en crise**, Archives de la Philosophie de Droit, 157 (1985), p. 162).

ver e, portanto, para decisões mais acertadas. Por outro lado, embora entre nós a jurisprudência dos tribunais superiores não goze dum estatuto de reconhecimento equivalente ao que tem, por exemplo, no Reino Unido, em França ou na Alemanha, o certo é que, como direito vivo e como garantia da segurança do sistema jurídico, as orientações jurisprudenciais têm um papel fundamental e insubstituível a desempenhar. Deixar tendencialmente chegar apenas ao Supremo as questões jurídicas de maior relevância, libertando-o, quanto possível, de decidir questões menos relevantes, ainda que em causas de valor avultado, pode contribuir muito eficazmente para melhorar o nível das decisões e recuperar para os tribunais muito do prestígio que, bem ou mal, nos últimos tempos têm perdido.

Então, talvez seja de adoptar um critério baseado na complexidade das questões de direito fundamentais condicionantes da decisão do litígio (tenha ou não a decisão recorrida sido proferida com base nelas) ou na relevância de algumas delas para a certeza do direito, para a uniformização da jurisprudência ou para a melhor aplicação do direito ao caso concreto. Veja-se que, no Congresso Internacional realizado em Salónica, em 1997, pela Associação Internacional de Direito Processual, o qual foi dedicado ao tema do Papel dos Tribunais Supremos nos Planos Nacional e Internacional, se concluiu que os fins prosseguidos pelos Supremos Tribunais, no plano da clarificação, da unificação e do desenvolvimento do direito, se vêm sobrepondo cada vez mais ao fim privado da justa composição do litígio, embora este ainda permaneça soberano nos sistemas de Tribunal de Cassação[11].

---

[11] Relatório geral de J.A. JOLOWICZ, ps. 39 e 55-57 da publicação **The role of the Supreme Courts at the national and international level**, Thessaloniki, Sakkoulas, editado por YESSIOU-FALTSI. Ao lado da Inglaterra e dos Estados Unidos da América, os países escandinavos são um bom exemplo da prevalência, sobre os interesses privados do fim público do aperfeiçoamento na aplicação da lei: embora, por exemplo, na Finlândia e na Suécia o erro grave ou grosseiro da decisão constitua fundamento do recurso (de apelação) dirigido ao Supremo, os casos em que ele é invocado são raros na Suécia e limitam-se a 5% a 10% dos recursos na Finlândia, tendo a esmagadora maioria dos recursos como fundamento considerações relativas à boa aplicação da lei em casos semelhantes, algo de próximo acontecendo na Noruega e na Dinamarca (relatório de HENRIK LINDBLOM, p. 274). Cito ainda o caso da Áustria: são consideradas *Rechtsfrage von erheblicher Bedeutung*, justificativas da reapreciação pelo Supremo, as questões de direito sobre as quais o Supremo ainda não se tenha pronunciado, as que conhecem no Supremo tipos de solução oposta e aquelas que tenham sido decididas contra orientação

**4.** A aceitar-se este ponto de vista, o passo seguinte consistirá em determinar quem discricionariamente deve decidir, e como, sobre a relevância das questões levantadas na causa concreta cuja decisão se pretende levar à reapreciação do Supremo: o tribunal *a quo* (solução inglesa, bem como austríaca e alemã até determinado valor da causa) não será o mais indicado, ainda que a sua decisão fique sujeita (como nos países citados), à confirmação do Supremo, dada a sua eventual, ainda que involuntária, subjectividade (entenda-se: comprometimento com a decisão dada); uma comissão constituída por juristas, com maioria de magistrados (solução dinamarquesa), dificilmente teria aplicação eficiente entre nós (estou já daqui a imaginar as questões de compatibilização de agendas e de verificação de *quorum* que surgiriam); uma comissão de juízes do tribunal *ad quem* parece-me melhor (é a solução sueca, finlandesa, norueguesa e, a partir de determinado valor da acção, também austríaca e alemã; é a proposta pelo GPLP).

Presumivelmente, o número de conselheiros diminuirá e impor-se-á um cuidado redobrado na apreciação de mérito no acesso aos tribunais superiores – ao Supremo, dada a função revitalizada por ele desempenhada; às Relações, por passarem a ser, na maior parte dos casos, a última instância.

**5.** A optar-se por este caminho, não será, pelo menos de imediato, de fechar, em todos os outros casos, a porta à parte vencida à qual não seja concedida licença para o recurso. Neste aspecto, a combinação de soluções para que se inclina o GPLP no seu relatório é equilibrada: por um lado, a generalização da regra da "dupla conforme", estendida aos fundamentos da decisão (de tal modo, inclusivamente, que a mera alteração da decisão de facto pela Relação afaste a conformidade, mesmo quando a decisão de direito seja mantida, e que igualmente a afaste a pronúncia contrária de um desembargador vencido), com a consequência de, não verificada a conformidade, ser admissível o recurso para o Supremo nas acções de valor superior à alçada da Relação; por outro lado, a via, em alternativa, do recurso *per saltum* para o Supremo, quando a questão é só de direito, a fim de evitar o risco de a Relação julgar em último grau de jurisdição.

---

previamente definida pelo Supremo (**Recourse against judgments in the European Union**, Kluwer Law International, 1999, editado por J. A. JOLOWICZ, relatório de EMA-MARLIS BAJOUS, p. 32).

A proposta de fundir na mesma peça o requerimento de recurso e as alegações, em prazo de 30 dias para a revista e de 15 dias para o agravo, é aceitável, embora não represente grande economia processual. A ser aceite, sugiro uma alteração: manter o prazo de 10 dias para recorrer, notificando logo a interposição à parte contrária para esta, querendo, recorrer subordinadamente; exigir a apresentação das alegações nos 30 ou 15 dias subsequentes à data da interposição do recurso. Tal permitiria aumentar um pouco o grau de economia e, sobretudo, não dilatar o momento do trânsito em julgado.

Quanto ao aumento das alçadas, concordo com que a da 1.ª instância se fixe algures entre 5.000 € e 7.500 € (veja-se p. 158 do relatório), e de preferência na 1.ª quantia, mas discordo de que a da Relação seja fixada além de 25.000 €, montante já superior aos 20.000 e poucos euros resultantes da mera actualização da alçada actual (p. 157 do relatório). É de não esquecer que, como no relatório se frisa, as nossas alçadas já hoje estão entre as mais elevadas da Europa (ver quadro de ps. 152-153).

Não julgo, porém, que a reforma do direito processual dos recursos seja prioritária, em momento em que a Justiça portuguesa se defronta com problemas muito graves, em outras sedes que não a dos tribunais da Relação e do Supremo. Nomeadamente, o descalabro que está a ser a prática da acção executiva e o brutal aumento recente das custas judiciárias tornou os operadores judiciários, *maxime* os advogados, especialmente desconfiados perante alterações legislativas que possam revolucionar os esquemas processuais ou constituir limitação de direitos. O sancionamento dos comportamentos processuais abusivos, através do efectivo proferimento de condenações por má fé (designadamente quando manifestamente se recorre sem razão), a melhor preparação dos funcionários judiciais (penso em situações como as de inexplicável demora na conclusão do processo ou na sua remessa para o tribunal de recurso), a maior e melhor utilização da informática (inclusivamente, como o relatório do GPLP acentua, para economia do tempo dos vistos, embora tal pressuponha que todo o processo esteja informatizado) ou o recurso a meios audiovisuais de gravação do acto da produção da prova (tornando verdadeiramente reapreciáveis os depoimentos oralmente produzidos) farão mais – creio – pela melhoria do funcionamento dos recursos do que o repensar radical imediato do papel do Supremo no sistema judiciário. Não quero eu dizer que não se deva preparar, desde já, aquilo que, a curto prazo, pode constituir, a partir do óptimo estudo já realizado, o embrião duma nova visão do recurso para o STJ. Creio é que esta nova visão ganharia em ser levada à prática em conjugação com a revisão – por natureza não imediata – dos critérios de acesso e de quadros (o que, diga-se, ultrapassando possivelmente o *timing* duma legislatura, repõe a questão da conveniência para o país da celebração dum pacto de regime para a Justiça)[12]. Então, se a reforma não se fizesse já, não me repugnaria tanto a elevação da alçada da Relação para valor um pouco superior aos 25.000 € que acima propus. Na fixação deste valor haveria que ter em conta, designadamente, a estatística sobre os escalões de valor dos vários processos que o tenham superior ao das actuais alçadas, pois por certo não se quer ter um Supremo formado por conselheiros sem trabalho.

Não quero terminar sem deixar ainda a minha opinião sobre alguns pontos que, quando se avançar para a reforma, poderão ser objecto de revisão.

A manter-se a distinção entre agravo e apelação, não vejo razão para que a decisão de absolvição da instância não deva ser, como a que absolve do pedido ou nele condena, objecto do recurso de apelação; a ser assim, o critério distintivo deslocar-se-ia do conhecimento ou não conhecimento do mérito da causa para a natureza final ou interlocutória da decisão, dado que a verificação dum pressuposto processual pode ser tão complicada e a sua falta tão gravosa como a verificação ou falta dos pressupostos da norma jurídica substantiva aplicável[13]. O próprio recurso do despacho saneador que, decidindo do mérito da causa, não ponha termo ao processo (art. 695-1 CPC) poderia então passar a ser sujeito ao regime do agravo, com autonomia no caso previsto no art. 695-2 CPC, mas sem ela se, como a seguir se foca, fosse aceite a sujeição do GPLP quanto ao novo regime dos actuais agravos com subida a final.

---

[12] Recordo que, na minha perspectiva, a reforma é sobretudo aconselhável por poder proporcionar uma melhoria na qualidade da decisão. Para aí chegar, uma efectiva acentuação do mérito no acesso aos tribunais superiores é indispensável. Ora esta não depende só, se é que depende, de alterações de critérios legais (o Estatuto dos Magistrados Judiciais consagra já o mérito como factor essencial no acesso à Relação e como factor orientador dos critérios de acesso ao STJ: ver arts. 46 e 52-1). A garantia da efectividade dessa condição deve, a meu ver, preceder a restrição da admissibilidade dos recursos ao Supremo, sem o que esta, durante largo tempo, poderá criar mais problemas do que aqueles que resolverá.

[13] A ressalva da parte final do art. 754-3 CPC deixaria de ser necessária.

Em consequência, o elenco das decisões interlocutórias cujo recurso deva subir imediatamente voltaria a reduzir-se[14], limitando-se ao despacho sobre o impedimento do juiz, ao que julgue negativamente questão de incompetência absoluta do tribunal, aos proferidos depois da decisão final e àqueles cuja retenção tornaria o recurso absolutamente inútil. Continuando a ser objecto de agravo autónomo, o regime do respectivo recurso manter-se-ia.

Quanto às decisões cujo recurso hoje não sobe imediatamente, a sugestão de as sujeitar a uma reclamação imediata, em vez de ao actual recurso de agravo, sem prejuízo da sua impugnação no recurso interposto da decisão final (tal como hoje acontece com a decisão das reclamações contra a selecção da matéria de facto), tem contra si a duplicação de meios a utilizar e o facilitar ao recorrente a impugnação das decisões interlocutórias, mas a seu favor a inclusão num único recurso das matérias das várias impugnações, bem como a economia de algum tempo processual[15]. Note-se, nomeadamente, que o direito processual francês vive perfeitamente com a impugnabilidade, num único recurso final, de todas as decisões interlocutórias que, juntamente com a sentença, se queira impugnar (com algumas excepções: decisão que ordene a realização de perícia, que suspenda a instância ou que levante a preclusão do direito de recorrer por a parte provar que não teve conhecimento da sentença). No entanto, as vantagens e os inconvenientes da alteração deste ponto de regime teriam de ser bem medidas antes de por ela se optar.

Limitado o agravo autónomo aos casos do art. 734 CPC, o regime de subida deste recurso poderá ser, finalmente, objecto de simplificação, se não se quiser fundi-lo com o da apelação, o que me pareceria preferível.

---

[14] O diploma intercalar de 1985 suprimiu do elenco o recurso do despacho proferido sobre as reclamações contra o questionário. A revisão de 1995-1996 incluiu, na alínea c) do art. 734-1, ao lado do despacho que julgue o tribunal absolutamente incompetente, o que julgue negativamente questão de incompetência absoluta.

[15] No que respeita à revogabilidade, pelo juiz, da decisão proferida, não haveria alteração de substância: o despacho de sustentação ou reparação tem hoje lugar logo após as alegações (art. 744 CPC). A economia de actos traduzir-se-ia apenas, em confronto com o regime actual, na dispensa do requerimento de interposição do recurso e do despacho que o recebe: a reclamação e a resposta substituirão a alegação e a contra-alegação e o despacho sobre a reclamação substituiria o despacho de sustentação ou reparação; ganhar-se-iam uns dias por os prazos para a reclamação e para a resposta serem mais curtos do que os das alegações, embora, no caso de impugnação no final, a parte tivesse de incluir de novo a matéria da reclamação na alegação de recurso.

Ponho, ao invés, as maiores reservas à ideia de sujeitar à decisão do juiz de círculo alguns recursos, na medida em que tal não funcionaria nas comarcas com varas cíveis e daria azo a objecções no plano da hierarquia dos órgãos judiciais[16], tal como à ideia de suprimir a reclamação da decisão do relator para a conferência, pela razão, aliás avançada pelo próprio GPLP (ver conclusão n.º 23), de tal colidir com a natureza colegial do tribunal da relação.

Não creio que deva ser alterada a tramitação exclusivamente escrita do recurso em processo civil. Mas, a querer-se deixar a porta aberta a alguma oralidade, esta não deve ter lugar senão quando, por iniciativa oficiosa ou a requerimento da parte, o tribunal entender que algum esclarecimento verbal sobre as alegações produzidas é útil.

É claro, finalmente, que uma revisão do direito processual civil dos recursos constituiria oportunidade para a simplificação e a clarificação de algumas normas, tidas em conta divergências ocorridas na interpretação jurisprudencial. Limito-me ao exemplo do art. 684-A-1 CPC. Nele se estabelece que, "no caso de pluralidade de fundamentos da acção ou da defesa, o tribunal de recurso conhecerá do fundamento em que a parte vencedora decaiu, desde que esta o requeira, mesmo a título subsidiário, na respectiva alegação, prevenindo a necessidade da sua apreciação". Além de o ónus assim criado não abranger os fundamentos invocados pela parte em 1.ª instância, mas não conhecidos na decisão recorrida, por estarem prejudicados pela decisão sobre outros fundamentos, há que bem esclarecer que a norma só se aplica às questões que não sejam de conhecimento oficioso. E algo de semelhante, porque a divergência grassa nos tribunais sobre este ponto, haverá que fazer em clarificação do alcance do ónus de concluir a alegação (art. 690-1 CPC), quanto ao papel das conclusões na delimitação das questões a serem conhecidas pelo tribunal de recurso.

Estes, assim como outros pontos que não há agora tempo para referir, deverão ser objecto de consideração se o Ministério da Justiça se decidir por uma revisão do sistema de recursos, na perspectiva (única que a poderá justificar) de, em nome da melhoria qualitativa das decisões, reequacionar o papel do Supremo Tribunal de Justiça na orgânica judiciária portuguesa.

---

[16] O juiz de círculo é, tal como o da comarca, um magistrado de 1.ª instância.

# O DIREITO AO RECURSO EM PROCESSO CIVIL

Carlos Lopes do Rego

**1.** A reformulação do regime legal, vigente em sede de recursos – tendo essencialmente em vista a *"agilização"* do funcionamento dos Tribunais Superiores e, muito em particular, do Supremo – deve partir de um reconhecimento *"empírico"* da tendência que caracteriza a nossa vida forense para um uso **imoderado** – e em muitos casos **abusivo** – dos meios impugnatórios, expresso na insuportável ligeireza e imponderação com que se interpõem sucessivos **recursos** e **reclamações,** sem o menor fundamento razoável – e que atinge o seu ponto culminante na utilização desmesurada dos **incidentes pós-dilatórios**, na esmagadora maioria das situações totalmente desprovidos de fundamento sério.

Na verdade, muitas destas pretensões – expressas na reiterada invocação de pretensas e ficcionadas **"nulidades"** do acórdão, em pedidos de aclaração, eles próprios perfeitamente obscuros, e em pedidos de reforma substancial do decidido que mais não são que a utilização de uma nova via impugnatória, contra uma decisão que é já definitiva e inimpugnável – só podem entender-se como puras manobras dilatórias, visando protelar artificiosamente a duração de uma lide que deveria estar definitivamente encerrada, com a prolação da *"última palavra"* por parte do órgão jurisdicional que se situa no *"topo"* da hierarquia dos tribunais.

Tal cultura judiciária – que não será fácil alterar através de simples modificação dos regimes normativos – tem naturalmente reflexos assaz negativos, já que – sob pena de levar ao afundamento dos tribunais superiores com vagas incontroláveis de recursos e incidentes perfeitamente desprovidos de fundamento e seriedade – acaba por implicar uma desproporcionada ampliação na composição dos Tribunais Superiores e pode frequentemente induzir – como verdadeiro meio de defesa contra tal vaga de recursos e incidentes manifestamente infundados – ao incremento de interpretações de índole particularmente exigente e formalista na valoração dos pressupostos e requisitos de admissibilidade dos recursos e dos ónus e preclusões a cargo das partes.

Importa notar que a experiência da última década no Tribunal Constitucional revela que foi possível conquistar razoável celeridade na apreciação dos recursos e reclamações em sede de fiscalização concreta com base:

– num nível formal particularmente exigente na apreciação dos pressupostos dos recursos e dos requisitos de forma do respectivo requerimento de interposição;
– num regime particularmente duro e gravoso de custas, expresso na normação constante do Decreto-Lei n.º 303/98, de 7 de Outubro;
– no uso sistemático dos meios de defesa contra manobras abusivas, constantes do n.º 8 do artigo 84.º da Lei n.º 28/82, na redacção emergente da Lei n.º 13-A/98, de 26 de Fevereiro, tendo particular relevo o mecanismo que possibilita a imediata extracção de traslado, quando o Tribunal Constitucional se vê confrontado com sucessivos incidentes pós-dilatórios perfeitamente desprovidos de fundamento sério, complementado pela *"dispensa"* de o Tribunal os apreciar, enquanto as custas e multas devidas não estiverem integralmente pagas, e pelo entendimento jurisprudencial de que, no caso de se extrair traslado, há uma situação análoga ou equivalente à formação de caso julgado, embora *"provisório"* e sujeito a *"condição resolutiva"* (cfr. Acórdão n.º 547/04).

**2.** Relativamente às grandes questões que se podem colocar a propósito da **tramitação** e do **regime processual** dos recursos, consideramos que – salvo no que respeita ao registo da prova e ao exercício do segundo grau de jurisdição quanto à matéria de facto – não haverá utilidade em alterar substancialmente o regime actualmente em vigor.

Assim, nada se ganhará em criar uma tramitação **unitária** do recurso, já que a própria *"natureza das coisas"* implica uma irremediável diversidade de regimes dos recursos interlocutórios e incidentes sobre a decisão final, tal como entre os que versam sobre matéria processual ou sobre o mérito da causa.

A artificiosa unificação *"formal"* do regime dos recursos – ignorando esta radical diversidade substancial – acabará por implicar que tal tramitação – só aparentemente unitária – seja quebrada com o indispensável estabelecimento de regimes diferenciados, consoante a natureza da decisão recorrida.

Do mesmo modo, não se vê qualquer vantagem em aderir, no processo civil, ao regime da **motivação** do próprio requerimento de interposição do recurso, substituindo a tradicional alegação das partes, em momento posterior à apreciação de tal requerimento: não sendo, a nosso ver, possível reduzir o prazo de apresentação das alegações na apelação – sob pena de inviabilizar um estudo e ponderação séria das questões suscitadas – o ónus de motivar logo o recurso implicaria uma insuportável ampliação do período de indefinição sobre a formação ou não de caso julgado pela decisão a impugnar.

Justifica-se, por outro lado, a manutenção do mecanismo da **decisão sumária** e da posterior e eventual **reclamação para a conferência**, por conciliar adequadamente as exigências de celeridade na apreciação dos recursos versando sobre *"questões simples"* ou carecidos dos indispensáveis pressupostos e as garantias do contraditório, por parte do recorrente, quando dissentir da prolação de decisão sumária pelo relator.

No que respeita à eventual produção de **alegações orais**, a experiência pouco animadora das audiências penais perante os tribunais superiores desaconselha que – face à nossa cultura judiciária predominante – se crie – em substituição ou complemento da alegação escrita – uma discussão oral dos aspectos jurídicos do pleito, em muitos casos obviamente condenada a um irremediável insucesso e inutilidade.

E, quanto ao recurso *"per saltum"*, apesar da sua moderada utilização, entendemos que se justifica a sua manutenção, como forma de possibilitar às partes, relativamente a puras e estritas questões de direito, controvertidas em acção de valor superior à alçada da Relação, um imediato acesso ao Supremo, para as ver definitivamente decididas, sem passar pela delonga inerente à respectiva apreciação "intercalar" pela 2.ª instância.

A principal questão, em sede de tramitação dos recursos, manifestamente carecida de uma intervenção legislativa urgente é a que se prende com a indispensável racionalização do regime do recurso quanto à matéria de facto, instituindo um efectivo duplo grau de jurisdição que se possa perspectivar como realizável no plano prático, permitindo um controlo razoável da decisão tomada em 1.ª instância sobre a valoração das provas produzidas em audiência, mas sem se tornar – ele próprio – em factor de inadmissível agravamento da morosidade na tramitação dos processos.

Importará, no nosso entendimento, derrogar rapidamente o regime estabelecido quanto à transcrição da prova gravada ou registada pelo Decreto-Lei n.º 183/2000, *"repristinando"*, no essencial, o regime emergente da reforma de 1995/96, colocando a cargo do recorrente que impugne a matéria de facto o ónus de – como fundamento do erro de julgamento que invoca – extractar os depoimentos em que se funda para sustentar que houve erro na apreciação de certos pontos da matéria de facto, por ele claramente individualizados. Na verdade, os custos desproporcionados do actual regime de transcrição por *"entidades externas"* ao tribunal – sem qualquer garantia de um melhor e efectivo exercício do referido duplo grau de jurisdição – tornam imperiosa a adopção de uma providência legislativa nesta sede.

**3.** São vários os mecanismos possíveis para operar uma **limitação do acesso, em via de recurso, ao Supremo Tribunal de Justiça.** O primeiro deles é naturalmente o do incremento do valor das **alçadas**, devendo operar-se uma **correcção monetária** do valor da alçada dos tribunais de 1.ª instância (€ 5000) e um **aumento substancial** da alçada da Relação – tornada indispensável pela inércia legislativa na adaptação de tais valores, nos últimos anos – e que vise, não apenas compensar os efeitos da inflação, mas recolocar o Supremo Tribunal de Justiça no seu verdadeiro papel e essencial função de uniformização da jurisprudência (não nos repugnando a opção por valores até aos € 50.000).

Para além deste, existem fundamentalmente dois outros possíveis mecanismos de filtragem no acesso, em via de recurso, ao Supremo:

   *a)* A ampliação do regime de *"dupla conforme"*, já actualmente em vigor quanto ao **agravo** em 2.ª instância, nos termos do artigo 754.º do Código de Processo Civil – e que passaria a estender-se ao próprio recurso de **apelação** e aos **agravos** interpostos de **decisão final**.

   *b)* O estabelecimento de regime análogo ao previsto no artigo 150.º do CPTA, instituindo uma **apreciação prudencial e relativamente discricionária** do relevo das questões, interesses ou valores controvertidos pelas partes no recurso – sobre a qual teria naturalmente sempre a "*última palavra*" o Supremo Tribunal de Justiça.

Qualquer que seja a solução a adoptar legislativamente, ela terá de ser clara, evitando, na medida do possível, o recurso a cláusulas ou conceitos totalmente indeterminados, que sejam susceptíveis de originar intermináveis controvérsias processuais e jurisprudenciais sobre o seu preenchimento.

É isso que nos leva a sustentar, quanto à "***dupla conforme***", a inconveniência manifesta de exigir uma coincidência simultânea de decisões e respectivos **fundamentos**, como condição de admissibilidade ou não admissibilidade do recurso para o Supremo: a incontornável autonomia "*parcial*" da fundamentação jurídica das decisões tomadas em 1.ª e 2.ª instâncias sempre acabaria por implicar a necessidade de fazer apelo à distinção entre uma coincidência **essencial** ou meramente **acessória** de fundamentos das decisões, sendo tal qualificação, determinante da admissibilidade do recurso, dificilmente concretizável e susceptível de alimentar intermináveis controvérsias processuais (nesta perspectiva, para quem não concorde com a mera exigência de que as decisões das instâncias sejam, em si mesmas, "*coincidentes*", devendo ser o acórdão da Relação meramente confirmatório, ainda que for diferente fundamento, da sentença proferida em 1.ª instância, parece mais seguro exigir que o acórdão seja proferido por "*unanimidade*", sem votos de vencido, como fazia o artigo 754.º, n.º 2, do Código de Processo Civil, na redacção anterior ao Decreto-Lei n.º 375-A/99).

Relativamente a uma possível "*importação*" para o processo civil do regime que consta do citado artigo 150.º do CPTA, importa ponderar que ele implicará aqui – não a excepcional abertura de uma nova via de recurso – mas a restrição de uma via impugnatória até então existente até ao Supremo Tribunal de Justiça.

E, ao menos como solução transitória, não nos repugnaria o estabelecimento de um regime que – para prevenir infindáveis controvérsias acerca da densificação de tal cláusula geral – "*presumisse*" que há interesse particularmente relevante, para este efeito, da admissibilidade do recurso até ao Supremo, nas acções que versem sobre interesses imateriais e naquelas que excedam certo valor legalmente tabelado (e inquestionavelmente relevante), v.g. € 250.000 – garantindo-se, assim, nos processos de valor consideravelmente elevado, o acesso ao Supremo para discutir as questões de direito envolvidas na acção.

Finalmente, recolocado o Supremo Tribunal de Justiça no seu verdadeiro papel de uniformização de jurisprudência, poderá reponderar--se – face ao relativo insucesso do mecanismo da *"revista ampliada"*, criado na reforma de 1995/96, com a expectativa de que iria possibilitar sempre uma prevenção *"espontânea"* e informal, pelo próprio Supremo Tribunal de Justiça, dos conflitos jurisprudenciais – se não será, porventura, necessário reforçar tal mecanismo com uma via específica e autónoma de ulterior recurso para uniformização de conflitos jurisprudenciais actuais e efectivos, nos casos em que o julgamento ampliado da revista não tivesse sido despoletado e não tivesse logrado evitar a prolação, em Secção, de acórdão em contradição com jurisprudência anteriormente consolidada do próprio Supremo.

E, sendo a resposta afirmativa quanto a esta necessidade, importará ainda tomar posição sobre se tal recurso para o Pleno das Secções Cíveis deverá ser construído como recurso ordinário ou antes como recurso extraordinário, cuja interposição não obstaria à formação, desde logo, de caso julgado.

**4.** A própria dignificação dos Tribunais Superiores implica o estabelecimento de mecanismos fortemente desincentivadores à suscitação de anómalos **incidentes pós-decisórios**, de cariz ostensivamente dilatório, desprovidos em absoluto de fundamento sério e visando tão-somente obstar à baixa do processo ao tribunal *"a quo"* e ao cumprimento do julgado – reforçando o regime já prescrito no n.º 2 do artigo 720.º do Código de Processo Civil e estendendo o estatuído no artigo 84.º, n.º 8, da Lei do Tribunal Constitucional – podendo ainda perspectivar-se, nestes casos, um substancial agravamento da taxa de justiça, à semelhança do previsto no Decreto-Lei n.º 303/98.

Afigura-se, por outro lado, imperioso rever os regimes, quer dos conflitos negativos de competência, quer dos impedimentos, suspeições e recusas de magistrados, assegurando, nomeadamente, a atribuição de natureza **urgente** a todos os procedimentos e recursos suscitados nessas matérias.

# O DIREITO DE RECURSO EM PROCESSO CIVIL
(BREVE REFLEXÃO EM TORNO
DA POSSÍVEL ALTERAÇÃO DO REGIME)

Manuel José Aguiar Pereira

## I. Razão de uma presença

As minhas primeiras palavras são de agradecimento ao Gabinete de Política Legislativa e Planeamento do Ministério da Justiça e à sua ilustre Directora pelo convite que me endereçou para participar nesta conferência sobre a Avaliação do Sistema de Recursos em Processo Civil e Processo Penal.

Sinto, porém, que entre tão ilustres especialistas em processo civil, a minha intervenção só encontra justificação no facto de a visão de quem trata no exercício das suas funções das questões que o regime dos recursos em processo civil colocam na segunda instância poder constituir uma mais valia para a discussão e para o encontrar das necessárias soluções.

Só nessa medida tenho a veleidade de pensar que poderá ser útil o meu contributo para a discussão.

Permitam-me, de resto, salientar o facto de muitos e muito valiosos contributos terem vindo a ser dados ao longo dos anos a propósito das sucessivas reformas do processo civil pela doutrina e pelos profissionais do foro, nomeadamente no âmbito da oportunidade de debate que constituiu o Congresso da Justiça, e que não podem ser esquecidos por quem tem a responsabilidade de decidir do futuro da Justiça em Portugal.

A constatação de que o Código de Processo Civil, apesar das suas sucessivas alterações (ou por causa delas) não se encontra em perfeita sintonia com as realidades e as exigências actuais da administração da Justiça tem justificado apontar-se para a necessidade da sua completa reformulação (e não apenas da matéria dos recursos).

Quer se comungue dessa ideia quer se ache preferível uma solução de pequenas alterações pontuais, experiências anteriores levam-nos a concluir que o êxito das reformas a empreender, quaisquer que elas sejam, terá que ser garantido no contexto de uma discussão alargada e em que se afigura como essencial a participação activa de magistrados, advogados e académicos na definição de um novo paradigma do Processo Civil.

Tal discussão pode, ou não, ser enquadrada em consensos de ordem política; mas o que não pode esquecer-se é que o processo civil é um instrumento ao serviço do direito e da administração da justiça que é manuseado diariamente pelos profissionais do foro, que são, afinal, quem testa e põe à prova as soluções adoptadas pelo legislador.

Mesmo que possam reflectir pontualmente interesses particulares de uma ou outra classe profissional, os seus contributos parecem essenciais na definição dos novos rumos do processo civil.

Todos não seremos demais para ajudar os decisores políticos a fazer, neste particular, a melhor opção: colocar esse instrumento ao serviço de uma melhor justiça.

## II. O Direito ao Recurso

**A)** A avaliação do sistema de recursos em processo civil e em processo penal feita pelo Gabinete de Política Legislativa e de Planeamento do Ministério da Justiça e agora publicamente apresentada é um documento de extraordinário interesse prático e de inquestionável valia técnica para quem tem a responsabilidade de intervir na melhoria do sistema de administração da justiça em Portugal, especificamente no regime dos recursos.

Partindo de uma base essencialmente estatística e da análise comparativa de vários sistemas judiciários europeus, procede-se ao enquadramento histórico das várias soluções adoptadas, equacionam-se as questões que, de uma forma mais ou menos premente, a comunidade judiciária vem colocando e analisam-se criticamente as soluções vistas como possíveis sentidos para a mudança.

**B)** O direito ao recurso não é, e nunca poderá ser, um direito absoluto de quem não vê reconhecidos os direitos que invoca em juízo.

Razões ligadas à prática judiciária e ao próprio funcionamento da justiça impõem que decisões de pequena relevância jurídica ou social, mesmo quando afectem direitos individuais, comportem apenas um grau de decisão e sejam, portanto, insusceptíveis de reapreciação, por via de recurso, em segunda instância.

Assente tal princípio básico, para os casos em que é admissível recurso, seja de agravo seja de apelação ou revista, a afirmação do "**Direito ao Recurso**", se pode ser entendida como manifestação do acesso ao direito constitucionalmente consagrado, há-de coincidir com a existência de **regras claras, simples** e tanto quanto possível **universais**, que definam as condições em que é possível a interposição do recurso, quais os efeitos desse acto e qual a tramitação a observar.

Tendemos por isso a considerar que, em matéria de recursos, se justifica não só a adopção de uma tramitação unitária dos recursos cíveis como também a aproximação entre os regimes vigentes ou a estabelecer para o processo civil e para o processo penal, sem embargo da ponderação das particularidades que devam ser tidas em conta e que, quanto a nós, neste aspecto, não relevam sobremaneira.

A **clareza** e a **simplicidade** de regulamentação proporcionam e garantem o efectivo exercício do direito ao recurso, por um lado, e, por outro, a obtenção de uma **rápida** e **definitiva** solução dos litígios.

É a esta luz que se devem analisar as conclusões extraídas no documento em que se faz a avaliação do sistema de recursos em processo civil e em processo penal e se deve procurar a justificação para algumas das medidas propostas pelo Grupo de Trabalho constituído por iniciativa do Ministério da Justiça no âmbito do XVI Governo Constitucional para acompanhamento das negociações no âmbito do projectado "Pacto de Regime para a Justiça".

A esta luz ainda se tecerão alguns comentários, breves, ao actual regime de recursos em processo civil.

**C)** O **acesso ao Supremo Tribunal de Justiça** foi uma das duas questões que o Grupo de Trabalho já referido analisou, partindo de algumas causas de ineficácia em alguns sectores da administração da justiça.

O Grupo de Trabalho ponderou as soluções que lhe parecerem mais exequíveis e apresentou algumas propostas de alteração legislativa, em matéria de recursos e de formação de magistrados, que se afiguraram, no curto espaço de tempo que teve para assumir opções, como matérias prioritárias no actual quadro legislativo.

**1.** No que respeita à *matéria de recursos* partiu-se da ideia, já muitas vezes defendida em vários fóruns, de que é urgente possibilitar a alteração a curto/médio prazo da configuração do Supremo Tribunal de Justiça de forma a dar satisfação à exigência de realçar a sua característica de **tribunal de revista vocacionado para a uniformização da jurisprudência**.

Tal configuração não é seguramente compatível com o elevado número de recursos ali pendentes, nem com a carga de trabalho dos Srs. Juízes Conselheiros em especial na área cível, como o demonstram os elementos estatísticos mais recentes agora disponíveis.

Se ao nível do processo penal as alterações operadas em 1998 tendem a produzir efeito fazendo diminuir o número de recursos que chegam ao Supremo Tribunal de Justiça, ao nível do processo civil a situação tem vindo a agravar-se progressivamente.

**2.** As vias encontradas para combater o excessivo número de recursos cíveis que continuam a chegar ao Supremo Tribunal de Justiça e permitir restitui-lo à sua vocação foram:
– a **elevação das alçadas** dos Tribunais, ainda que de forma mais sensível a alçada dos Tribunais da Relação;
– a introdução generalizada da regra da **"dupla conforme"**, nos processos cujo valor se situasse entre a alçada do Tribunal da Relação e a quantia de € 250.000, ainda que com algumas limitações, nomeadamente em caso de oposição de acórdãos, de ponderação de interesses imateriais, de admissibilidade legal de recurso e de relevância jurídica ou social da questão e da necessidade de melhorar a aplicação do direito.

**3.** A elevação das alçadas ou o, por vezes defendido, aumento das custas dos recursos perante os Tribunais Superiores não são soluções isentas de crítica, na exacta medida em que também o não é o fim visado: do que se trata, em verdade, é de dificultar senão mesmo de impedir o exercício do direito ao recurso.

Mas, pelo menos a primeira, parece justificar-se nos termos que foram propostos pelo Grupo de Trabalho e são agora parcialmente retomados.

**4.** Existe a consciência de que a elevação do valor das *alçadas* pode causar alguns problemas sérios ao nível dos Tribunais de primeira instância, criando desequilíbrios na repartição de serviço entre eles e permitindo o agravamento das pendências, por exemplo e onde existam, nos Juízos Cíveis em benefício das Varas Cíveis e Mistas.

Ainda que o aumento da alçada da primeira instância quase se limite a ser uma actualização, admite-se como possível a necessidade de proceder a uma redefinição das respectivas competências tomando por referência prioritária o valor do processo.

Em alternativa, caso a elevação do valor das alçadas se mostre ineficaz em relação ao aumento dos recursos nos Tribunais Superiores, poderá também ser equacionada a hipótese de abandonar a tradicional ligação entre o direito ao recurso e o valor da acção, introduzindo outros critérios.

**5.** Teve-se igualmente consciência de que o elevar repentino das alçadas pode suscitar questões de constitucionalidade por violação de expectativas em relação à tutela dos direitos; daí que se tenha tido por curial tomar como guia para a alteração do valor das alçadas uma aproximação à simples actualização dos respectivos valores a partir de 1977. Refira-se apenas que a actualização automática do valor das alçadas não gerou consenso no Grupo de Trabalho.

**6.** Ainda em relação à matéria das alçadas e do valor da causa, parece, por outro lado, necessário, alargar a intervenção dos juízes na fixação do valor da causa, por forma a corrigir possíveis distorções no regime de recursos.

Se o pedido é que determina o valor do processo e se a fixação do valor da causa tem critérios legais, não pode o juiz destituir-se da sua obrigação de controlar de modo *efectivo* no despacho saneador ou mesmo posteriormente, o valor atribuído pelas partes ao processo, ainda que tal venha a implicar a diminuição de garantias de recurso em relação à matéria da causa – não se olvide que o recurso sobre o valor da causa é sempre admissível.

**7.** Existem aspectos que necessitam ainda de alguma reflexão em ordem à adequação com as regras actualmente vigentes, a que se deveria seguir clarificação pelo legislador. Dois exemplos:

*a)* Quando esteja em causa a atribuição de uma indemnização cuja fixação tem que ser feita com base em *critérios de equidade a utilizar pelo juiz*, independentemente da pretensão da parte, choca que o valor a considerar para efeitos de recurso (ou de custas) seja o valor, sempre inflacionado, indicado pelo autor quantas vezes com o único intuito de permitir o recurso até ao Supremo Tribunal de Justiça, como é prática corrente nalguns tipos de processos.

*b)* Nos casos em que não for possível fixar o objecto ou a quantidade da condenação nos termos do artigo 661.º, n.º 2 do Código de Processo Civil, a fixação na sentença condenatória dos limites da condenação, na medida em que se apure a existência de uma real sucumbência, teria a vantagem de, desde logo, permitir aferir da possibilidade ou não de recurso ordinário da decisão condenatória, tornando desnecessário o recurso à regra constante da parte final do artigo 678.º, n.º 1 do Código de Processo Civil.

*c)* Ou seja, nestes casos e noutros semelhantes, pareceria ajustado que a relação do valor da causa com a alçada do Tribunal fosse feita tendo em conta não o valor atribuído pela parte mas sim o valor fixado pelo juiz.

Nem haveria grave inconveniente já que sobre a questão do valor da causa estará sempre prevista a possibilidade de recurso.

**8.** A instituição da regra da **"dupla conforme"** impediria o recurso de revista (artigo 721.º-A do Código de Processo Civil) ou o agravo em segunda instância (artigo 754.º do Código de Processo Civil) sempre que a decisão do Tribunal da Relação fosse confirmativa da decisão proferida em primeira instância, *ainda que com fundamento diferente*.

Neste particular manifestamos a nossa discordância em relação à posição expressa no documento agora apresentado.

A questão de saber se a regra da dupla conforme deve funcionar apenas quando houver identidade de decisão e de fundamentos entronca, ao fim e ao cabo, na questão dos limites objectivos do caso julgado, com a qual se articula, parecendo defensável a orientação de que os fundamentos da decisão só estão abrangidos pelo caso julgado quando constituam antecedente lógico, necessário e imprescindível da decisão.

De resto a redacção que foi proposta pelo Grupo de Trabalho é equivalente à do artigo 754.º, n.º 2 do Código de Processo Civil na redacção anterior ao Decreto-Lei 375-A/99.

O limite a partir do qual não operaria a regra da "dupla conforme" teve em conta a ponderação de reservas postas por alguns membros em relação à sua aplicação universal, como resulta do relatório preliminar apresentado pelo Grupo de Trabalho.

A introdução de um critério de relativa discricionariedade na admissibilidade do recurso, já em vigor em diversos sistemas europeus, foi proposta à imagem e semelhança do que se encontra previsto já hoje para os recursos para o Supremo Tribunal Administrativo.

Esta via, ainda que implique a densificação de alguns conceitos gerais e alguma incerteza inicial, terá seguramente resultados na perspectiva visada.

### III. A celeridade e os recursos

**A)** De entre as soluções analisadas no documento agora apresentado em que se faz a Avaliação do Sistema de Recursos em Processo Civil e em Processo Penal, a **tramitação unitária dos recursos** em processo civil é aquela que tende a conseguir, segundo cremos, um dos desideratos que inicialmente apontei: a simplicidade, racionalidade, clareza e acessibilidade do regime de recursos.

A tramitação unitária do recurso existe no processo penal e não tem encontrado obstáculos difíceis de ultrapassar.

É um objectivo a não perder de vista, pelo que se justifica ir preparando a resolução dos problemas práticos que ela comporta, e, nomeadamente, equacionar desde já os problemas levantados pelos recursos das decisões interlocutórias.

Não se afigura tarefa fácil a solução das questões que a supressão do recurso de agravo criará ao nível da harmonização legislativa.

Mas vale, seguramente, a pena avançar no sentido de se conseguir estabelecer como regime regra a tramitação unitária dos recursos.

**B)** Num contexto de uniformização de procedimentos em todos as jurisdições, afigura-se como adequada a promover, sem sacrifícios assinaláveis, a celeridade da tramitação do recurso a obrigatoriedade de **apresentação das alegações de recurso com o requerimento da respectiva interposição**, mesmo que se conceda na necessidade de alargar o prazo normal de interposição.

Admite-se, porém, que os ganhos possam não ser significativos.

**C)** Concorda-se igualmente com a hipótese de estender o regime do artigo 511.º do Código de Processo Civil a todo o tipo de decisões interlocutórias, isto é, em primeiro lugar impõe-se à parte o dever de reclamar da decisão que lhe seja desfavorável, sendo a decisão da reclamação recorrível no âmbito do recurso que for interposto da decisão final.

Crê-se que este poderá mesmo ser um primeiro passo no sentido da definição da tramitação unitária dos recursos. E afigura-se que serão notáveis os ganhos em termos de celeridade na primeira instância, ainda que, como é natural, tais ganhos possam ser atenuados nos casos, mais anómalos, em que haja necessidade de anular o processado.

Concorda-se igualmente que todos os recursos das decisões interlocutórias devam subir apenas com o recurso da decisão final.

**D)** Quanto à celeridade a imprimir na tramitação dos processos no Tribunal da Relação, concorda-se com o reforço do mecanismo de dispensa de vistos prévios, já em uso bastante generalizado mas que poderia ser instituído como regra e não como excepção que hoje é.

O artigo 705.º do Código de Processo Civil pode não representar maior celeridade caso se mantenha a reclamação para a conferência, como continuará a suceder.

A instituição de um regime de vistos simultâneos é, neste momento, absolutamente impraticável.

**E)** Numa outra perspectiva, a de *eliminar obstáculos à rápida tramitação dos recursos*, que obstem à definitiva decisão da causa, o Grupo de Trabalho acordou em instituir mecanismos desincentivadores de manobras dilatórias:
  – Considerando urgentes todos os processos relativos às recusas e suspeições dos Juízes;

– Considerando como transitada em julgado a decisão impugnada através de incidente manifestamente dilatório, por alteração ao artigo 720.º do Código de Processo Civil.

**F)** Ainda dentro de uma **preocupação de celeridade** outras medidas poderiam equacionar-se.

A rápida resolução de conflitos de competência em processo civil, ainda que possa não ter os efeitos nefastos dos conflitos em processo penal, ou a decisão de recursos em matéria de custas e de multas processuais, poderia ser conseguida por via diferente da que se sugere no documento ora apresentado e com a qual não podemos concordar.

A atribuição de competência para o seu julgamento aos Juízes de Círculo bem como para julgar agravos de decisões interlocutórias, matéria de custas e conflitos de competência, briga com regras básicas do funcionamento do nosso sistema judicial.

Por razões práticas e de funcionamento credível da justiça há que reconhecer que os Juízes de Círculo nem sempre têm mais antiguidade ou experiência profissional do que os colegas em conflito e com quem trabalham, integrando todos o mesmo Tribunal Colectivo.

O Estatuto dos Magistrados Judiciais só prevê o dever de acatamento pelos tribunais inferiores de decisões proferidas pelos tribunais superiores.

Sugere-se como alternativa possível: os recursos em matéria de custas e multas processuais e os agravos de decisões interlocutórias – nos casos em que subam imediatamente – podem ser atribuídos a um único juiz singular no Tribunal da Relação e os conflitos de competência, quando envolvam entidades de distritos judiciais diversos serem decididos pelos Presidentes dos Tribunais da Relação como foi defendido pelo Sr. Juiz Conselheiro Dr. Aragão Seia.

**G)** Está por demonstrar que o **recurso per saltum** tenha trazido benefícios reais ao sistema de recursos pela sua insignificante expressão numérica.

A continuar a existir com a sua actual configuração, e partindo do princípio de que não deva ser interposto para o Tribunal da Relação, então deverá ser tornado obrigatório nos termos previstos na Lei de Processo dos Tribunais Administrativos.

São a racionalização de meios, o rigor dos princípios (de facto e de direito recorre-se para a Relação e de direito para o Supremo) e a aproximação ao regime do processo penal que o impõem.

Mas duvida-se que passe, mantendo-se a regra geral do triplo grau de jurisdição, a ter mais expressão do que a que tem hoje.

## IV. A impugnação da matéria de facto

Ao Grupo de Trabalho, ciente da realidade de recursos materiais e humanos existentes e disponíveis, não pareceu exequível a curto prazo a instalação em todos os Tribunais de meios técnicos que permitam, com fidelidade, proceder à gravação áudio e vídeo das audiências de julgamento (para um mínimo de qualidade serão exigíveis três a quatro câmaras na sala de audiências com sistemas de mistura de imagem e respectivos operadores).

Por outro lado, o sistema actualmente vigente em caso de recurso em processo civil, impondo a simples indicação pelas partes dos depoimentos gravados em audiência com vista à sua audição pelo Tribunal da Relação, não se tem mostrado facilmente praticável, uma vez que o funcionamento de cada secção do Tribunal da Relação está organizado de forma a exigir a presença simultânea do relator e adjuntos uma única vez por semana no dia da sessão.

A menos que se alterasse completamente o funcionamento dos Tribunais da Relação, o estrito cumprimento do disposto no artigo 690.º-A do Código de Processo Civil redundaria necessariamente num arrastar da decisão por várias semanas.

Daqui resulta que, na prática, os depoimentos indicados nas alegações de recurso são geralmente ouvidos, quando pertinentemente se ponha em causa a decisão sobre a matéria de facto, pelo relator que depois transmite o que resulta da audição aos juízes adjuntos, com evidente prejuízo da regra da colegialidade das decisões.

Sem embargo de se pugnar pela gravação integral da audiência, único meio de garantir a efectiva reapreciação da prova pela segunda instância no actual estado de coisas, a forma mais realista de garantir uma desejada e efectiva colegialidade das decisões, é a **transcrição dos depoimentos** indicados pelas partes, transcrição essa racionalmente **limitada pelo objecto do recurso, a cargo da parte** que põe em causa a forma como foi decidida a matéria de facto, e cuja fidedignidade e relevância sempre ficaria sujeita ao contraditório da outra parte e/ou do Tribunal.

Daí que se tenha assumido, por não parecer obsoleta, a repristinação do regime emergente da reforma de 1995/1996 como solução – passível de ser ainda melhorada com a experiência de outros sistemas – a adoptar nos recursos cíveis (em que todos os actos são escritos) e penais.

## V. Dois mecanismos de aplicação e eficácia duvidosas

A) **A renovação da prova no Tribunal da Relação**, prevista como uma faculdade de utilização excepcional, nos termos do artigo 712.º, n.º 3 do Código de Processo Civil, parece ser um mecanismo sem utilização.

Não sendo o Tribunal da Relação, como refere Abrantes Geraldes, um segundo tribunal de primeira instância, parecem ter-se confirmado as suas apreensões quanto à execução prática da medida, que teria seguramente efeitos negativos sobre a celeridade do recurso, sem a certeza da possibilidade de obtenção de uma decisão mais justa.

É, assim, de elementar prudência não alargar, como se propõe no documento agora apresentado, a possibilidade de renovação dos meios de prova na segunda instância, mantendo-se o Tribunal da Relação essencialmente como instância de reponderação (e não de reexame) da matéria de facto e de apreciação do direito.

B) **O artigo 713.º, n.ºˢ 5 e 6 do Código de Processo Civil** permite, no caso de o Tribunal da Relação confirmar inteiramente e sem declaração de voto o julgado em primeira instância, ou no caso de não ter sido impugnada a matéria de facto, que o acórdão seja simplificado ao ponto de a fundamentação ser feita por remissão para os fundamentos da decisão impugnada.

As reservas sobre a constitucionalidade de uma tal norma, apesar de ter sido já julgada conforme à Constituição, permanecem, a nosso ver.

Na prática, as questões colocadas no recurso hão-de pôr em causa os fundamentos da decisão; e tais questões podem não coincidir inteiramente com esses fundamentos. Remeter para os fundamentos da decisão acaba por equivaler, nessa medida, ao não conhecimento das questões que são colocadas.

Pelo menos no que se refere à matéria de direito, não se encontra enraizada a prática de fundamentar remetendo integralmente para os fundamentos da decisão da primeira instância, sem que isso pareça comportar significativo aumento do período de pendência do recurso.

Em contrapartida são significativos os ganhos que se conseguem, em credibilidade e prestígio da Justiça, com uma mais completa fundamentação das decisões dos Tribunais Superiores.

## VI. Nota Final

Os elementos agora divulgados levam a concluir que o aumento percentual do número de recursos tem sido inferior ao aumento percentual do número de processos entrados na primeira instância.

Estamos em crer que nem um nem outro aumento estarão directamente relacionados com o avolumar da chamada crise da Justiça e dos Tribunais que a aplicam, com reflexo na sua credibilidade e na aceitação das suas decisões, antes se deverão ambos reportar à progressiva maior utilização dos serviços da Justiça pelos designados grandes utilizadores.

Ainda assim, a revisão do regime dos recursos no sentido do seu aperfeiçoamento e incremento de celeridade, não sendo uma medida urgente e indispensável, parece justificar-se no sentido que assinalamos.

De resto, a adopção de medidas que credibilizem cada vez mais a administração da Justiça, que garantam a **qualidade** da prestação do serviço público que é a administração da Justiça, seja ao nível do apetrechamento técnico e profissional seja ao nível do aperfeiçoamento dos mecanismos legislativos e processuais que permitem a sua administração célere e eficaz, parecem ser a única resposta possível.

Assim a saibamos dar.

Lisboa, 17 de Maio de 2005

# NOTAS PARA A INTERVENÇÃO NO COLÓQUIO DE APRECIAÇÃO DO RELATÓRIO DO GPLP SOBRE "AVALIAÇÃO DO SISTEMA DE RECURSOS EM PROCESSO CIVIL E EM PROCESSO PENAL"

Armindo Ribeiro Mendes

**1.** O Relatório elaborado em Maio de 2005 por técnicos ligados ao GPLP sobre a avaliação de recursos em processo civil e em processo penal é um estudo muito valioso para a preparação de eventuais alterações legislativas na matéria, pelo que não posso deixar de endereçar as minhas felicitações aos responsáveis pelo GPLP, em especial à sua Ilustre directora Prof.ª Doutora Assunção Cristas, bem como aos seus Autores.

**2.** Numa apreciação perfunctória das duas partes do Relatório, afigura-se que a respeitante ao processo civil é a mais completa, com maior riqueza de informação e debate aprofundado dos contributos da doutrina e da jurisprudência na interpretação e aplicação das normas do Código de Processo Civil, na versão da Reforma de 1995-1996 (Decretos-Leis n.ºs 329-A/95, de 12 de Dezembro, e 180/96, de 25 de Setembro), com as alterações subsequentes introduzidas pelos Decretos-Leis n.ºs 375-A/99, de 20 de Setembro, e 38/2003, de 8 de Março.

**3.** De facto, e no que toca à parte do Relatório sobre recursos em processo penal, o desenvolvimento dado nele à evolução histórica não dá o devido destaque à evolução da jurisprudência constitucional sobre recursos em processo penal, sobretudo à jurisprudência numerosa e não consensual sobre a *exigência do duplo grau de jurisdição em processo* *penal*. Destaca-se o Acórdão de 1989 sobre o Processo designado como OTELO/FUP em que, pela primeira vez e já no domínio de vigência do CP Penal de 1987, foi julgado inconstitucional o art. 665.º do Código de Processo Penal de 1929. Na sequência deste Acórdão, começaram a ser analisados vários recursos de constitucionalidade em que se punha em causa a revista alargada do Código de 1987 (arts. 410.º e 433.º); embora não fossem julgados inconstitucionais essas normas, os votos de vencido punham em destaque a proximidade de soluções entre os diplomas de 1929 e de 1987 a falta de registo da prova nos processos que decorriam perante tribunal colectivo ou de júri. A publicação do Decreto-Lei n.º 39/95, de 15 de Fevereiro, sobre o registo de prova em processo civil pôs em causa a bondade de solução maioritária do Tribunal Constitucional, visto se ter chegado a um absurdo de conferir maiores garantias, em sede de duplo grau de jurisdição, aos processos civis por comparação com os processos penais.

A Reforma de 1998 do Código de Processo Penal levou em conta, nesta matéria e em outras (acesso aos autos em segredo de justiça, por exemplo), a evolução jurisprudencial do Tribunal Constitucional e a dialéctica interna entre maioria e minoria, reformulando o sistema e impondo sempre o recurso para o tribunal da Relação quando esteja em causa o recurso sobre matéria de facto (com a especialidade conhecida do recurso directo para o Supremo Tribunal de Justiça das decisões dos tribunais de júri).

Compreendendo que se tenha tido a preocupação de não sobrecarregar a descrição da evolução histórica em matéria de recursos em processo penal, creio que teria enriquecido o Relatório alguma atenção à influência da jurisprudência constitucional sobre as soluções acolhidas em 1998.

Trata-se, como é evidente, de um puro juízo pessoal.

**4.** Especificamente e no que toca ao processo civil, o relatório contém numerosos dados estatísticos que confirmam as convicções baseadas em experiências pessoais de quem está habituado a lidar com a problemática de recursos.

**5.** Não obstante o Ministro da Justiça ANTÓNIO COSTA ter "inaugurado" a orientação de política legislativa no sentido de que os recursos cíveis deveriam ser, após a acção executiva, uma área de intervenção prioritária do legislador na reforma do processo civil (orientação que se manteve nas preocupações dos Ministros CELESTE CARDONA e AGUIAR BRANCO), a verdade é que as conclusões do Relatório apontam para que se trata de uma área que não carece, à partida, de grandes alterações legislativas, devendo as que forem introduzidas revestir-se de carácter pontual.

De facto, a duração média dos recursos nas Relações e no Supremo é perfeitamente aceitável, colocando-nos numa posição privilegiada em termos europeus. Não obstante afirmações em contrário de altos responsáveis dos tribunais superiores, não se afigura que a distribuição, apesar das subidas em anos recentes, penalize de forma incomportável os Juízes dos Tribunais Superiores, dado o carácter repetitivo de muitas questões. A carga processual parece ser bastante maior em numerosos tribunais de 1.ª instância.

**6.** Na opinião do signatário, os problemas dos recursos cíveis situam-se mais no *plano de organização e funcionamento dos Tribunais superiores do que no plano da reforma legislativa.*

De facto, a leitura de jurisprudência e o número das decisões tiradas consensualmente indicia que o funcionamento de colegialidade é, de um modo geral, deficiente. Afigura-se ao signatário que não se tiraram ainda as virtualidades plenas da possibilidade de discussão dos projectos de acórdão utilizando o correio electrónico e a ligação em rede dos Desembargadores e Conselheiros que formam as diferentes conferências.

Tal problema não é susceptível de solução legislativa, por se tratar antes de um problema organizacional das Relações e do Supremo Tribunal de Justiça.

Por outro lado, há uma certa relutância em utilizar o mecanismo da decisão sumária, o qual visava diminuir o trabalho nos Tribunais Superiores, apesar do risco de reclamações para a conferência.

**7.** Outro problema organizacional de certa gravidade é a aparente falta de coordenação interna nos Tribunal Superiores, ao nível das presidências de secção, permitindo a assinatura de acórdãos de sentido contrário sobre as mesmas questões, às vezes na mesma sessão.

Sobretudo no STJ, a existência de correntes jurisprudenciais divergentes não é, de um modo geral, combatida através do mecanismo de revista alargada, sendo raros, segundo crê o signatário – os casos em que os relatores suscitaram de *motu proprio* a necessidade de se recorrer ao disposto nos arts. 732.º-A e 732.º-B do CPC.

**8.** Na questão das alçadas, parece-me substancialmente correcta a orientação acolhida no relatório.

Deve incentivar-se a possibilidade de recurso das decisões de 1.ª instância, sobretudo quando, em processo civil, se generalizou o *sistema de juiz singular*, passando a ser a intervenção de tribunal colectivo verdadeiramente residual. Daí que a actualização do valor da alçada de 1.ª instância tenha que ser muito moderada (em especial, atendendo à existência do requisito de sucumbência).

No que toca à alçada dos tribunais da Relação, pode encarar-se uma ampliação mais acentuada desse valor, não sendo claro que não haja resistências na Assembleia da República para se lograr tal objectivo (bastará recordar o que sucedeu em 1998 quando foi discutida a proposta do Governo sobre a nova Lei de Organização e Fornecimentos dos Tribunais Judiciais).

Por outro lado, importa ponderar a concatenação dos valores das alçadas com as formas de processo e as competências dos tribunais especializados.

**9.** As restrições no acesso ao Supremo nos recursos de revista terão de ser cuidadosamente ponderadas. A acolher-se o princípio da dupla conforme, seria razoável que se criasse, apesar de tudo, uma *válvula de escape* de carácter relativamente discricionário (por ex. um sistema de permissão de autorização para recorrer, com a última palavra no próprio STJ, baseado em conceitos relativamente indeterminados mas susceptíveis de uma densificação jurisprudencial consensual).

**10.** Importa evitar a transposição acrítica para o processo civil das soluções do novo Código de Processo nos Tribunais Administrativos sobre o acesso a um terceiro grau de jurisdição. De facto na jurisdição administrativa permite-se agora, em termos cautelosos, o acesso a um "terceiro grau", o que constitui um *plus* em relação à solução da anterior LPTA.

Já no processo civil, a existência de três graus de jurisdição remonta ao direito anterior à Constituição de 1822 e está fortemente arreigado na prática forense, pelo que a sua limitação drástica é susceptível de encontrar resistências nos meios forenses.

**11.** Impõe-se adoptar medidas de racionalização que importem a melhoria do sistema e a sua maior eficácia. Exigir que a alegação conste do requerimento de interposição do recurso cível – ainda que com alargamento do prazo – parece ser altamente gravosa para a advocacia e sem reais vantagens para a celeridade da fase de recursos.

Em contrapartida, uma utilização plena das virtualidades do art. 720.º CPC – à semelhança do que vem ocorrendo nos Tribunal Constitucional – parece altamente desejável para sancionar atitudes de incompreensível chicana.

**12.** A sugestão feita a págs. 123 do Relatório sobre a "racionalização" do momento das alegações nos agravos retidos e que devam subir com a apelação não parece de acolher. De facto, a alegação imediata impõe ao Advogado do Agravante uma maior ponderação sobre a utilidade do agravo.

A prolixidade das alegações e conclusões – em recursos de apelação e, sobretudo, de agravo – é sintoma de uma deficiente preparação técnica de muitos advogados. Pode dar origem a arguições de nulidade por omissão de pronúncia. Todavia, parece que imposição de 1995/96 (Reforma do CPC) de que as alegações nos agravos retidos devam ser apresentadas imediatamente após a admissão devem ser mantida. É uma norma disciplinadora, fundada em boas razões de ordem pragmática.

**13.** Não me parece que a taxa de insucesso dos recursos deva ser utilizada para condicionar o regime de admissão dos recursos. Terá de se encarar plenamente a regra de que quem decai no recurso terá de suportar as despesas de honorários do recorrido causadas pela interposição do recurso que não teve sucesso.

**14.** No que toca às propostas de Comissão GALVÃO TELLES referidas na pág. 173 do Relatório, tenho as maiores dúvidas sobre a distinção de patamares de valores processuais, no domínio de revista e eventualmente do agravo em 2.ª instância de decisões finais (que hoje é um recurso residual) para aí introduzir o sistema de dupla conforme. O critério de patamares de valores é "cego" e permite sempre manipulações temerárias por parte da advocacia, sobretudo quando o recorrente litiga com apoio judiciário. Tais patamares são dificilmente compatíveis com o sistema de sucumbência, a meu ver.

**15.** Manifesto o meu acordo às judiciosas considerações sobre a revitalização de recurso *per saltum* a pág. 176 a 177 do Relatório.

**16.** Por último, seja-me permitido dizer que os grandes problemas do processo civil residem no processo em 1.ª instância, seja no processo declarativo (recorde-se a comunicação de J.M. JÚDICE e JOÃO CORREIA ao congresso dos Advogados, "Morra Alberto dos Reis") seja na acção executiva.

A Reforma de 1995 sobre a fase de condensação acabou por sofrer a "contra reforma" de 1996 (além de base instrutória, os factos assentes têm de constar do despacho judicial). Importaria, por isso, repensar o modo de acelerar o processo declarativo, criando eventualmente tramitações alternativas no processo ordinário, à semelhança do que sucede ao processo sumário.

No que toca aos recursos, a diminuição das impugnações em matéria de facto está dependente da melhoria da decisão da primeira instância, havendo que monitorizar cuidadosamente o impacto de medidas de simplificação processual já tomadas recentemente (alargamento do âmbito do processo de injunção nos termos do Decreto-Lei n.º 32//2003, de 17 de Fevereiro) na diminuição da carga processual dos tribunais da 1.ª instância.

**PROGRAMA DA CONFERÊNCIA
"REFORMA DO SISTEMA DE RECURSOS
EM PROCESSO CIVIL E PROCESSO PENAL"
ESCOLA DE DIREITO DA UNIVERSIDADE DO MINHO**

**7 DE JULHO DE 2005**

**SESSÃO DE ABERTURA**
*Prof. Doutor Luís Couto Gonçalves*
Presidente, Escola de Direito da Universidade do Minho
*Prof.ª Doutora Assunção Cristas*
Directora, Gabinete de Política Legislativa e Planeamento

*A Reforma do Sistema de Recursos em Processo Civil*

Orador: *Conselheiro António da Costa Neves Ribeiro*
Vice-Presidente, Supremo Tribunal de Justiça
**O Recurso de Revista – A Reforma Desejável**

Orador: *Desembargador José M. C. Vieira e Cunha*
Juiz, Tribunal da Relação de Guimarães
**Notas Soltas sobre Apelação e Agravo**

Orador: *Mestre Elizabeth Fernandez Docente*
Escola de Direito da Universidade do Minho
**A Nova Dimensão do Direito ao Recurso**

DEBATE
Moderação: *Doutor Wladimir Brito*
Professor, Escola de Direito da Universidade do Minho

***A Reforma do Sistema de Recursos em Processo Penal***

Orador: *Conselheiro António Silva Henriques Gaspar*
Supremo Tribunal de Justiça
**O Recurso Penal no STJ**

Orador: *Dr. Alípio Tibúrcio Ribeiro*
Procurador-Geral Distrital do Porto
**O Ministério Público – de Recorrente a Recorrido**

Orador: *Dr. Rui da Silva Leal*
Presidente do Conselho Distrital do Porto, Ordem dos Advogados
**Recursos no Processo Penal: que alterações?**

DEBATE
Moderador: *Doutor Mário Monte*
Professor, Escola de Direito da Universidade do Minho

**SESSÃO DE ENCERRAMENTO**
S. Ex.ª O Secretário de Estado da Justiça
*Mestre João Tiago da Silveira*

# COMUNICAÇÕES ESCRITAS

## O RECURSO DE REVISTA – A REFORMA DESEJÁVEL

Conselheiro António da Costa Neves Ribeiro
*Vice-Presidente, Supremo Tribunal de Justiça*

## NOTAS SOLTAS SOBRE APELAÇÃO E AGRAVO

Desembargador José M. C. Vieira e Cunha
*Tribunal da Relação de Guimarães*

# O RECURSO DE REVISTA
# – A REFORMA DESEJÁVEL

António da Costa Neves Ribeiro

I. **Introdução ao tema**

**1.** O nosso problema da Administração de Justiça não está nos recursos, particularmente na demora da sua resolução.

E quando está nos recursos, então, o problema está, **primeiro,** na generosidade com que os recursos – cíveis e penais – são admitidos no nosso sistema judiciário.

**Depois**, nas formas habilidosas, com que as partes, suportadas pelo mesmo sistema, usam e abusam dos recursos, em função de manobras visivelmente dilatórias. Quantas vezes são inconfessáveis tricas dilatórias, fundadas em aparentes suspeições, ou impedimentos, ou até, a invocação da incompetência do tribunal, em particular em razão da matéria, e, por vezes, do território. E tudo, *impedindo* que a Justiça se faça em tempo útil, frustando a tutela judiciária efectiva do direito accionado.

**2. Não é essencial que a reforma comece pelos recursos, mas se faça com eles.**

A grande reforma tem que começar pelo repensar de todos os agentes judiciários, convocando os académicos, sobre o papel do sistema jurídico e judiciário para que não passe ao lado da Sociedade de Informação e do Conhecimento, deixando-nos cair, numa nova forma de exclusão, que é as dos info-excluídos.

É, aqui também, um procedimento cautelar crucial!

O reordenamento do território judiciário, o critério de colocação e recrutamento dos juízes, o uso de meios tecnológicos inovatórios, são condições de eficácia da resposta do sistema, aos desafios de uma nova Sociedade que se vai desenvolvendo.

Isto porque, *a organização judiciária* actual funciona em razão de universos demográficos cuja repartição e índices de conflitualidade estão fora das necessidades que justificaram a sua criação, ao tempo – e, então já, em alguns casos, com insuficiente dimensão na origem. Só que... cada autarca gostaria de ter no seu concelho, a sua comarca...!

A alma de nacionalidade degenera pelo cruzamento dos Povos que circulam livremente na U.E.

Repita-se o tipo de Sociedade é outro! e as próprias migrações internas e as imigrações, dão lugar a um tipo de conformação sociológica, que exigem novas formas de composição dos litígios.

**3.** O desafio vai inquestionavelmente no sentido da melhoria da qualidade da Justiça, a começar pelo mapa da "geografia" dos tribunais de 1.ª instância, *porque são estes os que estão mais próximos das pessoas*. E, pela proximidade, realizam *o melhor* dos princípios clássicos que tem o processo judiciário, seja ele qual for – princípios que são, o da imediação, o da oralidade e o da concentração.

É nesta altura preliminar do percurso de pensamento que aqui trago, que surge a *primeira reflexão* séria sobre os recursos – os recursos cíveis.

O principio estruturante do sistema há-de consistir numa *elevação reduzida* da alçada do tribunal de comarca, num elevado aumento da alçada da Relação, e num critério selectivo de acesso dos recursos ao Supremo, como garante do respeito pela interpretação e aplicação do Direito, de modo uniforme.

Donde, não pode ser à custa da elevação da alçada do tribunal de comarca que pode resolver-se parte da crise.

A elevação que afaste as pessoas do acesso ao primeiro nível da jurisdição pública, sem recurso à Relação, não é um bom caminho, porque impede o comum da conflitualidade chegar até a um segundo patamar de conhecimento judicial, como garantia fundamental de um Estado de Direito.

E mais: o impedimento reflecte-se nas causas que são da exclusiva competência dos julgados de paz, onde os houver, pois a competência material destes está indexada à competência material do Tribunal de Comarca para o qual se abre o recurso da decisão do julgado de paz.

Quanto mais se aumentar o valor da alçada do tribunal de base – o da comarca – mais se restringe a garantia constitucional do recurso. Acontece até que, o nosso sistema é já dos mais restritivos: na Alemanha é 600 euros, na Áustria 2000 – só é maior em França e na Suécia. O que não é bom!

E depõem a favor desta conclusão a indicação estatística de que, no ano 2003/2004, 60% das apelações foram providas. Mais de metade!

*Daí, surgir uma conclusão inicial elementar*: quanto mais se aumentar o valor da alçada do Tribunal de Comarca, mais se limita o duplo grau de jurisdição, donde, ainda, a necessidade de comedimento na fixação do futuro valor da alçada deste – até porque isso também é um factor para o estabelecimento de custas mais caras, o que não facilita o acesso à justiça mais à mão, daqueles que têm menos meios.

Bem sei que há valores artificiais que são atribuídos às acções, para acautelar o recurso; que há o apoio judiciário; que há uma regra constitucional que defende a igualdade do acesso ao direito e aos tribunais... mas não queria ir por aí!

Depois, reconhecendo que a preparação técnica dos novos juízes é boa, pode a sua *"arte de julgar"* sair menos bem conseguida em razão da falta do seu amadurecimento humano que favorece a capacidade critica de avaliação e de fundamentação, que levam a compreender as raízes dos conflitos que se abatem sobre os tribunais – e, assim, saber decidir melhor.

A **segunda reflexão** – ainda a partir debaixo – é consequente do que acaba de dizer-se.

*Referimo-nos ao efeito "meramente devolutivo" do recurso de apelação.*

Depois das alterações legislativas de 2003, quer em processo sumário, quer em processo ordinário, *o recurso não suspende a força executiva da decisão*. E sendo assim, *se* a sentença (ou despacho saneador) tem recurso (e até no processo sumaríssimo o pode ter, nos quatro casos previstos pelo artigo 678.º-2, conjugado com o artigo 800.º: caso julgado, incompetência em razão da matéria, da hierarquia, e incompetência internacional), **então,** o efeito executivo da sentença, que **é o seu imediato caracter executivo** (sendo certo que a parte vencida pode a isso obstar; mas tem que caucionar a prestação a que, entretanto, ficou condenada), **obriga** ao redobrado cuidado por parte do juiz cuja decisão melhor garantia revestirá se for susceptível de ser levada à reapreciação, de facto e de direito, pela Relação.

Não se esqueça, não como regra de direito, mas como lição de vida, que o melhor julgador, *é o juiz do facto*.

Possivelmente por aqui, se percebe que o recurso para a Relação se faça, do julgamento da matéria de facto e da matéria de direito. E que esta, a Relação – ainda que de forma pouco praticável e de difícil operatividade – possa renovar a prova, segundo o n.º 3 do artigo 712.º do C.P.C.

É pena – para mim é pena, se bem que compreenda as dificuldades e as limitações práticas – que o tribunal colectivo só intervenha, se ambas as partes o requererem; ou não intervenha, se uma delas tiver requerido a gravação da audiência final (artigo 646.º-1 do C.P.C., na redacção dada pelo DL 183/2000, de 10 de Agosto), *remetendo* para o juiz singular o julgamento do facto, que é o *julgamento da vida* – singularidade que pode não ser boa solução, particularmente em processos mais complexos em que as partes não querem comprometer-se com a justiça material.

## II. O recurso de revista que temos

**1.** Neste alinhamento do discurso, estão criadas as condições para chegar onde quero (pedindo desculpa por repetir o que é básico): é altura *de lembrar* que, *da* decisão da 1.ª instância (sentença ou despacho judicial), *ou se agrava ou se apela*. Todos sabem!

Agrava-se, quando houver infracção da lei processual; apela-se, quando houver infracção da lei substantiva. É a regra geral bem conhecida, que também se formula de outra maneira: do que não se apela, agrava-se.

Tudo isto, claro está, moderado pela verificação dos pressupostos necessários à admissibilidade da espécie do recurso, em cada caso concreto, em que se agrava, em que se apela ou se fazem as duas coisas juntas.

E do acórdão da Relação que decidir sobre estas matérias, pode agravar-se, ou pedir-se revista, ou também as duas coisas juntas, de acordo com a configuração concreta do caso. Todos o sabem também!

A apelação delimita-se exclusivamente pelo objecto; a revista delimita-se pelo objecto e pelos fundamentos.

O objecto da revista são as decisões que condenem ou absolvam do pedido e podem fazer caso julgado material. Não as que absolvem de instância, julgam extinta a instância por deserção ou inutilidade da lide, e que não fazem caso julgado material – que estas decisões são as de agravo.

2. É aqui que intervém o Supremo, e chego onde pretendo chegar, como método de exposição discursivo:
*Deixemos, então de parte, o recurso de agravo.*
*Falemos do recurso de revista:*
*Primeiro, do que é! principalmente das suas dificuldades de convivência com um processo de recurso moderno* – **o processo desejável, que gostaríamos que fosse.**

*É este o tema que me propus trazer à minha e vossa reflexão, na convicção de que, é do contributo válido de todos que as instituições se podem aperfeiçoar, particularmente neste lugar, e neste meio cientifico, e* ***agora aqui,*** *de convergência entre os que investigam e ensinam o Direito, e aqueles que, no quotidiano dos tribunais, o interpretam e aplicam. Ambos afinal, e cada um de seu jeito, a tentar fazer o seu melhor para cumprir a tarefa constitucional do Estado* ***«de fazer justiça em tempo útil, com tutela judiciária efectiva do direito ameaçado ou violado».***

3. **O recurso de revista,** tal como o de apelação, é um recurso ordinário, uma vez que a sua interposição impede o trânsito em julgado da decisão.

*«Cabe recurso de revista do acórdão da Relação que decide do mérito da causa»* – artigo 721.º, n.º 1, do C. P. C.

O Supremo é um tribunal de revista e não um tribunal de instância, segundo o artigo 210.º, n.º 5, da Constituição da República.

Na apreciação da revista (como do agravo) o S.T.J. **só conhece** de questões de direito, diz o artigo 26.º da Lei Orgânica dos Tribunais, dando expressão correspondente à norma constitucional.

E só conhecer de matéria de direito, significa referenciar as condutas à verificação dos pressupostos de previsão e de estatuição da norma jurídica infringida, porque houve erro na sua interpretação, na sua aplicação ou na sua determinação.

Como diz um conhecido autor, só quando, *"por detrás da formulação do juízo de valor, existe qualquer regra de direito, explícita ou implícita, a limitar o prudente arbítrio do julgador"* é que está aberta essa via, para se invocar erro na aplicação da lei; já não haverá recurso de revista nos casos *"em que, não havendo nenhuma regra de direito no sopé do juízo de valor, a lei confia a sua aplicação ao prudente critério do julgador"* (por exemplo, quando se decide que a cláusula penal é manifestamente excessiva e se reduz o seu montante), porque, quando *"a lei apela para o bom senso ou o sentido de equidade do julgador, não tanto como perito de leis, mas como homem prudente, como pessoa de critério ou como indivíduo de rectos sentimentos, também, não tem cabimento o recurso de revista"*.

«*São juízos de valor, em que pode haver dureza, complacência, incoerência, falta de razoabilidade ou de sensibilidade, não pode haver propriamente erro de interpretação ou de aplicação de qualquer regra do mundo lógico ou racional em que se revê o método científico do direito*».

As normas jurídicas infringidas contra cuja infracção se reage através da revista, são normas de direito material privado, de natureza civil, comercial, laboral, ou comunitário, porventura com a excepção de normas de direito público, como o constitucional; ou ainda normas de direito criminal e administrativo, nas situações relativas a questões prejudiciais, na configuração que lhes dá o artigo 97.º C.P.C.; ou em razão da competência material, de direito privado ou público, que estiver em causa.

Dizendo a mesma coisa por ângulos de análise diferentes – mas vai tudo bater no mesmo – o fundamento específico do recurso de revista é a violação de lei substantiva ou dos princípios de direito internacional, e das disposições genéricas de caracter substantivo, emanadas dos órgãos de soberania, nacionais ou estrangeiros, ou constantes de convenções ou de tratados internacionais. (Artigo 1.º-2, do C.C. São **fontes imediatas do direito**, a lei e as normas corporativas; *"Consideram-se leis todas as disposições genéricas provindas de órgãos estaduais competentes..."*)

Por conseguinte, excluídas ficam as normas locais – o que é pouco significativo.

**Significativa é**, a exclusão do erro na apreciação das provas ou na fixação dos factos materiais da causa. (Artigo 722.º-2, do C.P.C.)

E aqui há um grande equívoco no estado actual de evolução do recurso de revista, relativamente ao seu objecto que é, como sabem,

**circunscrito pelas conclusões do recorrente, dentro da matéria julgada** (e não de matéria nova – com por vezes também sucede, provocando-se revistas de cujo objecto não pode conhecer-se).

Grande parte dos recursos que sobem ao Supremo, no fundo, destinam-se à reapreciação da prova, invocando-se *como disfarce*, para fugir a esta exclusão, a violação do artigo 342.º do Código Civil, relativo ao ónus da prova; ou, então, invocando-se, mal e tardiamente, a violação de um preceito constitucional – questão que antes nem sequer foi suscitada no processo, como é de exigência legal – para abrir a porta à "Quarta Instância", que acaba por ser o Tribunal Constitucional. Um sistema de *"recursos de luxo"*, como refere um especialista destas matérias.

E já nem falo na possibilidade da questão do reenvio ao Tribunal de Justiça da União Europeia...! Muito menos do Tribunal Europeu dos Direitos do Homem, sendo alegadamente caso disso...!

Com o que se quer dizer que se criou uma cultura judiciária de tolerância, em que acaba, também ela, por comodismo, ir deixando andar, porque é mais fácil deixar prosseguir o processo, do que criar embaraços ao seu prosseguimento, rumo à instância seguinte, com despachos de indeferimento de reclamações que vão sempre ao presidente do tribunal acima! Ele que decida, pois tem melhor vocação para decidir do que pode deixar ou não entrar em sua *"casa"*!

Mesmo no estado actual da regulação do recurso de revista, como se disse, há que reassumir uma cultura judiciária de exigência na avaliação dos pressupostos da admissibilidade do recurso.

Consequentemente, e no desenvolvimento do que foi dito, interrogo-me **(?),** sendo como é, da matriz da função do S.T.J, o conhecimento da matéria de direito, ou seja, referenciando a sua actividade interpretativa à definição do direito, a partir de critérios normativos puros, dificilmente é aceitável que o Supremo se ocupe de questões de equidade, ou até de problemas de contas, como acontece no comum das vezes, com as questões de indemnização por acidentes de trabalho ou de viação (e já deixou de o ser com as expropriações).

**4.** Vejam este segmento de um recente acórdão da Relação cuja jurisdição abrange o local onde estamos, respeitante aos frequentes recursos em acidente de viação:

«O Exmo Conselheiro Dr. Sousa Dinis (*Dano Corporal em Acidentes de Viação, Col Jur-Ac do STJ, 2001, 1.º, pág. 9 e 10*) ***propõe uma*** *metodologia simples e expedita como base de determinação da indemnização em casos como o vertente, e que, no essencial, supomos ser de adoptar. Podemos assim começar por determinar, através de uma regra de três simples, qual o capital necessário para, a um juro (realístico, face ao actual rendimento comum do capital) de uns 2,5%, se obter o rendimento anual de que o lesado se viu privado. A importância assim obtida, tem que sofrer um ajustamento, visto que o lesado vai receber de uma só vez aquilo que só fraccionadamente iria auferir ao longo do tempo. Para se obviar a esse enriquecimento injustificado, será razoável deduzir àquela importância 1/3 do valor da mesma. A partir da quantia assim determinada, deve o juiz de seguida fazer recair um juízo de equidade, atendendo às circunstâncias do caso concreto, designadamente à idade e tipo de trabalho da vítima. Quanto mais baixa for a idade a considerar, maior será a tendência para nos aproximarmos da quantia encontrada ou mesmo ultrapassá-la (caso da vítima que estaria na casa dos 20 anos).*

*Adoptando como bom este método, façamos <u>agora as contas</u> no caso concreto: a vítima ganhava 80.000$00 por mês, o que representa um rendimento anual de 1.120.000$00. A vítima consumia consigo (gastos pessoais) cerca de metade desta verba (ponto 27 da matéria de facto), revertendo a favor do lar o remanescente (560.000$00). Deste remanescente ainda se pode admitir que a vítima iria beneficiar em cerca de 1/3, o que significa que a A. beneficiaria pessoalmente, na prática, de cerca de 373.000$00 em cada ano. Procedendo à supra citada regra de três simples, chegamos ao valor de 14.900.000$00. Abatendo a esta quantia o falado 1/3, chegamos à quantia de pouco mais de 10.000.000$00. Fazendo agora intervir a equidade, e visto que a vítima era pessoa deveras jovem (tinha apenas 20 anos de idade), impõe-se ir um pouco para além esta quantia, de modo que se afiguraria justa uma indemnização ao redor dos 10.300.000$00. A sentença recorrida concluiu pela quantia de 10.291.191$00, e mais longe não podia ir, pois que foi a que a A. peticionou.*

<u>*Donde, a indemnização mostra-se correctamente determinada*</u>».

Isto não tem nada de jurídico! Esta decisão no bom rigor não comporta pedido de revista!

**5.** E o que se diz com este problema de contas, diz-se também com conceitos que nada têm de pendor normativo (normativo/jurídico no

sentido há pouco indicado), onde não se põe em causa qualquer problema de uniformidade de jurisprudência, como por exemplo:
 - o prudente arbítrio do julgador;
 - o bom senso ou o sentido de equidade do juiz;
 - o homem prudente, etc.

### III. O recurso de revista que poderíamos ter

**1.** Tudo isto, no fundo, para enquadrar e encaminhar a resposta *à última questão*:

O recurso de revista que devíamos ter, e não o que temos, em razão dos desajustamentos que acabam de ser explicados; e devem suprir-se por lei expressa que o diga.

Vamos responder, com a clareza possível, através do método de duas perguntas:

*Primeira, para que serve essencialmente esta forma de recurso (?)*: Serve para definir o direito, assegurando o respeito pela sua interpretação e aplicação uniforme. Já o dissemos!

*Segunda, como garantir esta específica finalidade(?)*:

Esta específica finalidade garante-se, em função de um grau elevado de exigência na verificação das condições da sua admissibilidade, as quais devem ser restritivas e excepcionais:

Por isso, **a regra de ouro da reforma desejável do recurso de revista** é reconduzi-lo à sua verdadeira natureza e dimensão, que reveste em todos os países da União Europeia, ou da nossa área de civilização.

Em todos eles, o recurso para o Supremo Tribunal visa o conhecimento e a definição do Direito, uniformizando a sua interpretação e aplicação, como exigência natural do Estado de Direito.

É esta a sua função matricial. Temos que nos reconciliar com ela.

**2.** Reconciliação que, *partindo da indicada regra de ouro*, siga por um caminho que preencha um critério limitativo do **recurso de revista**; a par de um critério ampliativo.

#### A) *Como critério limitativo:*

*a)* O valor da alçada e da sucumbência, actualizados – como primeiro nível, ou referência principal da admissibilidade da

revista, podendo ter depois em consideração, como factores de ponderação para recusar ou admitir;
b) A dupla decisão conforme, sem voto de vencido e com identidade essencial de fundamentação, no todo ou em parte;
c) A importância social e jurídica da questão (por exemplo: em razão do interesse na uniformização da jurisprudência ou da unidade da ordem jurídica; do interesse público no desenvolvimento do direito em especial em matérias novas; ou então, quando houver erro grosseiro, ou intolerável na interpretação, aplicação ou determinação dos pressupostos de previsão ou de estatuição da norma, no caso concreto); ou, então
d) O valor extraordinariamente elevado da acção.

**B) Como critério ampliativo:**

a) Sempre que estejam em causa interesses imateriais, ou relativos a direitos fundamentais ou de personalidade; ou:
b) Matérias do âmbito da propriedade industrial (excluídas pelo Decreto-Lei n.º 375-A/95 – artigo 7.º);
c) Matérias do âmbito das biotecnologia vegetal e animal;
d) Matérias relativas à propriedade do *sofware*, ou protecção de base de dados, se não resultarem abrangidas pelas alíneas anteriores.

**3.** Não queria terminar sem deixar umas observações, *se não soltas*, seguramente menos bem sistematizadas, relativamente ao tema da revista desejável.
Deste modo, lembrando:
a) A necessidade de reabilitação do recurso **per saltum** reintroduzido pela reforma de 95/96, ainda que condicionada pela cumulação de requisitos indicados anteriormente da alçada mais à sucumbência por paralelismo com o art. 678.º, 1 C. P. C.
Reabilitação porque, a haver recurso, deve ser obrigatória a sua interposição para o Supremo, e não dependente da vontade das partes (artigo 725.º-1), que o podem fazer para a Relação ou para o Supremo;
Depois, porque, quando o recurso é sempre admissível, independentemente do valor da causa (artigo 678.º-2), ou seja, quando

há violação de regras de competência em razão da matéria, da hierarquia, da competência internacional ou do caso julgado, tratando-se, como se trata, de matéria de direito, o Supremo definiria, desde logo, sem perda de tempo, a competência que estiver em causa.
Especialmente, quanto à competência em razão da matéria – a mais frequente –, considero chocante, que se percorram as três jurisdições (sem contar, eventualmente com a constitucional) para se estabelecer qual o tribunal competente para decidir sobre certa causa. E, um ano ou dois mais tarde, estabelecida esta competência material, se reinicie a acção;

b) O exercício, junto do Supremo, do mandato forense, só devia ser permitido, como no domínio do Estatuto Judiciário, e como sucede em alguns Estados-Membros da União Europeia, por advogados com certa antiguidade, no exercício efectivo da advocacia, a credenciar pela Ordem;

c) As alegações escritas devem ser juntas com o requerimento de interposição do recurso, (à semelhança do processo de trabalho), sendo de 20 dias o prazo para tal interposição, e se o recurso não for admitido, a conferência *a quo*, julga a reclamação (indeferida) em definitivo;

d) As alegações orais devem ser reabilitadas, especialmente se a admissibilidade da revista vier a configurar a hipótese das limitações acima indicadas: [alínea a)];

e) Os conflitos de jurisdição, uma *chaga viva que infesta* o sistema judiciário devem acabar, sendo solucionados pelo Supremo Tribunal de Justiça, e não por um "Tribunal de Conflitos" cujo processo, formação e funcionamento, revestem, por vezes, aspectos hilariantes, com custos de tempo absolutamente inadmissíveis, num Estado de Direito;

f) Finalmente, e seria pedagógico e de grande utilidade, que o acórdão da revista fosse precedido de um sumário enquadrando o tema e a matéria tratada, para facilitar a sua imediata inserção em rede, de forma proficiente sob a óptica do utilizador comum. Não imaginam quanto se pouparia nos gastos públicos! (sei do que falo).

## IV

Meus senhores:

O direito de recurso é uma garantia de uma Comunidade de Direito (uma garantia de civilização), traduzindo a protecção jurídica contra actos jurisdicionais viciados, por ilegais ou inconstitucionais.

A *"grande reforma"* também passa pela nossa própria mentalidade, como agentes de mudança do sistema judiciário, e não como cúmplices silenciosos do seu ensino e da sua aplicação, pouco fazendo para o tentar modificar ou forçar a sua renovação.

Parece pois, de "parafrasear" uma expressão célebre de um Presidente americano – já falecido – ou seja, não devemos perguntar, *o que é que o Direito faz por nós,* **mas perguntar**, *isso sim, o que é que nós fazemos pelo Direito!*

É para fazermos *todos* alguma coisa, que aqui estamos!

Braga, 7 de Julho de 2005.

# NOTAS SOLTAS SOBRE APELAÇÃO E AGRAVO

José M. C. Vieira e Cunha

Na breve apresentação que me é solicitada imponho-me, em primeiro lugar, dar nota de quanto me sinto honrado com a oportunidade que tenho de proferir algumas despretensiosas palavras no lugar de saber que constitui a Universidade em geral e esta casa, a Escola de Direito da U.M., em particular.

Os meus sinceros agradecimentos, por isso, à Escola de Direito, na pessoa do seu Director, Sr. Prof. Luís Couto Gonçalves.

O relatório do Gabinete de Política Legislativa sobre Avaliação do Sistema de Recursos, em matéria de Processo Civil traz-nos algumas ideias e propostas interessantes, que comentarei em função de alguns dados empíricos da minha experiência, em conjunto com uma ou duas propostas da minha lavra, que também proponho à discussão.

Penso que a ideia mais básica e mais sã de que qualquer reformador possa pretender partir é a de que não temos, nem o pior, nem o melhor sistema de recursos do mundo – temos o nosso sistema de recursos, caldeado no balanço de muitos anos, de centenas de anos diríamos, entre as ideias (designadamente a teorização dos académicos) e a forma como as colocámos em prática, os advogados, os magistrados, as partes, o público, no dia-a-dia dos tribunais.

Nem nos nossos parceiros europeus mais próximos e desenvolvidos existem sistemas ideais passíveis de importação imediata para Portugal – aliás, sempre que me falam dos sistemas de recurso alemães, holandeses, franceses, espanhóis, e outros, ocorre-me perguntar se essas nacionalidades se importam tanto com o nosso sistema de recursos como nós próprios com o deles.

Este mito do desenvolvimento, da produtividade, e a idealização de outros sistemas são uma superstição comum aos países subdesenvolvidos (António José Saraiva, Crónicas, pg. 444).

Sendo certo que, ao ler o relatório, respiguei esta conclusão – "os nossos tribunais superiores são dos mais céleres da Europa". A conclusão, como conclusão que é, vale o que vale, certo porém que não constitui mera afirmação emocional ou acrítica proferida em tom dogmático (os dogmas, como se sabe, prescindem da comprovação pela experiência).

Vejamos então o que nos suscita o relatório.

Desde logo a constatação de que, em matéria de agravo, a prática dos tribunais é a de permitir a respectiva subida imediata, nos autos ou em separado, aqui, por certo, por via de uma interpretação generosa do disposto no art. 734.º n.º 2 C.P.Civ., naturalmente em 1.ª instância, mas com o beneplácito do tribunal de recurso.

Obviamente que o recurso em separado, independentemente do efeito suspensivo ou devolutivo, permite uma apreciação tão célere quanto possível da matéria impugnada.

De facto, uma consulta aos meus arquivos permitiu-me constatar que apenas um doze avos (1/12) dos agravos por mim relatados desde Setembro de 2003 corresponde ao paradigma processual da subida diferida, em processo declarativo ou executivo.

Por sua vez, desses 1/12, apenas a quarta parte implicou a anulação de actos processuais que se seguiram ao despacho agravado.

Mas afinal, de que universo falamos, quando referimos o recurso de agravo?

Basicamente de recursos de decisões finais, mas de decisões finais incidentais: seja de excepções formais julgadas procedentes no saneador, seja de decisões finais de incidentes com tramitação própria, seja de providências cautelares, seja de despachos liminares (v.g., em execução), entre tantas outras.

Por sua vez, quando não nos encontramos perante decisões finais de incidentes, o agravo beneficia da já citada interpretação generosa da absoluta inutilidade em que se tornariam, no caso de retenção (art. 734.º, n.º 2 cit.), o que permitiu, só neste ano, que tivesse apreciado, em separado, questões relativas ao depósito da indemnização, em processo de expropriação, à questão do sigilo bancário (após prolação do despacho que ordena a produção de prova), a questão do exercício do direito de remição, em execução, diversas questões relativas à tramitação do processo declarativo (denegação de intervenção principal espontânea, incidente de falta de citação, decisão sobre incompetência em razão da matéria), decisão sobre custas em execução, diversas decisões sobre o despacho determinativo da penhora, denegação da passagem de certidões, recurso da decisão que julgou procedente uma providência cautelar, e outros.

Tudo isto, para concluir, com o Relatório da Avaliação, que não só a distinção dos recursos entre agravo e apelação, no nosso quadro processual e na nossa tradição, se justifica por inteiro, mas, mais ainda, o agravo tem inteiro cabimento dentro do nosso ordenamento processual (como sabemos todo ele mais dominado por regras estritas que pela concessão de poderes de julgamento "ex aequo et bono", arquitectura processual essa a cuja defesa ou contestação não somos chamados, neste momento).

"Last but not the least", que o agravo apenas em casos contadíssimos é causa de atrasos ou de atrasos significativos ou da inutilidade de actos processuais praticados.

E tal, pese embora entendamos que o recurso de agravo é mais vezes provido que o recurso de apelação.

Não foi essa, curiosamente, a conclusão da Comissão de Avaliação, que entende que, entre 1990 e 2004, podemos falar de 38% de provimentos, sendo igual a percentagem da apelação e do agravo; e ainda que, em 2004, existiu uma média de 44% de provimentos, sendo 21% deles parciais, na totalidade dos recursos.

Entendamo-nos, porém, quando falamos de confirmação parcial da sentença ou provimento parcial do agravo.

Por vezes, com demasiada facilidade se entende haver confirmação apenas parcial de uma sentença, no caso da apelação – figure-se, como num caso que relatei há dias, se não se reconhece a compropriedade do Autor sobre uma faixa de terreno, mas, no que concerne o substancial do recurso, se confirma o decidido quanto ao direito que o Autor tem de passar por tal faixa de terreno.

Este é um caso frequente de confirmação ou provimento parcial que, no entanto, tem apenas um pequeno ou quase insignificante interesse substancial; como este poderíamos figurar inúmeros outros casos, como, por exemplo, as pequenas divergências na fixação de um montante indemnizatório entre a Comarca e a Relação – trata-se, no entanto, para o que nos interessa de provimentos ou confirmações parciais que, como tal, figuram nas estatísticas, desde que a Relação não reproduza por inteiro a decisão da 1.ª instância.

Penso, por isso, que é mais impressivo o genérico provimento dos agravos que, normalmente, são apreciados "in totum", na decisão do recurso; é que, por outro lado, e na sua maioria, constituem questões relativas a pequenos "topismos" de processo, nem sempre de solução legal evidente, que, por essa razão, podem conduzir mais rapidamente ao provimento do recurso.

Tenho assim para mim, ainda que fale apenas em nome da minha experiência prática, que o agravo é mais vezes provido que a apelação e que esta conduz normalmente à confirmação da decisão de 1.ª instância (em contas generosas, podemos empiricamente configurar uma revogação, por cada três confirmações).

Seja como for, mais ou menos provido, o recurso é um direito das partes, e concordo com a conclusão da Comissão de que a restrição do recurso em um grau (para a Relação), designadamente por via de um relativo aumento da alçada da Comarca, não deve ser incentivado.

Pelo contrário, as excepções às regras da alçada devem ser promovidas – lembro-me, por exemplo, dos recursos em matéria de Apoio Judiciário (um exemplo apenas, no que concerne as decisões sobre honorários ou despesas de advogado, que usualmente não serão susceptíveis de recurso, pela regra da alçada).

Isto se afirma sem prejuízo da sugestão de actualização da alçada da Comarca, dos actuais € 3 740,98, para € 6 000 (considerada a inflação e a alçada de 1977, a actualização atingiria até € 8 276,58).

Vejamos agora, das soluções propugnadas pelo Relatório, aquelas que entendemos desejáveis ou aquelas que entendemos menos desejáveis:

Não nos parece que a solução de impugnação de despachos interlocutórios proferidos no processo, por recurso de agravo, possa ter a solução do art. 511.º n.º 3 C.P.Civ. – impugnação de tais decisões no recurso interposto da decisão final.

Virtualmente tal solução conduziria a uma potencial rediscussão de todas as pequenas e grandes questões que o processo suscitara, assim tornando-se apto à renovação da substância do processado em 1.ª instância agora na Relação.

Desta forma, a regra da interposição necessária do recurso do despacho de que se pretende agravar deve manter-se.

Porém, já nos parece de toda a lógica que se repristine a solução original do Código de 39 e 61, possibilitando a apresentação das alegações apenas no momento da subida do recurso de agravo – art. 746.º n.º 1 C.P.Civ. 61.

Desta forma ainda se dispensaria a obrigatória especificação, pelo agravante, de quais os agravos que mantêm interesse – art. 748.º C.P.Civ. – especificação necessariamente implícita na apresentação das alegações relativas ao agravo no momento da subida do recurso que faz subir esse mesmo agravo, que assim manteria interesse.

Em matéria de apelação ou de agravo, sou totalmente favorável à solução de dispensar, por regra, o visto prévio (apenas o aconselhando no caso de especial complexidade da matéria a julgar, precisamente o contrário da solução actual da lei, que dispensa os vistos apenas em casos acentuadamente simples – art. 707.º, n.º 2 C.P.Civ.).

Com tal procedimento, apenas se consagraria aquilo que a prática seguida pelas Relações tornou habitual, que é o facto de o juiz adjunto do colectivo da Relação tomar contacto com o processo no momento em que lhe é entregue o projecto de acórdão pelo Relator.

Repare-se como este procedimento em nada aligeira a necessária ponderação exigida ao Adjunto – o projecto é, na prática, entregue, pelo Relator, entre um mês a uma semana antes de o processo ser inscrito em tabela (pois a celeridade varia naturalmente com os diferentes relatores e o momento da inscrição em tabela pode também ser algo aleatório), o que confere tempo suficiente ao Adjunto para reflectir sobre a bondade ou acerto do que lhe é proposto.

Se acaso o Adjunto tem dúvidas, ou não concorda com a solução do projecto, tem tempo suficiente para formar uma opinião. Todavia, se necessitar de consultar o processo, ele é-lhe presente pela Secretaria, pois que, apresentado o projecto, o Relator fez o seu trabalho.

Se ainda assim as dúvidas subsistirem no espírito de alguém, acerca do sentido da decisão ou da fundamentação, no dia indicado para a publicação do acórdão, a solução é simples e é abundantemente seguida pela Relação – adia-se a publicação do acórdão para a sessão da semana seguinte ou para outra sessão ulterior.

Os vistos, tal como existem e são praticados, constituem um certo anacronismo e neles se poderão consumir, grosso modo, entre quinze dias e um mês de tramitação, sem qualquer utilidade prática, desde logo porque os Juízes apenas "vêem" ou "sugerem", e com toda a lógica, a partir do momento em que o relator lhes propõe uma solução para a questão "sub judicio".

Dessoutra questão da apresentação simultânea do requerimento de interposição de recurso e das alegações, à semelhança do processo criminal, penso que não resultará verdadeiramente um ganho de tempo. Pelo contrário, se tal solução, como sugerido, conduzir a uma ampliação do prazo para recorrer, não resultará daí expressamente qualquer ganho, acrescendo ainda que a dita solução, em vez de conduzir a uma melhor ponderação do bem fundado do recurso, pode antes conduzir ao inverso, à precipitação dos argumentos avançados nas alegações, por maior escassez de prazo de ponderação.

Para além da questão da abolição, por regra, do "visto prévio", outra pequena cirurgia poderia agilizar o processado na Relação.
Referimo-nos aos acórdãos proferidos em Conferência, por reclamação de despachos do relator, em momento prévio ao do conhecimento do recurso.
A questão reveste hoje alguma acuidade, posto que a apelação possui, por regra, efeito devolutivo.
Ora, este efeito traduz-se na potencial execução da decisão quer dentro do processo, quer fora do processo em que foi proferida (é a solução propugnada pela doutrina, designadamente Teixeira de Sousa, *Estudos*, pg. 406).
A parte vencedora em 1.ª instância pode assim atrasar o conhecimento do recurso, na medida em que tal lhe confira tempo para executar extraprocessualmente, e para os efeitos práticos que tenha por convenientes, a decisão; para o efeito, bastará o suscitar de incidentes e algumas reclamações para a Conferência, que sempre farão atrasar o conhecimento da parte substancial do recurso.
Propugno assim que a decisão da Conferência, proferida sobre a matéria da reclamação, seja apreciada obrigatoriamente no próprio acórdão em que se aprecie a matéria do recurso.
A actual solução (apreciação facultativa no acórdão, aconselhando--se a apreciação separada em função da necessidade de decisão imediata –

art. 700.º n.º 4 C.P.Civ.) é passível de equívocos e favorece as delongas, relativamente a quem não deseja que o processo siga rapidamente os seus trâmites normais.

A solução proposta definiria, por força, desde logo, os direitos, sem prejuízo dos recursos a que houvesse lugar (v.g., da parte do acórdão relativa à Conferência).

É patente a razão da Comissão quando invoca ser na 1.ª instância que o processo se mostra mais apto ao atraso.

Nessa conformidade, não nos parecem adequadas algumas das propostas.

A primeira – o reforço dos poderes do juiz quanto ao conhecimento do valor da causa. A solução actual é suficiente – o juiz pode suscitar a questão, findos os articulados – art. 315.º n.º 1 C.P.Civ.

E bastas vezes suscita. Se não o faz mais vezes é pela necessidade de não atrasar mais o processado, dado que a fixação do valor implica uma decisão, um trânsito, eventualmente uma perícia.

Tornar a intervenção obrigatória é sobrecarregar ainda mais o juiz de 1.ª instância. Aliás, se não se encontra em causa o direito de recorrer, na maior parte dos casos em que o juiz corrige o valor da acção, o que indirectamente se visa é a possibilidade de recurso para o Supremo Tribunal de Justiça – ora, a generalização dos recursos para o Supremo poderá e deverá antes ser refreada por outros meios (desde logo me parece muito adequada a consagração da regra da "dupla conforme").

No que concerne as questões sobre competência.

Talvez não exista questão mais premente, quanto à necessidade de reforma, que esta mesma questão dos conflitos de jurisdição ou competência.

O complicado processado dos arts. 115.º a 121.º C.P.Civ. deve ser integralmente substituído pela resolução do conflito através de despacho do Presidente da Relação perante o qual o conflito é suscitado, ou seja, o Presidente da Relação que integra a Comarca que suscita o conflito, despacho esse proferido de imediato no processo, seja pelo Presidente, seja pelo Juiz da Relação em quem o Presidente delegar.

Portanto, a reforma dos conflitos não deverá passar, uma vez mais, por sobrecarregar o Juiz da 1.ª instância, designadamente o juiz de círculo, sendo certo que nas mais importantes comarcas do país, nas quais existem tribunais de competência especializada ou mista para o conhecimento das questões cíveis superiores à alçada da relação, tal figura (a do juiz de círculo) ou o seu equivalente, inexistir mesmo de todo.

Quanto à possível ponderação de uma discussão oral mais aprofundada do processo, entre as partes, reciprocamente, e entre as partes e o tribunal, solução não propugnada pelo Relatório, a questão prende-se, de facto, com a nossa tradição legal e processual.

Se o direito, mesmo o direito processual, se encontra tendencialmente todo ele escrito, obedecendo os juízes à legalidade, então não faz sentido o apelo ao "aligeirar" das decisões, normalmente associadas à oralidade ou à decisão oral – só faz sentido uma racionalização adequada, com apoio nas regras, legais ou doutrinais, por forma ponderada e, naturalmente, escrita.

Se alguém pretender o inverso, "sonha", propondo, na prática, uma completa mudança ou revolução de mentalidades, como se preferir, mais que do sistema.

Não menos certo, porém, não entrevejo qualquer reivindicação mínima, por eventuais interessados, no sentido apontado do reforço da oralidade do processo perante as Relações.

E basta essa constatação para afastar o possível reforço da oralidade em 2.ª instância.

Estes os comentários que, em breve bosquejo, me suscita o exaustivo Relatório de Avaliação do Sistema de Recursos em Processo Civil da autoria da equipa de consultores do GPLP do Ministério da Justiça, trabalho cuja clareza prática e proficiência, nem sempre habituais em textos do género, são dignas dos maiores encómios.

## PROGRAMA DA CONFERÊNCIA
## "REFORMA DO SISTEMA DE RECURSOS EM PROCESSO CIVIL E PROCESSO PENAL"
## FACULDADE DE DIREITO DA UNIVERSIDADE DO PORTO

### 22 DE SETEMBRO DE 2005

**SESSÃO DE ABERTURA**
*Doutor José Neves Cruz*
Presidente do Conselho Directivo
da Faculdade de Direito da Universidade do Porto

*Mestre Elísio Borges Maia*
Director-Adjunto, Gabinete de Política Legislativa e Plancamento

*A Reforma do Sistema de Recursos em Processo Civil*

Orador: *Conselheiro António Alves Velho*
Supremo Tribunal de Justiça
**Os recursos ordinários no STJ: mudar o quê?**

Orador: *Desembargador Fernando Pinto de Almeida*
Tribunal da Relação do Porto
**As linhas da (inevitável) reforma: a apelação e o agravo**

Orador: *Dr. José Tavares de Sousa*
Faculdade de Direito da Universidade do Porto
**A reforma dos recursos em processo civil. Algumas questões de método, de direito comparado e de oportunidade**

DEBATE
Moderador: *Doutor Jorge Sinde Monteiro*
Faculdades de Direito das Universidades de Coimbra e do Porto

*A Reforma do Sistema de Recursos em Processo Penal*

Orador: *Conselheiro Manuel Simas Santos*
Supremo Tribunal de Justiça
**Uma leitura do Relatório de Avaliação dos Recursos Penais**

Orador: *Desembargador Manuel Joaquim Braz*
Tribunal da Relação do Porto
**Os recursos penais em matéria de facto**

Orador: *Procurador-Geral Adjunto Alípio Ribeiro*
Procuradoria-Geral Distrital do Porto
**Alguns passos em volta dos recursos penais**

Orador: *Mestre Alberto Medina de Seiça*
Faculdade de Direito da Universidade do Porto

DEBATE
Moderador: *Doutor Colaço Antunes*
Presidente do Conselho Científico
da Faculdade de Direito da Universidade do Porto

**SESSÃO DE ENCERRAMENTO**
S. Ex.ª O Secretário de Estado da Justiça
*Mestre João Tiago da Silveira*

# PROGRAMA DA CONFERÊNCIA
## "REFORMA DO SISTEMA DE RECURSOS EM PROCESSO CIVIL E PROCESSO PENAL"
### FACULDADE DE DIREITO DA UNIVERSIDADE LUSÍADA DE LISBOA

### 22 DE NOVEMBRO DE 2005

#### SESSÃO DE ABERTURA
Chanceler das Universidades Lusíada
e Presidente do Conselho de Administração da Fundação Minerva
Reitor da Universidade Lusíada de Lisboa
Director da Faculdade de Direito da Universidade Lusíada de Lisboa
Directora do Gabinete de Política Legislativa e Planeamento

*A Reforma do Sistema de Recursos em Processo Civil*

*Desembargador Vaz das Neves*
Presidente do Tribunal da Relação de Lisboa
*Conselheiro J.O. Cardona Ferreira*
Professor Convidado da Universidade Lusíada de Lisboa
*Desembargadora Albertina Pereira*
Professora Convidada da Universidade Lusíada de Lisboa
*Mestre Albino Mendes Baptista*
Professor da Universidade Lusíada de Lisboa

#### DEBATE
Moderador: *Mestre António Júlio Cunha*
Professor da Universidade Lusíada de Lisboa
e Consultores do Gabinete de Política Legislativa e Planeamento

### A Reforma do Sistema de Recursos em Processo Penal

*Conselheiro J.O. Cardona Ferreira*
Professor Convidado da Universidade Lusíada de Lisboa
*Mestre Rui Carlos Pereira*
Professor da Universidade Lusíada de Lisboa
Coordenador da Unidade de Missão Para a Reforma Penal
*Dr. José Dias Borges*
Procurador Geral Distrital na Relação de Lisboa
*Doutor Zapata Y Perez*
Juiz do Tribunal Constitucional de Espanha
ex-Juiz do Tribunal Supremo e Professor Universitário
*Dr. Rogério Alves*
Bastonário da Ordem dos Advogados

### DEBATE
Moderador: *Dr. Pedro Salreu*
Professor da Universidade Lusíada de Lisboa
Consultores do Gabinete de Política Legislativa e Planeamento

### SESSÃO DE ENCERRAMENTO
*Mestre João Tiago Silveira*
Secretário de Estado da Justiça

Chanceler das Universidades Lusíada
e Presidente do Conselho de Administração da Fundação Minerva

Reitor da Universidade Lusíada de Lisboa

Director da Faculdade de Universidade Lusíada de Lisboa

*Professor Doutor António Moreira*
Universidade Lusíada do Porto
**"Justiça e Sociedade"**

# COMUNICAÇÕES ESCRITAS

## SUBSÍDIOS PARA O ESTUDO DO DIREITO PROCESSUAL RECURSÓRIO NA ÁREA JUDICIAL COM ESPECIAL ÊNFASE NO PROCESSO CIVIL

J. O. Cardona Ferreira
*Juiz Conselheiro. Ex-Presidente do Supremo Tribunal de Justiça*
*Presidente do Conselho de Acompanhamento dos Julgados de Paz*
*Professor Convidado da Universidade Lusíada de Lisboa*

# SUBSÍDIOS PARA O ESTUDO DO DIREITO PROCESSUAL RECURSÓRIO NA ÁREA JUDICIAL COM ESPECIAL ÊNFASE NO PROCESSO CIVIL[*]

J. O. Cardona Ferreira[1]

## I. Introdução

**I.1.** No momento em que este texto é escrito, está em marcha um debate público, acerca da reforma do sistema de recursos judiciais, algo redutoramente centrado nas árcas cível e penal, decorrente até ao fim de 2005, com sessões de trabalho em várias Universidades, algumas já ocorridas e que, tanto quanto sabemos, tiveram a seguinte programação inicial, todas em 2005:
– 17 de Maio: Universidade Nova de Lisboa;
– 07 de Julho: Universidade do Minho;
– 22 de Setembro: Universidade do Porto;
– 21 de Outubro[2]: Universidade de Coimbra;
– 15 de Dezembro: Universidade de Lisboa.

A estas Universidades, juntou-se, em boa hora, a *Universidade Lusíada de Lisboa*, com um colóquio marcado para 22 de Novembro.

---

[*] Texto publicado na revista *O Direito*, n.º 138, 2006, I, pp. 7 a 24 e nos *Estudos em Memória do Professor Doutor José Dias Marques*, Coimbra, Almedina, 2007, pp. 163-181.

[1] Juiz Conselheiro. Ex-Presidente do Supremo Tribunal de Justiça, Presidente do Conselho de Acompanhamento dos Julgados de Paz, Professor Convidado da Universidade Lusíada de Lisboa.

[2] Esta data acabou por ser alterada para outra posterior.

Com estes apontamentos, pretendo dar o contributo que me é possível para a ponderação da referida temática. Consequentemente, este texto servir-me-á de guião nas intervenções que puder ter em algumas das referidas sessões de debate.

Mas, quer por formação, quer por *deformação* funcional, este meu texto não tem a dimensão científica que os auditórios mereceriam. Com efeito, natural é que, dedicado à Judicatura durante dezenas de anos, *sendo* ainda, essencialmente, Juiz[3], me tenha habituado a sentir, a pensar, a decidir, os casos concretos, e a procurar uma linguagem *directa* que não só contivesse fundamentação mas, mais do que isso, a tornasse, tanto quanto possível, simples, clara, acessível a todos, sem grandes divagações.

E é assim que continuo a dedicar-me e a escrever sobre Justiça e Direito, mesmo quando abordo questões mais difíceis ou menos claras.

**I.2.** O que eu possa dizer, sobre Direito Recursório, será, na linha que referi, quase esquemático.

Na circunstância, mais ainda do que por força do modo habitual de escrever, acontece que, conforme já reflecti, estes apontamentos não são mais do que isso e, destinando-se, também, a intervenções em colóquios, têm de ser concretos, directos e de dimensão tão reduzida quanto baste, face aos limites temporais de que é usual dispor-se.

Como assim, de entre a multiplicidade de questões que poderia referenciar, focarei, apenas seis[4], quatro de carácter geral, duas específicas, naturalmente a partir de linhas orientadoras do livro sobre a matéria que elaborei para efeitos académicos[5]:

1. Porquê uma reforma do Direito recursório;
2. As diversidades recursórias judiciais;
3. O dualismo ou o monismo recursório;
4. A recorribilidade;
5. A interposição de recurso e as alegações;
6. A chamada uniformização de Jurisprudência.

---

[3] Embora já não *esteja* Juiz.

[4] Aliás e pelas razões referidas, esquematicamente, mais como alertas do que outra coisa.

[5] J. O. Cardona Ferreira, Guia de Recursos em Processo Civil, 3.ª edição, Coimbra Editora.

Antes de abordar estas questões, devo frisar que, tendo feito parte de uma Comissão de Reforma do Processo Civil, sei que, *basicamente, qualquer reforma depende dos princípios que sejam assumidos*. Se os princípios forem claros, as soluções casuísticas acabarão por aparecer com princípio, meio e fim. Daí a grande importância que dou ao que chamo questões de carácter geral, mais rigorosamente princípios. Mesmo as questões que rotulei sob n.ᵒˢ 5 e 6 e que coloco em grupo de questões específicas, acabam por ter muito a ver com princípios.

E, antes de concretizar, ainda um esclarecimento. Sei, antecipadamente, que aquilo que defendo não é tudo, igualmente, susceptível de motivar decisão favorável. Mas o que procuro parece-me possível e desejável.

Embora, como diria Pirandello, para cada um, sua verdade.

## II. Porquê uma Reforma do Direito Recursório

**II.1.** Vale a pena?

É certo que quem anda, realmente, pelos Tribunais Judiciais, sabe que os problemas não começam, nem se situam, principalmente, nas fases recursórias.

Os maiores problemas – todos as práticos forenses o sabem – estão na 1.ª instância, em termos processuais, com regulamentarismo e burocracismo exagerados, principalmente na área civilística, com leis organizativas a precisarem de reconsideração, com toda a estrutura a necessitar de *refundação*. É que isto do Direito *vivido* é algo que, por definição, só na *vida* se realiza verdadeiramente. E, em Portugal, reformas, mais ou menos parcelares, dispersas, minis e, até, contraditórias, têm havido muitas; mas, *verdadeira refundação, que abarque as várias vertentes estruturais* do foro judicial, em 9 séculos de História, só houve uma, no século XIX, após o triunfo do Liberalismo, graças a uns poucos homens de génio.

Mas, se é verdade que os maiores problemas estão na fase da primeira instância – *não obstante o muito que, ali, se trabalha* – a isso, acrescem as delongas, quantas vezes injustificadas, das fases recursórias, já de si complexas, e dos expedientes e abusos a que se prestam.

Logo, *as fases recursórias devem ser revistas e simplificadas, tanto quanto possível, mesmo que, simultaneamente, o não sejam as fases da 1.ª instância.*

*Tudo releva – também, ou principalmente, aqui – dos princípios de que se parta, conforme aflorei.*

E não podemos esquecer, para sermos realistas que, desde logo nestas matérias, há princípios que nascem contraditórios mas que, na vida real, têm de ser harmonizados. Refiro-me, basicamente, a duas ideias que, hoje, reluzem em todos os textos pertinentes tantas vezes apresentadas como modernas e que, em rigor, vêm de sempre, embora, na actualidade, tenham, efectivamente, um vigor incontornável:

– *o princípio do processo equitativo*;
– *o princípio do prazo razoável.*
– Aliás, a meu ver, este é um corolário daquele. E, isto, significa que a harmonização é desejável, possível e lógica.

Embora por outras palavras, permita-se-me que recorde[6] que, já nos alvores do século XV, o Infante D. Pedro[7] escrevia, de Bruges, a seu irmão D. Duarte, que viria a ser Rei, e lhe dava conta dos males da Justiça centrados em dois pólos: o rigor e a oportunidade, ou, aliás, a falta de um e de outro, naquele tempo. Com efeito, do mesmo passo que frisava dúvidas sobre o rigor material, terminava essas observações com a impressiva expressão: "... aquelles que tarde vencem ficam vencidos"[8].

Hoje, os *princípios do processo equitativo e do prazo razoável* são expressos por relevantes textos legislativos internacionais[9] e nacionais[10] e pela Doutrina[11], como pela Jurisprudência.

Que tem isto a ver com recursos?

Tem tudo porque, a meu ver, o *princípio da equidade* – ou seja, a atenção ao equilíbrio das posições das partes e à viabilização de correctas decisões dos casos concretos, quer em termos pessoais, quer em

---

[6] Como tantas vezes tenho feito.
[7] O que a "vilanagem" viria a matar na batalha de Alfarrobeira.
[8] J.P. Oliveira Martins, Os Filhos de D. João I, 396.
[9] Designadamente, Declaração Universal dos Direitos do Homem, de 1948 (art. 10.º), Convenção Europeia dos Direitos do Homem, de 1950 (art. 6.º), Tratado Constitucional da União Europeia de 2004 que, ratificado ou não, não impede a subsistência da Carta dos Direitos Fundamentais, Parte II do referido Tratado, art. 107.
[10] Art. 20.º da Constituição da República Portuguesa.
[11] V.g. Lebre de Freitas, Introdução ao Processo Civil, 95.

termos sociais – implica que as decisões, porque humanamente falíveis, sejam passíveis de recurso, isto é, de reconsideração; mas o *sentido do prazo razoável* motiva que as dúvidas se não eternizem, as reconsiderações sejam tão célebres quanto possível, e não mais que as indispensáveis. Caso contrário, em vez de um, porque não dois ou três, ou quatro, ou vinte recursos, etc., etc?

O *direito à segunda* opinião não deve confundir-se com a insegurança na definição de direitos e obrigações que, substancialmente, se traduziria, no fundo, por denegação de Justiça.

Sem necessidade de mais considerações, basta pensar que nada asseguraria que, ao 20.º recurso, a causa ficasse melhor decidida do que através da sentença inicial, mormente num sistema como o português, sabido que é, fundamentalmente, *nos factos que as causas se clarificam* e é bem mais seguro *ver falar* (como na 1.ª instância) do que ouvir o que se falou.

*Conclusão: recursos, sim; demasiados, não.*

Donde, *uma reforma que tenda a reformular os sistemas recursórios na base dos dois princípios que ficam aflorados terá, sempre, toda a justificação.*

### III. As Diversidades Recursorias Judiciais

Embora, desde pouco depois de 1974, os Tribunais Judiciais não incluam só os cíveis e os criminais mas, também, os laborais, transitados que foram do ultrapassado mundo dito corporativo[12], hoje com competência especializada tripartida (cível, contravencional e contra-ordenacional) e claro reflexo nas três Sessões básicas dos Tribunais Superiores (Cíveis, Penais e Sociais), às vezes continua a expressar-se, redutoramente, o mundo judicial apenas bipartido em cível e criminal.

Todavia, é seguro que o *luxo* normativo português vai ao ponto de haver códigos de Direito Processual diferentes para os sectores cíveis, criminais e laborais, com regras próprias e, quantas vezes, desnecessariamente divergentes.

---

[12] Veja-se, v.g. a Lei n.º 82/77, de 06.12 (arts. 56.º, 65.º e sgs.) e, dando um salto no tempo, a Lei n.º 3/99 (arts. 78.º e 85.º e sgs.).

A meu ver, ressalvando a ponderação do que, *inevitavelmente*, provoque *nuances* normativas, posto que o Direito processual é instrumental do substantivo, penso que *uma das apostas convenientes deve ser no sentido de, tanto quanto possível, ainda que nem sempre seja fácil, se deve caminhar para a identificação dos três Direitos Judiciais Recursórios, como embrião de um futuro Código de Direito Processual Judicial*. Algo como a extrapolação daquilo a que o C.P.T. já vai chamando "Direito Processual Comum"[13].

Estou a pensar, *brevitatis causa*, por exemplo, no regime monista existente no Direito Processual Penal, e na simultaneidade da interposição de recurso e apresentação de alegações (ou motivação) já existente no Direito Processual Penal[14] e no Direito Processual Laboral[15].

Mas, no Direito Processual Civil que tem teimado em ser, dos três, o mais conservador e de recurso e de apresentação de avesso a evoluir realmente, continua a vigorar o regime dualista e ainda existem momentos diferenciados para interpor recurso e para alegar[16]. Adiante voltarei a estas questões.

E o que é mais curioso – negativamente! – é que o Direito Processual Civil, sendo o mais formalizado e *passadista*, é o paradigma, aquele que continua a assumir-se como o subsidiário dos outros[17]!

Ora a – a meu ver, desejável e possível – aproximação dos três Direitos Processuais Judiciais deve ser feita com objectivo *simplificador*. O que vale por dizer que as linhas de rumo poderão (deverão) advir, em grande parte, do Direito Processual Penal e do Direito Processual Laboral.

O que não é mais possível é pensar-se que é possível modificar o Direito Processual Civil e o Direito Processual Penal sem se considerarem as implicações que isso terá no Direito Processual Laboral; e, mais, sem se ponderar o que já acontece no Direito Processual Laboral, melhor do que no Direito Processual Civil. Dou, ainda, dois tipos de exemplos, para além do que referi quanto à simultaneidade de interposição de recurso e de alegação, que já acontece no foro laboral, mas não no civil.

---

[13] Art. 1.º, n.º 2 e) do C.P.T.
[14] Art. 411.º, n.º 3 do C.P.P.
[15] Art. 81.º, n.º 1 do C.P.T.
[16] Por exemplo, arts. 676.º, n.º 2 e 698.º, n.º 2 do C.P.C.
[17] Art. 4.º do C.P.P., art. 1.º, n.º 2 a) do C.P.T.

Por um lado, *o Laboral sofre o reflexo, a meu ver negativo, do regime dualista, vigente no Processual Civil*[18]. Por outro lado, o CPT resolve de uma forma muito mais simples e clara do que o CPC a questão do efeito de recursos ainda ditos de apelação ou agravo[19].

Outrossim, não pode esquecer-se a importância social do Direito Processual Laboral, na vida das pessoas singulares e das empresas, mormente em época de "vacas magras" como é a actual. Há que assumir, na vida real, que o Direito e, em especial, *o Direito do Trabalho, é fundamental para a Economia*[20]. O que também é verdade em sede recursória. Donde, como poder esquecer, para efeitos da reforma em estudo, o que respeite ao Direito Processual Laboral?

Obviamente, simplificações não são o mesmo que facilitismos.

Mas há que assumir que a simplificação, bebida ora num, ora noutro dos três campos judiciais, tem seguras causas-finais, mormente duas que considero incontroversas:

Por um lado, deve legislar-se, tanto quanto possível, *para os cidadãos comuns* compreenderem aquilo que podem e devem fazer, e não apenas os peritos da normatividade, não só para que os cidadãos comuns saibam como podem ou devem agir ou pode ou deve agir-se em seu nome, de forma a ter-se bem noção dos *limites* de uma velha máxima *do tempo em que as Leis eram muito menos e pouco abrangentes* – "a ignorância da Lei não aproveita a ninguém" – para cuja razoabilidade há que ter, quantas vezes, tanta actuação *cum grano salis*; e, outrossim, mais facilmente compreenderem o que decide quem tem de decidir casuisticamente.

E, por outro lado, quanto menos se formalizar a normatividade, mais se poderá deixar margem à Justiça do caso concreto, no fundo à criatividade decisória, porque *são os casos concretos que mais falam às pessoas* em cujo nome os Juízes julgam[21], não o são tanto as abstracções normativas.

---

[18] V.g. art. 80.º do C.P.T.
[19] Art. 83.º do C.P.T. e, v.g., arts. 693.º e sgs. do C.P.C.
[20] Ainda que tantas vezes se esqueça que o mundo da Economia também influencia o Judicial. Quanto pior aquela, mais dificuldades neste. É a interactividade social.
[21] Os Juízes julgam em nome do Povo – art. 202.º n.º 1 da CRP – logo, em nome dos Cidadãos.

*Sintetizando: deve aproximar-se, tanto quanto possível, a normatividade recursória em todos os campos judiciais, simplificando-a*; sem esquecer que o campo laboral recebe influência do cível e do penal, principalmente daquele, mas que também pode e deve influenciar as opções, com a sua especial vertente de patente intervenção social, mormente quando *a interdisciplinaridade entre o Direito e o mundo social, quer humano, quer empresarial, é um dado incontroverso como acontece no nosso tempo e no nosso espaço.*

## IV. O Dualismo e o Monismo Recursório

Comecei por abordar algumas linhas de orientação, aliás sem deixar de referir, logo, algum apontamento sobre consequências concretas.

E, na questão que, agora, abordarei, mais se acentuará a concretização da básica orientação que sigo.

Reconheço que tenho, ainda mais nesta matéria, alguma formação e, porventura, o que poderá ser considerado uma deformação, como flui do que, inicialmente, referi.

É que, depois de primeiros trabalhos genéricos por meados dos anos 70 do século XX, aconteceu que, nos anos 80, tive o privilégio de muito aprender e, já agora, de muito trabalhar, durante alguns anos, como elemento de uma Comissão de Reforma do Processo Civil, de cujos trabalhos saíram a chamada Reforma Intercalar[22] – verdadeiramente essencial para se ajudar a impedir a ruptura do sistema judicial que, já então, estava iminente e – o que é, geralmente, ignorado – saiu um Projecto *completo* de novo Código de Processo Civil, entregue ao, então, Ministro da Justiça, em 1990 (depois de um Anteprojecto publicado em 1988), que o Ministério da Justiça veio a publicar, depois de muitas insistências, ainda sob o título Anteprojecto, em 1993[23]. Era um

---

[22] DL n.º 242/85, de 07.07

[23] Decerto esse Projecto de novo C.P.C. de 1990 (1993) justificava reconsideração, mas tinha muito de útil. *Por exemplo*, assumia, claramente, uma ruptura a favor do *registo da prova* que veio a dar origem, aliás, *redutoramente*, ao DL n.º 39/95, de *15.02, anterior* – o que, às vezes, parece esquecer-se – à chamada reforma de 1995/1996 (DL n.º 329-A/95, de 12.12, e DL n.º 180/96, de 25.09). Aquele grupo de trabalho era, todavia, uma Comissão porventura demasiado grande, o que dava origem a empenhadas e extensas discussões. Todas as 108 actas estão, transparentemente, publicadas nos

texto discutível, eu próprio o considerava, e considero, necessitado de reanálise, mas era lógico, completo e uma relevante base de trabalho.

Tudo isto vem ao caso, neste momento concreto destes apontamentos porque, então, tudo começava por se definirem princípios, sem os quais se correria o risco de acabar desordenado; e, no concreto que, aqui e agora, importa, *já nessa altura se propôs (embora sem êxito) o termo do ultrapassado, complicado e complicativo regime cível recursório dualista*, optando-se, abertamente, pelo regime monista de recursos no Direito Processual Cível, com reflexos, desde logo, no Direito Processual Laboral[24].

O que vem a ser isto?
Decerto, todos o sabem.

Para simplificar uma matéria desnecessariamente complexa, o regime dualista leva a que, nos recursos cíveis ordinários, passemos a vida a pensar se cabe apelação ou agravo de 1.ª instância[25], ou se cabe revista ou agravo de 2.ª instância[26]; e, o que é, normalmente, esquecido, *até nos recursos cíveis extraordinários*, há que saber se cabe revisão ou oposição de terceiro (ainda que o "terceiro" possa não ser terceiro, e apesar de a oposição de terceiro levar, também, a uma revisão)[27]. O *luxo* recursório cível é imenso!

Devo reconhecer que, no Projecto de 1990 (1993) assumia-se o monismo quanto aos recursos cíveis ordinários, mas mantinha-se o dualismo nos cíveis extraordinários[28], talvez porque a raridade destes lhes não dava grande relevância.

---

Boletins do Ministério da Justiça e, apenas, as primeiras 26 mereceram as honras de uma publicação autónoma em 1996. Refiro isto porque são subsídios relevantes para os estudos das tentativas de reforma do Direito Processual Civil que, apesar de recentes, parecem esquecidos.

[24] Devido, em grande parte, à imaginação fulgurante do Conselheiro Campos Costa, com quem tive o gosto de trabalhar estreitamente, e a quem rendo a minha homenagem.

[25] Arts. 691.º e 733.º do CPC
[26] Arts. 721.º e 754.º do CPC
[27] Arts. 771.º e 778.º do CPC
[28] Arts. 549.º, n.º 2 do Projecto de 1990 (1993): "Os recursos dizem-se ordinários ou extraordinários; são ordinários a apelação e a revista; são extraordinários a revisão e a oposição de terceiro".

Sintetizando ideias, continuo a penar que *o CPP está no caminho certo e o não estão o CPC e o CPT*.

Nem se diga que não é possível e desejável o regime monista. Se o é no campo penal, também o será nos outros campos judiciais.

Aliás, o Projecto de novo CPC – embora aperfeiçoável – apresentado em 1990, e publicado em 1993, demonstra, insofismavelmente, tal possibilidade.

Com o regime monista acabar-se-ia toda a controvérsia sobre objecto de recursos de apelação, ou de revista, ou de agravo, que pode ser muito querida ao labor mental, mas é francamente má em termos de vida real e de acesso cívico ao Direito.

De resto, deixem-me acrescentar algo que gostaria de não empolar, mas que é patente. Se procurarmos, no extensíssimo relatório do DL n.º 329-A/95, de 12 de Dezembro, qualquer justificação para não se ter seguido o regime monista gizado em 1990, o que, verdadeiramente, se encontra é a assunção de que isso, sim, seria uma *reformulação* e não um simples acerto de pormenores e seria *difícil*. Difícil ou não, sendo útil, creio que o caminho é por aí. Não releva acerto de pormenores mas, sim, refundação, que seja ruptura se conveniente à necessária simplificação processual.

Pois, neste campo[29], o Direito anterior às Ordenações que, nestas, se reflectiu, não diferenciava, por exemplo, apelações e agravos; o que fazia era, em termos de linguagem corrente, expressar-se no sentido de *apelação do agravado*, isto é, não diferenciando tipos de recursos, considerava, ao invés, a situação do "agravado", ou seja, do prejudicado, para lhe viabilizar que "apelasse"[30]. Mas a distinção formal entre sentenças ditas "definitivas" e, por outro lado, "interlocutórias" veio a desembocar na complexidade de distinção entre "apelo" e "agravo" e em consequente expressão popular que fez o seu tempo, e continua a fazer.

É tempo, agora, mas de retornar a um regime simples mais eficaz, mais uniforme: o monista.

---

[29] Como, por exemplo, no do assunto dos sistemas hoje ditos alternativos ou extrajudiciais.

[30] V.g. Ordenações Afonsinas, Livro Primeiro, Títulos 38 e 108.

Ou por outras palavras e em conclusão deste ponto: há que reformular o Direito Recursório Judicial na base do regime monista, na linha do que se reflecte no CPP[31].

E isto é, igualmente, válido para os recursos extraordinários em que, a meu ver, se não justifica distinção entre revisão e oposição de terceiro porque uma coisa é a recorribilidade e, outra, a legitimidade recursória[32]. E, em termos de pormenor, não faz sentido o regime complicativo da autónoma acção de simulação (art. 779.º, n.º 1 do CPC) no recurso de oposição de terceiros, mais complexo do que na versão do CPC de 1939 (art. 780.º).

## V. Recorribilidade

**V.1.** O que vou dizer a seguir é controverso e, tendo duas subquestões, reconheço que podem parecer contraditórias.

Mas não são.

Como já reflecti, uma reforma deve decorrer de princípios claros.

Ora, neste plano essencial, a que chamo *recorribilidade*, estou a pensar num *princípio que tem duas faces*. Como digo num livro que escrevi sobre Recursos[33], o Direito Recursório tem de conjugar *exactidão* com *eficiência*, o que vale dizer que deve haver recorribilidade que viabilize uma *segunda opinião*, como na medicina, mas não demasiadas opiniões, que façam perder em eficiência o *eventual* ganho de exactidão.

Tudo isto sem esquecer que *exactidão* pode ganhar-se ou não. Mas, *eficiência*, perde-se, sempre, mais ou menos, com delonga.

Aqui, penso nos avanços do CPP e, de certo modo, do CPT, em contraponto com a redutora norma do n.º 1 do art. 678.º do CPC.

O que significa isto? Simplificando razões:

Aprendi, no primeiro julgamento cível a que procedi, que as questões forenses podem ser mais ou menos *juridicamente* difíceis ou fáceis. Mas, para quem as vive e sofre, cada causa, tenha o valor material que tiver, é a mais importante. E, outrossim, para tantos cidadãos, 100 euros podem ser mais importantes do que dez mil ou cem mil para outros.

---

[31] V.g. Arts. 399.º e segs. do CPP.
[32] Arts. 771.º e 778.º do CPC.
[33] Guia de Recursos em Processo Civil, 3.ª edição, página 26.

Por outro lado, é exacto que a Constituição da República Portuguesa não impõe com segurança que haja recurso em todas as causas cíveis[34]. Mas não é menos verdade que as razões constitucionais que apontam no sentido da recorribilidade[35] não têm excepções.

Se, a isto, juntarmos que o valor Justiça não é quantificável, e uma certa abrangência de fundo do princípio da igualdade (art. 13.º da CRP), facilmente concluímos que todas as causas judiciárias deveriam ser recorríveis – diria em um grau. Ainda que em termos genéricos mas acerca da relevância do princípio da igualdade, "carregado de sentido": Maria da Glória Garcia, *Estudos sobre o Princípio da Igualdade*.

Aliás, os CPP[36] e CPT[37] apontam neste sentido, *mais aquele do que este*, não totalmente autonomizado.

E, se virmos bem, o controverso art. 669.º, n.º 2 do CPC, a pretexto de pretensas nulidades, o que faz é, na *essência*, viabilizar impugnação de decisões, designadamente, em processos não passíveis de recursos ordinários, obrigando porém à invocação de graves erros do Juiz.

Vem ao caso referir que o Direito Processual Civil espanhol só prevê recurso de *apelação* da 1.ª para a 2.ª instância; mas também admite o chamado recurso de "reposición ante el mismo tribunal que dictó la resolución recurrida" "contra todas las providencias y autos no definitivos dictados por qualquer tribunal civil" (art. 451.º da *Ley de Enjuiciamiento Civil*).

Ou seja, a Lei espanhola é mais aberta, mais frontal e mais geral que a regra de pretensas nulidades do n.º 2 art. 669.º do CPC, que vem a viabilizar recurso "de reposión" meio *envergonhado*.

Diria que, do mal, o menos: antes recurso, sempre, para o Juiz recorrido, por decisão interlocutória, do que o sistema português.

Mas penso que, *embora com o regime da reparabilidade a que se reporta o art. 744.º do CPC, as decisões jurisdicionais, por princípio,*

---

[34] O que tem permitido a consideração jurisdicional da não inconstitucionalidade do n.º 1 do art. 678.º do CPC, ou seja, por razão negativa: a da não imposição do contrário. V.g. Ac. do T.C. 360/2005, in D.R., 2.ª Série, de 03.11.2005.

[35] Mormente o direito a processo equitativo (art. 20.º n.º 4 da CRP) e a pirâmide jurisdicional [art. 209.º n.º 1 a) e b) da CRP].

[36] V.g. art. 399.º do CPP.

[37] V.g. art. 79.º do CPT.

*deveriam admitir, sempre, recurso para Tribunal de 2.ª instância, susceptíveis, necessariamente, de decisão singular do Relator, nos termos do art. 705.º do CPC, quando de valor inferior à alçada da 1.ª instância.* Mas *sem reclamação*, até porque, se a 1.ª instância decide singularmente, por maioria de razão o deve poder fazer, realmente, a segunda[38].

Enfim, o que proponho é que, por regra, *não haja decisões jurisdicionais irrecorríveis*[39]; interlocutórias ou, por maioria de razão, finais e que, para tanto, se aproximem todos os Direitos recursórios judiciais, alterando substancialmente e em especial o art. 678.º do CPC.

Tenha-se, porém, desejo, proponho, em muita *atenção*, o que refiro na nota final destes apontamentos porque, se apoio uma reforma efectiva do Direito Processual Recursório, tal será injustificado se não for acompanhado ou precedido de reforma orgânica e funcional que viabilize, efectivamente, *meios humanos e materiais para que os Tribunais Superiores, mormente os de 2.ª instância, realizem o seu trabalho.*

**V.2.** Disse que a problemática da recorribilidade tem duas vertentes.

Uma, já abordada, *a da recorribilidade em um grau que, a meu ver, deve ser geral. Outra, a da recorribilidade para o STJ, que, ao invés, deve ser restringida.*

O nosso Direito Processual, mormente o cível, enferma de dois extremos – ou quase extremos – creio que, ambos carentes de modificação: por um lado, imensas causas irrecorríveis, outras, em que se podem interpor recursos excessivos.

Vejamos esta última questão.

Quem esteve anos no STJ, como eu – e em funções especiais – sabe que o STJ está inundado de processos cuja subida ao Mais Alto Tribunal do País não tem justificação.

*O problema, aliás, não se resolve com simples aumento da alçada da 2.ª instância, embora deva começar-se por aí.*

Penso que já existe, no foro comum português, embora não judicial, o princípio que deve ser levado para o foro judicial, até porque, se é exacto que os Direitos Processuais Judiciais devem ser aproximados, não

---

[38] Ideia que já ouvi defendida por ilustre Colega.
[39] Salvo, naturalmente, despachos de mero expediente ou proferidos no uso legal de poder discricionário (art. 679.º do CPC).

podemos esquecermo-nos de que o nosso *luxo* processual não se limita aos Judiciais, estende-se aos Comuns, como os Administrativos e Fiscais.

Ora, o art 150.º do Código de Processo dos Tribunais Administrativos, designadamente, admite que haja "...*excepcionalmente*, revista para o S.T.A. quando esteja em causa a apreciação de uma questão que, pela sua *relevância jurídica ou social,* se revista de *importância fundamental* ou quando a admissão do recurso seja *claramente* necessária para uma melhor aplicação do Direito".

A análise dos pressupostos do n.º 1 do art. 150.º do CPTA depende, em cada caso concreto, de uma apreciação preliminar sumária por 3 Juízes de entre os mais antigos da Secção do Contencioso Administrativo.

Penso que um sistema deste tipo deve ser transposto para o foro judicial, mormente cível, e para o S.T.J., *colocando a análise preliminar, que deve ser irrecorrível, a cargo de um colégio constituído pelos Presidentes das Secções Cíveis, Social e Penais do S.T.J.*[40], que já são os mais antigos de cada uma dessas Secções[41]. A propósito, há que acabar com a *errada* ideia que, estranhamente, ainda há quem defenda, segundo a qual as funções dos Presidentes de secção não passariam de formais ou burocráticas.

## VI. Interposição e Alegações

Na recta final destas notas, entro em dois aspectos particulares que continuam seguindo a linha de rumo que é a minha, designadamente, em matéria recursória: a *harmonização possível entre o valor que deve ser reconhecido aos recursos e outrossim, o pragmatismo de que deve revestir-se a tramitação.* Escolho as duas questões que vou abordar, aliás sinteticamente, como exemplares de outras sobre as quais poderíamos reflectir.

Desde já, a que considero, hoje menos justificável e, portanto, mais fácil de resolver, basicamente, à luz do princípio basilar sobre o qual já me pronunciei, isto é, a procura de um Direito Processual Judicial tão uniforme quanto possível.

---

[40] O que estará, perfeitamente, em harmonia com a Recomendação N.º-R (1995) 5, de 07.02.1995, do Comité de Ministros do Conselho da Europa.

[41] Art. 46.º, n.º 1 da L.O.F.T.J. (Lei n.º 3/99, de 13.01).

Ora, acontece que, tanto no Direito Recursório Penal[42], como no Laboral[43], as alegações ou motivação, por princípio, devem acompanhar a interposição de recurso. Só no regulamentarismo do Direito Processual Civil assim não é.

Não tem sentido. E isto é assim, principalmente, no sistema dualista[44], que ainda vigora entre nós, mas também o é no sistema monista que defendo e sem o qual não há, a meu ver, reforma significativa.

É que, ao recorrer-se, deve saber-se porquê e, isto, é uma forma de defender a *ética sem a qual não há Direito. O recurso "cautelar" – recorre-se e, depois, logo se vê – é protelante, anti-ético, injustificado, rejeitável.*

Ao recorrer, o recorrente deve dizer porquê e concluir.

Enfim, motivar a sua conduta.

Tenho este ponto por tão elementarmente insusceptível de dúvidas, que fico por aqui nesta questão, limitando-me a enfatizar a conveniente sintonia entre o CPC, o CPP e o CPT, tanto quanto possível.

A questão de prazos não vejo que seja susceptível de grandes dúvidas. Optaria por algo como 15 dias em qualquer dos recursos judiciais[45].

E vamos à última questão.


## VII. Uniformização de Jurisprudência

Já disse – ainda que agora o repita – que deve caminhar-se para a, tanto quanto possível, unidade de um sistema recursório judicial.

E isso deve fazer-se comparando os nossos divergentes Direitos recursórios judiciais e optando pelos melhores caminhos.

Salvo o devido respeito por qualquer outra opinião, não foi o que se fez quanto à problemática da chamada uniformização de Jurisprudência... que nada, juridicamente, uniformiza.

Não vou entrar na polémica sobre constitucionalidade ou inconstitucionalidade dos velhos Assentos.

---

[42] Art. 411.º n.º 3 do CPP.
[43] Art. 81.º n.º 1 do CPT.
[44] Lembremo-nos das chamadas "convolações" face ao confronto entre o que é alegado e concluído e o recurso interposto: v.g. art. 702.º do CPC.
[45] Hoje, vêm ao caso, v. g., art. 411.º do CPP e art. 80.º do CPT.

Todavia, tenho para mim que exacta era a tese do Tribunal Constitucional que, algumas vezes, foi invocada, *distorcidamente*. O que o Tribunal Constitucional considerou inconstitucional foi, apenas, o segmento *geral* do, então, art. 2.º do Código Civil[46], o que vale por dizer que, assim sendo, os Assentos poderiam, sem obstáculo constitucional, ser vinculativos *na ordem judicial*, isto é, na linha hierárquica dos respectivos Tribunais[47], como conviria à luz da ideia de segurança que é uma das vertentes da Justiça, posto que se tratava de interpretar a ordem jurídica e não de a criar.

Os Assentos tinham, efectivamente, a grande vantagem de conferir segurança na interpretação jurídica.

O que era necessário era reduzir a sua divergência, simplificar processado e viabilizar alteração pelo próprio S.T.J.[48].

Toda a simplificação, inclusive a eliminação do recurso para o Pleno, foi objecto do Projecto de 1990. As próprias expressões "revista ampliada" e "uniformização de Jurisprudência" é daí que vêm. Só que, na reforma de 1995/6 acresceu-lhe a eliminação da vinculação *na ordem judicial, o que amputou o sistema de algo muito importante.*

Ou seja, juridicamente, temos hoje uma imensa tramitação, com grande ênfase verbal, e uma "uniformização"... Que nada uniformiza, salvo se os Juízes das instâncias tal quiserem assumir.

Por outro lado, é curioso o argumento (que já ouvi) segundo o qual a vinculação judicial coartaria a liberdade decisória. Se isto fosse para entender assim, então seria inconstitucional (!) a vinculação dos Juízes à própria lei[49], o que seria absurdo.

O que é mais estranhamente curioso é que, ao tempo da reforma processual civil de 1995/6, vigorava, no Direito Processual Penal, regra semelhante à propugnada no Projecto de CPC de 1990, de obrigatoriedade da uniformização na ordem judicial, como se disse, de acordo com a doutrina do Tribunal Constitucional.[50]

---

[46] Acórdão 743/96, de 28.05.1996 (D.R. 1ª série, de 18.07.1996).

[47] Cfr. Acórdão 1197/96, do T.C., de 21.11.1996 – D.R., 2.ª série, de 24.02.1997.

[48] Como acontecia, aliás, no CPC, versão de 1939 (art. 769.º) e só deixou de ser assim em 1961, com a nova versão do CPC (DL n.º 44129, de 28.12.1961).

[49] Art. 203.º da CRP.

[50] Então art. 445.º do CPP. Há que reconhecer que a expressão "quaisquer Tribunais", constante do art. 600.º do Projecto de CPC de 1990, deveria ser interpretada e clarificada com referência a Tribunais Judiciais.

Isso e a *não expressividade* da reforma processual civil de 1995/6, permitiu-me[51] defender, à luz de uma desejável unidade do Direito Recursório Judicial que, também no Direito Processual Civil, se deveria entender que a chamada uniformização de Jurisprudência, para sê-lo, vinculava na ordem judicial.

Perante estas dúvidas, a orientação legiferante foi no sentido da *uniformização negativa,* isto é, eliminando a obrigatoriedade judicial da chamada uniformização do próprio CPP[52]. É claro que, perante isto, passei a reconhecer que não há, hoje, qualquer dúvida de que, *jure constituto,* a "uniformização" da Jurisprudência não vincula quem quer que seja[53]. E não deixa de ser interessante constatar que a proclamada reforma processual civil de 1995/6 atribuiu a chamada "uniformização" a algo que já, anteriormente, existia e que a mesma reforma eliminou: o julgamento conjunto a que se reportava o n.º 3 do art. 728.º do CPC, que a dita reforma revogou.

Enfim, histórias da história judiciária.

Entretanto e tal como tudo se encontra, para além de uma "uniformização" que, juridicamente não uniformiza, alargaram-se de tal modo os recursos que, alguns, embora não tenham nascido ampliados, tendem a passar a ampliados no STJ, o que contribui para um excesso de tramitação[54].

Em conclusão, o que proponho que se pondere é que, para haver efectiva segurança normativa[55] por parte dos Cidadãos, a uniformização... uniformize vinculadamente, mas apenas, relativamente aos pertinentes Tribunais, o que até será conforme à respectiva hierarquia[56] e constituirá uma abstracção sempre inconfundível com qualquer decisão sobre caso concreto que não seja, somente, aquele onde a uniformização tiver ocorrido.

---

[51] Num livro escrito em co-autoria com António Pais de Sousa, Processo Civil, ano de 1997.

[52] Lei n.º 59/98, de 25.08.

[53] Salvo, naturalmente, na medida do julgamento do caso concreto em causa, o que *nada* tem a ver com uniformização de jurisprudência.

[54] Cfr. actuais arts. 678.º, n.º 4 e 754.º, n.º 2 do CPC.

[55] Quando se legisla tanto e cada vez mais, às vezes dissonantemente.

[56] Arts. 209.º, n.º 1, a) e 210.º, n.º 1 da CRP, art. 4.º, n.º 2 da Lei n.º 3/99, de 13.01 e art. 4.º n.º 1 da Lei n.º 21/85, de 30.07. Note-se que, obviamente, hierarquia *de Tribunais* nada tem a ver com *inexistente* hierarquia entre Juízes.

Isto é, perfeitamente, *compaginável* com a possibilidade, que defendo, de o *STJ poder alterar a sua própria uniformização* e, ainda, de poder haver recurso ordinário, designadamente *per saltum*, mas directamente, para o STJ, quando um interessado pretenda fazer alterar a precedente uniformização.

Em síntese: ou se dá um sentido real à "uniformização"; ou mais vale acabar com ela, porque *simples* alcance aconselhador ou orientador *já o devem ter os Acórdãos normais do S.T.J*. O que existe é, injustificadamente, fruto de um desmesurado trabalho e de desnecessária perda de tempo.

## VIII. Concluindo

É minha convicção que o Direito Processual, mormente o Civil, necessita de uma profunda reforma: uma verdadeira refundação.

Para isto, *têm de haver rupturas.*

Que se simplifique o Direito Recursório, muito bem.

Mas *que se simplifique e não apenas se aperfeiçoe*, tecnicamente, aqui ou ali.

*A simplificação longe de desrespeitar os direitos fundamentais, é uma forma de os garantir,* até porque não podemos esquecer o art. 20.º da CRP e, designadamente, o direito a processo equitativo decidido em prazo razoável.

Porém, tenho de acrescentar uma nota que não é só fruto da minha experiência de dezenas de anos nos Tribunais Judiciais, inclusive de Presidente de Relação e do S.T.J. mas, também, do que vou sabendo como cidadão interessado.

*O mundo da Justiça é uma unidade.*

Reformular o Direito Processual é necessário. Mas *tal só terá eficácia, só passará, significativamente, do papel, se for acompanhado de reforma orgânica e funcional.*

Reformular o Direito Processual Recursório, mormente, o Cível, é necessário. *Mas tal só terá sentido se for acompanhado ou precedido de reforma orgânica e funcional que viabilize condições de trabalho aos Juízes* – e aos outros profissionais dos Tribunais Judiciais – que lhes permitam realizar o seu trabalho.

Se defendo a recorribilidade generalizada a bem dos Cidadãos, a quem o Estado deve Justiça, não posso deixar de alertar para a absoluta necessidade de se garantir a possibilidade de resposta. A *contingentação* processual, o *apoio de funcionários* aos Juízes, *os meios informáticos*, que devem ser proporcionados a cada Juiz, designadamente das Relações, constituem factores *sine qua non* de qualquer reforma digna desse nome.

Eu sei que sou idealista. Mas ser idealista é uma coisa. Ser irrealista seria outra.

Quando, ainda há poucos dias li, num jornal que, num dos Tribunais de 2.ª instância deste País – ainda por cima, do único Distrito Judicial em que está instalado um outro Tribunal também de 2.ª instância – há centenas de recursos parados, não porque se não trabalhe, mas por falta de Juízes, de Funcionários e de meios, especialmente, informáticos – dei comigo a pensar o que aconteceria se não se trabalhasse tanto como, em geral, se trabalha.

Quando se sabe que estamos no século XXI, e a realização efectiva de Justiça é factor *sine qua non* da Democracia e da confiança, *inclusive do mundo económico,* não é pensável a falta de apoio humano e material – vale dizer, em especial, de Funcionários e de meios informáticos – como algo absolutamente natural ao exercício da função jurisdicional.

*Faça-se uma reforma processual.* Aceito que se comece pelas fases recursórias. *Mas que tal seja acompanhado ou, mesmo, precedido, de reconsideração orgânica e funcional,* até porque *a reformulação orgânica e funcional já é necessária no contexto vigente.* Penso, mesmo, que é mais necessária esta reformulação do que a processual.

E tudo isto – note-se! – *a bem dos Cidadãos carentes de Justiça.*

A razão de ser de qualquer reforma nunca pode estar no interesse dos Juízes ou dos Advogados ou de quaisquer outros intervenientes processuais. *O centro de interesse de qualquer reforma tem de ser, sempre e apenas, o cidadão comum.*

É em nome do Povo que os Tribunais decidem.[57]

Lisboa, Novembro de 2005

---

[57] Art. 202.º, n.º 1 da CRP.

## PROGRAMA DA CONFERÊNCIA
## "REFORMA DO SISTEMA DE RECURSOS EM PROCESSO CIVIL E PROCESSO PENAL"
## FACULDADE DE DIREITO DA UNIVERSIDADE DE COIMBRA

### 25 DE NOVEMBRO DE 2005

#### SESSÃO DE ABERTURA

*Prof. Doutor José Francisco de Faria Costa*
Presidente Conselho Directivo
Faculdade de Direito da Universidade de Coimbra
*Dra. Rita Brito*
Directora do Gabinete de Política Legislativa e Planeamento

*A Reforma do Sistema de Recursos em Processo Civil*

Orador: *Desembargador António Santos Abrantes Geraldes*
Conselho Superior da Magistratura e Tribunal da Relação de Lisboa
**Recursos Sobre a Matéria de Facto em Processo Civil**

Orador: *Dr. Carlos Ferrer*
Conselho Distrital de Coimbra da Ordem dos Advogados
**Modificação da Decisão da Matéria de Facto
pelo Tribunal de Segunda Instância**

Oradores: *Mestre Maria José Capelo, Mestre Miguel Mesquita,
Mestre Lucinda Dias da Silva, Dr. Diogo Duarte Campos*
Faculdade de Direito da Universidade de Coimbra
**Breve Contributo para a Reforma do Regime
dos Recursos em Processo Civil**

## DEBATE

Moderador: *Prof. Doutor Jorge de Sinde Monteiro*
Faculdades de Direito das Universidades de Coimbra e do Porto

**A Reforma do Sistema de Recursos em Processo Penal**

Orador: *Procurador-Geral Adjunto Alberto Mário Braga Temido*
Procuradoria-Geral Distrital de Coimbra
**A Reforma dos Recursos em Matéria Penal: Análise e Reflexões**

Orador: *Prof. Doutor José Manuel Damião da Cunha*
Faculdade de Direito da Universidade Católica do Porto
**As «Ambiguidades» do Actual Regime de Recursos do Código de Processo Penal e Perspectivas de Futuro**

Oradores: *Prof.ª Doutora Maria João Antunes, Mestre Nuno Brandão, Dr.ª Sónia Fidalgo*
Faculdade de Direito da Universidade de Coimbra
**A Reforma à Luz da Jurisprudência Constitucional**

## DEBATE

Moderador: *Prof. Doutor Jorge Figueiredo Dias*
Faculdade de Direito da Universidade de Coimbra

### SESSÃO DE ENCERRAMENTO

Representante do Conselho Científico
da Faculdade de Direito da Universidade de Coimbra

S. Ex.ª O Secretário da Justiça, *Mestre João Tiago da Silveira*

# COMUNICAÇÕES ESCRITAS

## RECURSOS SOBRE A MATÉRIA DE FACTO EM PROCESSO CIVIL

Desembargador António Santos Abrantes Geraldes
*Conselho Superior da Magistratura e Tribunal da Relação de Lisboa*

## MODIFICAÇÃO DA DECISÃO DA MATÉRIA DE FACTO PELO TRIBUNAL DE SEGUNDA INSTÂNCIA

Dr. Carlos Ferrer
*Conselho Distrital de Coimbra da Ordem dos Advogados*

## BREVE CONTRIBUTO PARA A REFORMA DO REGIME DOS RECURSOS EM PROCESSO CIVIL

Mestre Maria José Capelo, Mestre Miguel Mesquita, Mestre Lucinda Dias da Silva, Dr. Diogo Duarte Campos
*Faculdade de Direito da Universidade de Coimbra*

# RECURSOS SOBRE A MATÉRIA DE FACTO EM PROCESSO CIVIL

António Santos Abrantes Geraldes

## 1. Abertura

No âmbito de mais um Debate Público sobre a Reforma Regime de Recursos Cíveis fui convidado a escolher um tema, segundo o meu critério. Como Juiz Desembargador, entendi optar por uma das principais alterações introduzidas em 1995 respeitante aos recursos de matéria de facto.

Deu-se a coincidência de também outro orador, o Sr. Dr. Carlos Ferrer, advogado, ter escolhido tema semelhante. Creio, porém, que sendo diversas as funções de cada um, diversas serão as perspectivas: a do Sr. Dr. Carlos Ferrer, enquanto interessado que toma a iniciativa ou que comparticipa na iniciativa de outrem; a minha, enquanto juiz de um Tribunal da Relação a quem cumpre apreciar os recursos.

No estádio em que nos encontramos, depois de ter sido publicitado o *Relatório de Avaliação do Sistema de Recursos em Matéria Cível e Penal*, no qual foram identificados alguns problemas e analisadas algumas soluções alternativas, e depois de já terem sido efectuadas em vários pontos do país debates sobre essa temática, seria importante que já houvesse conhecimento das soluções projectadas, servindo este debate para questionar a sua valia ou para nelas introduzir, enquanto ainda é tempo, eventuais melhorias decorrentes de contributos dados pelas Universidades e pelos profissionais forenses que mais de perto lidam com a matéria.

Acontece que não foi dada ainda publicidade ao eventual projecto, pelo que apenas podemos incidir sobre o que ainda está consignado no Código do Processo Civil.

## 2. Introdução

É sabido que o julgamento da matéria de facto constitui o objectivo principal do processo civil declarativo, para o qual todos os actos anteriores concorrem, com uma função instrumental que vai desde a alegação dos factos à apresentação dos meios de prova, e da qual depende, em largo grau, o resultado final da acção.

Neste contexto, também a responsabilidade do juiz é maior quando se debruça sobre a matéria de facto. Com efeito, mais difícil do que a subsunção jurídica dos factos provados é a tarefa de, perante factos controvertidos e em confronto com elementos de prova diversificados, não coincidentes, imprecisos ou de duvidosa autenticidade, se pronunciar sobre a matéria de facto controvertida. Com base em critérios rodeados de elevada dose de subjectividade, ligados ao princípio da livre apreciação das provas, o julgamento da matéria de facto implica lidar com comportamentos, sentimentos, reacções e com as limitações do conhecimento humano, tendo o juiz que decidir, apesar disso, com base em juízos de probabilidade naturalmente rodeados de uma certa margem de incerteza.

Neste contexto, as acções são ganhas ou não, os direitos são reconhecidos ou postergados, as pretensões são acolhidas ou rejeitadas não tanto devido à boa ou deficiente integração jurídica dos factos (tarefa facilmente sindicável em via de recurso), mas fundamentalmente devido ao sucesso ou insucesso alcançado na tarefa de convencer os juízes (ou de estes se convencerem) sobre a realidade histórica, frequentemente dependente da produção e ponderação de meios de prova falíveis.

## 3. Antecedentes históricos

Vem isto a propósito da possibilidade de sindicar, por intervenção de um Tribunal Superior, o julgamento da matéria de facto efectuado na primeira instância.

Sem embargo da necessidade de o juiz que realiza o julgamento empregar todo o esforço necessário para alcançar a verdade material, do que se trata neste Debate Público é de apreciar em que medida o sistema prevê ou deve prever soluções que potenciem eventuais incorrecções desse julgamento.

Num sistema como o nosso, largamente marcado pela oralidade, em que parte substancial dos meios de prova é produzida oralmente perante o Tribunal que procede ao julgamento em 1.ª instância, a concretização de um efectivo segundo grau de jurisdição em matéria de facto assenta, em larga medida, na possibilidade de conservar, para efeitos de reutilização, os meios de prova assim produzidos.

Esse era já o objectivo a que tendia o processo escrito que pontuava no Séc. XIX, mas cujos resultados ao nível da morosidade impuseram a sua modificação, sendo de todo insustentáveis em face da actual conjuntura marcada pela elevada procura judiciária e pelo maior nível de exigência dos interessados que recorrem aos Tribunais. Foram os resultados negativos decorrentes da aplicação de um tal sistema que precisamente levaram o legislador de 1939 a optar pelo sistema antagónico assente na oralidade pura, em que praticamente nada daquilo que era produzido oralmente perante o Tribunal de julgamento ficava registado no processo. Sendo este sistema de algum modo coerente com o regime autoritário que vigorou durante cerca de 50 anos, a verdade exige que se diga que, apesar da existência de Tribunais da Relação a quem também competia reapreciar a matéria de facto, eram extremamente reduzidas as possibilidades de, por via de recurso, se obter a modificação da decisão da matéria de facto provada e não provada.

Nesse sistema que vigorou até 1995, em regra, todos os depoimentos, declarações ou esclarecimentos eram prestados perante o tribunal colectivo ou singular, não ficando na acta rasto das declarações proferidas. Só excepcionalmente a oralidade era temperada em certos casos pouco relevantes, como ocorria com os depoimentos antecipados, cartas precatórias ou depoimentos de certas entidades que ficavam registados por escrito no processo.

Aí assentaram as principais críticas, sendo as mais ferozes produzidas pelo Prof. Pessoa Vaz, para quem um tal sistema, "aberrante" e anacrónico, representava uma grave carência de garantias judiciárias, ao coarctar, em termos efectivos, um segundo grau de jurisdição em matéria de facto e ao legitimar que fossem admitidas como boas decisões que, em abstracto, poderiam ser proferidas "sem prova, para além da prova ou até abertamente contra a prova". Além disso, a inadmissibilidade de um generalizado e credível registo das provas deixava sem resposta a prática do perjúrio, potenciando também a dedução de acusações infundadas quanto ao acerto do julgamento que frequentemente eram inseridas nas alegações de recurso.

## 4. Registo da prova

Assim se chegou ao regime que foi instituído em 1995 e que foi mantido na reforma que entrou em vigor em 1997. Nele se procurou estabelecer um compromisso que me parecia razoável entre a oralidade das audiências e a previsão de instrumentos processuais potenciadores de maior segurança jurídica.

Na prática, admitiu-se, nas acções de maior relevo, o registo das provas oralmente produzidas, permitindo uma maior aproximação entre as fontes probatórias e a Relação que às mesmas poderia aceder através da leitura dos depoimentos transcritos ou da audição das gravações realizadas. O preâmbulo do Dec.-Lei n.º 39/95 reflecte precisamente as principais razões que estiveram na génese das soluções adoptadas e que acabam por coincidir, na sua maior parte, com as críticas dirigidas ao sistema anterior.

*Em primeiro lugar*, pretendeu-se com o registo da prova atenuar o clima de impunidade que acompanhava a prática de perjúrio, sendo mais fácil a utilização das gravações como meio de prova da falsidade dos depoimentos.

*Em segundo lugar*, o registo da prova teve a virtualidade de fazer abrandar o nível das críticas quanto ao modo como os tribunais apreciavam a prova produzida em audiência, inviabilizando certas acusações ou permitindo, com maior amplitude, a responsabilização daqueles que as proferem sem motivo.

Com efeito, sem embargo da maior responsabilização dos juízes quando firmam a sua convicção e a fundamentam com a necessária alusão aos meios de prova produzidos, fica mais limitada a possibilidade de abusivas alegações quanto ao comportamento do juiz, que necessariamente terão de encontrar justificação em face das gravações.

Mas a *função principal* que justificou a modificação do regime liga-se à ampliação das reais possibilidades de obter a modificação da decisão da matéria de facto em casos de erros clamorosos ou manifestos.

Segundo o regime de 1995, o recorrente deveria especificar não só os pontos de facto que considerava incorrectamente julgados, como ainda os meios probatórios que impunham, na sua perspectiva, uma resposta diversa, devendo ainda apresentar escrito dactilografado das passagens da gravação em que sustentasse a sua pretensão, quando a impugnação estivesse relacionada com meios de prova oralmente prestados perante o tribunal. O necessário respeito pelo princípio do contraditório facultava à contraparte a possibilidade de carrear para o recurso a transcrição dos depoimentos, declarações ou esclarecimentos que, na sua perspectiva, impusessem a manutenção da decisão recorrida.

Deste modo, terminada a fase das alegações, caberia ao tribunal de recurso reapreciar a decisão impugnada procedendo a uma valoração autónoma dos meios de prova utilizados na 1.ª instância.

Tratava-se de um sistema equilibrado, em que às vantagens eventualmente decorrentes da modificabilidade da decisão da matéria de facto correspondia o ónus de proceder à transcrição dos trechos fundamentais dos depoimentos capazes de influir na modificação do juízo valorativo em que assentara a primeira decisão. Tratava-se de uma solução que, tutelando em termos mais efectivos o direito das partes a um 2.º grau de jurisdição em matéria de facto, repartia, com razoabilidade, os ónus das partes e os deveres do Tribunal da Relação. Ao impor à parte recorrente o ónus da transcrição dos depoimentos pertinentes, promovia-se maior seriedade na interposição do recurso, evitando-se o uso abusivo desse direito. Por seu lado, o Tribunal da Relação, sem prejuízo de poder proceder, por sua iniciativa, à audição das gravações, recebia logo com as alegações a demonstração das respectivas conclusões, a par da resposta e dos argumentos deduzidos pela contraparte.

Aquele ónus de transcrição, para além de servir de critério moderador na utilização do mecanismo de recurso em matéria de facto, reservando-o apenas para os casos em que realmente houvesse motivos para a impugnação, ajustava-se também melhor à necessidade de repartir, de forma equilibrada, entre as partes, por um lado, e o Estado-Tribunal, pelo outro, os custos financeiros e os recursos humanos necessários à ampliação da recorribilidade da decisão da matéria de facto.

Tal regime foi rapidamente modificado. Pese embora o equilíbrio que caracterizava o sistema introduzido em 1995, o curto tempo de duração da experiência e a falta de qualquer avaliação dos resultados decorrentes da sua aplicação, o legislador resolveu alterá-lo nos termos que resultam do Dec.-Lei n.º 183/00, de 10-8.

Tratando-se de um diploma que visou fundamentalmente a modificação do regime das citações e das comunicações entre o Tribunal e as partes e entre estas, não encontra explicação racional a modificação do regime de impugnação da decisão da matéria de facto, a não ser a eventual cedência a reclamações advindas do sector da advocacia nada interessado em arcar com o ónus da transcrição dos depoimentos. A verdade é que, a partir de então, mantendo sobre as partes o ónus de concretização dos pontos de facto impugnados, passou a exigir-se apenas a indicação dos depoimentos, com referência ao assinalado na acta, sem qualquer alusão ao seu conteúdo.

Não creio que tenha sido a melhor opção.

1.º – A facilitação das tarefas a cargo do recorrente e o frequente uso abusivo de instrumentos de natureza processual, para torpedear o andamento da acção e prejudicar a eficácia da justiça, leva a que surjam com mais frequência recursos de impugnação da matéria de facto sem suficiente justificação substancial, assim sobrecarregando os Tribunais da Relação.

2.º – Conquanto a colegialidade do colectivo também seja exigida nos acórdãos em que se julga a matéria de facto, a mesma é falaciosa e de difícil execução em face da falta de estruturas ou de organização de serviço (*v.g.* falta de gabinetes, de meios de apoio, de hábitos de trabalho no edifício da Relação, etc.).

Sendo impraticável, no actual contexto de apetrechamento material e humano das Relações, garantir que os três juízes desembargadores, em simultâneo, procedam à audição das gravações, a colegialidade da decisão da matéria de facto era mais facilmente conseguida através do regime de transcrições a cargo das partes. Aliás, como factor facilmente compreensível em face da natureza humana, nada há de mais fastidioso do que a audição de gravações, frequentemente de má qualidade, sem identificação fácil dos intervenientes, tornando menos sindicável o modo como na Relação se aprecia a impugnação da matéria de facto.

3.º – É verdade que a lei confere ao relator a possibilidade de determinar a transcrição dos depoimentos. Mas para além de os custos que isso acarreta para as partes ou, em certos casos, para o Tribunal (em casos de apoio judiciário) serem desproporcionados em relação aos potenciais benefícios, essa transcrição generalizada acabaria por introduzir na tramitação dos recursos um factor de morosidade que prejudica o bom desempenho que felizmente neste momento caracteriza os Tribunais da Relação.

Pelas diversas razões, cremos que deveria ser repristinado o sistema anterior que integrava uma solução equilibrada, mais ajustada à nossa realidade e às nossas possibilidades, sem introduzir um escusado factor de morosidade decorrente da utilização abusiva do recurso ou da eventual transcrição das alegações.

É claro que a experiência decorrente da introdução de um mecanismo de gravação tão simples como o sonoro desaconselha de todo que se avance para a gravação efectuada pelo processo *vídeo* que a lei já prevê, embora com carácter facultativo.

Para o efeito não deve de modo algum desconsiderar-se o deficiente tratamento das gravações sonoras, fruto da deficiente qualidade do sistema de gravação e do amadorismo com que são feitas por funcionários sem o mínimo conhecimento ou interesse.

Ora se tais deficiências já ocorrem em relação a um sistema tão pouco sofisticado, determinando nalguns casos a repetições da totalidade ou de parte do julgamento ou um esforço maior na percepção dos conteúdos da gravação nos seus aspectos relevantes, muito mais graves seriam os custos ou aos resultados da implantação de um sistema de gravação *vídeo*, manifestamente desproporcionado às nossas reais possibilidades e aos benefícios introduzidos na melhoria do julgamento da matéria de facto.

## 5. Aplicação

Sem embargo do que se disse, verifica-se que não é posto em causa, na esfera dos Tribunais e dos Juízes, quanto ao sistema vigente, o princípio do registo das provas com vista a potenciar um 2.º grau de jurisdição em matéria de facto.

Trata-se de uma solução que não admite recuo e que, aliás, distendeu o clima de suspeição que frequentemente era lançado sobre o julgamento da matéria de facto.

Conquanto a mesma não tenha a virtualidade de, por si só, atalhar todos os males do sistema judiciário, a prática vem demonstrando que constitui um precioso instrumento que tem contribuído para a maior credibilização das decisões judiciais em matéria cível e para aproximar a verdade judicialmente detectada da realidade histórica.

Com ele saíram ampliados os poderes do Tribunal da Relação, transformando-a, efectivamente, num tribunal de instância que também julga a matéria de facto, e não apenas num tribunal de "revista", mera antecâmara do STJ.

Pena é que, neste momento em que se faz a avaliação do sistema de recursos e em que se discute a modificação do regime não existam dados estatísticos que permitam avaliar a bondade do sistema em face dos custos e dos benefícios que dele decorrem. Com efeito, desconhece--se a percentagem de recursos que são providos e, dentro destes, a amplitude dos benefícios alcançados.

Do sistema de recurso da decisão da matéria de facto emerge que foram recusadas soluções maximalistas que permitissem ou impusessem a realização de um novo julgamento integral em segunda instância. Com efeito, a Relação não é um segundo tribunal de 1.ª instância, mas um tribunal de 2.ª instância, com competência, que deve ser sempre residual, de proceder à reapreciação de determinados aspectos da matéria de facto em relação aos quais haja desacordo.

Diga-se que tendo sido recusada também pelo legislador a possibilidade de impugnação genérica do julgamento da matéria de facto, o entendimento que tem prevalecido acerca dos poderes da Relação fazem desta um Tribunal a quem é atribuído o poder de proceder à reponderação ou reapreciação de determinados pontos de facto concretamente impugnados em face dos meios de prova concretamente indicados, o que de modo algum corresponde a segundo julgamento ou a uma segunda versão do primeiro julgamento.

Sem prejuízo de tudo quanto se referiu, não podemos deixar de reconhecer que nem sempre a gravação terá os resultados projectados pela parte interessada na modificação da matéria de facto, pois que são diversas as circunstâncias com que se defronta o juiz do julgamento em confronto com as que se encontram presentes na Relação, quando nesta se procede à leitura das transcrições ou à audição das gravações.

Apesar do optimismo com que devem ser encaradas as inovações, as previsões quanto aos frutos da sua implementação devem ser temperados com a necessária dose de realismo.

Ora, neste campo, a experiência comum demonstra que o sistema de gravação dos meios probatórios oralmente produzidos, assim como qualquer outro sistema alternativo (gravação *vídeo*, estenografia, computorização, taquigrafia, transcrição integral dos depoimentos ou extractação de um simples resumo dos depoimentos, operada pelo juiz que assiste à produção da prova), não fixa todos os elementos susceptíveis de condicionar ou de influir na convicção do juiz.

Existem aspectos comportamentais ou reacções dos depoentes que apenas são percepcionados, apreendidos, interiorizados e valorados por quem os presencia e que jamais podem ficar gravados ou registados para aproveitamento posterior por outro tribunal que vá reapreciar o modo como no primeiro se formou a convicção dos julgadores.

O sistema vigente continua a transportar consigo o risco de se atribuir equivalência formal a depoimentos substancialmente diferentes, de se desvalorizarem alguns deles só na aparência imprecisos ou de se dar excessivo relevo a outros, pretensamente seguros, mas aos quais o tribunal perante o qual foram prestados não atribuiu qualquer credibilidade.

De facto, o sistema não garante de forma tão perfeita quanto a que é possível na 1.ª instância, a percepção do entusiasmo, das hesitações, do nervosismo, das reticências, das insinuações, da excessiva segurança ou da aparente imprecisão, em suma, de todos os factores coligidos pela psicologia judiciária e de onde é legítimo ao tribunal retirar argumentos que permitam, com razoável segurança, credibilizar determinada informação.

Além do mais, todos sabem que por muito esforço que possa ser feito na racionalização do processo decisório aquando da motivação da matéria de facto sempre existirão factores difíceis ou impossíveis de concretizar, mas que são importantes para fixar ou repelir a convicção acerca do grau de isenção que preside a determinados depoimentos.

Ora, carecendo o Tribunal da Relação destes elementos coadjuvantes e necessários para que a justiça se faça, correm-se sérios riscos de a injustiça material advir da segunda decisão sobre a matéria de facto.

**6.** Em jeito de conclusão diria sobre o sistema de recursos em matéria de facto o seguinte:

*a)* Deve ser mantido um sistema que permita o registo da prova oralmente produzida;

*b)* Sem prejuízo das necessárias melhorias na execução da gravação e de maior exigência relativamente ao funcionário que a monitoriza, basta, para os efeitos que se pretendem obter, o registo sonoro, não sendo necessário o registo *vídeo*;

*c)* Entendo que deveria ser repristinado o sistema que foi introduzido em 1995, fazendo recair sobre as partes o ónus de transcrição das gravações, sem embargo da possibilidade de a Relação proceder à audição quando tal se revelasse necessário;

*d)* Deve ser clarificado o efeito decorrente da falta, deficiência, obscuridade ou complexidade das conclusões sobre a matéria de facto, afirmando inequivocamente a dispensa de um eventual despacho de aperfeiçoamento que expressamente se prevê apenas para as conclusões jurídicas;

*e)* Deve manter-se o Tribunal da Relação com o figurino de Tribunal que reaprecia a decisão da 1.ª instância, sendo desnecessário e inconveniente a realização de um segundo julgamento.

# MODIFICAÇÃO DA DECISÃO DA MATÉRIA DE FACTO PELO TRIBUNAL DE SEGUNDA INSTÂNCIA

CARLOS FERRER

Em primeiro lugar quero agradecer em nome do Conselho Distrital de Coimbra da Ordem dos Advogados (CDCOA) a oportunidade que nos é dada de participar neste Debate Público para darem o seu contributo para a Reforma do Sistema de Recursos em Processo Civil.

A evidente conexão do tema escolhido – Modificação da Decisão da Matéria de Facto pelo Tribunal de Segunda Instância – com outras áreas do processo civil levou a que esta nossa intervenção extravase os limites a que inicialmente nos tínhamos proposto.

## I

A Decisão sobre a Matéria de Facto e o acerto da mesma é um tema bem caro aos Advogados. Somos nós, Advogados, os porta vozes dos cidadãos que recorrem à Justiça e ninguém melhor do que nós sabe o que é o sentimento de um cidadão injustiçado mesmo quando nalgumas dessas situações o Tribunal tenha feito efectivamente Justiça.

Os cidadãos, mais do que ninguém, anseiam por justiça mas dificilmente haverá uma decisão justa sem uma acertada decisão da matéria de facto.

O facto de ser uma área nuclear justifica a razão da nossa escolha por este tema, esperando nós que esta nossa participação nos trabalhos preparatórios da Reforma do Sistema de Recursos, quer seja sobre questões de direito quer sobre matéria de facto, possa ser um contributo válido para que se atinja o desiderato porque todos ansiamos: uma melhor JUSTIÇA.

## II

Até à Reforma do Código de Processo Civil concretizada pelo DL 39/95, de 15 de Fevereiro, apreciação da matéria de facto efectuada, quer pelo tribunal colectivo quer pelo Juiz singular, não previa a redução a escrito das provas produzidas em audiência de julgamento em 1.ª instância em obediência aos princípios da *imediação* e *oralidade*.
No quadro anterior à reforma de 95, era a alínea a) do art. 712.º que conferia o poder-dever ao tribunal de 2.ª instância de alterar a decisão da matéria de facto impugnada, mas tal sucedia apenas quando constassem todos os elementos de prova que serviram de base à decisão e ainda quando, tendo havido gravação da prova produzida em audiência, a decisão sobre a matéria de facto tivesse sido objecto de recurso.
Nesse quadro muito restrito da possibilidade de alteração da decisão de facto, o recurso de apelação circunscrevia-se, pois, praticamente às questões de direito, diversamente do que acontecia na generalidade dos países em que havia um verdadeiro segundo grau de jurisdição em matéria de facto.
A Reforma de 1995 veio estabelecer a possibilidade de documentação ou registo da prova produzida nas audiências de julgamento, o que teve como consequência a ampliação dos poderes cognitivos da 2.ª instância quanto à reapreciação da decisão de facto proferida na 1.ª instância.
Foi um passo decisivo no estabelecimento de um segundo grau de jurisdição quanto à matéria de facto mas ainda assim tímido e insuficiente pelas razões que se seguida passamos a expor:
**Uma primeira razão** – Nos recursos efectuados com base no n.º 2 do art. 712.º do CPC, a Jurisprudência da 2.ª instância, analisando a matéria de facto impugnada com base nas transcrições das passagens da gravação em que se funda, por força do disposto no n.º 2 do art. 690.º-A do CPC, na redacção dada pelo DL 39/95, firmou-se no sentido da alteração da matéria de facto se restringir aos casos que, nos concretos pontos objecto de recurso, fosse notória a desconformidade entre as provas disponíveis e aquela decisão, invocando em defesa desta orientação o

princípio da livre apreciação das provas consagrado no art. 655.º, n.º 1 do CPC. Esta orientação jurisprudencial, que não partilhamos por a considerarmos demasiado defensiva, não contribuiu para que se pudesse falar de um verdadeiro segundo grau de jurisdição em matéria de facto, com claro prejuízo para a descoberta da verdade material;

**Uma segunda razão** – A situação que aparentemente mais se aproxima de um verdadeiro segundo grau de jurisdição em matéria de facto é a prevista no n.º 3 do art. 712.º. Todavia não esqueçamos que a determinação da renovação dos meios de prova produzidos na 1.ª instância é uma faculdade conferida à 2.ª instância em casos absolutamente excepcionais para se ultrapassarem dúvidas insanáveis sobre a correcção da decisão por aquela proferida; ou seja, segundo grau de jurisdição em matéria de facto, **sim**, mas com pressupostos de aplicação a casos muito, mas muito, restritos;

**A terceira e última razão** – A repetição do julgamento ordenada pela 2.ª instância com fundamento no n.º 4 do art. 712.º do CPC, tem um carácter perigosamente atomístico e delimitado dado que essa repetição se cinge à parte da decisão que não esteja viciada, esquecendo-se o legislador que na grande maioria das situações apreciação da matéria de facto deve ser incindível.

Resumindo, a introdução pela Reforma de 1995 do segundo grau de jurisdição em matéria de facto foi feita de forma tímida e insuficiente não garantindo uma verdadeira reapreciação da matéria de facto pela 2.ª instância.

Para aqueles que tinham fundadas dúvidas sobre o eficaz funcionamento do sistema do segundo grau de jurisdição em matéria de facto, havia uma válvula de escape: requerer-se que o julgamento em 1.ª instância fosse feito pelo Tribunal Colectivo porque tinha a vantagem, que era ao mesmo tempo uma garantia, de a matéria de facto ser apreciada por três juízes.

Em 2000, com a publicação do DL 183/00, de 10 de Agosto, ou seja passados pouco mais de três anos da entrada em vigor da Reforma, entrada essa ocorrida em 1997, o próprio legislador veio de alguma forma a reconhecer a insuficiência do sistema do segundo grau de jurisdição em matéria de facto por aquela instituído e a sua tímida aplicação.

Neste diploma, o DL n.º 183/00, é introduzida uma alteração no sentido de o aperfeiçoar, isto é, a introdução de um n.º 5 no art. 690.º-A do CPC mediante o qual, ao contrário do que acontecia até então em que apenas eram lidas as transcrições dos depoimentos apresentadas pelas partes, o tribunal de recurso passa a fazer a audição ou visualização dos depoimentos indicados pelas partes permitindo-se que a *mediação* e a *oralidade* voltassem a estar presentes, ainda que de forma mitigada, na apreciação da matéria de facto pela 2.ª instância.

E a sensação que temos é que, com esta alteração, a jurisprudência da 2.ª instância deixou de ser tão exigente quanto ao critério de ser notória a desconformidade entre as provas disponíveis e a decisão em matéria de facto da 1.ª instância. Consequentemente, passou a ser mais frequente a alteração da matéria de facto pela 2.ª instância em claro benefício da descoberta da verdade material que o mesmo é dizer, em benefício das partes e da justiça.

## III

Mas será que ainda é possível aperfeiçoar o Sistema de Recursos em Matéria Cível, sejam eles sobre questões de direito ou sobre matéria de facto?

A resposta será obviamente afirmativa mas as alterações a propor mexem, desde logo, com o sistema de recursos e com a própria organização judiciária.

**Uma primeira sugestão** prende-se com as acções de valor superior ao da alçada do Tribunal da Relação em que não se justifica a existência de uma dupla jurisdição em matéria de direito.

Nestas situações, o art. 725.º, n.º 1 do CPC prevê já a possibilidade de o recorrente requerer que o recurso da decisão de mérito proferida pela 1.ª instância suba directamente ao Supremo Tribunal de Justiça, ou seja, prevê já a possibilidade do recurso *per saltum*.

Em vez de ser uma faculdade conferida às partes, porque não introduzir obrigatoriamente o recurso *per saltum* para o STJ sempre que se suscitem apenas questões de direito no recurso interposto das decisões proferidas pela 1.ª instância tal como sucede no processo penal.

Esta alteração tinha a grande vantagem de conferir maior celeridade aos processos cíveis sem que houvesse perda de garantias para as partes.

**Uma segunda sugestão**, esta directamente relacionado com o tema desta nossa intervenção – Modificação da Decisão da Matéria de Facto pela 2.ª Instância – é o aperfeiçoamento do actual sistema criando-se um verdadeiro segundo grau de jurisdição em matéria de facto.

Nas situações em que se repute insuficiente, obscura ou contraditória a decisão sobre a matéria de facto ou quando se considere indispensável ampliação desta, a lei processual devia prever a possibilidade de a 2.ª instância não só poder, **mas também dever**, determinar a renovação dos meios de prova produzidos na 1.ª instância, prova essa a ser produzida perante o Juiz relator e os respectivos juízes adjuntos.

O facto de ser a última sede de apreciação em matéria de facto justifica plenamente que o julgamento se faça perante o colectivo de juízes do Tribunal da Relação.

Esta solução que passa pela realização de um segundo julgamento em matéria de facto tem como justificação a necessidade de a prova dever ser apreciada globalmente e não de forma parcelar pelos riscos que esta apreciação sempre comporta.

Não se podendo falar ainda de uma verdadeira segunda jurisdição em matéria de facto, somos de opinião que se deve manter a possibilidade dos julgamentos em 1.ª instância serem realizados pelo Tribunal Colectivo devendo, para o efeito, repristinar-se o sistema em que, para que este tribunal se constituísse, bastava uma das partes o requerer.

As alterações propostas confeririam maior celeridade processual combinada com um reforço das garantias das partes nomeadamente em sede de apreciação da matéria de facto.

Não desconhecemos as implicações que obrigatoriamente estas propostas teriam, **desde logo**:

- Alteração das alçadas dos Tribunais de 1.ª instância e da Relação para valores não inferiores, respectivamente, a € 20.000,00 e a € 50.000,00;
- A necessidade de uma alteração, talvez não tão profunda como à primeira vista pode parecer, dos quadros dos Tribunais da Relação e do STJ;
- Alteração da do art. 712.º do CPC de forma a instituir-se um verdadeiro segundo grau de jurisdição em matéria de facto.

A criação deste verdadeiro segundo grau de jurisdição em matéria de facto implicaria a criação de novas contrapartidas necessárias para dar o sempre desejado equilíbrio ao sistema de recursos em matéria cível.

Os inconvenientes da realização de um segundo julgamento seriam atenuados com o facto de ser pressuposto necessário, para que se repetisse o julgamento perante a 2.ª instância, que o Advogado do recorrente tivesse reclamado das respostas dadas aos pontos da matéria de facto e que não só da reclamação, mas também das alegações de recurso resultasse com um mínimo de evidência que a decisão proferida sobre essa matéria de facto fosse deficiente, obscura ou contraditória ou ainda quando se considerasse indispensável a sua ampliação. Mas para que a reclamação da decisão sobre a matéria de facto fosse pressuposto necessário de um segundo julgamento feito pela 2.ª instância, teria o advogado que ter um prazo não inferior a 10 dias para reclamar, após o conhecimento das respostas aos pontos da matéria de facto, prazo esse absolutamente necessário para uma análise serena das mesmas ao contrário do que acontece com o actual sistema previsto no n.º 4 do art. 653.º do CPC que não permite uma sua apreciação ponderada nomeadamente nas causas de alguma complexidade.

São estas as propostas que aqui lançamos para a discussão na convicção, passe a imodéstia, de que as mesmas são um contributo para uma melhor e mais célere Justiça.

Termino parafraseando Benjamin Disraeli: "Nem sempre a acção traz felicidade, mas sem acção não há felicidade".

# BREVE CONTRIBUTO
# PARA A REFORMA DOS RECURSOS CÍVEIS

Maria José Capelo
Miguel Mesquita
Lucinda Dias da Silva
Diogo Duarte Campos

É uma honra para a Faculdade de Direito da Universidade de Coimbra poder participar, ainda que de forma singela, na ampla discussão pública da reforma do sistema de recursos em matéria cível.

As nossas reflexões têm unicamente por objecto o Relatório sobre a reforma dos recursos elaborado pelo Gabinete de Política Legislativa e Planeamento do Ministério da Justiça, uma vez que só hoje nos foi apresentado o Anteprojecto. Em todo o caso, as normas do Anteprojecto sempre hão-de reflectir o espírito do referido Relatório[*].

Encontrámos neste documento uma clara análise descritiva do regime de recursos vigente, com pontuais e dispersas propostas reformistas apoiadas, de quando em vez, no direito comparado. Mas o que sobressai em todo o Relatório, não podemos deixar de o dizer, é uma confessada timidez nas alterações avançadas, chegando a referir-se uma futura e mais vasta reforma do sistema.

Eis, em suma, a espírito que preside ao Relatório do Gabinete de Política Legislativa do Ministério da Justiça.

---

[*] O Relatório consta hoje da seguinte obra: *O Sistema de recursos em processo civil e em processo penal*. Coimbra, Coimbra Ed., 2006. As páginas citadas referem-se a este livro.

Qualquer que seja o maior ou menor âmbito da reforma, consideramos que esta não pode deixar de nortear-se por duas ideias fundamentais:
1.ª Melhoria da Justiça na primeira a instância[1];
2.ª Simplificação do regime dos recursos ordinários.

## I. Melhoria da justiça na primeira instância.

Sucessivos Governos têm trabalhado incansavelmente para que este fim seja atingido e, no entanto, terrível paradoxo do nosso tempo, ele parece estar sempre um pouco mais distante.

A nossa primeira ideia é, portanto, esta: a reforma dos recursos não alcançará o êxito desejado se, em simultâneo, não se proceder *a uma melhoria da justiça ao nível dos tribunais judiciais de 1.ª instância*.

### 1. As condições humanas e materiais dos tribunais de 1.ª instância.

No Relatório, a análise comparativa dos *recursos humanos, instalações e equipamentos* ficou circunscrita aos tribunais de 2.ª instância e ao Supremo Tribunal de Justiça (tendo-se concluído pela suficiência dos quadros de magistrados). Ora, em nosso entender, esta pesquisa ficaria enriquecida se recaísse também sobre os tribunais de 1.ª instância, com o objectivo de apurar o seu desempenho na administração da justiça.

A hierarquização da justiça demonstra que só uma base sólida pode gerar uma equilibrada e eficiente justiça nos tribunais superiores[2]. Neste sentido, o objectivo primordial deve traduzir-se na promoção da qualidade das decisões, *prevenindo-se*, em muitos casos, o exercício do direito de recurso.

---

[1] *Vide*, no mesmo sentido, A. RIBEIRO MENDES, *Avaliação do sistema de recursos em processo civil e em processo penal* (ponto 16.º), 17 de Maio de 2005, www.gplp.mj.pt.

[2] Paralelamente, a contratação de assessores com formação jurídica afigura-se-nos uma «aposta» com sentido, ficando os magistrados com mais tempo para a função principal de julgar, sendo aqueles responsáveis, embora sob supervisão dos juízes, pela elaboração das denominadas "tarefas de gabinete" (elaboração de minutas de despachos ou sentenças, pesquisas jurisprudenciais, etc.).

Afirma-se, por exemplo, no Relatório[3], a propósito dos recursos interpostos para as Relações no ano de 2004, que *"não é negligenciável"* a sua taxa de provimento, cujo valor se fixou em 38%[4]. Estamos perante um valor elevado que naturalmente dificulta a adopção de medidas restritivas do direito ao recurso.

Somos, a este propósito, avessos a um aumento exponencial do valor das alçadas, na medida em que a limitação do direito ao recurso por via do critério quantitativo é fonte geradora de injustiças. A justiça relaciona-se com a qualidade das decisões e a injustiça de uma sentença não é «quantificável»[5].

Qualquer política destinada a prevenir o exercício "abusivo" do direito ao recurso deverá ter em consideração que as principais matérias objecto de recurso se relacionam com *dívidas civis e comerciais*[6]. O descongestionamento dos tribunais só se efectivará mediante o combate eficaz ao fenómeno do "sobreendividamento".

**2. A intervenção do tribunal colectivo e a gravação da prova como formas de promover a qualidade e a eficiência da Justiça na 1.ª instância.**

O julgamento das questões de facto por um tribunal colectivo assegura um grau de acuidade e rigor na percepção da realidade substancialmente superior ao que resulta da apreciação individual dos factos.

Como referem ANTUNES VARELA, SAMPAIO E NORA e MIGUEL BEZERRA[7], o *sistema do juiz único* tem o «gravíssimo inconveniente de colocar a sorte da acção numa excessiva dependência da personalidade do juiz (da sua competência, argúcia e outras qualidades ou deméritos) a quem cabe o julgamento da matéria de facto.»

Ora, sendo a matéria de facto a base em que repousa a solução jurídica, o seu correcto julgamento afigura-se crucial para a justa decisão do caso.

---

[3] Cfr. Relatório, p. 61.
[4] Cfr., no Relatório, p. 63, os valores relativos ao Supremo.
[5] A propósito dos critérios de admissibilidade dos recursos, TEIXEIRA DE SOUSA afirma não ser "desejável que a admissibilidade do recurso fique sempre dependente da relação entre o valor da causa e a alçada do tribunal que a apreciou, porque aquele primeiro valor nem sempre reflecte a importância (social ou jurídica) da questão apreciada" (cfr. *Estudos sobre o novo processo civil*, 2.ª ed., p. 378).
[6] Cfr. Relatório, pp. 45 e 46.
[7] Cfr. *Manual de processo civil*, p. 434.

Assegurando-se a *colegialidade* da decisão, aumentar-se-ia a qualidade das sentenças, reduzindo-se as hipóteses de injustiça e, consequentemente, de recurso.

Torna-se oportuno questionar que tipo de intervenção deve ter o tribunal colectivo e, sobretudo, se a mesma é *compatível* com o sistema de gravação da prova. O diploma intercalar de 1985 e a Reforma de 1995/96 previram situações em que não era admissível a intervenção do colectivo e o Decreto-Lei n.º 375-A/99 tornou esta dependente do requerimento de qualquer das partes. Tal investida contra a intervenção do colectivo culminou com a exigência, no Decreto-Lei n.º 183/2000, de 10/8, do *acordo de ambas as partes* para a intervenção do tribunal colectivo (cfr. o artigo 646.º, n.º 1, do CPC).

O problema assume hoje redobrada importância pelo facto de vigorar, em regra, o efeito meramente devolutivo do recurso de *apelação*. Logo, a *imediata exequibilidade* da decisão prejudica ainda mais as consequências de uma decisão injusta ou errada.

Tudo isto implica, em nosso entender, que se equacione a possibilidade de uma previsão legal que cumule a intervenção do tribunal colectivo, no julgamento da matéria de facto, com a simultânea gravação da prova.

Por força do Decreto-Lei n.º 39/95, admitiu-se a gravação da prova no nosso sistema. Contudo, esta foi contemplada como alternativa à intervenção do tribunal colectivo. Quis-se, por conseguinte, que o requerimento de gravação configurasse, no processo ordinário[8], uma hipótese de afastamento do julgamento colegial da matéria de facto.

A verdade, porém, é que ambas as medidas servem o direito a uma decisão justa, relacionando-se *com dimensões diversas* deste direito: com a *intervenção do tribunal colectivo* serve-se o direito a uma decisão correcta em primeira instância; com a *gravação da prova* visa-se assegurar um duplo grau de jurisdição no domínio da matéria de facto.

As vantagens associadas ao julgamento colegial da matéria de facto já acima foram salientadas: se a decisão for o resultado da conjugação de três juízos valorativos autónomos, e não apenas de um, tenderá a diminuir o erro de julgamento da matéria de facto.

---

[8] *Vide*, por todos, sobre a história da "supressão" da intervenção do colectivo no processo sumário, LEBRE DE FREITAS/RIBEIRO MENDES, *Código de Processo Civil anotado*, vol. 3.º, anotação ao artigo 791.º, pp. 225 e ss.

Com a gravação da audiência, pretende alcançar-se um diferente fim: permitir a efectiva reapreciação, pelo tribunal superior, do julgamento impugnado; garantir, por outras palavras, que o tribunal *ad quem* venha a dispor dos elementos necessários para a formulação de um novo juízo.

Às razões subjacentes a cada uma das medidas corresponde, assim, a diversidade de fins que, por seu intermédio, se visam tutelar.

Afigura-se fundamental reflectir sobre a conveniência da "coabitação" da colegialidade com a gravação da prova. Outra questão conexa, mas muito controversa, consiste em averiguar se esta "coabitação" se deveria circunscrever ao processo ordinário.

É claro que à aposta na colegialidade se podem opor argumentos de carácter economicista, nomeadamente baseados no facto de a intervenção do colectivo pressupor a reunião de um maior número de magistrados para decidir a mesma causa. Mas se o fundamental é assegurar a qualidade da justiça, a contenção nos gastos deve atingir aquilo que é supérfluo ou adiável e jamais o que é importante.

Se é indiscutível que a *economia de meios* deve ser um critério fundamental de gestão dos dinheiros públicos, a sua concretização poderá passar por outras medidas, como a *reorganização do mapa judiciário*[9] ou um aproveitamento mais eficaz dos actuais *recursos humanos*[10].

---

[9] Uma reorganização judiciária deverá conter, porém, soluções diferenciadas. Será importante considerar diversos factores, como a espécie de litigiosidade dominante nas diferentes zonas do país, a pendência e o número de habitantes de cada circunscrição judicial. Também a directriz de uma justiça de proximidade deverá ser ponderada numa eventual eliminação do número de comarcas no caso de os respectivos habitantes passarem a ter de percorrer distâncias consideravelmente superiores para acederem à justiça.

[10] O *Relatório* afirma que, tanto nas Relações, como no Supremo, o número de magistrados é suficiente. No estudo deste ponto, seria também relevante, como já salientámos, uma análise comparativa das recursos humanos, instalações e equipamentos existentes ao nível dos tribunais de 1.ª instância.

## II. Simplificação do regime dos recursos.

### 1. A validade do sistema unitário?

O Relatório reconhece, em várias passagens, a actual complexidade do nosso sistema dos recursos cíveis, mas acaba por não apontar um caminho para a pretendida simplificação. Ora, nós temos na matéria dos recursos um autêntico «labirinto normativo» onde frequentemente nos perdemos e tardamos a encontrar saída.

Como TEIXEIRA DE SOUSA observou, já a propósito do Projecto de Revisão do Código de Processo Civil de 1995, e no concreto domínio dos recursos, «teria sido preferível que, nalguns aspectos, as propostas formuladas no Projecto fossem mais amplas e inovadoras, procurando, nomeadamente, desfazer o verdadeiro labirinto processual em que, em alguns pontos, se enreda o regime vigente.»[11]

Estamos perante um dos mais graves problemas que o legislador terá, um dia, de resolver.

Mas que soluções poderiam ajudar a ultrapassar este problema?

Neste ponto, justifica-se um estudo sério e profundo do direito comparado.

Sistemas como o espanhol[12] ou a italiano[13], por exemplo, apresentam-se mais lineares do que o nosso, consagrando um recurso unitário (respectivamente, a *Apelación* e o *Appello*) para as questões substantivas e processuais.

Esclareça-se ainda que, na *Ley de Enjuiciamiento Civil,* o recurso de *apelación* só se aplica às decisões finais, estando reservado para as "decisões não definitivas" o recurso de *reposición* (que se comporta como uma reclamação[14]).

---

[11] Cfr. *Apreciação de alguns aspectos da Revisão do Processo Civil – Projecto,* Revista da Ordem dos Advogados, Ano 55 (Julho 1995), p. 406.

[12] Para as decisões interlocutórias, a *Ley de Enjuiciamiento Civil* – LEC 1/2000, prevê a denominada «reposición» (artigo 451), ou seja, uma mera reclamação para o juiz que proferiu a decisão. Para as decisões finais de mérito ou de natureza processual, o sistema espanhol consagra um único recurso devolutivo: a «apelación» (artigo 455).

[13] As decisões de forma ou de mérito são objecto da mesma espécie de recurso: o «Appello», regulado nos artigos 339 e ss. do Código de Processo Civil italiano.

[14] Em alguns casos, é possível recorrer da decisão do juiz relativa à reclamação. Sobre o "recurso de reposición", *vide* o artigo 454 da LEC 1/2000. Cfr., neste ponto,

Esta unificação traz simplicidade e clareza, pelo menos aparente.

Recordemos, a propósito, que, em 1990, uma Comissão presidida por ANTUNES VARELA defendeu a abolição do recurso de agravo. Esta proposta foi repensada, em 1992, por grupo de trabalho criado pelo Ministério da Justiça, mas a Reforma de 1995/96 insistiu era manter duas espécies de recursos ordinários: a *apelação* e o *agravo*.[15]

Na base da distinção está o princípio segundo o qual a apelação tem por objecto *questões de mérito* e o agravo *questões processuais* ou *formais*.

Refira-se, porém, que a lei imprime maior *celeridade* ao agravo[16]. O próprio Relatório reconhece que "a natureza do recurso de agravo assemelha-se a uma apelação sumária com prazos mais curtos"[17].

A maior celeridade do recurso de agravo relativamente ao recurso de apelação assenta no entendimento de que as *decisões de carácter formal* merecem, pela sua maior simplicidade, um tratamento mais rápido.

Esta ideia não corresponde inteiramente à realidade, pois deparamo-nos muitas vezes com *questões processuais* cuja complexidade ultrapassa, em muito, certas matérias *substantivas*.

Repare-se que foi, sobretudo, a opção pela *celeridade* que determinou que o legislador tivesse considerado adequado este tipo de recurso, *independentemente de estar em causa uma decisão material ou formal*, sempre que se recorra, por exemplo, de decisões proferidas no âmbito dos procedimentos cautelares ou das sentenças proferidas nos Julgados de Paz[18].

---

MONTERO AROCA, *Derecho jurisdiccional*, II, ed. 2004, pp. 416 e ss. Saliente-se que o recurso de agravo é, entre nós, simultaneamente reclamação e recurso.

[15] Contra esta manutenção se pronunciara também LEBRE DE FREITAS, escrevendo, a propósito da Revisão de 1995, o seguinte: "(...) Podia ter-se procurado repensar o sistema dos recursos, substituindo a dualidade de meios (apelação – revista/agravo) conforme com a dualidade de objectos (decisão de mérito/decisão processual) pela dualidade recurso final/recurso imediato (...)."

[16] Já CASTRO MENDES, *Direito Processual Civil*, III, pp. 117 e 118, afirmava que "a diferença prática entre a qualificação como agravo e como apelação pouca é. Ideia geral é que a apelação é julgada algo mais cuidadosamente que o agravo – as partes têm mais tempo para preparar as suas alegações, os adjuntos e o relator mais tempo para estudarem o processo."

[17] Cfr. p. 109.

[18] Vide AMÂNCIO FERREIRA, *Manual dos Recursos em Processo Civil*, 6.ª ed., p. 303.

Concluindo, parece-nos que a simplificação terá de seguir um de dois caminhos: ou o da *criação de um recurso único*[19] (tanto para questões de mérito, como para questões processuais, erigindo-se a princípio fundamental o igual tratamento das questões materiais e processuais), com «andamento» mais acelerado e muito pontual para certo tipo de decisões, ou o caminho da manutenção da destrinça entre as duas espécies de recurso, mas limitando-se o agravo aos casos em que se imponha, independentemente da natureza da decisão, uma resposta mais célere.

Que razões, afinal, justificam a existência de um recurso mais célere?

Desde logo, o facto de o processo onde a decisão é proferida ser mais célere (gozar de uma *tramitação mais simplificada*) ou no caso de a própria lei afirmar que o mesmo é *urgente* (no domínio, por exemplo, dos procedimentos cautelares)[20].

Depois, também se justifica uma maior rapidez quando a questão, sujeita a reapreciação, revista *manifesta simplicidade*[21] *ou sempre que a decisão seja urgente*. Nesta perspectiva, existe, por exemplo, *urgência de resolução*[22] quando o juiz se declare impedido (caso que é, já hoje, de *subida imediata*: cfr. artigo 734.º, n.º 1, al. *b*), do CPC); quando haja decisão sobre a *competência absoluta* ou *relativa* do tribunal (hipótese também hoje de subida imediata: cfr. artigos 734.º, n.º 1, al. *c*), e 111.º, n.º 5, do CPC)[23]. Somos levados a pensar que, pela mesma ordem de razões, se enquadrariam também no âmbito do recurso célere as decisões sobre *excepções dilatórias insanáveis* (ineptidão, caso julgado e litispen-

---

[19] Eventualmente nos moldes do sistema espanhol, isto é, reservando a *reclamação* para as decisões não definitivas. Note-se que as "providências e autos não definitivos" referem-se, como salienta LORCA NAVARRETE, a *questões processuais* (ver artigo 206.2 da LEC 1/2000) (cfr. *Comentarios a la nueva Ley de Enjuiciamiento Civil*, T. II, Lex Nova, 2000, p. 2259). Segundo o artigo 452, o *recurso de reposición* deve interpor-se no prazo de cinco dias, sendo a decisão proferida em prazo curto.

[20] Nos procedimentos cautelares, o regime actualmente aplicável é o do agravo (cfr. artigo 738.º do CPC).

[21] Parece-nos ser esse o critério para considerar o agravo adequado no caso de recurso do despacho de indeferimento liminar (cfr. artigo 234.º-A, n.º 2, do CPC).

[22] AMÂNCIO FERREIRA utiliza tal expressão para explicar alguns casos de agravo de subida imediata. Cfr. *ob. cit.*, p. 305.

[23] Ocorre também urgência de resolução quando se interpõe recurso de decisão que decrete uma providência provisória em processo especial de interdição ou inabilitação (cfr. artigo 953.º, n.º 2, do CPC).

dência). Estes são, aliás, casos que, mesmo a manter-se o regime actual, deveriam enquadrar-se nas hipóteses de subida imediata do recurso de agravo[24].

Receamos, porém, que esta via de simplificação possa enfrentar obstáculos se fizer uso de conceitos indeterminados, difíceis de concretizar.

## 2. A simplificação da tramitação.

*a) O exercício do contraditório nas questões prévias relativas à espécie de recurso, ao efeito do recurso e à sua espécie.*

No âmbito do recurso de apelação[25], o legislador impõe a necessidade de *serem ouvidas as partes* sobre as questões prévias do recurso – *admissão, efeitos* e *espécie* (cfr. n.º 1 dos artigos 702.º, 703.º e 704.º do CPC) – quando o *erro*, relativo a estes pontos, seja suscitado na *2.ª instância*. Tal regime é aplicável ao *recurso de agravo* por força do artigo 749.º. Se uma das partes invoca qualquer destes *erros* nas suas alegações, só será ouvida a parte que não teve oportunidade de responder (cfr. n.º 2 dos artigos citados).

A observância pelo juiz do princípio do contraditório visa, sobretudo, acautelar *decisões-surpresa*, tendo em conta as directrizes que a Reforma de 1995/96 imprimiu neste princípio.

Importa questionar se a audição das partes não deverá ser alargada ("antecipada") à 1.ª instância, facultando a contraditoriedade mesmo antes de o juiz do tribunal *a quo* se pronunciar sobre a admissibilidade ou rejeição do requerimento de interposição. De acordo com esta perspectiva, o *requerimento de interposição seria notificado à parte*

---

[24] Em todas estas hipóteses verifica-se *urgência de resolução*, pois estamos perante *excepções insanáveis*. Nestes casos, *de iure constituendo*, seria de admitir o agravo com subida imediata, *nos próprios autos* (quando o tribunal considerasse que existisse ineptidão, caso julgado ou litispendência), e com *subida em separado* quando o tribunal as considerasse improcedentes.

[25] Sendo o recurso retido ou indeferido em 1.ª instância, aplica-se o regime ligeiramente diverso previsto nos artigos 688.º e 689.º do CPC, onde se prevê a observância do contraditório (cfr. o n.º 4 do artigo 688.º e o n.º 2 do artigo 689.º do mesmo Código).

*contrária, devendo esta pronunciar-se, no prazo de 10 dias, sobre a admissibilidade, efeitos e espécie de recurso.* O juiz do tribunal *a quo*, ao proferir despacho de admissão (ou de rejeição[26]), já levaria em linha de conta as *posições de ambas as partes.*

Tal regime podia acarretar morosidade (nesta fase inicial), mas seria "compensada" por uma maior celeridade em fases subsequentes, prevenindo inclusivamente recursos que seriam rejeitados (isto é, o recorrido teria, neste momento inicial, a possibilidade de suscitar um fundamento de inadmissibilidade, sem ter de aguardar pela apresentação das alegações.

O exercício da contraditoriedade, quanto a estes aspectos, numa *fase inicial*, acabaria por dispensá-lo em fases posteriores (nomeadamente junto do relator do tribunal de 2.ª instância).

Deste modo, a previsão legal de uma audição inicial *inter partes (ainda no tribunal de 1.ª instância)* determinaria que o relator (no tribunal superior), ao apreciar o erro sobre os efeitos, espécie e admissibilidade, só teria de ouvir aquelas se o fundamento de rejeição, alteração de espécie ou do regime de subida[27], fosse *novo*, isto é, quando as partes, na sua estratégia processual, não tivessem ponderado tal fundamento. Nesta perspectiva, o contraditório esgotar-se-ia na prevenção de decisões-surpresa (cfr. artigo 3.º, n.º 3, do CPC).

Saliente-se que a *prática* tem permitido, embora sem directo apoio na lei, o contraditório *inicial*, ao impor ao mandatário do "apresentante" a notificação dos requerimentos *autónomos* ao mandatário da contraparte (cfr. artigo 229.º-A do CPC). Uma vez notificado da interposição do recurso, este "aproveita" tal ocasião para apresentar requerimento *anómalo* suscitando o erro na espécie de recurso, eventuais fundamentos de rejeição ou justificando efeitos ou regime de subida diversos dos indicados pelo recorrente.

### b) *Momento da apresentação das alegações.*

Vindo a consagrar-se a obrigatoriedade de apresentar as alegações com o requerimento, muitas passarão a ser *precipitadas*, assim como

---

[26] Do despacho que não admita o recurso há reclamação para o presidente do tribunal que seria competente para conhecer do recurso.

[27] Apesar de os artigos 702.º, 703.º, e 704.º do CPC, não se referirem a esta questão, deve também o relator, neste caso, proceder à audiência prévia antes de decidir (cfr. AMÂNCIO FERREIRA, *ob. cit.*, p. 328).

*inúteis* em caso de indeferimento do recurso. Contudo, o Relatório é omisso quanto à taxa de indeferimento dos requerimentos de interposição dos recursos.

### c) As alegações no agravo com subida diferida.

No caso de se optar por manter o actual âmbito de aplicação dos recursos de agravo e de apelação, seria conveniente discutir o regime de apresentação das alegações no *agravo com subida diferida*[28] (cfr., a este propósito, o artigo 735.º do CPC).

Até à Reforma de 1995/96, nos agravos com subida diferida, o agravante poderia optar entre apresentar, desde logo, as suas alegações, ou apresentá-las apenas no momento em que o agravo subisse[29].

Perante este regime dual, que era alvo de algumas perplexidades e causa de confusões várias[30], optou-se por substituí-lo por um *sistema unitário*, prescrevendo-se que as alegações, independentemente do momento de subida do *agravo, deveriam ser produzidas desde logo.* A principal razão subjacente a esta opção, como se depreende do preâmbulo do DL 329-A/95, relaciona-se com a possibilidade de, sendo as alegações produzidas *ab initio*, o juiz poder reparar o despacho em crise, *no caso de assistir ao agravante efectiva razão.*

A prática vem demontrando, porém, que o número de recursos *reparados* é diminuto, enquanto o número de recursos instruídos com as respectivas alegações, com inerente atraso processual e dispêndio de tempo, que, afinal, acabam por não subir, por perda de interesse[31], é relevante.

---

[28] A regra é a de que agravos *retidos* são arrastados pelo primeiro recurso que, interposto depois deles, haja de subir imediatamente (recurso *dominante*) – n.º 1 do artigo 735.º. Refira-se que tal recurso dominante tanto pode ser de apelação como de agravo.

[29] À luz do regime anterior, CASTRO MENDES explicava que, se o recurso dominante fosse essencial (para a subida da recurso), "o agravo retido em que se reservarem as alegações para o momento em que haja de subir não é reparável nem carece de sustentação" (cfr. *Direito Processual Civil*, III, p. 194).

[30] Cfr., evidenciando a complexidade do sistema, CASTRO MENDES, *ob. cit.*, pp. 172 e ss.

[31] Artigo 748.º (indicação dos agravos que mantêm interesse para o agravante).

Assim, fazendo apelo ao princípio da economia processual, impõe-se a *alteração do regime*, devendo as alegações ser apresentadas apenas a final. Perante este "novo" regime, seria pertinente questionar se se deve manter a possibilidade de o juiz sustentar ou reparar o despacho em crise[32]. Parece-nos mais aconselhável o seu supriment0. Isto é, na hipótese de as alegações do agravo com subida diferida serem apresentadas a final[33], afigura-se *desnecessário* que o juiz de primeira instância tenha de reapreciar a sua decisão. Tal reapreciação já não terá qualquer influência na marcha do processo, pelo que nada impede que seja apenas o tribunal hierarquicamente superior a decidir a questão. Aliás, este regime afastará decisões diversas sobre as mesmas questões e represen-tará um avanço em termos de economia processual, uma vez que possibilita a sua apreciação directamente pelo tribunal superior.

Para além disso, o nosso ordenamento processual civil parece conter outros meios destinados a alcançar os fins que se visariam com uma reparação do agravo. Os casos em que a jurisprudência tem demonstrado existir reparação do agravo subsumem-se nas hipóteses contempladas no artigo 669.º, n.º 2, do CPC, ou seja, nas hipóteses de manifesto lapso na determinação da norma aplicável ou na qualificação jurídica dos factos.

Apesar de a letra da lei se referir *à reforma da sentença*, os juízes têm vindo a estender a sua aplicabilidade a todos os despachos, uma vez que a finalidade material do referido preceito (*reforma de decisões judiciais em casos de erro manifesto*) pode ocorrer, quer na sentença, quer em despachos interlocutórios. Assim, a aplicação deste preceito aos despachos sobre questões processuais permitiria realizar o efeito prático com a apresentação imediata das alegações, isto é, a possibilidade de *reapreciação* da decisão pelo juiz do tribunal *a quo*.

Por outro lado, sempre se dirá, em abono da nossa tese, que o agravo interposto em 2.ª instância é insusceptível de ser reparado (artigo 744.º do CPC), sem que se conheçam inconvenientes graves.

Uma melhor e eficiente gestão processual deste sistema, sobretudo na perspectiva dos advogados, incluiria ainda a previsão da admissibi-

---

[32] O que já se fazia no anterior regime. Vide CASTRO MENDES, *ob. cit.*, pp. 192 e ss.
[33] Refira-se, ainda, que continua a ter aplicação, mesmo neste regime "alternativo", a necessidade de o agravante especificar quais os agravos que mantêm interesse. Cfr. artigo 748.º do CPC.

lidade de uma apresentação *conjunta* das alegações, tanto de matéria processual como substantiva (se o recurso dominante fosse o de apelação)[34].

Tal "condensação" teria também a vantagem de todas as questões atinentes a um processo serem analisadas pelo mesmo colectivo de magistrados, minimizando-se o risco de dissonância entre decisões.

Aqui deixamos algumas ideias sobre uma matéria de extrema complexidade, conscientes de que as mesmas se traduzem num singelo contributo para a tão desejada discussão em torno da reforma do sistema de recursos.

Sejam quais forem os caminhos percorridos, qualquer reforma terá de pressupor uma gestão equitativa do conflito de interesses em que assenta o processo civil e, bem assim, a necessária harmonia entre os interesses privados dos litigantes e o interesse público da boa administração da justiça.

Foi este o propósito de vários reformadores, designadamente do Professor ANTUNES VARELA, recentemente falecido, cuja memória sentidamente evocamos, e do Professor ALBERTO DOS REIS, sobre cujo falecimento decorre agora meio século. E será certamente este o desiderato do legislador ao pretender reformar, no início do séc. XXI, a fundamental matéria dos recursos.

Coimbra, 2 de Novembro de 2005

---

[34] *Mutatis mutandis*, o regime previsto no art. 722.º do CPC.

## PROGRAMA DA CONFERÊNCIA
## "REFORMA DO SISTEMA DE RECURSOS EM PROCESSO CIVIL E PROCESSO PENAL"
## FACULDADE DE DIREITO DA UNIVERSIDADE DE LISBOA

### 15 DE DEZEMBRO DE 2005

#### SESSÃO DE ABERTURA
Representante do Conselho Directivo
da Faculdade de Direito da Universidade de Lisboa

*Dr.ª Rita Brito*
Directora, Gabinete de Política Legislativa e Planeamento

**Avaliação do Sistema de Recursos em Processo Civil**

Presidente e Moderadora: *Prof. Doutora Ana Paula Costa e Silva*
Faculdade de Direito da Universidade de Lisboa

Orador: *Conselheiro J. O. Cardona Ferreira*
Antigo Presidente do Supremo Tribunal de Justiça,
Presidente do Conselho de Acompanhamento dos Julgados de Paz

**Subsídios para a Reforma do Direito Processual Recursório Civilístico**

Orador: *Dr. José Tavares de Sousa*
Faculdade de Direito da Universidade do Porto

**A Reforma dos Sistemas de Recursos**

Orador: *Mestre Armindo Ribeiro Mendes*
Advogado, Professor Convidado da Universidade Nova de Lisboa

**Avaliação do Sistema de Recursos em Processo Penal**

Presidente e Moderador: *Prof. Doutor Augusto Silva Dias*
Faculdade de Direito da Universidade de Lisboa

Orador: *Mestre Rui Carlos Pereira*
Coordenador da Unidade de Missão para a Reforma Penal

**Os Recursos em Processo Penal – Perspectivas de Reforma**

Orador: *Mestre Francisco Aguilar*
Faculdade de Direito da Universidade de Lisboa

**Considerações Sobre o Direito ao Recurso em Processo Penal**

Orador: *Mestre Rui Patrício*
Faculdade de Direito da Universidade de Lisboa

**Alguns Aspectos da Tramitação dos Recursos em Processo Penal**

**SESSÃO DE ENCERRAMENTO**
*Dr. Alberto Costa*
S. Exa. O Ministro da Justiça

**COMUNICAÇÕES ESCRITAS**

**REFORMA DE DIREITO PROCESSUAL CIVIL RECURSÓRIO**

J. O. Cardona Ferreira
*Juiz Conselheiro. Ex-Presidente do Supremo Tribunal de Justiça*
*Presidente do Conselho de Acompanhamento dos Julgados de Paz*
*Professor Convidado da Universidade Lusíada de Lisboa*

# REFORMA DE DIREITO PROCESSUAL RECURSÓRIO

J. O. Cardona Ferreira

Sumário: **Do guião da minha intervenção no colóquio de 15.02.2005, na Faculdade de Direito da Universidade (Clássica) de Lisboa, àcerca de Reforma de Direito Processual Civil Recursório.**

**1.** Como já tinha feito quanto ao relatório anterior, felicito o G.P.L.P. pelo trabalho técnico realizado acerca do anteprojecto em causa.

**2.** Quanto às medidas concretas, *aplaudo*, especialmente, a opção pela *apresentação de alegações com a interposição de recurso*; e a opção pelo regime da "dupla conforme" que, aliás, me parece conjugável com a normatividade do tipo do art. 150.º do CPTA.

**3.** *Com espírito construtivo*, e salvo o devido respeito por outra opinião, manifesto-me, especialmente – tal como sempre – contrário ao regime dualista de recursos, propondo a opção pelo regime monista; e, face à minha experiência, sou contrário ao renascimento de recurso de Acórdão de S.T.J. para o Pleno do próprio S.T.J., por considerá-lo protelante e trazer acréscimo de diligências, a meu ver, em contradição com o espírito simplificador que preside à reforma.

**4.** Em termos de fundo, face à conjugação temporal de vários diplomas legais com incidência processual civil, *proponho* que, aproveitando todos os diplomas legais com incidência processual civil, se siga, desde já, a *revisão global do C.P.C.*, de forma a aglutinar tudo num conjunto harmonizado, geral e simplificado.

Lisboa, 15 de Dezembro de 2005

## PROGRAMA DA CONFERÊNCIA "REFORMA DO SISTEMA DE RECURSOS EM PROCESSO CIVIL" CENTRO DE ESTUDOS JUDICIÁRIOS

### 1 DE FEVEREIRO DE 2006

**SESSÃO DE ABERTURA**
Dr. Alberto Costa
S. Ex.ª Ministro da Justiça,

**O Papel do Supremo Tribunal de Justiça Enquanto Órgão Superior da Hierarquia dos Tribunais**

Dr. Araújo de Barros
Juiz Conselheiro
Supremo Tribunal de Justiça

Dr. Carlos Lopes do Rego
Procurador-Geral Adjunto
Tribunal Constitucional

Dr. Jorge Carneiro
Advogado

Prof.ª Doutora Mariana França Gouveia
Faculdade de Direito da Universidade Nova de Lisboa

Relator: Dr.ª Susana Larisma
Advogada

Moderador: Mestre Elísio Borges Maia

Director Adjunto
Gabinete de Política Legislativa e Planeamento

**Espécies e Tramitação dos Recursos Ordinários
e o Regime de Resolução dos Conflitos de Competência**

*Dr. Abrantes Geraldes*
Juiz Desembargador
Tribunal da Relação de Coimbra

*Mestre Armindo Ribeiro Mendes*
Advogado

*Mestre José Nuno Marques Estaca*
Faculdade de Direito da Universidade de Lisboa

Relator: *Dr. Pedro de Almeida Cabral*
Consultor
Gabinete de Política Legislativa e Planeamento

Moderador: *Mestre Paula Lourenço*
Faculdade de Direito da Universidade de Lisboa

**SESSÃO DE ENCERRAMENTO**
*Mestre João Tiago da Silveira*
S. Ex.ª O Secretário de Estado da Justiça

# COMUNICAÇÕES ESCRITAS

## O PAPEL DO SUPREMO TRIBUNAL DE JUSTIÇA ENQUANTO ÓRGÃO SUPERIOR DA HIERARQUIA DOS TRIBUNAIS

Prof.ª Doutora Mariana França Gouveia
*Faculdade de Direito da Universidade Nova de Lisboa*

## TÓPICOS DA INTERVENÇÃO NO CENTRO DE ESTUDOS JUDICIÁRIOS – 1 DE FEVEREIRO DE 2006

Desembargador António Santos Abrantes Geraldes
*Tribunal da Relação de Coimbra*

# O PAPEL DO SUPREMO TRIBUNAL DE JUSTIÇA ENQUANTO ÓRGÃO SUPERIOR DA HIERARQUIA DOS TRIBUNAIS

MARIANA FRANÇA GOUVEIA

## 1. Os Tribunais Superiores

*a. Finalidades dos recursos*

Os recursos servem, em geral, **dois fins**:
– fim privado de fazer justiça, corrigindo as decisões erradas;
– fim público de assegurar a confiança dos cidadãos na administração da justiça e na aplicação da lei[1] – recurso no interesse da lei.
Sistemas de Reponderação ou Reexame (nosso é de reponderação), grande diferença na possibilidade de alegar novos factos ou produzir nova prova

*b. Tipos de juízos*

**Cassação** – tribunal limita-se a declarar a invalidade da decisão, rementando-a a outro tribunal para que profira a decisão de fundo.
Sistema francês, saído da revolução liberal, em que o tribunal era um órgão quase do poder legislativo.[2]

---
[1] Wolf Report, p. 153
[2] Encyclopédia, p. 63

Foi o nosso sistema até 1926 (1ªs reformas de Alberto dos Reis)[3], influenciou diversos países, como Itália, Espanha.

**Substituição** – tribunal se entender que a decisão recorrida é ilegal profere uma decisão que a subtitui (729.º n.º 1).

**Sistema intermédio** – tribunal não decide, mas fixa o regime jurídico a que há-de obedecer a nova decisão (Por exemplo, artigo 730.º n.º 1).

Neste pano de fundo que é o nosso sistema de recursos, não se faz nenhuma alteração. E bem. Porque parece ser o melhor sistema.

*c. Filtros de acesso*

Já se alteram as regras relativas aos filtros de acesso.
Quanto a estes, há, no essencial, dois sistemas:
– civil law – critérios objectivos – alçadas, decisões interlocutórias;
– common law – critérios discricionários – escolha arbitrária de processos a rever – Inglaterra e EUA – pedido no tribunal de 2.ª instância, se indeferido pode requerer por escrito[4];
– Misto – abaixo de certo valor, o critério é discricionário.

**Alemanha** – sistema próximo da *common law*: revista só é admissível se a questão jurídica é de importância fundamental ou se o desenvolvimento do direito ou a garantia de uniformização interpretativa. Isto combinado ainda com valores de sucumbência e de valor da acção e com matérias.[5]

**Espanha** – sistema novo instituído a partir da nova LEC: mais de 25.000.000 pesetas, matéria de direitos fundamentais ou que tenha interesse recursório – só existe quando a sentença se oponha a jurisprudência contraditória ou em relação a normas com menos de 5 anos de entrada em vigor. Não acesso dos agravos que «morrem» nos tribunais superiores de cada uma das províncias. Recursos em matéria processual são da competência dos tribunais superiores das várias comunidades autónomas

---

[3] Ribeiro Mendes, 1994, p. 39.
[4] Ribeiro Mendes, 1994, p. 54, Encyclopedia, p. 54
[5] (Sistema misto tentado em 1975, mas julgado inconstitucional por violar igualdade). Casos que entravam sempre: superiores a 40.000 marcos e casos não capazes de ser avaliados monetariamente. Encyclopédia, p. 56

### d. Regimes de uniformização de jurisprudência

Todos os países têm preocupação em criar condições para que o seu tribunal superior possa desenvolver um trabalho de uniformização de jurisprudência.

Na maioria dos países há regimes de revistas ampliadas, alguns com um ou dois juízes das várias secções e outros com todos.[6]

**Áustria** – um ou mais juízes das várias secções designados pelo presidente do tribunal[7].

**França** – painel misto: presidente da *cour de cassation*, presidentes das secções, juízes seniores. Se se tratar de uma questão fundamental, pode ser tratada por uma assembleia composta por presidente do tribunal, os presidentes das secções, os juízes seniores e dois juízes de cada uma das secções.

**Alemanha** – revista ampliada – plenário das secções cíveis[8], interessante ver também que as 12 secções cíveis têm todas uma especialização: primeira secção – direito de autor, propriedade industrial; segunda secção – sociedades; terceira secção: ; quarta secção – sucessões e seguros; quinta reais; sexta secção – responsabilidade civil; sétima: contratos de empreitada; oitava: compra e venda e arrendamento, etc., etc.

**Itália** – o presidente pode atribuir o caso ao plenário se houver decisões inconsistentes sobre questões importantes.

**Espanha** – atribuição a uma única secção do Tribunal Supremo (1.ª Sala) o julgamento recursos de cassação em matéria substantiva[9]. Aliado ao facto de apenas aí chegarem os recursos em matéria substantiva...

## 2. O Projecto de Alteração

### a. Filtros de acesso

– Aumento da alçada da Relação para 30.000€

---

[6] Encyclopedia, p. 64, nota 363.
[7] Encyclopedia, p. 65
[8] Jauernig, p. 381
[9] Andrés da la Oliva Santos, *Derecho Procesal Civil*, p. 463.

– Agravo continuado – só para decisões que ponham termo ao processo ou que excluam alguma das partes.

**Quanto à revista – três propostas:**

**1.ª só acórdão que defira o recurso – dupla conforme**
Julgo que o duplo grau de jurisdição é mais que suficiente para garantir a justiça das decisões.
Crítica do mau juízo da Relação:
– contradição de jurisprudência sobe sempre;
– se se confia mais no STJ – válvula de escape do recurso *per saltum*.

**2.ª Juízo prévio da relevância do recurso**
STJ determina quais os processos que recebe tendo em conta dois critérios alternativos:
– apreciação de uma questão de importância fundamental;
– admissão do recurso claramente necessária para uma melhor aplicação do direito.
Constitui-se, então, um formação composta pelo presidente do STJ e pelos presidentes das secções cíveis.

**3.ª Dupla conforme + juízo prévio da relevância do recurso excepcionalmente admitido**
Neste caso, em regra não há revista da apelação indeferida, a não ser que se preencham algum dos critérios:
– apreciação de uma questão de importância fundamental;
– admissão claramente necessária para uma melhor aplicação do direito.

**Apreciação:**
**Vantagens da dupla conforme**: mais **simples** na aplicação, **escape** existe na **admissibilidade** do recurso sempre que haja **contradição** de jurisprudência (mesmo só das Relações – 678.º, n.º 4). Pelo que nem sequer é necessário ter precauções com legislação nova.
**Outras soluções** – mais **complicadas**, até na **reorganização** do STJ. Julgo, aliás, que a regra do juízo discricionário poderá, num primeiro embate trazer muito **mais trabalho** ao Supremo.
Revolucionárias? Embora com precedentes no CPTA – realidade não é comparável.

**Limitações ao acesso ao STJ têm de cumprir dois requisitos**:
– **igualdade** – critérios objectivos? Impede a discricionariedade? Não faço juízos de constitucionalidade;
– **finalidade de uniformização** de jurisprudência – é esta uniformização que traz igualdade para o cidadão.

A dupla conforme associado ao acesso quando há contradição permite cumprir os dois objectivos.

Supressão de um grau de jurisdição não diminui garantias – aumenta a confiança porque aumenta a certeza na aplicação do direito com mais uniformidade. STJ tem de ter uma preocupação especial com a uniformização neste mundo de explosão e expansão do direito.

### b. Uniformização de jurisprudência

**Duas novidades:**
**1.ª Introdução do conceito de jurisprudência consolidada;**
**2.ª Introdução (ou reintrodução) do julgamento pelo plenário**

*Quanto à primeira*
Noção de jurisprudência consolidada no artigo 678.º n.º 5: 3 acórdãos sobre a mesma questão fundamental de direito.

Para que serve a noção de jurisprudência uniformizada e consolidada?

– Para garantir **direito ao recurso independentemente d**a alçada e da sucumbência;

– Para impedir direito ao recurso quanto a situações em que há contradição entre Relações e... (678.º, n.º 4);

– Para fazer funcionar o mecanismo do julgamento ampliado – 732.º-A;

– Para limitar o recurso extraordinário de uniformização de jurisprudência – 763.º n.º 3.

Percebo esta ideia, não sei bem qual o seu grau de efectividade – depende do trabalho dos advogados na defesa dos interesses dos seus clientes.

Talvez se pudesse ter ido um pouco mais além e instituído a ideia de que uma só decisão do Supremo sem outra que a contradiga é já suficiente para limitar o recurso, se a decisão de que se recorre adere a ela, ou para permitir esse recurso se o contrário se verifica.

Seria uma forma de colocar toda a gente a fazer investigação sobre a jurisprudência do STJ!

*Quanto à segunda*
Consagrado um novo recurso (não é revista, nem agravo) chamado «recurso para uniformização de jurisprudência», artigos 763.º e seguintes.

Recurso é interposto a requerimento das partes ou do Ministério Público. Prazo de 20 dias do trânsito do acórdão recorrido. Recorrente junta cópia do acórdão fundamento.

Há uma apreciação liminar, pelo relator que aprecia os requisitos de admissibilidade do recurso. Pode haver recurso para a conferência que decide sem recurso.

Admitido o recurso, o processo é julgado por no mínimo 3/4 dos juízes conselheiros em exercício nas secções cíveis.

**Por quê introduzir de novo o recurso para o tribunal pleno?**

Justificação – mecanismo sucessivo de uniformização de jurisprudência. Quando só depois se detecta a incoerência.

Pergunta: faz sentido dois mecanismos de uniformização? Faz sentido a revista ampliada e a reintrodução do julgamento pelo tribunal pleno?

Sabe-se da razão de ser da revogação do regime dos assentos e da origem da proposta da revista ampliada.

Passou-se de um regime de obrigatoriedade, para um regime de precedente persuasivo, na formulação de Armindo Ribeiro Mendes.[10]

É certo que agora este novo recurso continua a não ter força obrigatória geral, ou seja, mantém-se como jurisprudência uniformizada.

Mas, para quê um quarto grau de jurisdição? O que se ganha com isto?

Pelo que consigo pensar, apenas algum tempo. Porque de outro modo, esta questão voltaria ao STJ e da próxima vez seria resolvida.

Já agora duas notas:
- recurso ordinário/recurso extraordinário – antes ordinário, agora extraordinário; prazo de 20 dias a contar do trânsito. Regime um pouco esquisito, parece que há uma certa «hipocrisia» porque seria mais fácil tratá-lo como ordinário – prazo de 20 dias desde que toma conhecimento do acórdão recorrido.

---

[10] Ribeiro Mendes, 1998, p. 108.

– Não foi consagrada a limitação do efeito da uniformização quando não são as partes a interpor, mas o Ministério Público (antigo artigo 770.º). Há, aqui, claramente uma violação ao princípio dispositivo e até alguma violência quanto às partes. Era o recurso no interesse da lei.[11]

### c. Duas notas de legística

– Continua a abusar-se de **remissões** – veja-se só o artigo 725.º!
Não bastava apenas dizer qualquer coisa como: "Quando se reúnam os requisitos de admissibilidade da revista, pode qualquer das partes, não havendo agravos retidos, requerer nas conclusões que a apelação suba directamente ao Supremo Tribunal de Justiça, como revista ou passando a seguir o regime da revista".

– Continuam a incluir-se normas que deveriam estar para aí num **regulamento interno** dos tribunais superiores: 713.º n.º 7: "O juiz que lavrar o acórdão deve sumariá-lo e executar todas as operações necessárias para efeitos de tratamento informático e inserção em base de dados"!!!!

Artigo 707 n.º 4: "O processo vai com vista simultânea, por meios electrónicos ou o relator ordena a extracção de cópias das peças relevantes".

Um código não pode ser um manual de procedimentos! Não se gere o trabalho manual através de leis!

## 3. Conclusão

Projecto com algumas novidades, interessantes, não propriamente estimulantes. Valerá a pena alterar?
Mas também é certo que grandes revoluções dão maus resultados.
Julgo que o mais importante são as limitações de acesso ao STJ para que se possa concentrar em uniformizar. É um dos objectivos do projecto e julgo ser o mais importante.

---

[11] Ribeiro Mendes, 1994, p. 289

O STJ tem de ter tempo para se preocupar com a qualidade e com a coerência da sua jurisprudência. Será essa qualidade e essa coerência que permitirão uma melhor administração da justiça.

Porque a certeza jurídica traz proveitos económicos. E mais traz igualdade aos cidadãos.

# TÓPICOS DA INTERVENÇÃO NO CENTRO DE ESTUDOS JUDICIÁRIOS – 1 DE FEVEREIRO DE 2006

António Santos Abrantes Geraldes

## 1. Introdução

Antes de passar à apreciação do *Anteprojecto*, naquilo que de positivo ou de negativo dele resulta, não posso deixar em claro que, na sua generalidade, o aparelho judiciário, aplicando o sistema de recursos cíveis que está em vigor, tem conseguido responder de **forma célere e eficaz às solicitações**.

Numa fase de profundo negativismo, em que tudo é embrulhado em cores escuras a respeito da qualidade e da celeridade da resposta judiciária, era bom que também se divulgasse, com o mesmo vigor, que, em termos absolutos e em termos relativos, a resposta do Supremo e das Relações é de **muito bom nível**.

Digo-o com conhecimento de causa que advém de seis anos como desembargador em Coimbra e em Lisboa, sendo testemunha da elevada rapidez que a generalidade dos colegas consegue imprimir aos processos.

E digo-o ainda com mais vigor a partir dos **elementos estatísticos** que as Relações remetem, de seis em seis meses, ao Conselho Superior da Magistratura, sendo possível verificar (aliás, em termos semelhantes aos que resultaram da avaliação externa que sustenta o Anteprojecto de revisão do regime de recursos) que o tempo de duração média não excederá os 3 meses e que se contam pelos dedos de uma só mão os casos em que a produtividade e a celeridade nos Tribunais da Relação tem ficado aquém dessa média.

## 2. Quanto ao Supremo Tribunal de Justiça

De todas as medidas que decorrem do Anteprojecto, aquela que verdadeiramente encontra justificação respeita à **limitação do acesso ao STJ**.

Com efeito, devendo assegurar-se em termos amplos um 2.º grau de jurisdição, seja em matéria de facto, seja em matéria de direito, não se justifica a amplitude com que actualmente se pode recorrer para o STJ.

O STJ é um tribunal que deve acima de tudo preservar a qualidade e uniformidade da jurisprudência. Se tal não é compatível com o elevado número de juízes que o compõem, também não é compatível com o número de recursos a cargo de cada juiz conselheiro.

Por isso, são de louvar as iniciativas em torno da regulamentação dos recursos para o STJ, ainda que deva ser ponderada a possibilidade de esse acesso ser sempre possível em causas cujo **valores sejam especialmente elevados**.

Dentro da mesma linha de valorização do STJ e da jurisprudência que dele emana, julgo que também era tempo de impor, para **advogar perante o STJ**, um período mínimo de 10 anos de exercício de profissão, restaurando uma solução que já anteriormente vigorou.

## 3. Tramitação dos conflitos e dos recursos

### 3.1. *Conflitos*

É de aplaudir a intervenção legislativa ao nível da **regulação dos conflitos** de competência, conhecida que é a tendência dos juízes para despoletarem conflitos negativos mesmo quando aparentemente a lei não os justifica.

Com isso se pretende obter a aceleração da respectiva tramitação e evitar que persistam ou se multipliquem os conflitos ou demore a sua resolução.

Com a proposta de lei sai **valorizada a intervenção** dos Presidentes dos Tribunais Superiores ou dos Presidentes das Secções, o que só pode ser apoiado.

Todavia, considerando os novos poderes que são atribuídos aos Presidentes das Secções, justifica-se a **modificação simultânea do**

**art. 46.º da LOFTJ**, de modo a consignar-se que a presidência das Secções não deve ser pura decorrência da antiguidade, antes o resultado da escolha do Presidente do Tribunal Superior ou, quiçá, de designação do Plenário do Conselho Superior da Magistratura.

Para esta modificação não podemos deixar de chamar à colação os poderes que em matéria penal já agora são atribuídos ao Presidente da Secção Criminal (que, por isso, fica isento de processos para julgamento), os quais devem ser exercidos pelos juízes a quem, por via da referida escolha ou designação, seja reconhecida, independentemente da antiguidade, a melhor habilitação para o efeito.

### 3.2. *Fixação do valor do processo*

Nos termos do art. 315.º, atribui-se ao juiz o poder de fixar o **valor da causa**, fazendo-o corresponder ao que resulta dos critérios legais. Com isso se poderão atenuar os efeitos do inflacionamento dos valores com o objectivo de assegurar o direito de recurso, ou os efeitos da sua redução para evitar o pagamento da taxa de justiça correspondente ao valor real.

A solução acarreta, no entanto, **um inconveniente**. Sendo que, nos termos do art. 678.º, n.º 3, se continua a prever um regime especial de admissibilidade de recurso, tal pode traduzir-se na multiplicação de agravos que têm como único objecto a apreciação do valor do processo.

Deste modo, devem ser objecto de melhor ponderação as vantagens e os inconvenientes de tal solução.

A manter-se a solução, deveria estudar-se a possibilidade de sujeitar a fixação do valor do processo a um incidente semelhante ao do conflito de competência, tornando mais céleres e uniformes as decisões.

### 3.3. *Alegações com o requerimento*

Prevê-se na regulamentação dos recursos cíveis que as **alegações** sejam apresentadas juntamente com o requerimento de interposição do recurso.

Não são muito relevantes as vantagens que daí decorrem para a duração dos recursos, tendo em conta que, a partir de 1996, as alegações passaram a ser apresentadas logo no tribunal recorrido.

Ainda assim, pode ver-se na solução proposta a aproximação aos regimes que já vigoram no **processo penal e no processo de trabalho**. Por outro lado, a necessidade de motivação do recurso pode ser ainda um factor desincentivador da interposição de recursos meramente dilatórios que fazem arrastar o trânsito em julgado.

Porém, a modificação implica a ampliação do prazo para a interposição de recurso de apelação de 10 para 20 dias, podendo alargar-se a 30 dias se o recurso tiver por objecto a impugnação da decisão da matéria de facto (o que não pode ser antecipadamente conhecido pela secretaria ou pelo juiz).

Tal solução pode implicar, para uma larga percentagem de decisões em que não há recurso, a dilação da data do trânsito em julgado, devendo, por isso, **reponderar-se a solução**.

Em casos de **falta de conclusões** nas alegações, deveria a lei prever pura e simplesmente a rejeição do recurso, ao invés do que continua a constar do art. 687.º-A, n.º 3 (equivalente ao art. 690.º, n.º 4).

Na verdade, em matéria tão importante como a interposição de um recurso para um Tribunal Superior não deveriam admitir-se paliativos relativamente a uma falha tão evidente quanto a relacionada com a formulação de conclusões.

Delimitando as conclusões o objecto do recurso e exercendo estas, na prática, as funções do **pedido na petição inicial**, a omissão de um requisito tão claramente previsto na lei na fase de recurso não deveria dar lugar a qualquer despacho de aperfeiçoamento.

### 3.4. *Vistos e projecto*

O que está projectado relativamente à fase liminar do recurso e ao regime de vistos corresponde à adesão a uma prática generalizada segundo a qual a discussão do caso se faz fundamentalmente a **partir do projecto** (ou do memorando) elaborado pelo relator, e não tanto a partir do estudo individualizado do processo no momento dos vistos de cada um dos adjuntos.

Tal é, aliás, fruto das circunstâncias em que vêm funcionando os Tribunais Superiores, com instalações insuficientes para todos os juízes e com sessões semanais.

Pela experiência que advém da intervenção em centenas de processos, não vejo que seja fácil, na maioria dos casos, a **desmaterialização do processo** em sede de recurso, atenta a frequente necessidade de o juiz aceder aos próprios documentos e articulados e à própria tramitação processual.

### 3.5. *Revista no Supremo Tribunal de Justiça*

Nos termos do regime ainda em vigor, a tramitação do **recurso de revista** segue de muito perto a da apelação.

Desse modo, para além de ao relator ser permitido proferir **decisão sumária** (de que pode haver reclamação para a conferência – art. 705.º), admite-se, por referência ao art. 713.º, n.º 5, que o acórdão se limite a negar provimento ao recurso, remetendo para os fundamentos da decisão impugnada.

Se esta possibilidade já é discutível quando se trata de um acórdão da Relação, parece-nos totalmente inconveniente que seja admitida ao nível do STJ que, atenta a sua função no sistema judiciário, não pode limitar-se a *chancelar* acórdãos de Tribunais inferiores.

Assim, sem prejuízo de se manter a faculdade de o relator decidir sumariamente, com reclamação para a conferência, deveria **eliminar-se a possibilidade** de o STJ se pronunciar, através de acórdão por via simplesmente remissiva que em nada dignifica a função ou o valor da jurisprudência que dele deve emanar.

Com efeito, se a decisão não apresenta qualquer dificuldade ou se se trata de reafirmar jurisprudência consolidada, deve o recurso ser julgado por decisão individual do relator, ainda que sob a forma sumária.

Se tal não se verificou, por opção exclusiva do relator, impõe-se a prolação de um acórdão que não se limite a remeter para o anterior acórdão da Relação.

### 3.6. *Impugnação da decisão da matéria de facto*

Com a nova redacção do art. 687.º-B pretende-se **repristinar** o regime que passou a vigorar a partir da entrada em vigor do Dec. Lei n.º 39/95, onerando as partes com a **transcrição dos segmentos das gravações** com relevo para a modificação da decisão sobre a matéria de facto.

Trata-se de uma medida que está em aparente confronto com outra que se pretende introduzir no processo penal, obviando a essa transcrição, atentos os custos que determina para o Estado.

Creio, no entanto, que no processo civil se justifica essa repristinação.

Tendo sido implantado em 1995 o sistema de gravação e de impugnação da prova oralmente produzida, só a **cedência a um certo facilitismo** reclamado pelos advogados no que concerne à motivação das alegações pode ter justificado a modificação do regime logo em 2000, sem que tivessem sido avaliados os efeitos da aplicação do sistema anterior.

Com a reintrodução do anterior sistema, sem coarctar a possibilidade de se proceder na Relação à audição das gravações, quando nisso houver objectivo interesse, podem travar-se recursos abusivos, com intuitos meramente dilatórios, na medida em que o recorrente será obrigado a ponderar, com muito mais profundidade do que aquela que muitas vezes transparece, a justeza e a viabilidade da impugnação da matéria de facto.

### 3.7. *Alegações orais*

Deve ser rejeitada a possibilidade de introdução de **alegações orais** perante o STJ nos termos previstos no art. 727.º-A.

Num sistema em que já se prevê a necessária apresentação de alegações escritas nas quais cada uma das partes tem a possibilidade de argumentar no sentido das respectivas posições, não se descobre justificação plausível para a introdução de alegações orais.

A **experiência negativa** dos recursos em **processo penal** parece suficiente para afastar as alegações orais em recursos cíveis, tanto mais que é fundamentalmente da análise ponderada de alegações escritas que os juízes do STJ poderão extrair os elementos necessários à formação da sua convicção sobre as razões que assistem a cada uma das partes.

## 4. Sugestões de alterações:

**4.1.** Considerando a polémica jurisprudencial e doutrinal que gira em torno da necessidade ou não de as partes procederem, entre si, às **notificações das alegações e das contra-alegações de recurso**, em face da redacção do art. 229.º-A, deveria aproveitar-se a oportunidade para clarificar tais dúvidas, adoptando a solução que se mostra mais consentânea com os objectivos de celeridade e de eficácia e que se traduz na expressa previsão dessa notificação.

**4.2.** Nos termos do art. 679.º, a irrecorribilidade apenas abarca os despachos de **mero expediente e os despachos proferidos no uso de poderes discricionários** (art. 156.º).

Ao limitar assim a irrecorribilidade, praticamente não há decisões de que não possa recorrer-se, restringindo em excesso os poderes de direcção que deveriam ser efectivamente atribuídos ao juiz.

Tal sistema contraria, aliás, os objectivos que, entre outros preceitos, estão contidos no art. 265.º (**poder de direcção do processo**) e que também decorrem do art. 137.º (**evitar actos inúteis**).

Atenta a complexidade da tramitação processual e o uso abusivo que tende a ser feito de certos dispositivos legais, seria mais correcta a atribuição ao juiz de um efectivo **poder de direcção do processo**, com vista a abreviar a solução do pleito, em vez da mera enunciação de poderes virtuais que, sintetizados no art. 265.º, acabam por ser infirmados por normas, como a do art. 679.º, que permitem a impugnação generalizada das decisões de natureza meramente instrumental.

Ao invés de uma constante desconfiança relativamente à actuação dos juízes, deveriam conferir-se efectivos poderes de direcção do processo, confiando na razoabilidade dos seus critérios, com o que, a par da valorização e dignificação da função, se potenciaria maior eficácia e celeridade, aproximando-se o regime geral do CPC das novas regras que pretendem ser introduzidas na formulação do anteprojecto relativo ao processo especial e experimental que também se encontra em discussão.

Para o efeito, sem embargo de outras modificações, mostra-se imprescindível a modificação do art. 679.º, ampliando os casos em que se veda o recurso de decisões de pendor unicamente formal.

Em contrapartida dessa modificação poderia prever-se a possibilidade de **reclamação para o próprio juiz**, à semelhança do que já ocorre nos termos do art. 511.º, n.º 3, facultando-se a possibilidade de reponderação da decisão com base nos argumentos trazidos e que, porventura, não tivessem sido oportunamente ponderados.

**4.3.** Nos casos em que a Relação determina a **anulação da anterior decisão**, designadamente em casos em que isso implica a repetição do julgamento, era importante que o eventual recurso interposto da decisão fosse apreciado pelo mesmo colectivo.

Afinal, aquela intervenção já proporcionou ao juiz relator e aos adjuntos o conhecimento do objecto do processo. Por outro lado, como a repetição do julgamento é decorrência do acórdão proferido, seria mais eficaz a atribuição do segundo recurso ao mesmo colectivo.

Tal conseguir-se-ia mediante a previsão de que os recursos interpostos de decisões sequenciais à anterior anulação decretada pelo Tribunal Superior não seriam sujeitos a nova distribuição, antes atribuídos ao mesmo relator.

**4.4.** Verificada uma situação de **litigância de má fé** no âmbito de recurso deveria prever-se expressamente a possibilidade de condenação da parte sem ter que a ouvir sobre essa questão.

Efectivamente, se tal é compreensível quando a actuação se verifique na 1.ª instância, a sustentação de pretensões infundadas ou a prática de manobras dilatórias no âmbito do recurso deveria possibilitar o imediato sancionamento, em reforço dos poderes dos juízes dos Tribunais Superiores e em benefício dos interesses da celeridade e da eficácia.

**4.5.** Ao nível da **eficiência dos recursos humanos**, não se compreende a total ausência de assessores (ou mesmo de funcionários) nos Tribunais da Relação especialmente adstritos ao serviço de juízes desembargadores.

Em resultado dessa opção, os juízes desembargadores não dispõem de qualquer assessor ou mesmo funcionário que possam encarregar, por exemplo, da busca de doutrina ou de jurisprudência, da elaboração de relatórios ou de funções tão prosaicas como dactilografia de acórdãos.

Com tal opção o Estado desaproveita o labor intelectual dos juízes desembargadores que deveria incidir sobre as matérias verdadeiramente essenciais que constituem o cerne dos recursos.

Na prática, uma parte daquilo que o Estado despende com os Desembargadores é dedicado à realização de tarefas que, a muito menor custo, poderiam ser realizadas por outros agentes, aumentando a produtividade dos juízes desembargadores e a qualidade substancial das suas decisões.

# ANTEPROJECTO

# ANTEPROJECTO DE REVISÃO DO REGIME DE RECURSOS EM PROCESSO CIVIL

## 1.º DOCUMENTO DE TRABALHO

### I – NOTA PRÉVIA

O Gabinete de Política Legislativa e Planeamento (GPLP) apresentou, publicamente, em conferência organizada conjuntamente com a Jurisnova, no dia 17 de Maio de 2005, o **Relatório de Avaliação do Sistema de Recursos em Processo Civil e Processo Penal**.

Pretendeu-se, com aquele relatório, conhecer aprofundadamente a prática da tramitação processual dos recursos cíveis e penais, bem como o modo de funcionamento global dos tribunais superiores, detectando falhas e dificuldades do sistema, de modo a dotar o legislador de informação válida para que quaisquer alterações que venham a ser introduzidas o possam ser com um grau acrescido de qualidade e de efectividade.

Esta iniciativa marcou o início de um período de discussão pública, que se prolongará até Janeiro de 2006 e à qual se associaram várias faculdades de direito portuguesas, com o intuito de determinar a necessidade de intervir no regime em vigor, seja através de alterações legislativas, seja através da adopção de medidas de natureza administrativa.

No dia 25 de Novembro de 2005, durante o colóquio realizado na Faculdade de Direito da Universidade de Coimbra, o GPLP decidiu tornar público um primeiro esboço do Anteprojecto de revisão do regime de recursos em processo civil.

O anteprojecto apresentado, cuja divulgação prossegue na presente conferência, é um documento de trabalho, assumidamente inacabado – designadamente no que respeita à revisão de legislação complementar ou conexa – e intencionalmente aberto – oferecendo, em alguns pontos, soluções alternativas – pretende ser não mais do que um ponto de partida para uma nova fase do debate público em curso, mais centrada na discussão de medidas legislativas concretas, permitindo, desse modo, que a comunidade jurídica intervenha não apenas na avaliação do regime, como (e desde a primeira hora) na conformação e aperfeiçoamento das soluções a adoptar. Não constitui, portanto, uma proposta acabada nem reflecte necessariamente as opções que serão tomadas na versão final do Anteprojecto.

Para que o debate em curso possa, de facto, constituir uma fase determinante para a definição das medidas mais acertadas, esperamos e desde já agradecemos que nos sejam encaminhados, por correio electrónico (*gplp@gplp.mj.pt*) ou qualquer outro meio, todos os contributos, sugestões ou comentários ao documento ora divulgado.

## II – LINHAS GERAIS DO ANTEPROJECTO

O Anteprojecto de revisão do sistema de recursos em processo civil apresenta as seguintes linhas gerais:

1. **Reforço do papel do Supremo Tribunal de Justiça enquanto órgão superior da hierarquia dos tribunais judiciais, acentuando-se a sua função de uniformização de jurisprudência**

    1.1. *Consagração do direito de recurso, independentemente da alçada e da sucumbência, das decisões proferidas contra jurisprudência consolidada do Supremo Tribunal de Justiça (artigo 678.º do Código de Processo Civil[1])*

    O aumento da litigância no STJ tem motivado uma ampla discussão quanto ao papel a assumir pelo mesmo enquanto instância de recurso,

---

[1] Todos os artigos sem indicação do diploma de origem pertencem ao Código de Processo Civil.

havendo consenso no sentido da necessidade de centrar a sua actividade primordial na uniformização da jurisprudência.

A par da possibilidade (hoje consagrada) de recorrer das decisões proferidas contra *jurisprudência uniformizada* do STJ, propõe-se que haja sempre recurso das decisões que contrariem *jurisprudência consolidada* daquele Alto Tribunal, considerando-se haver jurisprudência consolidada quando tiverem sido proferidos pelo Supremo Tribunal de Justiça, no domínio da mesma legislação e sobre a mesma questão fundamental de direito, três acórdãos consecutivos no mesmo sentido, sem acórdão subsequente em oposição. Aproveita-se o ensejo para reorganizar as várias excepções às regras gerais de admissibilidade de recurso.

1.2. **Consagração de um recurso extraordinário para uniformização de jurisprudência das decisões do Supremo que contrariem jurisprudência uniformizada ou consolidada desse Alto Tribunal (763.º a 770.º)**

Introduz-se um novo recurso extraordinário para uniformização de jurisprudência das decisões do Supremo que contrariem jurisprudência uniformizada ou consolidada desse Alto Tribunal, a conhecer pelo pleno das secções cíveis do Supremo Tribunal de Justiça. Acrescenta-se, assim, ao julgamento ampliado da revista (mecanismo preventivo) um meio sucessivo de uniformização da jurisprudência.

1.3. **Harmonização dos pressupostos de admissibilidade da revista alargada (732.º-A) com o novo conceito de jurisprudência consolidada**

Substitui-se a referência ao "plenário das secções cíveis" por "pleno das secções cíveis", conforme resulta da Lei de Organização e Funcionamento dos Tribunais Judiciais. Substitui-se ainda a referência a "jurisprudência anteriormente firmada" por "jurisprudência uniformizada ou consolidada", em consonância com a adopção deste último conceito nas disposições gerais.

### 1.4. Harmonização dos pressupostos de admissibilidade do agravo de 2.ª instância (754.º) com as alterações introduzidas nas regras gerais de admissibilidade (678.º)

O n.º 2 do artigo 754.º, que consagrava as excepções à não admissibilidade de agravo de acórdão da Relação sobre decisão da 1.ª instância, passa a mencionar apenas o agravo interposto de decisão que ponha termo ao processo ou dele exclua alguma das partes. É suprimida, assim, a referência ao acórdão da Relação que esteja em oposição com outro, proferido por qualquer Relação ou pelo Supremo, desde que não tenha sido fixada jurisprudência com ele conforme, que é consumida pela nova redacção do n.º 4 do artigo 678.º.

### 1.5. Possibilidade de alegações orais nos recursos no Supremo Tribunal de Justiça

Entende-se, ainda, de relevo, seguindo um caminho já trilhado por vários outros ordenamentos jurídicos, introduzir a possibilidade de alegar oralmente perante o Supremo Tribunal de Justiça, a requerimento das partes ou por determinação oficiosa do Tribunal.

## REVISÃO DOS VALORES DAS ALÇADAS

### 2.1. Fixação do valor da alçada dos tribunais da Relação em € 30 000 e da alçada dos tribunais de 1.ª instância em € 5 000.

Julga-se justificada uma revisão das alçadas. Recomenda-se, no entanto, particular prudência quanto à alçada da 1.ª instância, porquanto é esta que delimita as decisões em que não é admitido um único grau de recurso.

Recorde-se que os valores actualizados das alçadas, determinados pela correcção monetária dos valores em vigor em 1977 – data em que teve lugar a primeira alteração do valor das alçadas após a entrada em vigor da Constituição da República Portuguesa – são de € 8 276,58, para a alçada da 1.ª instância, e de € 20 691,44, para a alçada da Relação. Pelas razões acima mencionadas, entende-se que o valor da alçada da 1.ª instância deve ficar aquém do valor corrigido por referência a 1977. Já quanto à alçada da Relação, parece admissível, e oportuno, ir além do valor resultante da correcção monetária, assim procurando dar resposta à notória tendência de crescimento de recursos cíveis entrados nos tribunais superiores, em particular no Supremo Tribunal de Justiça (STJ) – o número de recursos entrados no STJ, em 2004, é superior em mais de 90% aos entrados em 1990 – e do valor médio das causas cíveis em que há recurso. Deve ter-se igualmente presente, a par destes indicadores, o factor crescimento económico.

O aumento da alçada vai, em princípio, ter imediata repercussão no número de recursos interpostos, na medida em que a maioria respeita a acções relativas a dívidas civis e comerciais, cujo valor é determinado pelo valor peticionado (artigo 306.º).

Para um enquadramento da sugestão apresentada quanto à alçada da Relação, veja-se o quadro 1, que ilustra o número de recursos cíveis findos no STJ, em 2002 e 2003, por escalões de valor, sendo que um dos valores referência é precisamente o ora proposto para a alçada da Relação: 30 000 €.

**Quadro 1 – Recursos cíveis findos no STJ por escalão de valor da causa**

|  | 2002 | 2003 |
|---|---|---|
| Até 30.000,00 | 1724 | 1586 |
|  | 54,70% | 50,64% |
| 30.000,00 a 50.000,00 | 400 | 429 |
|  | 12,69% | 13,70% |
| 50.000,00 a 250.000,00 | 790 | 857 |
|  | 25,06% | 27,36% |
| >250.000,00 | 238 | 260 |
|  | 7,55% | 8,30% |
| Total de recursos cíveis findos | 3152 | 3132 |

## 2.2. Fixação do valor da causa pelo juiz no despacho saneador ou, quando não haja lugar a este despacho, na sentença.

A análise da percentagem de recursos cíveis interpostos, quer na Relação, quer no STJ, com valor da causa igual ao valor da respectiva alçada mais uma unidade monetária, revela a existência de um considerável número de recursos com o exacto valor necessário para assegurar o direito de recurso (pese embora estes incluam necessariamente os interpostos em acções sobre o estado das pessoas ou sobre interesses imateriais – cujo valor é, por lei, equivalente à alçada da Relação mais € 0,01). Julga-se possível inferir, pois, que, em alguns casos, o valor indicado pela partes é fixado em função do mínimo necessário para aceder ao tribunal superior.

Atento o exposto, propõe-se, a par do aumento das alçadas, uma alteração legislativa que assegure um maior envolvimento do juiz na determinação do valor das causas, mais concretamente que caiba ao juiz fixar o valor no despacho saneador, ou, quando a este não haja lugar, na sentença.

## 3. Consagração da *dupla conforme* como excepção à admissibilidade de recurso para o supremo tribunal de justiça

Propõe-se, ainda, a consagração da regra da dupla conforme nas regras de admissibilidade do recurso de revista. Não haverá recurso de revista para o Supremo quando o acórdão da Relação tiver confirmado, sem voto de vencido e ainda que por diferente fundamento, a decisão da 1.ª instância, salvo as situações previstas no artigo 678.º, designadamente, quando se trate de decisões proferidas contra jurisprudência uniformizada ou consolidada daquele Alto Tribunal.

## 4. Clarificação dos pressupostos de admissibilidade do recurso *per saltum*

O n.º 1 do artigo 725.º, na parte a que respeita ao requisito de valor, tem sido objecto de interpretações diversas, pelo que cumpre ser clarificado.

Mantém-se a estrutura delineada em 1995-96, na convicção de que, sendo a revista restringida pela via da dupla conforme, o recurso *per saltum*, ainda que facultativo, poderá assumir-se como uma verdadeira alternativa ao recurso (em matéria de direito) interposto para a Relação.

## 5. Reforma do regime de resolução de conflitos de competência

Os conflitos de competência passam a ser decididos por um juiz singular. Desta forma, os conflitos hoje cometidos ao plenário do STJ, passam a ser decididos pelo Presidente do STJ; os conflitos cometidos ao Supremo em secção, passam a caber ao Presidente da secção; os conflitos cometidos ao pleno das secções da Relação passam a ser da responsabilidade do Presidente da Relação; e os conflitos da competência da Relação em secção passam a ser da competência do Presidente da secção. Por outro lado, processo passa a ser considerado urgente e a tramitação é bastante simplificada.

## 6. Reforço dos mecanismos contra expedientes dilatórios

A decisão sobre o incidente manifestamente infundado que seja suscitado posteriormente à prolação do Acórdão apenas se verifica quando ocorra o pagamento das custas a final, das multas e das indemnizações que tenham sido fixadas pelo tribunal. Trata-se de um instrumento dissuasor deste tipo de entorpecimento do processo e que já tem consagração legal no nosso ordenamento no n.º 8 do artigo 84.º da Lei do Tribunal Constitucional.

## 7. Simplificação e agilização da interposição, tramitação e julgamento dos recursos

### 7.1. *Unificação do momento processual para interposição de recurso/apresentação de alegações e para o despacho de admissão/despacho de subida*

Esta alteração pretende unificar os momentos de apresentação das alegações e da interposição do recurso. Desta forma, o despacho de admissão do recurso muda de feição, pois já não terá que correr um novo prazo para a apresentação das alegações. Esta mudança implica alterações ao longo de toda a marcha do recurso e a reordenação cronológica de alguns preceitos, especialmente no recurso de agravo. Uma das consequências praticas é, por exemplo, o desaparecimento da deserção do recurso por falta de apresentação de alegações por parte do recorrente.

Ocorre ainda outra alteração: o despacho sobre o requerimento de interposição do recurso passa a ser proferido somente quando já decorreram os prazos para as alegações das partes, unificando-se o despacho sobre a admissão do recurso e o despacho de remessa do recurso para o tribunal superior, adoptando-se o modelo do processo de trabalho e evitando-se a duplicação da intervenção do juiz.

Pretende-se, por esta via, reduzir substancialmente o tempo que actualmente decorre entre o momento de interposição do recurso e a sua entrada no tribunal superior – no processo civil, este período atinge, em média, os 6 meses.

### 7.2. *Racionalização e agilização do regime de vistos*

Os vistos passam a realizar-se após a entrega da cópia do projecto de acórdão. Pretende-se que os vistos tenham lugar quando já existe uma solução jurídica proposta para a questão. Na situação actual, os próprios magistrados reconhecem que as vistas antes do projecto de acórdão são uma inutilidade.

Incentivam-se as vistas simultâneas através de meios electrónicos e a entrega de cópias dos documentos relevantes, só havendo vistas sucessivas em último caso. Considerou-se igualmente que o prazo poderia ser diminuído, passando de 15 para 5 dias.

*a) Regime das transcrições e gravações*

No âmbito dos ónus a cargo do recorrente que impugne a decisão de facto repristina-se o regime aprovado pela reforma de 1995 em que cabe ao recorrente, sob pena de imediata rejeição do recurso no que se refere à impugnação da matéria de facto, proceder à transcrição das passagens da gravação em que se funda. A parte contrária procederá, na contra--alegação que apresente, à transcrição dos depoimentos gravados que infirmem as conclusões do recorrente. Este regime não prejudica os poderes de investigação oficiosa do tribunal.

## 9. Recurso de revisão de decisão inconciliável com jurisprudência de instância internacional de recurso que vincule o estado português

O artigo 46.º da Convenção Europeia dos Direitos do Homem (Convenção) estabelece que os Estados que tenham ratificado a Convenção obrigam-se a respeitar as sentenças definitivas do Tribunal Europeu dos Direitos do Homem (TEDH) nos litígios em que foram partes. Tais decisões devem ser respeitadas por todas as entidades, embora a nível interno o Estado goze da faculdade de escolher os meios que considere adequados para a sua execução.

O problema coloca-se quando esteja em causa uma decisão interna transitada em julgado. Nessa situação, o nosso ordenamento não considera a decisão do TEDH como um facto novo susceptível de possibilitar a revisão da decisão interna.

A Recomendação n.º 2/2000, de 29 de Janeiro, do Comité dos Ministros do Conselho da Europa afirma que os Estados contratantes são encorajados a "examinar os seus sistemas jurídicos nacionais com vista a assegurar-se que existem meios adequados para o reexame de um caso, incluindo a reabertura do processo, nas situações em que o Tribunal constatou uma violação da Convenção (...)".

A inclusão de uma nova alínea no artigo 771.º visa resolver o problema exposto ao permitir que a decisão interna transitada em julgada em julgado que viole a Convenção possa ser revista. Alguns artigos relativos a tramitação do recurso extraordinário de revisão têm que ser alterados em conformidade (artigos 772.º, 773.º e 776.º).

.../Prop/2005

## EXPOSIÇÃO DE MOTIVOS
[...]

Assim: Nos termos da alínea *d)* do n.º 1 do artigo 197.º da Constituição, o Governo apresenta à Assembleia da República a seguinte proposta de lei:

### Artigo 1.º[2]
### Alteração à Lei n.º 3/99, de 13 de Janeiro

O artigo 24.º da Lei n.º 3/99, de 13 de Janeiro (Lei de Organização e Funcionamento dos Tribunais Judiciais), com a redacção dada pela Declaração de Rectificação n.º 7/99, de 4 de Fevereiro, alterada pela Lei n.º 101/99, de 26 de Julho, pelos Decretos-Leis n.ºs 323/2001, de 17 de Dezembro, e 38/2003, de 8 de Março, pela Lei n.º 105/2003, de 10 de Dezembro, pelo Decreto-Lei n.º 53/2004, de 18 de Março, e pela Lei n.º 42/2005, de 29 de Agosto, passa a ter a seguinte redacção:

«Artigo 24.º
[...]

1 – Em matéria cível, a alçada dos tribunais da Relação é de € 30 000 e a dos tribunais de 1.ª instância é de € 5 000.
2 – [...].
3 – [...]»

### Artigo 2.º
### Alteração ao Código de Processo Civil

Os artigos 117.º, 118.º 120.º, 291.º, 315.º, 668.º, 676.º, 678.º, 682.º, 683.º, 685.º, 687.º, 698.º, 699.º, 700.º, 706.º, 707.º, 709.º, 712.º, 713.º,

---

[2] Há várias alterações à LOFTJ impostas pelas alterações introduzidas ao CPC, designadamente em matéria de conflitos de competência, que serão introduzidas no projecto final.

716.º, 720.º, 721.º, 772.º, 725.º, 728.º, 732.º-A, 732.º-B, 740.º, 742.º a 745.º, 747.º, 748.º, 750.º, 751.º, 752.º, 754.º, 759.º a 761.º, 771.º a 774.º, 776.º, 1086.º e 1089.º do Código de Processo Civil, aprovado pelo Decreto-Lei n.º 44129, de 28 de Dezembro de 1961, alterado pelos Decretos-Leis n.ºs 47690, de 11 de Maio de 1967, e 323/70, de 11 de Julho, pela Portaria n.º 439/74, de 10 de Julho, pelos Decretos-Leis n.ºs 261/75, de 27 de Maio, 165/76, de 1 de Março, 201/76, de 19 de Março, 366/76, de 5 de Maio, 605/76, de 24 de Julho, 738/76, de 16 de Outubro, 368/77, de 3 de Setembro, e 533/77, de 30 de Dezembro, pela Lei n.º 21/78, de 3 de Maio, pelos Decretos-Leis n.ºs 513-X/79, de 27 de Dezembro, 207/80, de 1 de Julho, 457/80, de 10 de Outubro, 400/82, de 23 de Setembro, 242/85, de 9 de Julho, 381-A/85, de 28 de Setembro, e 177/86, de 2 de Julho, pela Lei n.º 31/86, de 29 de Agosto, pelos Decretos-Leis n.ºs 92/88, de 17 de Março, 321-B/90, de 15 de Outubro, 211/91, de 14 de Julho, 132/93, de 23 de Abril, 227/94, de 8 de Setembro, 39/95, de 15 de Fevereiro, 329-A/95, de 12 de Dezembro, 180/96, de 25 de Setembro, 375-A/99, de 20 de Setembro, e 183/2000, de 10 de Agosto, pela Lei n.º 30-D/2000, de 20 de Dezembro, pelos Decretos-Leis n.ºs 272/2001, de 13 de Outubro, e 323/2001, de 17 de Dezembro, pela Lei n.º 13/2002, de 19 de Fevereiro, e pelos Decretos--Leis n.ºs 38/2003, de 8 de Março, 199/2003, de 10 de Setembro, 324//2003, de 27 de Dezembro, e 53/2004, de 18 de Março, passam a ter a seguinte redacção:[3]

«Artigo 117.º[04]
[...]

1 – Quando o tribunal se aperceber do conflito, deve suscitá-lo junto do tribunal competente para decidir, remetendo-lhe cópia dos actos

---

[3] Actualmente encontram-se em discussão propostas de alteração ao CPC, que devem ser reflectidas neste normativo, caso se encontrem publicadas na data da aprovação deste. Exemplo disto é a Proposta de Lei n.º 34/X/1, que aprova o Novo Arrendamento Urbano.

[4] Conforme referido na nota de rodapé n.º 1, a matéria relacionada com os conflitos de competência implica a alteração de diversos preceitos da LOFTJ. Esse é o diploma onde se farão as alterações necessárias para comportar a atribuição de competências que ora se enumeram: *a)* É da competência do Presidente do Supremo Tribunal de Justiça conhecer dos conflitos entre os plenos das secções e entre secções; *b)* É da competência do Presidente do Supremo Tribunal de Justiça conhecer dos conflitos entre

e dos elementos necessários à sua resolução e indicando as partes e os respectivos mandatários.

2 – O conflito pode igualmente ser suscitado por qualquer das partes ou pelo Ministério Público mediante requerimento onde se especifiquem as decisões e as posições em conflito e onde se indiquem os elementos referidos na parte final do número anterior.

3 – O requerimento é dirigido ao presidente do tribunal ou ao presidente de secção competente para resolver o conflito, consoante os casos, e apresentado na secretaria desse tribunal.

4 – O processo de resolução dos conflitos de competência tem carácter urgente.

Artigo 118.º
**Indeferimento liminar**

1 – Se o juiz entender que não há conflito, indefere imediatamente o requerimento.

2 – [*revogado*].

Artigo 120.º
**Decisão**

1 – Se o conflito não tiver sido suscitado pelas partes ou pelo Ministério Público, são os mesmos notificados para alegarem no prazo de cinco dias.

2 – Quando o conflito tiver sido suscitado por uma das partes, a outra parte, se ainda não tiver respondido, é notificada para alegar no prazo referido no número anterior.

---

os plenos das secções; compete-lhe, ainda, se a matéria do conflito respeitar à especialização de mais de uma secção, conhecer dos conflitos entre os tribunais da Relação, entre estes e os tribunais de 1.ª instância e entre os tribunais de 1.ª instância de diferentes distritos judiciais ou sediados na área de diferentes tribunais da Relação; *c)* É da competência do presidente de secção do Supremo Tribunal de Justiça conhecer dos conflitos entre os tribunais da Relação, entre estes e os tribunais de 1.ª instância e entre tribunais de 1.ª instância de diferentes distritos judiciais ou sediados na área de diferentes tribunais da Relação, sem prejuízo do disposto na alínea anterior; *d)* É da competência do presidente do tribunal da Relação conhecer dos conflitos de competência entre secções; *e)* É da competência do presidente de secção do tribunal da Relação conhecer dos conflitos entre tribunais de 1.ª instância sediados na área da respectiva Relação.

3 – De seguida, dá-se vista ao Ministério Público e, depois de recolhidas as informações e as provas que considerar necessárias, o tribunal competente decide o conflito.

4 – A decisão é imediatamente comunicada aos tribunais em conflito e ao Ministério Público e notificada às partes.

### Artigo 291.º
### [...]

1 – [...].
2 – Os recursos são julgados desertos quando, por inércia do recorrente, estejam parados durante mais de um ano.
3 – [...].
4 – [...].

### Artigo 315.º
### Fixação do valor

1 – Compete ao juiz fixar o valor da causa, sem prejuízo do dever de indicação que impende sobre as partes.

2 – O valor da causa é fixado no despacho saneador, salvo nos processos a que se refere o n.º 3 do artigo 308.º e naqueles em que não haja lugar a despacho saneador, casos em que é fixado na sentença.

3 – Se for interposto recurso antes da fixação do valor, esta tem lugar no despacho sobre o requerimento de interposição.

### Artigo 668.º
### [...]

1 – [...].
2 – [...].
3 – [...].
4 – Arguida qualquer das nulidades da sentença em recurso dela interposto, é lícito ao juiz supri-la, aplicando-se, com as necessárias adaptações e qualquer que seja o tipo de recurso, o disposto no artigo 743.º.

### Artigo 676.º
### [...]

1 – [...].

2 – Os recursos são ordinários ou extraordinários: são ordinários a apelação, a revista e o agravo; são extraordinários o recurso para uniformização de jurisprudência, a revisão e a oposição de terceiros.

Artigo 678.º
[...]

1 – [...].
2 – Independentemente do valor da causa e da sucumbência, é sempre admissível recurso:
  a) Das decisões proferidas em violação das regras de competência internacional, em razão da matéria ou da hierarquia ou com ofensa de caso julgado;
  b) Das decisões respeitantes ao valor da causa, dos incidentes ou dos procedimentos cautelares, com o fundamento de que o seu valor excede a alçada do tribunal de que se recorre;
  c) Das decisões proferidas, no domínio da mesma legislação e sobre a mesma questão fundamental de direito, contra jurisprudência uniformizada ou consolidada do Supremo Tribunal de Justiça.
3 – [*anterior n.º 5*][5].

4 – É sempre admissível recurso do acórdão da Relação, de que não caiba recurso ordinário por motivo estranho à alçada do tribunal, que esteja em contradição com outro, proferido pelo Supremo Tribunal de Justiça ou por qualquer Relação, no domínio da mesma legislação e sobre a mesma questão fundamental de direito, salvo se a orientação nele perfilhada estiver de acordo com a jurisprudência uniformizada ou consolidada do Supremo Tribunal de Justiça.

5 – Considera-se consolidada a jurisprudência quando tiverem sido proferidos pelo Supremo Tribunal de Justiça, sobre a mesma questão fundamental de direito, três acórdãos consecutivos no mesmo sentido, sem acórdão subsequente em oposição.

---

[5] Actualmente encontra-se em discussão na Assembleia da República a Proposta de Lei n.º 34/X/1, que aprova o Novo Arrendamento Urbano, que contém uma proposta de alteração da redacção do n.º 5 do artigo 678.º actualmente em vigor. A redacção proposta é a seguinte: "*Independentemente do valor da causa e da sucumbência, é sempre admissível recurso para a Relação nas acções em que se aprecie a validade, a subsistência ou a cessação de contratos de arrendamento, com excepção dos arrendamentos para habitação não permanente ou para fins especiais transitórios*".

## Artigo 682.º
**[...]**

1 – [...].
2 – O recurso independente é interposto dentro do prazo e nos termos normais; o recurso subordinado pode ser interposto dentro de 20 dias, a contar da notificação da interposição do recurso da parte contrária.
3 – [...].
4 – [...].
5 – [...].

## Artigo 683.º
**[...]**

1 – [...].
2 – [...].
3 – A adesão ao recurso pode ter lugar, por meio de requerimento ou de subscrição das alegações do recorrente, até ao início do prazo referido no n.º 1 do artigo 707.º.
4 – [...].
5 – [...].

## Artigo 685.º
**Contagem do prazo de interposição**

1 – O prazo para a interposição dos recursos conta-se a partir da notificação da decisão; se a parte for revel e não dever ser notificada nos termos do artigo 255.º, o prazo corre desde a publicação da decisão.
2 – [...].
3 – [...].
4 – Se a revelia da parte cessar antes de decorrido o prazo para a interposição dos recursos posterior à publicação, tem a sentença ou despacho de ser notificado e o prazo começa a correr da data da notificação.

## Artigo 687.º
**Modo de interposição do recurso**

1 – Os recursos interpõem-se por meio de requerimento dirigido ao tribunal que proferiu a decisão recorrida e no qual se indique a espécie

de recurso interposto e, nos casos previstos nas alíneas *a)* e *c)* do n.º 2 e no n.º 4 do artigo 678.º e no recurso para uniformização de jurisprudência, o respectivo fundamento.

2 – O requerimento referido no número anterior deve conter a alegação do recorrente.

3 – Tratando-se de despachos ou sentenças orais, reproduzidos no processo, o requerimento de interposição pode ser ditado para a acta. Nesse caso, a alegação pode ser apresentada no prazo de 20 dias a contar do momento da interposição.

### Artigo 698.º
### Modo de interposição do recurso e prazo para as alegações

1 – No prazo de 20 dias, contados nos termos do artigo 685.º, o recorrente apresenta o requerimento de interposição do recurso que deve conter a sua alegação por escrito, podendo o recorrido responder, em idêntico prazo, contado da notificação da apresentação do requerimento de interposição do apelante.

2 – Na sua alegação o recorrido pode impugnar a admissibilidade ou a tempestividade do recurso, bem como a legitimidade do recorrente.

3 – Se tiverem apelado ambas as partes, o primeiro apelante tem ainda, depois de notificado da apresentação da alegação do segundo, direito a produzir nova alegação, no prazo de 15 dias, mas somente para impugnar os fundamentos da segunda apelação.

4 – Havendo vários recorrentes ou vários recorridos, ainda que representados por advogados diferentes, o prazo das respectivas alegações é único, incumbindo à secretaria providenciar para que todos possam proceder ao exame do processo durante o prazo de que beneficiam.

5 – Se a ampliação do objecto do recurso for requerida pelo recorrido nos termos do artigo 684.º-A, pode ainda o recorrente responder à matéria da ampliação, nos 15 dias posteriores à notificação do requerimento.

6 – Se o recurso tiver por objecto a reapreciação da prova gravada, são acrescidos de 10 dias os prazos referidos nos números anteriores.

### Artigo 699.º
### Deferimento e expedição do recurso

1 – Findo o prazo para apresentação das alegações, é proferido o despacho sobre o requerimento de interposição do recurso.

2 – No despacho em que defira o requerimento de interposição do recurso, o juiz solicita ao Conselho Distrital da Ordem dos Advogados a nomeação de advogado aos ausentes, incapazes e incertos, se não puderem ser representados pelo Ministério Público. O prazo de resposta referido no n.º 1 do artigo 698.º conta-se a partir da notificação ao advogado nomeado do requerimento de interposição.

3 – Se o despacho sobre o requerimento de interposição admitir o recurso, este é, de acordo com os seus termos, expedido para o tribunal superior, com cópia processada por computador da decisão impugnada, sem prejuízo do disposto no n.º 4 do artigo 668.º e no n.º 3 do artigo 669.º.

Artigo 700.º
[...]

1 – [...].
a) [...];
b) Corrigir a qualificação dada ao recurso, o efeito atribuído à sua interposição, o regime fixado para a sua subida, ou convidar as partes a aperfeiçoar as conclusões das respectivas alegações, nos termos do n.º 3 do artigo 687.º-A;
c) [...];
d) [...];
e) [...];
f) [...];
g) [...].
2 – [...].
3 – [...].
4 – A reclamação deduzida é decidida no acórdão que julga o recurso, salvo quando a natureza das questões suscitadas impuser decisão imediata; neste caso, são aplicáveis os n.ᵒˢ 4 a 6 do artigo 707.º.
5 – [...].

Artigo 706.º
[...]

1 – [...].
2 – Os documentos supervenientes podem ser juntos até ao início do prazo referido no n.º 1 do artigo 707.º; até esse momento podem também ser juntos os pareceres de advogados, professores ou técnicos.
3 – [...].

Artigo 707.º

[...]

1 – Decididas as questões que devam ser apreciadas antes do julgamento do objecto do recurso, se não se verificar o caso previsto no artigo 705.º, o relator elabora o projecto de acórdão no prazo de 30 dias.

2 – Na sessão anterior ao julgamento do recurso, o relator faz entrega aos juízes que nele devem intervir de cópia do projecto de acórdão.

3 – Quando a complexidade das questões a apreciar o justifique, pode o relator elaborar, no prazo de 15 dias, um memorando, contendo o enunciado das questões a decidir e da solução para elas proposta, com indicação sumária dos respectivos fundamentos, de que se distribuirá cópia aos restantes juízes com intervenção no julgamento da apelação.

4 – De seguida, o processo vai com vista simultânea, por meios electrónicos, aos dois juízes-adjuntos, pelo prazo de cinco dias, ou, quando tal não for possível, o relator ordena a extracção de cópias das peças processuais relevantes para a apreciação do objecto da apelação.

5 – Se o volume das peças processuais relevantes tornar excessivamente morosa a extracção de cópias, o processo vai com vista aos dois juízes-adjuntos, pelo prazo de 5 dias a cada um.

6 – Quando a natureza das questões a decidir ou a necessidade de celeridade no julgamento do recurso o aconselhem, pode o relator, com a concordância dos adjuntos, dispensar os vistos.

Artigo 709.º

[...]

1 – O processo é inscrito em tabela logo que se mostre decorrido o prazo para o relator elaborar o projecto de acórdão.

2 – No dia do julgamento, o relator faz sucinta apresentação do projecto de acórdão e, de seguida, os juízes-adjuntos dão o seu voto, pela ordem da sua intervenção no processo.

3 – No caso a que alude o n.º 3 do artigo 707.º, concluída a discussão e formada a decisão do tribunal sobre as questões a que se refere o memorando, é o processo concluso ao relator ou, no caso de este ter ficado vencido, ao juiz que deva substituí-lo, para elaboração do acórdão, no prazo de 30 dias.

4 – A decisão é tomada por maioria, sendo a discussão dirigida pelo presidente, que desempata quando não possa formar-se maioria.

Artigo 712.º
[...]

1 – [...].
a) Se do processo constarem todos os elementos de prova que serviram de base à decisão sobre os pontos da matéria de facto em causa ou se, tendo ocorrido gravação dos depoimentos prestados, tiver sido impugnada, nos termos do artigo 687.º-B, a decisão com base neles proferida;
b) [...];
c) [...].
2 – [...].
3 – [...].
4 – [...].
5 – [...].
6 – [...].

Artigo 713.º
[...]

1 – [...].
2 – [...].
3 – [...].
4 – [...].
5 – Quando a Relação entender que a questão a decidir é simples, designadamente por já ter sido jurisdicionalmente apreciada, de modo uniforme e reiterado, ou quando entender confirmar inteiramente o julgado em 1.ª instância, quer quanto à decisão, quer quanto aos respectivos fundamentos, pode o acórdão, desde que não haja qualquer declaração de voto, limitar-se a decidir remetendo para as precedentes decisões, de que se junta cópia[6].

---

[6] Nos casos de simplicidade da questão objecto de recurso, e a par da mera remissão para as precedentes decisões, pode ser igualmente prevista a possibilidade de a fundamentação dos acórdãos dos tribunais superiores ter lugar mediante a mera

6 – [...].
7 – O juiz que lavrar o acórdão deve sumariá-lo e executar todas as operações necessárias para efeitos de tratamento informático e inserção em bases de dados.

Artigo 716.º
[...]

1 – [...].
2 – A rectificação, aclaração ou reforma do acórdão, bem como a arguição de nulidade, são decididas em conferência.

Quando o pedido ou a reclamação forem complexos ou de difícil decisão, pode esta ser precedida de vista aos juízes-adjuntos por cinco dias, sendo aplicáveis os n.ºs 4 e 5 do artigo 707.º.

Artigo 720.º
[...]

1 – [...].
2 – O disposto no número anterior é também aplicável aos casos em que a parte procure obstar ao trânsito em julgado da decisão, através da suscitação de incidentes, a ela posteriores, manifestamente infundados; neste caso, a decisão da conferência que qualificar como manifestamente infundado o incidente suscitado determina a imediata extracção do traslado, prosseguindo os autos os seus termos no tribunal recorrido.

3 – No caso previsto no número anterior, apenas é proferida a decisão no traslado depois de, contadas as custas a final, o requerente as ter pago, bem como todas as multas e indemnizações que hajam sido fixadas pelo tribunal.

4 – A decisão impugnada através de incidente manifestamente infundado considera-se, para todos os efeitos, transitada em julgado, sob condição resolutiva de, no caso de eventual provimento, em consequência da decisão no traslado, se anular o processado.

---

remissão para os fundamentos apresentados pelas partes nas alegações. Esta é uma solução próxima da consagrada no regime processual especial e experimental aprovado em Conselho de Ministros de 22 de Setembro de 2005.

Artigo 721.º
[...]

1 – [...].
2 – Não é admitida revista do acórdão da Relação que confirme, sem voto de vencido e ainda que por diferente fundamento, a decisão proferida na 1.ª instância.
3 – [*anterior n.º 2*].
4 – [*anterior n.º 3*][7].

---

[7] Em alternativa à adopção da regra da dupla conforme, foi igualmente equacionada a possibilidade de sujeitar sempre a admissão do recurso de revista a um juízo prévio da sua relevância, mecanismo assente em conceitos indeterminados, a densificar pelo próprio Supremo Tribunal de Justiça, próximo do previsto no artigo 150.º do Código de Processo nos Tribunais Administrativos (CPTA). A optar se por essa via, sugere--se a seguinte redacção:

"Artigo 721.º
[...]

1 – Do acórdão da Relação que decida do mérito da causa pode haver revista para o Supremo Tribunal de Justiça quando esteja em causa a apreciação de uma questão de importância fundamental ou quando a admissão do recurso seja claramente necessária para uma melhor aplicação do direito.
2 – [...].
3 – [...].
4 – A verificação dos pressupostos previstos no n.º 1 é arguida especificadamente na própria revista.
5 – A decisão quanto à questão de saber se, no caso concreto, se preenchem os pressupostos do n.º 1 compete ao Supremo Tribunal de Justiça, devendo ser objecto de apreciação preliminar sumária, a cargo de uma formação constituída pelo presidente do Supremo e pelos presidentes das secções cíveis; sendo o número de secções par, tem voto de qualidade o presidente do Supremo.
6 – Se a formação referida no número anterior entender que não se encontram preenchidos os pressupostos do n.º 1, antes de proferir decisão ouve cada uma das partes, pelo prazo de 10 dias; a audição do recorrente pode ter lugar oralmente, se este o tiver requerido no recurso de revista."

Deve ter-se presente, no entanto, que a adopção deste mecanismo de admissão do recurso de revista importará a conformação de outras normas, designadamente, no que respeita ao julgamento do recurso, hoje parcialmente regulado por remissão para as regras da apelação, e bem assim quanto ao regime dos agravos de 2.ª instância. Cumpre igualmente assinalar que a adopção de um mecanismo próximo do previsto no artigo 150.º do CPTA seria ainda possível no âmbito da dupla conforme, como uma sua "válvula de escape", permitindo ao Supremo conhecer, em revista, das decisões que, de

Artigo 722.º
[...]

1 – Sendo o recurso de revista o próprio, pode o recorrente alegar, além da violação de lei substantiva, a violação de lei de processo, quando desta for admissível recurso de agravo na 2.ª instância, de modo a interpor um único recurso do mesmo acórdão.
2 – [...].
3 – [...].

Artigo 725.º
[...]

1 – Quando o valor da causa for superior à alçada dos tribunais judiciais de 2.ª instância e o valor da sucumbência for superior a metade da alçada desses tribunais, nos termos do n.º 1 do artigo 678.º, e as partes, nas suas alegações, suscitarem apenas questões de direito, nos termos dos n.ᵒˢ 3 e 4 do artigo 721.º e dos n.ᵒˢ 1 e 2 do artigo 722.º, pode qualquer delas, não havendo agravos retidos que devam subir nos termos do n.º 1 do artigo 735.º, requerer nas conclusões que o recurso interposto da decisão de mérito proferida em 1.ª instância suba directamente ao Supremo Tribunal de Justiça.
2 – [...].
3 – [...].
4 – [...].
5 – [...].
6 – [...].

Artigo 728.º
[...]

1 – [...].
2 – Se não houver a conformidade de votos exigida para o vencimento, o processo vai com vista aos dois juízes imediatos, sendo aplicáveis os n.ᵒˢ 4 e 5 do artigo 707.º.

---

acordo com aquela regra, não comportariam recurso. Ou seja esse mecanismo de admissão pelo tribunal *ad quem* apenas interviria quando o recorrente quisesse aceder ao Supremo em triplo grau de jurisdição, quando os tribunais de 1.ª e 2.ª instâncias tivessem convergido quanto à parte dispositiva da sua decisão. Esta foi a proposta apresentada por um grupo de trabalho constituído pelo XVI Governo Constitucional.

Artigo 732.º-A
[...]

1 – O Presidente do Supremo Tribunal de Justiça determina, até à prolação do acórdão, que o julgamento do recurso se faça com intervenção do pleno das secções cíveis, quando tal se revele necessário ou conveniente para assegurar a uniformidade da jurisprudência.

2 – O julgamento alargado, previsto no número anterior, pode ser requerido por qualquer das partes ou pelo Ministério Público e deve ser sugerido pelo relator, por qualquer dos adjuntos, ou pelos presidentes das secções cíveis, designadamente quando verifiquem a possibilidade de vencimento de solução jurídica que esteja em oposição com jurisprudência uniformizada ou consolidada, no domínio da mesma legislação e sobre a mesma questão fundamental de direito.

Artigo 732.º-B
[...]

1 – [...].
2 – [...].
3 – Se a decisão a proferir envolver alteração de jurisprudência anteriormente uniformizada, o relator ouve previamente as partes.
4 – É aplicável o disposto no artigo 727.º-A, com as necessárias adaptações.
5 – [*actual n.º 3*].
6 – [*actual n.º 4*].

Artigo 740.º
[...]

1 – [...].
2 – [...].
3 – O juiz só pode atribuir efeito suspensivo ao agravo, nos termos da alínea *d)* do número anterior, quando o agravante o haja pedido no requerimento de interposição do recurso e, depois da resposta do agravado nas suas alegações, reconhecer que a execução imediata do despacho é susceptível de causar ao agravante prejuízo irreparável ou de difícil reparação.
4 – [...].

Artigo 742.º
**Modo de interposição do recurso e prazo para as alegações**

1 – No prazo de 10 dias, contados nos termos do artigo 685.º, o agravante apresenta o requerimento de interposição do recurso que deve conter a sua alegação por escrito, sem prejuízo do disposto no n.º 6 do artigo 698.º.

2 – O agravado pode responder dentro de igual prazo, contado da notificação da apresentação do requerimento de interposição do agravante.

3 – Com as suas alegações, podem um e outro juntar os documentos que lhes seja lícito oferecer.

4 – Se se pretender que o agravo suba imediatamente e em separado, as partes indicarão, após as conclusões das respectivas alegações, as peças do processo de que pretendem certidão para instruir o recurso.

5 – Durante os prazos fixados, a secretaria facilitará o processo às partes.

Artigo 743.º
**Despacho sobre o requerimento, sustentação do despacho ou reparação do agravo**

1 – Findo o prazo concedido às partes para alegarem, a secretaria autua o requerimento de interposição do recurso do agravante e a alegação do agravado com os respectivos documentos fazendo conclusão ao juiz para que este profira despacho sobre o requerimento de interposição de recurso.

2 – No despacho referido no número anterior deve declarar-se se o recurso sobe ou não imediatamente e, no primeiro caso, se sobe nos próprios autos ou em separado; deve declarar-se ainda o efeito do recurso.

3 – De seguida, se o recurso for admitido, o juiz deve sustentar o despacho ou reparar o agravo.

4 – Se sustentar o despacho, o juiz determina quais as certidões que devem ser juntas ao processo, tendo em conta o que tenha sido indicado pelas partes nas suas alegações e sem prejuízo do disposto no artigo 744.º. O processo é imediatamente remetido ao tribunal superior.

5 – Se o juiz, porém, reparar o agravo, pode o agravado requerer, dentro de 10 dias a contar da notificação do despacho de reparação, que o processo de agravo suba, tal como está, para se decidir a questão sobre

que recaíram os dois despachos opostos. Quando o agravado use desta faculdade, fica tendo, a partir desse momento, a posição de agravante.

6 – No caso de reparação, se o primitivo agravo não suspender a execução do respectivo despacho, juntar-se-á ao processo principal certidão do novo despacho, para ser cumprido.

7 – Se o juiz omitir o despacho previsto no n.º 2, o relator mandará baixar o processo para que seja proferido.

### Artigo 744.º
**Peças que hão-de instruir o recurso no caso de subida imediata e em separado**

1 – No caso do agravo subir imediatamente e em separado, são sempre transcritos, por conta do agravante, a decisão de que se recorre e o requerimento para a interposição do agravo; e certificar-se-á narrativamente a data da apresentação do requerimento de interposição, a data da notificação ou publicação do despacho ou sentença de que se recorre, a data da notificação do despacho que admitiu o recurso e o valor da causa.

2 – Se faltar algum elemento que o tribunal superior considere necessário ao julgamento do recurso, requisitá-lo-á por simples ofício.

### Artigo 745.º
[...]

Se o agravo subir imediatamente nos próprios autos, seguem-se os termos prescritos nos artigos anteriores, com excepção do que se refere à passagem de certidões e à autuação, em separado, do requerimento de interposição do recurso, das alegações e documentos, porque estas peças são incorporadas no processo.

### Artigo 747.º
[...]

1 – Se o agravo não subir imediatamente, proferido o despacho de sustentação, os termos posteriores do recurso ficam suspensos até ao momento em que este deva subir; sendo o agravo reparado, são suspensos igualmente os termos posteriores ou findo o recurso, conforme o agravado use ou não da faculdade concedida pelo n.º 5 do artigo 743.º.

2 – [...].

3 – [...].

Artigo 748.º
[...]

1 – [...].
2 – Se omitir a especificação a que alude o número anterior, entende-se que o agravante desiste dos agravos retidos.

Artigo 750.º
**Efeitos da desistência do agravo**

A desistência do agravo não prejudica o conhecimento dos outros agravos que com ele tenham subido, mas cuja apreciação seja independente da subsistência daquele.

Artigo 751.º
[...]

1 – [...].
2 – Decidindo-se, inversamente, que o recurso que subiu nos próprios autos deveria ter subido em separado, o tribunal notifica as partes para indicarem as peças necessárias à instrução do agravo, as quais serão autuadas com o requerimento de interposição do recurso e com as alegações; seguidamente, baixarão os autos principais à 1.ª instância.
3 – [...].

Artigo 752.º
[...]

1 – O relator elabora o projecto de acórdão no prazo de 20 dias.
2 – [...].
3 – [...].

Artigo 754.º
[...]

1 – [...].
2 – Não é admitido agravo do acórdão da Relação sobre decisão da 1.ª instância, salvo se for interposto de decisão que ponha termo ao processo, relativamente à totalidade ou parte do objecto do processo, ou dele exclua alguma das partes.
3 – [*revogado*].

### Artigo 759.º
**Expedição do agravo quando se pretenda subida imediata**

Se se pretender que o agravo suba imediatamente e em separado, observa-se o disposto no n.º 4 do artigo 742.º.

### Artigo 760.º
**Fixação da subida e do efeito; subida imediata**

1 – É aplicável à 2.ª instância o disposto no n.º 2 do artigo 743.º.
2 – Se o agravo subir imediatamente em separado, aplica-se o disposto no artigo 744.º; se subir imediatamente nos próprios autos, é aplicável o artigo 745.º.

### Artigo 761.º
[...]

1 – Se o agravo não subir imediatamente, os termos do recurso posteriores ao despacho sobre o requerimento de admissão do recurso ficam suspensos, aplicando-se o disposto nos números 2 e 3 do artigo 747.º e no artigo 748.º.
2 – [...].

### Artigo 771.º
[...]

A decisão transitada em julgado só pode ser objecto de revisão nos seguintes casos:
 a) [...];
 b) [...];
 c) [...];
 d) [...];
 e) [...];
 f) Quando seja contrária a outra que constitua caso julgado para as partes, formado anteriormente;
 g) Quando seja inconciliável com uma decisão definitiva de uma instância internacional de recurso vinculativa do Estado Português.

Artigo 772.º
[...]

1 – [...].
2 – [...].
a) [...];
b) No caso da alínea g) do artigo 771.º, desde o momento em que a decisão em que se funda a revisão se tornou definitiva;
c) Nos outros casos, desde que a parte obteve o documento ou teve conhecimento do facto que serve de base à revisão.
3 – [...].
4 – [...].

Artigo 773.º
[...]

No requerimento de interposição, que é autuado por apenso ao processo, especificar-se-á o fundamento do recurso e com ele se apresentará, nos casos das alíneas a), c), f) e g) do artigo 771.º, certidão da sentença, ou da decisão, ou o documento em que se funda o pedido; nos restantes casos, procurará mostrar-se que se verifica o fundamento invocado.

Artigo 774.º
[...]

1 – [...].
2 – Sem prejuízo do disposto no n.º 1 do artigo 687.º-C, o tribunal a que for dirigido o requerimento indeferi-lo-á quando não vier deduzido ou instruído nos termos do artigo anterior e também quando se reconheça logo que não há motivo para revisão.
3 – [...].
4 – [...].

Artigo 776.º
[...]

Se o fundamento da revisão for julgado procedente, é revogada a decisão, observando-se o seguinte:
a) [...];

*b*) Nos casos das alíneas *a*), *c*) e *g*) do artigo 771.º, profere-se nova decisão, procedendo-se às diligências absolutamente indispensáveis e dando-se a cada uma das partes o prazo de 20 dias para alegar por escrito;

*c*) [...].

### Artigo 1086.º
**[...]**

1 – [...].

2 – Sendo a causa da competência do tribunal de comarca, a decisão é proferida dentro de 15 dias. Quando for da competência da Relação ou do Supremo, os autos vão com vista aos juízes da respectiva secção, por cinco dias a cada um, sendo aplicáveis os n.$^{os}$ 4 e 5 do artigo 707.º, concluindo pelo relator, e em seguida a secção resolve.

3 – [...].

### Artigo 1089.º
**[...]**

1 – Na Relação ou no Supremo o processo, quando esteja preparado para o julgamento final, vai com vista por cinco dias a cada um dos juízes que compõem o tribunal, sendo aplicáveis os n.$^{os}$ 4 e 5 do artigo 707.º, e, em seguida, faz-se a discussão e o julgamento da causa em sessão do tribunal pleno.

2 – [...].»

### Artigo 3.º
**Aditamentos ao Código de Processo Civil**

São aditados os artigos 275.º-A, 687.º-A a 687.º-C 727.º-A, 763.º a 770.º ao Código de Processo Civil, com a seguinte redacção:

«Artigo 275.º-A[8]
**Apensação de processos em fase de recurso**

1 – É aplicável aos processos em fase de recurso o disposto nos n.$^{os}$ 1 e 4 do artigo anterior, com as especialidades previstas nos números seguintes.

---

[8] O aditamento do presente artigo clarifica a extensão do regime da apensação de acções às que se encontrem em fase de recurso. Contudo, e em alternativa à presente

2 – Apenas pode haver lugar a apensação de processos que estejam pendentes no mesmo tribunal.

3 – Os processos são apensados ao que tiver sido interposto em primeiro lugar.

### Artigo 687.º-A
### Ónus de alegar e formular conclusões

1 – O recorrente deve apresentar a sua alegação, na qual concluirá, de forma sintética, pela indicação dos fundamentos por que pede a alteração ou anulação da decisão.

2 – Versando o recurso sobre matéria de direito, as conclusões devem indicar:

a) As normas jurídicas violadas;
b) O sentido com que, no entender do recorrente, as normas que constituem fundamento jurídico da decisão deviam ter sido interpretadas e aplicadas;
c) Invocando-se erro na determinação da norma aplicável, a norma jurídica que, no entendimento do recorrente, devia ter sido aplicada.

3 – Quando as conclusões faltem, sejam deficientes, obscuras, complexas ou nelas se não tenha procedido às especificações a que alude o número anterior, o relator deve convidar o recorrente a apresentá-las, completá-las, esclarecê-las ou sintetizá-las, sob pena de não se conhecer do recurso, na parte afectada; os juízes-adjuntos podem sugerir esta diligência, submetendo-se a proposta a decisão da conferência.

4 – A parte contrária é notificada da apresentação do aditamento ou esclarecimento pelo recorrente, podendo responder-lhe no prazo de 10 dias.

5 – O disposto nos n.os 1 a 3 deste artigo não é aplicável aos recursos interpostos pelo Ministério Público, quando recorra por imposição da lei.

---

proposta, parece-nos que se afigura preferível optar pela consagração, no CPC, porventura neste mesmo lugar, do instituto da agregação regulado no regime processual especial e experimental aprovado em Conselho de Ministros de 22 de Setembro de 2005. Esse instituto deveria aplicar-se, no entanto, não apenas aos processos em fase de recurso, como também, e com maior utilidade, aos processos que correm na primeira instância.

## Artigo 687.º-B
### Ónus a cargo do recorrente que impugne a decisão de facto

1 – Quando se impugne a decisão proferida sobre a matéria de facto, deve o recorrente obrigatoriamente especificar, sob pena de rejeição:

*a)* Quais os concretos pontos de facto que considera incorrectamente julgados;

*b)* Quais os concretos meios probatórios, constantes do processo ou de registo ou gravação nele realizada, que impunham decisão sobre os pontos da matéria de facto impugnados diversa da recorrida.

2 – No caso previsto na alínea *b)* do número anterior, quando os meios probatórios invocados como fundamento do erro na apreciação das provas tenham sido gravados, incumbe ainda ao recorrente, sob pena de imediata rejeição do recurso no que se refere à impugnação da matéria de facto, proceder à transcrição das passagens da gravação em que se funda, com referência ao assinalado na acta, nos termos do disposto no n.º 2 do artigo 522.º-C.

3 – Na hipótese prevista no número anterior, incumbe à parte contrária, sem prejuízo dos poderes de investigação oficiosa do tribunal, proceder, na contra-alegação que apresente, à transcrição dos depoimentos gravados que infirmem as conclusões do recorrente, com referência ao assinalado na acta, nos termos do disposto no n.º 2 do artigo 522.º-C.

4 – O disposto nos n.ºs 1 e 2 é aplicável ao caso de o recorrido pretender alargar o âmbito do recurso, nos termos do n.º 2 do artigo 684.º-A.

## Artigo 687.º-C
### Despacho sobre o requerimento

1 – O despacho sobre o requerimento de interposição do recurso é proferido findo o prazo concedido às partes para alegarem. O requerimento será indeferido quando se entenda que a decisão não admite recurso, ou que este foi interposto fora de prazo, ou que o requerente não tem as condições necessárias para recorrer. Mas não pode ser indeferido com o fundamento de ter havido erro na espécie de recurso: tendo-se interposto recurso diferente do que competia, mandar-se-ão seguir os termos do recurso que se julgue apropriado, podendo as partes requerer ao juiz que ordene a repetição dos actos considerados necessários.

2 – O requerimento será ainda indeferido quando não contenha a alegação do recorrente.

3 – A decisão que admita o recurso, fixe a sua espécie ou determine o efeito que lhe compete não vincula o tribunal superior e as partes não a podem impugnar.

Artigo 727.º-A
**Alegações orais**

1 – Se alguma das partes o requerer no requerimento de interposição do recurso ou nas alegações, ou se o relator entender que é necessário para o julgamento, tem lugar audiência para que as partes produzam alegações orais sobre a causa.

2 – No dia marcado para a audiência ouvir-se-ão as partes que tiverem comparecido, não havendo lugar a adiamentos.

3 – O presidente declara aberta a audiência e faz uma exposição sumária sobre o objecto do recurso enunciando as questões que o tribunal entende deverem ser discutidas.

4 – De seguida, o presidente dá a palavra aos mandatários do recorrente e do recorrido para alegações, advertindo-os de que não poderão exceder um período de 30 minutos, prorrogável em caso de especial complexidade.

5 – O tribunal pode solicitar aos mandatários das partes quaisquer esclarecimentos que entenda necessários.

Artigo 763.º
**Fundamento do recurso**

1 – As partes e o Ministério Público podem interpor recurso para o pleno das secções cíveis do Supremo Tribunal de Justiça quando o Supremo, em secção, proferir acórdão que esteja em contradição com outro anteriormente proferido pelo mesmo tribunal, no domínio da mesma legislação e sobre a mesma questão fundamental de direito.

2 – O acórdão fundamento, anteriormente proferido pelo Supremo, deve ter transitado em julgado e não ter constituído caso julgado para as partes.

3 – O recurso não é admitido se a orientação perfilhada no acórdão recorrido estiver de acordo com jurisprudência uniformizada ou consolidada do Supremo Tribunal de Justiça.

## Artigo 764.º
### Prazo para a interposição

O recurso para uniformização de jurisprudência é interposto no prazo de 20 dias, contados do trânsito em julgado do acórdão recorrido.

## Artigo 765.º
### Instrução do requerimento

1 – O requerimento de interposição, que é autuado por apenso ao processo, deve conter a alegação do recorrente, na qual este justifica a identidade da questão de direito que determina a contradição invocada e indica, de forma concisa, o sentido em que deve uniformizar-se a jurisprudência.

2 – Com o requerimento previsto no número anterior, o recorrente junta cópia do acórdão anteriormente proferido pelo Supremo, com o qual o acórdão recorrido se encontra em oposição, sob pena de o recurso ser imediatamente rejeitado.

## Artigo 766.º
### Notificação do recorrido

Recebido o requerimento, a secretaria promove oficiosamente a notificação do recorrido para alegar no prazo de 20 dias.

## Artigo 767.º
### Apreciação liminar

1 – Recebidas as contra-alegações ou expirado o prazo para a sua apresentação, é o processo concluso ao relator para exame preliminar, devendo o recurso ser rejeitado, para além dos casos previstos no artigo 687.º, sempre que o recorrente não haja cumprido os ónus estabelecidos no artigo 765.º, não exista a oposição que lhe serve de fundamento ou ocorra a situação prevista no n.º 3 do artigo 763.º.

2 – Da decisão do relator pode o recorrente reclamar para a conferência a que alude o artigo 700.º; ouvida a parte contrária, a conferência decide da verificação dos pressupostos do recurso, incluindo a contradição invocada como seu fundamento.

3 – O acórdão da conferência previsto no número anterior é irrecorrível, sem prejuízo de o pleno das secções cíveis, ao julgar o recurso, poder decidir em sentido contrário.

Artigo 768.º
**Efeito do recurso**

O recurso para uniformização de jurisprudência tem efeito meramente devolutivo.

Artigo 769.º
**Prestação de caução**

Se estiver pendente ou for promovida a execução da sentença, não pode o exequente ou qualquer credor ser pago em dinheiro ou em quaisquer bens sem prestar caução.

Artigo 770.º
**Julgamento e termos a seguir quando o recurso é procedente**

1 – Ao julgamento do recurso é aplicável o disposto no artigo 732.º-B, com as necessárias adaptações.

2 – A decisão que verifique a existência da contradição jurisprudencial revoga o acórdão recorrido e substitui-o por outro em que se decide a questão controvertida.

3 – A decisão de provimento do recurso não afecta qualquer sentença anterior àquela que tenha sido impugnada nem as situações jurídicas ao seu abrigo constituídas.»

Artigo 4.º
**Alteração à organização do Código de Processo Civil**

São feitas as seguintes alterações na organização sistemática do Código de Processo Civil:
 b) É criada uma nova Secção V no Capítulo VI do Subtítulo I do Título II do Livro III, denominada "Recurso para uniformização de jurisprudência", que se inicia com o artigo 763.º e termina com o artigo 770.º, sendo as secções subsequentes renumeradas em conformidade;
 c) A Subsecção II da Secção II do Capítulo VI do Subtítulo I do Título II do Livro III passa a designar-se: "Modo de interposição, prazo para as alegações e expedição do recurso";
 d) A Divisão II da Subsecção II da Secção IV do Capítulo VI do Subtítulo I do Título II do Livro III passa a designar-se:

"Despacho sobre o requerimento de interposição e expedição do recurso.

Artigo 5.º
**Revogação**

São revogados os artigos 119.º, 690.º, 690.º-A e 741.º do Código de Processo Civil.

# PARECERES

## PARECER DO CONSELHO SUPERIOR DA MAGISTRATURA SOBRE O ANTEPROJECTO DO REGIME DE RECURSOS EM PROCESSO CIVIL

Desembargador António Santos Abrantes Geraldes
*Conselho Superior da Magistratura*

## PARECER DO GABINETE DE ESTUDO DA ORDEM DOS ADVOGADOS N.º 1/06

Prof. Doutor José Lebre de Freitas
*Ordem dos Advogados*

## RELATÓRIO SOBRE O ANTEPROJECTO DA REVISÃO DO SISTEMA DE RECURSO EM PROCESSO CIVIL

Dr. Rui Macedo
*Ordem dos Advogados*

## COMENTÁRIOS SOBRE O ANTEPROJECTO DE REVISÃO DO REGIME DOS RECURSOS EM PROCESSO CIVIL

Procuradoria-Geral da República

# PARECER DO CONSELHO SUPERIOR DA MAGISTRATURA SOBRE O ANTEPROJECTO DO REGIME DE RECURSOS EM PROCESSO CIVIL

*(aprovado na sessão plenária de 10 de Janeiro de 2006)*

António Santos Abrantes Geraldes
*Vogal do Conselho Superior da Magistratura*

Pede-se a este CSM que apresente comentários e sugestões relativamente ao *"Regime dos Recursos em Processo Civil"*.

Colhidos que foram dos Exm.ºs vogais do Conselho Superior da Magistratura sugestões que tiveram por base um projecto de acórdão, acompanhado de cópia do Anteprojecto de diploma, apresenta-se o seguinte Parecer:

## I – Nota prévia:

Os elementos estatísticos que neste CSM são periodicamente analisados relativos à produtividade dos Juízes Desembargadores dos cinco Tribunais da Relação permitem concluir que não é a este nível que se verificam os bloqueios fundamentais do processo civil.

Com efeito, com muito poucas excepções, tem este CSM constatado uma apreciável celeridade e eficiência, a par do generalizado respeito pelos prazos processuais, desde que os processos são distribuídos até ao julgamento, o que permite a afirmação de que, em média, a duração dos recursos nas Relações não excederá os 3 ou 4 meses. O mesmo tem acontecido no Supremo Tribunal de Justiça.

Numa altura em que tantos e tão graves ataques são dirigidos ao desempenho dos Tribunais, não pode deixar de se reconhecer que, tanto em termos absolutos como em termos comparativos, a resposta dos Tribunais Superiores, designadamente em matéria de recursos cíveis, nada fica a dever aos referidos objectivos da celeridade e da eficácia.

## II – Comentários e sugestões quanto ao articulado:

**1.** Através da alteração do art. 24.º da LOFTJ pretende-se aumentar o valor das alçadas.

Trata-se de uma medida justificada, ainda que nos pareça que os novos valores pecam por defeito. Na verdade, o valor projectado para a alçada dos tribunais da 1.ª instância praticamente corresponde a uma mera actualização monetária do anterior valor. Mesmo o pretendido para a alçada da Relação nos parece aquém do desejável, tendo em vista que um dos objectivos que perpassa pelo Anteprojecto, e que merece o inteiro apoio deste Conselho Superior da Magistratura, é o de requalificar a intervenção do Supremo Tribunal de Justiça, reservando o grosso da sua intervenção para questões cujo valor ou interesse tenham correspondência com a dignidade desse órgão e com a sua função no sistema judiciário.

Por isso, sugerimos que a alçada da Relação passe para € 50.000,00.

Desse modo, ficando suficientemente garantido, para a generalidade dos casos, um segundo grau de jurisdição, conseguir-se-ia evitar que o STJ continue absorvido com questões cujo valor não justifica a sua intervenção.

É verdade que a alteração do art. 315.º do CPC terá como efeito evitar certos recursos que, no actual contexto, apenas são possíveis tendo em conta a atribuição de valores que ultrapassam os que resultariam da aplicação rigorosa dos critérios legais. Na verdade, com a nova formulação legal, em vez de a fixação do valor do processo ficar dependente, na prática, do critério ou dos interesses das partes (efectuando as reduções quando pretendem evitar encargos judiciais ou inflacionando o valor quando lhes interessa garantir a recorribilidade das decisões), é sobre o juiz que passa a recair o dever de o fixar no despacho saneador (ou na sentença) ou, em certos casos, no despacho que admite o recurso.

Ainda assim, mesmo quando os valores processuais correspondam à concretização mais rigorosa dos critérios legais, os valores que propomos integram uma mais correcta ponderação dos custos e dos benefícios decorrentes do sistema de recursos, reservando a intervenção dos Tribunais Superiores e, designadamente, a do Supremo Tribunal de Justiça para a resolução de questões que, pelo seu valor económico ou pelos interesses que se discutem, justifiquem um segundo ou terceiro grau de jurisdição.

**1.1.** O aumento do valor das alçadas repercutir-se-á também na redução do número de acções que passam a seguir o processo ordinário, atento o disposto no art. 462.º do CPC.

São, assim, de ponderar os reflexos de tal medida na distribuição dos processos entre os juízos cíveis e as varas cíveis ou mistas, assim como a distribuição entre o juiz do Tribunal de comarca e o juiz de círculo.

Com o objectivo de evitar uma repentina sobrecarga de uns Tribunais ou juízes e de uma excessivo alívio da carga processual de outros, poderia adoptar-se uma medida em que, para efeitos de determinação da forma de processo ordinário fosse considerado apenas metade do valor da alçada da Relação, isto é, € 25.000,00 (na nossa proposta).

**2.** É de aplaudir a intervenção legislativa ao nível da regulação dos conflitos de competência, conhecida que é a tendência para se despoletarem conflitos negativos mesmo quando aparentemente nada os justifica.

Na proposta de alteração do art. 117.º do CPC, acolhe-se, e bem, o princípio da oficiosidade no desencadeamento da resolução do conflito. Depois, em conjugação com uma oportuna alteração da LOFTJ, pretende-se valorizar a intervenção dos Presidentes dos Tribunais Superiores ou dos Presidentes das Secções, o que só pode ser apoiado.

Com isso se pretende obter a aceleração da respectiva tramitação e evitar que a morosidade imprimida pela actual tramitação dê azo a que persistam ou se multipliquem os conflitos ou demore a sua resolução.

Todavia, considerando os novos poderes que são atribuídos aos Presidentes das Secções, estamos perante um motivo adicional que justifica a modificação simultânea do art. 46.º da LOFTJ, de modo a consignar-se que a presidência das Secções não deve ser pura decorrência da antiguidade, antes o resultado da escolha do Presidente do Tribunal

Superior ou, quiçá, de designação do Plenário do Conselho Superior da Magistratura.

Para esta modificação não podemos deixar de chamar à colação os poderes que em matéria penal já agora são atribuídos ao Presidente da Secção Criminal (que, por isso, fica isento de processos para julgamento), os quais devem ser exercidos pelos juízes a quem, por via da referida escolha ou designação, seja reconhecida, independentemente da sua antiguidade, a melhor habilitação para o efeito.

**3.** O novo art. 275.º-A visa permitir a apensação de processos em fase de recurso, o que se justifica em casos de acções massificadas ou noutros em que exista interesse em impedir a prolação de decisões contraditórias.

Concordando com o princípio, parece-nos que os objectivos a prosseguir justificam ainda a atribuição ao Presidente da Relação de poderes para ordenar oficiosamente tal apensação, assim potenciando maior eficiência dos Tribunais Superiores.

**4.** Uma das excepções ao regime geral da recorribilidade decorre do art. 678.º, n.º 2, al. c). Integrando nessa excepção os casos já anteriormente previstos em que a decisão desrespeita jurisprudência uniformizada, acrescentam-se-lhe os casos em que o desrespeito tem subjacente *"jurisprudência consolidada"*.

Deve apoiar-se esta solução que acentua os valores da segurança jurídica, moderando situações de rebeldia injustificada relativamente a interpretações advindas do mais alto Tribunal.

**5.** Mediante o art. 687.º pretende-se que com o requerimento de interposição de recurso sejam apresentadas as alegações.

Trata-se de medida que inteiramente se justifica e que favorece a celeridade, aproximando-se, aliás, dos regimes que vigoram no processo penal e no processo laboral.

**6.** Com a nova redacção do art. 687.º-B pretende-se repristinar o regime que passou a vigorar a partir da entrada em vigor do Dec. Lei n.º 39/95, onerando as partes com a transcrição dos segmentos das gravações com relevo para a modificação da decisão sobre a matéria de facto.

Trata-se de uma medida que se justifica.

Na verdade, sem coarctar a possibilidade de os juízes desembargadores procederem à audição das gravações, quando nisso houver objectivo interesse, a medida pode servir para travar recursos abusivos, com intuitos meramente dilatórios, na medida em que o recorrente será obrigado a ponderar, com muito mais profundidade do que aquela que muitas vezes transparece, a justeza e a viabilidade da impugnação da matéria de facto.

Aliás, tendo sido implantado em 1995 o sistema de gravação e de impugnação da prova oralmente produzida, só a facilitação da tarefa das partes no que concerne às alegações pode ter justificado a modificação do regime, tão rápida quanto inoportuna, que ocorreu em 2000, sem que tivessem sido avaliados os efeitos da aplicação do sistema anterior.

A medida tem ainda o efeito complementar, que é de aplaudir, de concretizar uma mais equilibrada distribuição dos encargos financeiros e dos recursos humanos, evitando o sistema ainda vigente no processo penal, em que recai sobre o Tribunal o ónus de efectuar essa transcrição.

**7.** Mediante a tramitação prescrita no projectado art. 707.º pretende-se acelerar a marcha do recurso.

A nova opção deixa transparecer uma adesão a uma prática generalizada e mais consentânea com as condições em que se exercem funções nos Tribunais Superiores, segundo a qual a discussão da solução do caso despoleta-se fundamentalmente a partir do projecto (ou do memorando) elaborado pelo relator, e não tanto na fase em que se cumprem os vistos de cada um dos adjuntos.

Tal é, aliás, fruto das circunstâncias em que vêm funcionando os Tribunais Superiores, com instalações insuficientes para todos os juízes.

Nessa medida, a produção dos resultados visíveis através do julgamento em sessões semanais é resultado do trabalho individual de cada juiz, sem exclusão da discussão que, pelas mais diversas maneiras, se estabelece entre o relator e os adjuntos.

**8.** Dentro das medidas que visam pôr cobro a manobras de pendor dilatório, em sede recurso, se insere a que decorre da alteração ao art. 720.º, solução que é de aplaudir.

**9.** Importante e inovador é o regime que decorre do art. 721.º, n.º 2, que, em regra geral, veda o recurso para o STJ de acórdão da Relação que confirme a decisão da primeira instância sem qualquer voto de vencido.

Trata-se de uma medida que visa revalorizar a intervenção do STJ, reservando-a para casos em que verdadeiramente se justifique a sua intervenção, o que, em regra, se não verificará quando exista a "dupla conforme".

Ainda que outras soluções pudessem ser acolhidas, com vista a alcançar o mesmo desiderato, a solução projectada é aquela que, neste momento, consegue dar uma resposta mais objectiva e, por isso, mais segura, à questão da recorribilidade para o STJ, evitando os riscos e a incerteza decorrentes da adopção de uma medida como a consignada no art. 150.º do CPTA, segundo a qual a revista apenas seria possível quando o STJ considerasse estar-se perante uma questão de importância fundamental ou quando a admissão do recurso fosse motivada pela necessidade de acautelar uma melhor aplicação do direito.

Com efeito, se tal opção encontra justificação em matéria de direito administrativo que sofreu recente e profunda remodelação, a sua transposição para o campo mais estabilizado do direito civil daria azo a injustificadas polémicas.

Por isso, a opção por um critério de cariz mais objectivo como aquele que decorre da formulação projectada é aquela que melhor consegue compatibilizar os diversos interesses ligados à (i)recorribilidade.

**10.** Rejeita-se a possibilidade de introdução de alegações orais perante o STJ nos termos previstos no art. 727.º-A.

Num sistema em que já se prevê a necessária apresentação de alegações escritas nas quais cada uma das partes tem a possibilidade de argumentar no sentido das respectivas posições, não se descobre justificação plausível para a introdução de alegações orais.

A experiência negativa dos recursos em processo penal parece-nos suficientemente justificativa da não introdução de alegações orais em recursos cíveis, tanto mais que é fundamentalmente da análise ponderada de alegações escritas que os juízes do STJ poderão extrair os elementos necessários à formação da sua convicção sobre as razões que assistem a cada uma das partes.

**11.** Nos termos que decorrem dos arts. 763.º e segs. pretende-se introduzir um recurso extraordinário para uniformização de jurisprudência.

Ainda que de natureza extraordinária e com efeitos meramente devolutivos (art. 768.º), o novo regime vem reimplantar, na prática, o recurso para o Pleno que vigorava antes da reforma de 1996/97.

Facultando-se, assim, em determinados casos, um 4.º grau de jurisdição, tal só pode acarretar maior grau de litigiosidade e produzir efeitos negativos na celeridade processual.

Não cremos, na verdade, que tal opção se justifique, devendo ser fomentado, isso sim, o desenvolvimento dos poderes que o art. 732.º-A já concede ao Presidente do STJ, no sentido da uniformização de jurisprudência, sob impulsos diversificados que podem advir das partes, do Ministério Público, do relator, dos adjuntos ou dos presidentes das Secções Cíveis.

Não pode olvidar-se a ampla possibilidade de participação das partes que já está contida no regime de revista alargada, de modo que a admissão de um recurso extraordinário pode redundar na renovação de uma possibilidade de que a parte, em momento oportuno, entendeu não dever fazer uso.

Cremos que para o desenvolvimento do mecanismo de uniformização de jurisprudência através da revista ampliada algo de positivo deverá esperar-se da redução do número de recursos para o STJ, aumentando-se, assim, as possibilidades de internamente se pugnar pela valorização da intervenção do STJ em matéria tão importante quanto a da definição do direito em face de divergências interpretativas.

Deste modo, reduzindo-se a ajustados números os processos que a cada juiz do STJ são distribuídos, é de esperar uma maior participação de todos os intervenientes na promoção do mecanismo que permita uniformizar entendimentos, atenuando os efeitos negativos que decorrem da persistência de divergências mesmo dentro do próprio STJ.

## III – Outras sugestões:

**1.** Considerando a polémica jurisprudencial e doutrinal que gira em torno da necessidade ou não de as partes procederem, entre si, às notificações das alegações e das contra-alegações de recurso, em face da redacção do art. 229.º-A, deveria aproveitar-se a oportunidade para clarificar tais dúvidas, adoptando a solução que se mostra mais consentânea com os objectivos de celeridade e de eficácia e que se traduz na expressa previsão dessa notificação.

**2.** Nos termos do art. 679.º, a irrecorribilidade apenas abarca os despachos de mero expediente e os despachos proferidos no uso de poderes discricionários (art. 156.º).

Ao excluir da recorribilidade apenas tais decisões, praticamente não há actuações insindicáveis em via de recurso, restringindo ou limitando em excesso os poderes de direcção que deveriam ser efectivamente atribuídos ao juiz.

Tal sistema contraria os objectivos que, entre outros preceitos, estão contidos no art. 265.º (poder de direcção do processo) e que também decorrem do art. 137.º (evitar actos inúteis).

Atenta a complexidade da tramitação processual e o uso abusivo que tende a ser feito de certos dispositivos legais, seria mais correcta a atribuição ao juiz de um efectivo poder de direcção do processo, com vista a abreviar a solução do pleito, em vez da mera enunciação de poderes virtuais que, sintetizados no art. 265.º, acabam por ser infirmados por normas, como a do art. 679.º, que permitem a impugnação generalizada das decisões de natureza meramente instrumental.

Ao invés de uma constante desconfiança relativamente à actuação dos juízes, deveria assumir-se que, devido ao seu estatuto de imparcialidade e à competência técnica inerente à sua formação, são merecedores de um efectivo poder de direcção do processo, confiando na razoabilidade dos seus critérios.

Assim, em tudo o que não colidisse inequivocamente com o objectivo central do processo, deveriam atribuir-se ao juiz efectivos poderes de determinação da tramitação mais ajustada, com o que, a par da valorização e dignificação da função, se potenciaria maior eficácia e celeridade, aproximando-se o regime geral do CPC das novas regras que pretendem ser introduzidas na formulação do anteprojecto relativo ao processo especial e experimental que também se encontra em discussão.

Para o efeito, sem embargo de outras modificações, mostra-se imprescindível a modificação do art. 679.º, ampliando os casos em que se vede o recurso de decisões de pendor unicamente formal.

Em contrapartida dessa modificação poderia prever-se a possibilidade de reclamação para o próprio juiz, à semelhança do que já ocorre nos termos do art. 511.º, n.º 3, facultando-se a possibilidade de reponderação da decisão com base nos argumentos trazidos e que, porventura, não tivessem sido oportunamente ponderados.

**3.** Em casos de falta de conclusões nas alegações deveria a lei prever pura e simplesmente a rejeição do recurso, ao invés do que continua a constar do art. 687.º-A, n.º 3 (equivalente ao art. 690.º, n.º 4, do actual CPC).

Na verdade, em matéria tão importante como a interposição de um recurso para um Tribunal Superior não deveriam admitir-se paliativos relativamente a uma falha tão evidente quanto a relacionada com a formulação de conclusões.

Delimitando as conclusões o objecto do recurso e exercendo estas, na prática, as funções do pedido na petição inicial, a omissão de um requisito tão claramente previsto na lei na fase de recurso não deveria dar lugar a qualquer despacho de aperfeiçoamento.

**4.** O regime dos agravos em procedimentos cautelares tem suscitado escusadas dúvidas.

Uma delas decorre do art. 388.º, devendo tornar-se claro que, optando o requerido pela dedução de oposição à providência decretada, com invocação de outros factos ou apresentação de outros meios de prova, pode ainda agravar da decisão final sem qualquer limitação quanto ao objecto do agravo.

A outra dúvida emerge do art. 738.º e respeita ao regime do agravo interposto da decisão que, em sede oposição, tenha determinado o levantamento da providência.

Relativamente a tal agravo, deveria clarificar-se que, tal como o agravo referido no n.º 2 (que, pelo percurso histórico tem outro campo de aplicação), também sobe em separado, dependendo o seu efeito do disposto no art. 740.º, n.º 3 (isto é, com efeito meramente devolutivo, sem prejuízo da atribuição de efeito suspensivo verificadas as circunstâncias que a isso conduzem).

**5.** A alteração do art. 678.º determina a alteração de outros preceitos, designadamente do art. 800.º e do art. 923.º.

A alteração do art. 771.° deve determinar a modificação do art. 1100.°, o que, aliás, já se justifica pela alteração decorrente do Dec.-Lei n.° 38/03, de 23 de Março.

Tendo deixado de existir um regime de recursos especialmente prescrito para o processo sumário, atenta a anterior revogação do art. 792.°, impõe-se a modificação da redacção de alguns preceitos, designadamente do art. 463.°, n.° 4, e do art. 1396, n.° 2, o que já anteriormente deveria ter ocorrido.

**6.** Nos casos em que a Relação determina a anulação da anterior decisão, designadamente em casos em que isso implica a repetição do julgamento, era importante que o eventual recurso interposto da decisão fosse apreciado pelo mesmo colectivo.

Afinal, aquela intervenção já proporcionou ao juiz relator e aos adjuntos o conhecimento do objecto do processo. Por outro lado, como a repetição do julgamento é decorrência do acórdão proferido, seria mais eficaz a atribuição do segundo recurso ao mesmo colectivo.

Tal conseguir-se-ia mediante a previsão de que os recursos interpostos de decisões sequenciais à anterior anulação decretada pelo Tribunal Superior não seriam sujeitos a nova distribuição, antes atribuídos ao mesmo relator.

**7.** Nos termos da actual redacção do art. 721.°, n.° 2 (que no Anteprojecto corresponde ao n.° 3), a tramitação do recurso de revista segue de muito perto a da apelação.

Desse modo, para além de ao relator ser permitido proferir decisão sumária (de que pode haver reclamação para a conferência – art. 705.°), admite-se, por referência ao art. 713.°, n.° 5, que o acórdão se limite a negar provimento ao recurso, remetendo para os fundamentos da decisão impugnada.

Se esta possibilidade já é discutível quando se trata de um acórdão da Relação, parece-nos totalmente inconveniente que seja admitida ao nível do STJ que, atenta a sua função no sistema judiciário, não pode limitar-se a chancelar acórdãos de Tribunais inferiores.

Assim, sem prejuízo de se manter a faculdade, mesmo no STJ, de o relator decidir sumariamente, nos termos que remissivamente decorrem do art. 705.°, deveria eliminar-se a possibilidade de o STJ se pronunciar, através de acórdão, por via simplesmente remissiva.

Com efeito, se a decisão não apresenta qualquer dificuldade ou se se trata de reafirmar uma consolidada jurisprudência do STJ, deve o recurso ser julgado por decisão individual do relator, ainda que sob a forma sumária.

Se tal não se verificou, por opção exclusiva do relator, impõe-se a prolação de um acórdão que não se limite a remeter para o anterior acórdão da Relação.

**8.** Verificada uma situação de litigância de má fé no âmbito de recurso deveria prever-se expressamente a possibilidade de condenação da parte sem ter que a ouvir sobre essa questão.

Efectivamente, se tal é compreensível quando a actuação se verifique na 1.ª instância, a sustentação de pretensões infundadas ou a prática de manobras dilatórias no âmbito do recurso deveria possibilitar o imediato sancionamento, em reforço dos poderes dos juízes dos Tribunais Superiores e em benefício dos interesses da celeridade e da eficácia.

**9.** Não existem quaisquer condicionalismos quanto à capacidade de advogar perante os Tribunais Superiores.

Trata-se, porém, de uma disfunção que deveria sofrer modificações, por forma a ajustar o nível de exigências dos advogados à qualidade dos juízes que têm por função apreciar as pretensões deduzidas em via de recurso, *maxime* no Supremo Tribunal de Justiça, recuperando uma solução que constava do Estatuto Judiciário.

Assim, sugere-se que se modifique o Estatuto da Ordem dos Advogados por forma a exigir-se, para advogar perante o STJ, uma antiguidade na profissão não inferior a 10 anos.

**10.** Ao nível da eficiência dos recursos humanos, não se compreende a total ausência de assessores (ou mesmo de funcionários) nos Tribunais da Relação especialmente adstritos ao serviço de juízes desembargadores.

Em resultado dessa opção, em tempos timidamente tentada e agora abandonada, os juízes desembargadores não dispõem de qualquer assessor ou mesmo funcionário que possam encarregar, por exemplo, da busca de doutrina ou de jurisprudência, da elaboração de relatórios ou de funções tão prosaicas como dactilografia de acórdãos.

Com tal opção o Estado desaproveita o labor intelectual dos juízes desembargadores que deveria incidir sobre as matérias verdadeiramente essenciais que constituem o cerne dos recursos.

Na prática, uma parte daquilo que o Estado despende com os Desembargadores é dedicado à realização de tarefas que, a muito menor custo, poderiam ser realizadas por outros agentes, aumentando a produtividade dos juízes desembargadores e a qualidade substancial das suas decisões.

## IV – Em conclusão:

Sem embargo das objecções apontadas, o CSM dá o seu parecer globalmente positivo às modificações que se pretendem introduzir.

Cremos, no entanto, que devem ser introduzidas modificações em planos que não foram tocados pelo Anteprojecto.

Modificações que devem estender-se a aspectos de organização judiciária que, conjugadamente, poderão permitir melhores resultados do que aqueles que têm sido produzidos ao abrigo do regime vigente.

Lisboa, 10-1-06

# PARECER DO GABINETE DE ESTUDOS DA ORDEM DOS ADVOGADOS

## PARECER N.º 1/06

José Lebre de Freitas
*Relator*

### 1. Considerações gerais

É sujeito a apreciação do Gabinete de Estudos da Ordem dos Advogados um projecto de alteração ao regime de recursos em processo civil, que visa acelerar a tramitação processual e filtrar drasticamente o acesso ao Supremo Tribunal de Justiça. Paralelamente, pretende-se alterar o esquema de resolução dos conflitos de jurisdição e competência, bem como as regras de fixação do valor da causa.

As modificações são, em princípio, introduzidas nos actuais artigos, havendo, porém, alguns que são revogados e outros que são aditados. A revogação justifica-se quando um preceito é suprimido, sem que outro haja lugar a introduzir em substituição. Por seu lado, o aditamento justifica-se quando não há lugar de artigo revogado a ocupar ou a ocupação dum artigo revogado prejudicaria significativamente a ordenação lógica dos preceitos ou a sua compreensão. Há, pois, sempre que possível, que privilegiar a conservação da sequência numérica, em atenção inclusivamente aos hábitos criados pela consulta do código.

Nem sempre estes critérios foram seguidos.

Por um lado, a introdução duma norma sobre as "peças que hão-de instruir o recurso no caso de subida imediata e em separado" (art. 744.º proposto) levou a deslocar o preceito do actual art. 744.º para o art.

743.º, mas sem necessidade: basta desdobrar o texto do proposto art. 742.º, ocupando com os 3 últimos números o art. 743.º e ocupar o lugar vazio do art. 746.º com o texto proposto para o art. 744.º (que não tem de preceder o do art. 745.º proposto: pelo contrário, a subida imediata nos autos precede, no art. 736.º, a subida em separado do art. 737.º).

Por outro lado, procede-se à revogação dos arts. 690.º e 690.º-A, passando a respectiva matéria para novos artigos (687.º-A e 687.º-B) e deixando-se, aliás, por lapso, intacto o art. 690.º-B. Compreende-se a ideia: é mais lógico tratar do conteúdo da alegação do recorrente a seguir ao artigo que regula o requerimento de recurso e estipula que a alegação o deve acompanhar. Mas, se o proposto art. 687.º-C (despacho sobre o requerimento) constituir antes o art. 687.º-A, seguindo-se, como actualmente, os arts. 688.º e 689.º, que tratam da "reclamação" contra o indeferimento ou retenção do recurso, não há mal de maior em que do conteúdo da alegação continuem a tratar os arts. 690.º e 690.º-A, evitando-se assim, além do mais, o vazio do art. 690.º: a ordem dos arts. 687.º a 689.º respeitará a sequência processual; os arts. 690.º a 690.º-B tratarão do conteúdo da alegação e, com ele, do âmbito do recurso (matéria, note-se, relacionada com os anteriores arts. 684.º e 684.º-A, dos primeiros separados), bem como das consequências do não pagamento da taxa de justiça (inicial ou subsequente). A matéria já hoje não está perfeitamente arrumada e um pormenor de melhor arrumação não justifica, a meu ver, os inconvenientes duma nova numeração.

Debruçamo-nos a seguir sobre as propostas de alteração mais significativas, agrupando-as por temas. Mas, antes disso, vão algumas observações de pormenor:

– O art. 720.º-4, ao tratar da provocação abusiva de demora por via de incidentes infundados, estatui que a decisão impugnada se considerará transitada em julgado sob condição resolutiva de eventual anulação (por provimento do incidente). Não parece correcto utilizar aqui o conceito de trânsito em julgado, cuja definitividade se compadece mal com a ideia de condição. O que se poderá certamente dizer é que a decisão impugnada é imediatamente exequível, sem prejuízo das modificações que venham a decorrer em consequência da decisão dos incidentes levantados. Poderá, pois, falar-se da atribuição do efeito de exequibilidade, mas não do efeito de caso julgado, se se entender que não é suficiente o que já se diz no n.º 2.

– Em consequência de o despacho sobre a admissibilidade, espécie e efeitos do recurso passar a ser posterior às alegações, foi alterada a redacção da norma do actual art. 687.º-4, que se propõe seja passada para o art. 687.º-C-3: as partes deixarão de poder impugnar esse despacho. Ora, por um lado, a ser aceite o aditamento sugerido para o final do art. 740.º-3, passará a haver uma situação em que aquele despacho é anterior à alegação do recorrido. Por outro lado, quando o despacho se pronuncie em sentido diverso do preconizado pelas partes (ou pelo recorrente, sem oposição do recorrido), o princípio do contraditório, na vertente do impedimento de decisões-surpresa (art. 3.º-3), obrigará a que as partes possam pronunciar-se, antes da decisão definitiva do relator. Não é perturbador admitir que, em requerimento autónomo, espontaneamente apresentado até ao momento do exame preliminar do relator (art. 701.º), a parte que tenha configurado diversamente a admissibilidade, a espécie ou os efeitos do recurso possa impugnar a decisão proferida.
– Inteiramente de apoiar é a norma, respeitadora do princípio do contraditório, proposta para o art. 732.º-B-3.

## 2. Conflitos de jurisdição e competência

As principais alterações consistem na possibilidade de o conflito ser conhecido oficiosamente (art. 117.º-1), na atribuição de competência para a resolução do conflito aos presidentes dos tribunais superiores ou da secção (mediante alteração da LOFTJ), na concessão de carácter urgente ao procedimento (art. 117.º-4) e na sua simplificação (art. 120.º).

Nada há a obstar, sem prejuízo da sugestão de ligeiras melhorias de redacção e do alargamento de 5 para 10 dias do prazo de alegações das partes (art. 120.º-1).

## 3. Valor da causa

Passa a caber ao juiz a fixação do valor da causa (art. 315.º-1), sem prejuízo de o autor ter o dever de o indicar na petição inicial (art. 467.º--1-f). Fala o artigo proposto de dever de ambas as partes, mas o réu só o tem quando haja reconvenção. Por outro lado, é de questionar se, perante a nova norma, é de manter a falta de indicação do valor como fundamento de recusa da petição pela secretaria (art. 474.º-e).

Foi ainda questionado o novo critério, com dois argumentos: proporciona recursos a impugnar o valor fixado pelo juiz; aumenta os casos em que o valor só é fixado na sentença, o que pode frequentemente constituir surpresa para as partes, com reflexos ou não (cf. art. 319.º-2) na forma do processo.

## 4. Fase inicial do recurso

É proposto que a interposição do recurso passe a ser acompanhada da alegação do recorrente, encurtando-se para 20 dias o respectivo prazo no recurso de apelação (art. 698.º-1) e para 10 dias o mesmo prazo no recurso de agravo (art. 742.º-1), o mesmo acontecendo ao prazo para a resposta e passando paralelamente de 20 para 15 dias os prazos para a nova alegação do apelante e para a ampliação do objecto do recurso (arts. 698.º-3 e 698.º-5). Em consequência da concentração dos momentos da interposição e da alegação do recorrente, o despacho sobre a admissibilidade do recurso e seus efeitos só depois tem lugar (arts. 699.º-1 e 741.º).

Concorda-se com a concentração dos actos de interposição e alegação[1], só não feita na revisão de 1995-1996 por ter prevalecido a opinião de que as questões de admissibilidade deviam ser previamente decididas. Discorda-se profundamente do encurtamento dos prazos das partes, decorrente do falso pressuposto de que para a demora dos processos contribui significativamente o cuidado posto pelo legislador na garantia dos direitos e poderes processuais. Ao invés, a concentração dos actos de interposição e alegação justifica, não só que na apelação se mantenha o prazo de 30 dias (o que representa, aliás, já um significativo encurtamento), mas também que o mesmo prazo seja concedido ao agravante (o mesmo, evidentemente, quanto ao apelado e ao agravado). Trata-se, aliás, de prazo idêntico ao existente em direito francês (art.

---

[1] Houve quem alvitrasse que, segundo o exemplo do CPTA, se deveria admitir a possibilidade alternativa de a alegação se conter no requerimento de interposição ou ser com ele apresentada.

538.º CPC francês) e alemão (§ 516 ZPO). Tão-pouco se vê razão para diminuir os prazos de 20 dias para a nova alegação do apelante e para a ampliação do objecto do recurso. Quanto ao prazo para o recurso para uniformização de jurisprudência (art. 764.º) e para a resposta do recorrido (art. 766.º-1), igualmente deverá ser de 30 dias. O legislador de 1995-1996 teve a lucidez de perceber que era inglório e contraproducente diminuir os prazos das partes, que, pelo contrário, em alguns casos alargou. A mesma lucidez se espera do actual legislador.

Há ainda, porém, quanto aos prazos, um ponto a considerar: o art. 687.º-B-2 (690.º-A-2, na minha sugestão infra) regressa à ideia inicial de que o recorrente deve proceder à transcrição das passagens da gravação em que se funda, quando impugna a matéria de facto. Sabido como esta operação pode ser complicada, justifica-se que se amplie para 60 dias (e não de apenas mais 10 dias) o prazo para o recurso, quando essa impugnação se verifique (o mesmo, evidentemente, quanto à alegação do recorrido).

Surgindo a decisão sobre a admissibilidade e os efeitos do recurso mais tarde do que no regime actual, há que ponderar que, quando o recorrente peça a atribuição de efeito suspensivo, a incerteza quanto à exequibilidade imediata da decisão se mantém durante maior lapso de tempo (arts. 692.º-3 e 740.º-3). Nada se perderá se se esclarecer que, até que o juiz se pronuncie, a decisão não é exequível, concedendo, porém, ao recorrido a faculdade de requerer, em caso de urgência devidamente fundamentada, que o despacho do juiz anteceda a apresentação da contra-alegação. Poderá também aproveitar-se para dizer no art. 692.º-3, tal como se diz no art. 740.º-3 que a atribuição do efeito suspensivo deve ser precedida da audição do recorrido. A redacção que, nesta perspectiva, se propõe para o art. 740.º-3 deve, devidamente adaptada, ser adoptada também para o art. 692.º-3.

## 5. Vistos

Deixarão os vistos de ter lugar antes do projecto de acórdão do relator e só depois deste elaborado é, em princípio por meio electrónico, dado conhecimento do recurso aos juízes adjuntos, pelo prazo de 5 dias (art. 707.º), passando o início do prazo para o projecto de acórdão a desempenhar a função preclusiva actualmente atribuída ao início dos vistos (arts. 683.º-3, 700.º-4, 706.º-2).

Pessoalmente, não vejo inconveniente, desde que no pressuposto de que todas as peças do processo passarão a ter registo electrónico (a possibilidade de extracção de cópias – art. 707.º-3 – terá seguramente uso excepcional). Não creio que haja risco significativo de perda de colegialidade na decisão; pelo contrário, a vista simultânea do processo e do projecto de acórdão poderá facilitar análise mais atenta do que a sua vista em momentos distintos.

Não é esta, porém, a opinião do Dr. Rui Macedo, que receia que o novo regime afaste os juízes-adjuntos da leitura das alegações, centrando-se apenas na matéria que delas é dada no projecto de acórdão; por isso propõe uma redacção alternativa para o art. 707.º.

## 6. Julgamento

O art. 713.º-5 propõe nova simplificação do conteúdo do acórdão proferido em recurso.

Actualmente, prevê-se apenas a confirmação total e sem declaração de voto da sentença recorrida, quer quanto à decisão, quer quanto aos fundamentos, e admite-se que o acórdão nessas condições se limite a negar provimento ao recurso, remetendo para os fundamentos da decisão recorrida. A norma insere-se na regulação da apelação, mas é aplicável ao agravo (arts. 749.º e 762.º-1) e à revista (art. 726.º).

A proposta é no sentido de prever também o caso em que a questão seja entendida como simples, designadamente por ter sido já jurisprudencialmente apreciada, de modo uniforme e reiterado, e de admitir que o acórdão se limite a remeter para as decisões anteriores. Não se prevendo alteração dos arts. 726.º, 749.º e 762.º-1, a norma continuaria a estender a sua aplicação, não só ao recurso de agravo em 1.ª instância, mas também aos de revista e de agravo em 2.ª instância. Encara-se ainda a possibilidade cumulativa de a fundamentação poder consistir em mera remissão para os fundamentos constantes das alegações das partes, quando a questão seja simples.

O receio perante este tipo de permissões é grande e generalizado. Em primeiro lugar, o conceito de simplicidade da questão é indeterminado e o uso que dele se faça pode ser muito variado. Sem que a lei o diga, a tendência será sempre – e bem – para resolver sumariamente as questões simples e desenvolvidamente as mais complexas. Mas omitir totalmente fundamentação própria, ainda que sintética e completada com as remissões que se entendam adequadas, parece-me perigoso. As partes pagam para obter uma verdadeira decisão em recurso e, sem prejuízo da aplicação efectiva e rigorosa das sanções por litigância de má fé, o demasiado aligeiramento da forma da decisão pode cobrir um indesejável aligeiramento do estudo da questão e, quando assim não seja, a aparência da mulher de César é importante para o prestígio da magistratura. Por outro lado, a norma constitucional que impõe a fundamentação das decisões, embora "na forma prevista na lei", não deve ser tomada como vazia de conteúdo.

De qualquer modo, nunca a norma deveria ter aplicação aos acórdãos do Supremo, nomeadamente quando a 1.ª e a 2.ª instância não tenham proferido decisões inteiramente coincidentes.

## 7. Recurso para uniformização de jurisprudência

É proposta a criação dum novo recurso, inspirado no antigo recurso para tribunal pleno: para uniformização de jurisprudência, é admissível recorrer para o pleno do STJ quando haja oposição de acórdãos, definida em termos semelhantes aos do art. 678.º-4, e não tenha tido lugar o julgamento ampliado do recurso. A solução é de apoiar.

É de discordar, porém, num ponto do novo regime: a não apresentação, com o requerimento de interposição, da cópia do acórdão-fundamento dará lugar à rejeição imediata do recurso (art. 765.º-2). No regime do recurso para o tribunal pleno, era o recorrente notificado para o efeito (antigo art. 765.º-2). Parece preferível admitir a apresentação ulterior, nos casos (excepcionais) em que o recorrente demonstre ter-lhe sido impossível, por facto que não lhe é imputável, a apresentação imediata da cópia; daí o art. 765.º-3 que propomos.

## 8. Admissibilidade do recurso

As maiores alterações preconizadas respeitam aos requisitos de admissibilidade do recurso. Por isso ficaram para o fim. É preconizada a elevação do valor das alçadas, em medida superior (ao menos no que à alçada da 2.ª instância respeita) à que decorreria da proporcionalidade com a taxa de inflação. É, de qualquer modo, uma elevação razoável. Nada a obstar, pois, se as restrições do acesso ao STJ por aqui ficassem, a que a alçada dos tribunais da 1.ª instância passasse a ser de 5.000 € e a dos tribunais da relação de 30.000 € (art. 24.º LOFTJ).

Ao lado da jurisprudência uniformizada, agora susceptível de ser conseguida *ex ante* (revista ou agravo alargados) ou *ex post* (recurso para uniformização de jurisprudência), é criada a figura da jurisprudência consolidada, formada, a exemplo do que acontece na jurisprudência constitucional, quando três acórdãos consecutivos do STJ se pronunciam identicamente sobre a mesma questão fundamental de direito (art. 678.º-5). De decisão contra ela proferida é admitido sempre recurso (art. 678.º-2-c). É de aplaudir.

De aplaudir é também que a oposição entre o acórdão proferido pela Relação e um acórdão anterior do STJ (e não apenas entre dois acórdãos de 2.ª instância) constitua fundamento de recurso (art. 678.º--2-c). Quanto ao art. 754.º (admissibilidade do agravo em 2.ª instância): a supressão da remissão do anterior n.º 3 para o art. 678.º não tem consequências, continuando a aplicar-se as normas gerais contidas neste último; é saudável o entendimento da decisão que ponha termo ao processo como respeitante à totalidade ou a parte do pedido; saudável é também a previsão, com o mesmo efeito, da decisão que exclua da instância alguma das partes.

Acertada também é a introdução, no art. 771.º, sob a alínea g), dum novo fundamento de recurso de revisão: a inconciliabilidade da sentença com decisão definitiva de uma instância internacional de recurso que seja vinculativa para o Estado Português.

As dúvidas começam com a norma do art. 721.º-2, estatuída directamente para a revista e, sem coerência, não estendida ao agravo em 2.ª instância: "Não é admitida revista do acórdão da Relação que confirme, sem voto de vencido e ainda que por diferente fundamento, a decisão proferida na 1ª instância".

Em primeiro lugar, note-se que esta norma é dificilmente conciliável com a elevação da alçada da Relação para 50.000 €. A restrição que implica é, efectivamente, de tal ordem que melhor seria, se fosse introduzida, manter a alçada actual ou actualizá-la apenas em função da desvalorização da moeda.

Em segundo lugar, pessoalmente remeto para a posição que tomei no colóquio que, sobre a matéria da revisão do regime de recurso em processo civil e, em especial, sobre o acesso ao STJ, teve lugar na Universidade Nova em 17.5.05: dificultar o acesso ao STJ só se justificará na medida em que com isso se vise alcançar o aumento de qualidade da decisão jurisprudencial, inclusivamente garantindo a subida ao tribunal supremo das causas cujo interesse para o aperfeiçoamento da prática do Direito o justifique. Abandonada a ideia, coloco-me no campo dos que pensam que o simples requisito negativo da dupla conforme pode levar a resultados que subverteriam a intenção do legislador: em vez do aperfeiçoamento do Direito, teríamos facilmente, por via do aliciamento dos magistrados à solução mais cómoda, o seu abastardamento. Este receio é, no Gabinete de Estudos da Ordem, generalizado.

Em terceiro lugar, como apontei na minha citada comunicação, a consideração da significativa percentagem de provimentos no STJ (pelo menos, 20% em matéria cível) e do facto de o tempo médio de duração dos recursos ser actualmente razoável aconselha prudência na adopção de soluções radicais que se traduzam numa significativa perda das garantias das partes.

Por estas razões, propõe o Dr. Rui Macedo a fixação dum valor mínimo da causa (a alçada da Relação mais 50%[2]) a partir do qual o recurso para o STJ seria sempre admissível. Esta proposta, que mereceu consenso, é de acompanhar de outra sugestão, que, sendo conciliatória, vem na linha da ideia de que é preferível actuar através do mecanismo regulador da sanção do que através duma rígida limitação das garantias processuais: sem prejuízo de os tribunais deverem ser mais rigorosos na aplicação de multas e na fixação de indemnização por litigância de má fé (tal como já latamente lhes faculta – e impõe – o art. 456.º), poderia estabelecer-se que, nos casos de dupla conforme sem voto de vencido, a parte cujo recurso para o STJ fosse julgado improcedente pagaria custas segundo uma tabela que – não repugnaria – poderia ser, por exemplo, cinco vezes superior à normal. Por certo que uma disposição desta natureza faria a parte sem razão, ou com escassa possibilidade de vencer, pensar duas vezes antes de se aventurar no recurso. Isto pressuporia, por outro lado, que o esforço de racionalização dum apoio judiciário justo prosseguisse. Por último, mas não menos importante, a responsabili-

---

[2] Neste caso, porém, a alçada da Relação deve ser inferior aos 50.000 € propostos, não devendo ir além de 30.000 €.

zação efectiva dos funcionários judiciais que, sem motivo justificado, atrasam notificações e remessas do processo de um tribunal para outro, muito para além de todos os limites de razoabilidade, também ajudaria a promover a celeridade processual dos recursos.

Esta solução parece preferível à de ser feita a triagem dos processos com interesse por uma formação de juízes conselheiros, eventualmente com a composição constante da redacção alternativa do art. 721.º que vem proposta: joga automaticamente, não dá azo a novas questões processuais e não fomenta a discussão sobre os critérios utilizados na triagem. Se, no entanto, a sugestão não for aceite, no mínimo essa válvula de escape terá de ser introduzida. Neste caso, apenas se faria, no texto proposto para o art. 721.º-5, uma alteração na parte final: omitindo o pressuposto do número par de secções (e se um conselheiro faltar?), dir-se-ia apenas que o presidente do Supremo tem voto de qualidade.

Foi ainda frisado que uma nova configuração da admissibilidade do recurso para o STJ obrigará a repensar a organização do STJ e das relações, devendo o primeiro ter uma composição semelhante à do Tribunal Constitucional, com critérios de recrutamento diversos dos actuais. Estranha-se também que se tenha enveredado pela reforma do sistema dos recursos sem primeiro avaliar os 10 anos de experiência do recurso sobre a matéria de facto.

Lisboa, 13 de Fevereiro de 2006

# RELATÓRIO SOBRE O ANTEPROJECTO DA REVISÃO DO SISTEMA DE RECURSOS EM PROCESSO CIVIL

Rui Macedo
*Advogado*

**I – Texto das propostas de alteração**

Artigo 687.º
**Modo de interposição do recurso**

1 – Os recursos interpõem-se por meio de requerimento dirigido ao tribunal que proferiu a decisão recorrida e no qual se indique a espécie de recurso interposto e, nos casos previstos nas alíneas *a*) e *c*) do n.º 2 e no n.º 4 do artigo 678.º e no recurso para uniformização de jurisprudência, o respectivo fundamento.

2 – O requerimento referido no número anterior deve conter a alegação do recorrente.

3 – Tratando-se de despachos ou sentenças orais, reproduzidos no processo, o requerimento de interposição pode ser ditado para a acta. Nesse caso, a alegação pode ser apresentada no prazo de 30 dias a contar do momento da interposição.

Artigo 698.º
**Modo de interposição do recurso e prazo para as alegações**

1 – No prazo de 30 dias, contados nos termos do artigo 685.º, o recorrente apresenta o requerimento de interposição do recurso que deve conter a sua alegação por escrito, podendo o recorrido responder, em idêntico prazo, contado da notificação da apresentação do requerimento de interposição do apelante.

2 – Na sua alegação o recorrido pode impugnar a admissibilidade ou a tempestividade do recurso, bem como a legitimidade do recorrente

3 – Se tiverem apelado ambas as partes, o primeiro apelante tem ainda, depois de notificado da apresentação da alegação do segundo, direito a produzir nova alegação, no prazo de 20 dias, mas somente para impugnar os fundamentos da segunda apelação.

4 – Havendo vários recorrentes ou vários recorridos, ainda que representados por advogados diferentes, o prazo das respectivas alegações é único, incumbindo à secretaria providenciar para que todos possam proceder ao exame do processo durante o prazo de que beneficiam.

5 – Se a ampliação do objecto do recurso for requerida pelo recorrido nos termos do artigo 684.º-A, pode ainda o recorrente responder à matéria da ampliação, nos 15 dias posteriores à notificação do requerimento.

6 – Se o recurso tiver por objecto a reapreciação da prova gravada, são acrescidos de 10 dias os prazos referidos nos números anteriores.

Artigo 707.º
[...]

1 – Decididas as questões que devam ser apreciadas antes do julgamento do objecto do recurso, se não se verificar o caso previsto no artigo 705.º, o processo vai com vista simultânea, por meios electrónicos, aos dois juízes-adjuntos, pelo prazo de dez dias, ou, quando tal não for possível, o relator ordena a extracção de cópias das peças processuais relevantes para a apreciação do objecto da apelação.

2 – Se o volume das peças processuais relevantes tornar excessivamente morosa a extracção de cópias, o processo vai com vista aos dois juízes-adjuntos, pelo prazo de 10 dias a cada um.

3 – Quando a necessidade de celeridade no julgamento do recurso o aconselhe, pode o relator, com a concordância dos adjuntos, dispensar os vistos.

4 – De seguida, o relator elabora o projecto de acórdão no prazo de 30 dias.

5 – Na sessão anterior ao julgamento do recurso, o relator faz entrega aos juízes que nele devem intervir de cópia do projecto de acórdão.

6 – Quando a complexidade das questões a apreciar o justifique, pode o relator elaborar, no prazo de 15 dias, um memorando, contendo o

enunciado das questões a decidir e da solução para elas proposta, com indicação sumária dos respectivos fundamentos, de que se distribuirá cópia aos restantes juízes com intervenção no julgamento da apelação.

### Artigo 709.º
[...]

1 – O processo é inscrito em tabela logo que se mostre decorrido o prazo para o relator elaborar o projecto de acórdão.

2 – No dia do julgamento, o relator faz sucinta apresentação do projecto de acórdão e, de seguida, os juízes-adjuntos dão o seu voto, pela ordem da sua intervenção no processo.

3 – No caso a que alude o n.º 5 do artigo 707.º, concluída a discussão e formada a decisão do tribunal sobre as questões a que se refere o memorando, é o processo concluso ao relator ou, no caso de este ter ficado vencido, ao juiz que deva substituí-lo, para elaboração do acórdão, no prazo de 30 dias.

4 – A decisão é tomada por maioria, sendo a discussão dirigida pelo presidente, que desempata quando não possa formar-se maioria.

### Artigo 712.º
[...]

1 – [...].
*a)* Se do processo constarem todos os elementos de prova que serviram de base à decisão sobre os pontos da matéria de facto em causa ou se, tendo ocorrido gravação dos depoimentos prestados, tiver sido impugnada, nos termos do artigo 687.º-B, a decisão com base neles proferida;
*b)* [...].
*c)* [...].
2 – [...].
3 – [...].
4 – [...].
5 – [...].
6 – Das decisões da Relação previstas nos n.ᵒˢ 3 a 5 não cabe recurso para o Supremo Tribunal de Justiça.

Artigo 713.º
[...]

1 – [...].
2 – [...].
3 – [...].
4 – [...].
5 – Pode o acórdão, desde que não haja qualquer declaração de voto:
   a) limitar-se a decidir remetendo para precedentes decisões, de que se junta cópia, quando a Relação entender que a questão já foi jurisdicionalmente apreciada, de modo uniforme e reiterado;
   b) limitar-se a decidir remetendo para os fundamentos apresentados pelas partes nas alegações;
   c) limitar-se a negar provimento ao recurso, remetendo para os fundamentos da decisão impugnada, desde que estes abarquem as questões a decidir no recurso, quando a Relação entender confirmar inteiramente o julgado em 1.ª instância, quer quanto à decisão, quer quanto aos respectivos fundamentos.
6 – [...].
7 – O juiz que lavrar o acórdão deve sumariá-lo e executar todas as operações necessárias para efeitos de tratamento informático e inserção em bases de dados.

Artigo 721.º
[...]

1 – [...].
2 – Do acórdão da Relação que confirme, sem voto de vencido e ainda que por diferente fundamento, a decisão proferida na 1.ª instância, se esta for desfavorável para o recorrente em valor inferior à alçada da relação acrescida de metade do seu montante, não pode haver revista.
3 – [anterior n.º 2].
4 – [anterior n.º 3].

Artigo 742.º
**Modo de interposição do recurso e prazo para as alegações**

1 – No prazo de 15 dias, contados nos termos do artigo 685.º, o agravante apresenta o requerimento de interposição do recurso que deve

conter a sua alegação por escrito, sem prejuízo do disposto no n.º 6 do artigo 698.º.

2 – O agravado pode responder dentro de igual prazo, contado da notificação da apresentação do requerimento de interposição do agravante.

3 – Com as suas alegações, podem um e outro juntar os documentos que lhes seja lícito oferecer.

4 – Se se pretender que o agravo suba imediatamente e em separado, as partes indicarão, após as conclusões das respectivas alegações, as peças do processo de que pretendem certidão para instruir o recurso.

5 – Durante os prazos fixados, a secretaria facilitará o processo às partes.

## II – Motivação das propostas de alteração

• **Introdução**

Li com interesse o Relatório de Avaliação do Sistema de Recursos em Processo Civil e Processo Penal levado a cabo pelo GPLP do Ministério da Justiça.

Li com igual interesse as comunicações de diversos professores de direito sobre este projecto de reforma do sistema de recursos em processo civil, no âmbito dos debates e das conferências que têm decorrido sobre este tema nos últimos meses.

Porque a questão se reveste da maior importância prática para as partes e para os advogados, e porque o tema dos recursos em processo civil adquiriu recentemente um inesperado relevo na minha actividade profissional, com destaque para a problemática do recurso de apelação sobre a matéria de facto, decidi dar o meu pequeno contributo ao debate em curso, desde logo porque algumas das soluções propostas me parecem afectar a viabilidade do direito a recorrer.

Antes de mais, impressiona-me o facto, assinalado em várias comunicações e perceptível no próprio relatório de avaliação do sistema de recursos, de ser manifesto que a fase dos recursos não constituiu um factor presente ou sequer iminente de bloqueio ou estrangulamento do processo civil, e que não há tribunais superiores afogados em recursos ou na iminência de o serem. As declarações em contrário parecem exageradas. O tempo médio de duração do processo nesta fase da sua vida é razoável, sobretudo se comparado com a lentidão com o que o mesmo processo evolui nalguns tribunais de 1.ª instância.

Em segundo lugar, e embora a questão seja delicada, a tal ponto que só ao de leve é focada em algumas intervenções que li, se existe uma certa crise no sistema actual de recursos em processo civil, ela é principalmente uma crise de qualidade da jurisprudência, e que não é explicável por falta de tempo, até porque a qualidade do pensamento jurídico está normalmente presente nos arestos de que são relatores certos desembargadores e conselheiros, e não consta que esses magistrados tenham menos recursos para relatar do que os seus colegas.

Na verdade, o mais importante factor dessa crise, em que a chacina dos recursos sobre a matéria de facto às mãos das Relações ocupa um lugar à parte, é o modo de selecção, ou mais exactamente de promoção, dos juízes dos tribunais superiores, com destaque para a ausência de professores de direito no Supremo Tribunal de Justiça, composto unicamente por juízes de carreira. Creio que é uma originalidade que distingue o nosso STJ de outros tribunais similares em países da UE, a começar por Espanha.

A atenção ao problema da produtividade dos tribunais é compreensível, tanto mais que é relativamente mensurável e, por isso, pode aferir-se, até certo ponto, do êxito duma política para a justiça através das estatísticas que medem a produtividade: número de processos entrados, findos, pendências, etc. Mas a produtividade não deve monopolizar a atenção das reformas processuais, negligenciando aspectos menos quantificáveis, como a injustiça e a falta de qualidade de muitas decisões judiciais, e levando à erosão dos meios de reagir contra tais decisões, a pretexto de que existe um excesso de garantias que entrava a justiça.

• Alterações aos arts. 687.º, 698.º e 742.º

Seja como for, do ponto de vista da produtividade, a apresentação das alegações com o requerimento de interposição do recurso [uma simplificação que representará em regra uma aceleração de 30 a 40 dias no tempo que antecede a subida do recurso], e a elevação das alçadas, tal como é proposta, trarão maior celeridade e selectividade aos recursos.

Já a redução dos prazos para alegar, associada à apresentação da alegação em simultâneo com o requerimento de interposição do recurso, representa uma diminuição drástica do tempo de que os advogados dispõem para preparar as suas alegações de recurso.

Sirva de exemplo o tempo de que dispõe o advogado do apelante que recorre sobre a decisão da matéria de facto, tendo havido gravação da audiência.

Actualmente, dispõe de um prazo de 40 dias a partir da notificação do despacho que admite o recurso, que ocorre normalmente 30 a 40 dias após a notificação da sentença. Na prática, dispõe de cerca de 75 dias para preparar a sua alegação.

Com o anteprojecto agora em discussão, passa a dispor de apenas 30 dias.

Todavia, por força do n.º 2 do novo art. 687.º-B, o apelante passa a ter de proceder à transcrição das passagens da gravação em que se funda, sob pena de imediata rejeição do recurso no que se refere à impugnação da matéria de facto (diga-se de passagem que estou inteiramente de acordo com o primado da transcrição sobre a "audição dos depoimentos gravados", um equívoco que seria mortalmente soporífero se não fosse uma ficção alimentada por uma concepção ptolomaica da imediação, oralidade e livre apreciação da prova, que ignora ou finge ignorar quase 150 anos de teoria da prova no direito europeu e na *common law*).

Sucede que é um ónus muito mais moroso e complexo de cumprir do que aquele que impõe actualmente o art. 690.º-A. Na verdade, a transcrição dos depoimentos gravados é uma tarefa técnica realizada em regra por empresas especializadas, dispondo de pessoal técnico habilitado e de meios técnicos próprios para a levar a cabo. Ora, basta que os depoimentos ocupem mais de cinco fitas magnéticas, o que ocorre com frequência, para a transcrição, mesmo que seja encetada logo após a notificação da sentença, levar três a cinco semanas a ser efectuada. Quer dizer, no momento em que o apelante obtém a transcrição dos depoimentos para cumprir o ónus imposto pelo novo art. 687.º-B, já o prazo para alegar fixado na nova redacção do art. 698.º findou ou está a findar!

Assim, em nome da produtividade e da celeridade, dificulta-se o próprio acto de recorrer no que ele tem de essencial, a alegação. Está errado! A celeridade deve ser alcançada através da simplificação e da eliminação de actos supérfluos, mas tanto as partes como o tribunal devem dispor do tempo necessário para alegar bem e para decidir bem. Esses prazos não devem ser reduzidos.

- **Alterações ao art. 707.º**

Tal como a fundamentação das decisões, a colegialidade é um factor de justiça e de racionalidade do processo civil. Submetida a debate e deliberação no seio de um colectivo, a decisão será, em princípio, mais imune à subjectividade e ao capricho do que as decisões tomadas pelo julgador individual. A substância da garantia do recurso não reside apenas numa nova apreciação da questão por magistrados mais "graduados" dos tribunais superiores, mas também no facto dessa apreciação ser colegial.

Até pela própria dispersão geográfica e pelo isolamento em que trabalham desembargadores e conselheiros, a colegialidade já se encontra hoje bastante mitigada, já corre o risco de ser mais uma aparência formal do que uma realidade, com os relatores dos recursos, nalguns casos, a "trocarem papéis" nas conferências, numa espécie de "dêem cá para assinar, tomem lá para assinar", projectos de acórdãos.

Ora, ao remeter a vista aos juízes-adjuntos para momento posterior à elaboração do projecto de acórdão, o anteprojecto induz a que a atenção dos juízes-adjuntos, por inércia, se afaste das alegações do recurso, e se centre de imediato no projecto de acórdão, sendo este, e não propriamente o recurso apresentado pelas partes, o alvo único da apreciação pelos juízes-adjuntos. A própria estrutura do acórdão, que começa com um relatório síntese da causa, facilita essa inércia.

Em síntese, a alteração proposta no anteprojecto favorece o afastamento dos juízes-adjuntos da leitura das alegações, o pendor singular da decisão, essencialmente tomada pelo relator, e a real marginalização do contributo dos juízes-adjuntos, conferindo uma natureza puramente formal à colegialidade das decisões em sede de recurso.

Acresce que a redução do prazo de vista aos juízes-adjuntos para apenas 5 dias confirma a sua efectiva marginalização e o pendor realmente singular (do relator) dos acórdãos. Como já referi, certos prazos, ligados aos actos essenciais, não devem ser reduzidos. Os actos supérfluos é que devem ser eliminados. Mas o tempo para preparar alegações ou acórdãos não deve ser amputado.

- **Alteração ao art. 712.º**

O DL. 39/95, de 15.12, e o DL 329-A/95, de 12.95, consagraram o que deveria ter sido uma importante reforma em matéria de controle, até então praticamente inexistente no nosso processo civil, das decisões dos tribunais sobre a matéria de facto. Tratou-se de implementar o registo, mediante a gravação, da prova produzida em audiência de julgamento, e um verdadeiro segundo grau de jurisdição no âmbito da matéria de facto, com a especialização da vocação dos Tribunais da Relação como "verdadeira 2.ª instância de reapreciação da matéria de facto decidida na 1.ª instância". Paralelamente, o tribunal colectivo praticamente desapareceu do processo civil.

Esta eliminação do tribunal colectivo, por troca com a gravação da audiência e dupla jurisdição em matéria de facto tem sido justamente criticada por diversas vozes ilustres. Na realidade, uma coisa (gravação e recurso em matéria de facto) não impede a outra (o tribunal colectivo).

Seria de esperar que o Relatório de Avaliação do Sistema de Recursos em Processo Civil e Processo Penal se debruçasse em particular sobre a experiência da 1.ª década de vigência do 2.º grau de jurisdição em matéria de facto. Mas não faz qualquer balanço dessa experiência, nada de que se possa extrair uma conclusão sobre o modo como os tribunais da relação têm cumprido a sua missão de tribunais de 2.ª instância, e sobre se da aplicação daquela reforma tem resultado maior ou menor rigor e justiça nas decisões dos nossos tribunais sobre os factos controvertidos.

É uma lacuna importante, tanto mais que um balanço de uma década do recurso em matéria de facto evidenciaria seguramente a objecção de consciência em larga escala (por parte das Relações, sob o olhar complacente do STJ), a que tem estado sujeita esta espécie de recursos.

Na verdade, a leitura de dezenas de Acórdãos das Relações entretanto publicados na base de dados jurídico-documentais do MJ revela à transparência a existência de duplo inconformismo neste tipo de recursos. O Apelante, por um lado, não se conforma com a decisão sobre a matéria de facto do tribunal de 1.ª instância. O Tribunal da Relação, por outro lado, não se conforma com a regra da dupla jurisdição em matéria de facto introduzida pela reforma de 1995-96, nem com a sua própria «especialização funcional» como "verdadeira 2.ª instância de reapreciação da matéria de facto decidida na 1.ª instância".

E exprime esse inconformismo abatendo mecanicamente os recursos com invocações genéricas dos princípios da livre apreciação da prova, da oralidade e da imediação, com a afirmação sistemática do carácter muito excepcional e restrito do seu poder de alteração da decisão da 1.ª instância sobre a matéria de facto, com a conversão do efectivo reexame das provas em que assentou a parte impugnada em mera verificação formal de que o Sr. Juiz *a quo* indicou os fundamentos em que baseou as suas respostas aos pontos da matéria de facto e concordância automática com tais fundamentos, evidenciando assim que o Acórdão não é um juízo negativo sobre o mérito de uma unidade, é a reprodução sistemática e generalizada de um juízo negativo sobre toda uma categoria (o recurso sobre a decisão de facto).

Bem vistas as coisas, e falando sem rodeios, as Relações têm vindo a anular um regime legal com uma orientação dita jurisprudencial, criando jurisprudência para tornar a lei inoperante, despojada de consequências. Conduzem casuisticamente a sua oposição à reforma de 1995/96, chacinando sistematicamente os recursos sobre a matéria de facto que lhes vão saindo ao caminho e restaurando oficiosamente o art. 712.º do CPC, na redacção anterior à reforma de 1995/96, como a versão daquela norma realmente em vigor [o que só o legislador, os editores dos códigos e os advogados distraídos ou obstinados ainda ignoram], enfim, remetendo a actual redacção oficial do citado art. 712.º, designadamente os seus n.ºs 1, a), 2 e 3, para o domínio da ficção legal. Por outras palavras, aquela casuística uniforme, pouco inclinada a abrir excepções, aquele exército de Acórdãos em cerradas fileiras, está a caminho de levar a cabo o genocídio de uma categoria de recursos, o recurso sobre a matéria de facto, e de exonerar os Tribunais da Relação, por acto de vontade própria, de uma função essencial que lhes é cometida por lei, a de "verdadeira 2.ª instância de reapreciação da matéria de facto decidida na 1ª instância".

Um sintoma claro deste orientação jurisprudencial no sentido de tornar a dupla jurisdição em matéria de facto letra morta é não haver memória, em 10 anos, duma renovação dos meios de prova determinada por um tribunal da Relação, ao abrigo do art. 712.º, n.º 3 do CPC (uma faculdade expressamente realçada no preâmbulo do DL n.º 329-A/95).

Em suma, vive-se hoje um retrocesso das garantias de processo civil violentador da intenção legislativa de 1995: as partes perderam a garantia proporcionada pela intervenção do tribunal colectivo sem terem ganho verdadeiramente a dupla jurisdição em matéria de facto; a questão de facto, na prática resultante da jurisprudência das Relações, é hoje definitivamente fixada pelo juiz singular. Com o consequente crescimento do subjectivismo e do capricho incontrolados nas decisões em matéria de facto, justamente o contrário do que deveria estar a suceder. A causa deste estado de coisas é fácil de identificar, até porque a ASMJ nunca escondeu a sua hostilidade à reforma de 1995 e anunciou, de certa forma, a jurisprudência uniforme a que me tenho estado a referir. É a resistência jurisprudencial a abdicar da sua ideia de que o Juiz é soberano em matéria de facto, somada à imprudência de associar o fim do tribunal colectivo à gravação da prova e ao recurso em matéria de facto (em causas de grande valor o tribunal colectivo devia ser reintroduzido).

Posto isto, dispõe o actual n.º 6 do art. 712.º do CPC, aditado pelo DL 375-A/99, de 20/09, que "das decisões da Relação previstas nos números anteriores não cabe recurso para o Supremo Tribunal de Justiça".

Ora, a discutível redacção daquele generoso – para as Relações e para o Supremo – art. 712.º, deu lugar a um entendimento segundo o qual, ao eliminar o recurso para o Supremo das decisões da Relação «previstas nos números anteriores», em correspondência com a intenção anunciada [no preâmbulo da respectiva lei] de eliminar «o recurso para aquele Tribunal das decisões das Relações atinentes a matéria de facto, nos termos do artigo 712.º, à margem do âmbito da sua actual admissibilidade», aquela norma, porque "veda o recurso para o Supremo das decisões das Relações sobre matéria de facto tomadas ao abrigo dos n.ᵒˢ 1 a 5 do art. 712.º do CPC", veio confirmar jurisprudência do STJ no sentido de ser sempre e absolutamente insindicável pelo Supremo o não uso pela Relação dos seus poderes de alteração/modificação da matéria de facto nas hipóteses contempladas no n.º 1 daquele art. 712.º, seja qual for a natureza desse não uso.

Melhor entendimento e aplicação daquele art. 712.º, n.º 6 revelam recentes arestos do STJ que distinguem o "não uso, «a jusante», do poder de modificação da matéria de facto" (ou não uso *stricto sensu*), da "abstenção irregular, «a montante», de reavaliação da factualidade impugnada ante a Relação, um *prius*, de resto, condicionante quer do uso quer do não uso dos seus poderes de modificação da matéria de facto" (ou não uso *lato sensu*).

Segundo este outro, e mais correcto entendimento, no primeiro caso, há uma verdadeira decisão da Relação atinente a matéria de facto (no sentido de não alterar a decisão do tribunal de 1.ª instância), decorrente, se houve gravação dos depoimentos, duma reapreciação das provas em que assentou a parte impugnada, tendo em atenção as alegações das partes.

À luz daquele n.º 6 do art. 712.º do CPC, de tal decisão da Relação não cabe recurso para o Supremo Tribunal de Justiça como tribunal de revista, não podendo o STJ censurar esse não uso pela Relação da faculdade de alterar a matéria de facto.

No segundo caso, porém, não há verdadeira decisão da Relação atinente a matéria de facto, que manifestamente não reapreciou, há uma omissão, uma abstenção de realmente conhecer de facto, como lhe compete como Tribunal de 2.ª instância, "assim postergando, de modo ostensivo, a lei processual e os direitos da parte em ver reapreciados os indicados e concretos pontos controvertidos incluídos na base instrutória" (Acórdãos de 26-06-2003 e 23-09-2003, Sr. Conselheiro Ferreira de Almeida – Relator e Acórdão de 13-11-2003, Sr. Conselheiro Lucas Coelho – Relator).

Implicitamente, a jurisprudência destes supra citados Acórdãos do STJ contém a seguinte orientação: os "números anteriores" ao n.º 6 do art. 712.º, quanto à sua natureza, dividem-se em dois grupos:

a) o dos n.ºs 1 e 2, que define as condições em que a decisão sobre matéria de facto pode ser modificada na 2.ª instância e o que é, em que consiste, essa reapreciação [no caso da *a*) do n.º 1];

b) o dos n.ºs 3 a 5, atribuindo à Relação poderes instrumentais do poder principal de reapreciação da matéria de facto em 2.ª instância.

Ora, os "números anteriores" a que se reporta o n.º 6 do art. 712.º não devem ser entendidos como todos os n.ºs que o antecedem, mas apenas como os anteriores a ele, os deste segundo grupo; as decisões "previstas" nos números anteriores devem ser interpretadas como as decisões previstas nos n.ºs 3 a 5 do art. 712.º. É esta clarificação que resulta da redacção que proponho para o n.º 6 deste art. 712.º.

Com efeito, os n.ºs 1 e 2 não prevêem decisões "atinentes a matéria de facto", definem ("a montante") o que constitui o pressuposto, o objecto, a essência e o modo da decisão da Relação em recurso sobre a decisão da 1.ª instância em matéria de facto.

Assim, a redacção do n.º 6 do art. 712.º do CPC não deveria obstar a que o não uso *lato sensu* pela Relação dos poderes de reapreciação da matéria de facto, a omissão de conhecer de facto, envolvendo postergação da lei processual e dos direitos do recorrente, seja sindicável e censurável pelo STJ (não como tribunal de revista, mas em agravo na 2.ª instância), como violação da lei processual.

Quando ocorra tal violação, o objectivo do recurso não é a alteração pelo STJ da decisão do Tribunal da Relação sobre o mérito da causa, substituindo-a por outra de sentido oposto ou, pelo menos, diferente, mas a simples anulação do Acórdão recorrido e a devolução do processo ao Tribunal da Relação, a fim de que este decida novamente, reformando a decisão primitiva sem as nulidades que a inquinam.

E o seu fundamento não será a violação da lei substantiva, cingindo-se à invocação da nulidade processual, de que o STJ pode conhecer e censurar, não como tribunal de revista, mas em agravo na 2.ª instância.

O que parece evidente é que o estatuído nos n.º 1 e 2 do art. 712.º é susceptível de ser violado pela Relação, de não ser cumprido por esta, em termos que consubstanciam uma violação da lei do processo. E não há motivo para excepcionalmente furtar essa específica violação da lei, se existir, à revisão por parte do STJ, se a causa exceder a alçada da Relação.

- **Alterações ao art. 713.º**

Dispõe actualmente o n.º 5 do art. 713.º:
"Quando a Relação confirmar inteiramente e sem qualquer declaração de voto o julgado em 1.ª instância, quer quanto à decisão, quer quanto aos respectivos fundamentos, pode o acórdão limitar-se a negar provimento ao recurso, remetendo para os fundamentos da decisão impugnada.".

A fórmula citada tem permitido algum abuso por parte das Relações na aplicação deste mecanismo de simplificação.

Na verdade, ela não manda os Acórdãos que confirmem decisão de 1.ª instância sem qualquer declaração de voto limitarem-se a negar provimento ao recurso, remetendo para os fundamentos da decisão impugnada.

Exprime uma faculdade, podem. É um poder discricionário, limitado pelo dever de julgar, expresso no dever de se pronunciar sobre as questões que deve apreciar.

Certamente que o sentido da norma do actual art. 713.º, n.º 5, não aponta para o seu uso automático ou relativamente indiscriminado ou aleatório, mas para a sua aplicação caso a caso, em função da decisão de 1.ª instância e do conteúdo do recurso.

Isto é, há casos de Acórdãos que confirmam decisões de 1.ª instância em que o uso da faculdade nele prevista é adequado e legítimo, mas há casos em que é abusivo e representa uma ofensa dos direitos do recorrente e uma negação camuflada do seu direito à reapreciação pela Relação da decisão da 1.ª instância, uma recusa de julgar o recurso disfarçada de uso da faculdade do art. 713.º, n.º 5.

Ora, o critério da aplicação, individual, e não sistemática ou por comodidade, do actual art. 713.º, n.º 5, deve buscar-se na expressão "remetendo para os fundamentos da decisão impugnada".

Assim, o uso dessa faculdade será legítimo e adequado sempre que, atendendo às questões suscitadas na motivação do recurso, se verifica que os fundamentos da decisão impugnada contêm uma resposta a tais questões ou, pelo menos, abordam especificamente tais questões e dão-lhes resposta contrária à que é proposta na motivação do recurso.

Na verdade, só então faz sentido declarar-se no Acórdão da Relação que se remete para os fundamentos da decisão impugnada.

Quer dizer, a Relação não deixa de julgar o recurso, mas remete, por economia, para uma decisão da 1.ª instância cujos fundamentos, pronunciando-se sobre as questões suscitadas pelo recorrente, superam as razões deste aos olhos do Tribunal da Relação.

Aliás, não repugna que um Acórdão da Relação possa em parte remeter para a decisão da 1.ª instância e em parte elaborar fundamentação autónoma.

Mas já não se pode falar de uma verdadeira decisão do Tribunal da Relação, quando este, perante um recurso que impugna a decisão da 1.ª instância, remete para uns fundamentos da decisão impugnada que, nem com a maior latitude de interpretação e leitura, se pode reconhecer que se pronunciam sobre todos ou alguns dos temas da fundamentação do recurso.

Isto é, só haverá verdadeiro Acórdão da Relação se este remeter para fundamentos da decisão da 1.ª instância que, se constituíssem o conteúdo do próprio Acórdão da Relação, cumpririam o requisito de apreciar as questões levantadas pelo recorrente.

Todavia, o que se tem visto, em certos Acórdãos, é a confirmação sumária de decisões da 1.ª instância com a singela declaração de que toda a sua fundamentação, pelo seu acerto, merecem total concordância e adesão, sem que a invocada fundamentação da decisão da 1.ª instância responda minimamente às razões que fundamentam o recurso.

Este mecanismo de simplificação deveria, pois, ser mais cuidadosamente delimitado, de forma a evitar que possa tornar-se um instrumento de despachar recursos e de melhorar a estatística artificialmente.

Ora, em vez de clarificar este ponto, a redacção do n.º 5 do art. 713.º introduz uma *ratio* de discutível definição e utilidade ("entender que a questão a decidir é simples") e conclui com uma exigência (cópia das decisões precedentes), que não faz sentido num dos dois casos de "simplicidade apontados": confirmar inteiramente o julgamento em 1.ª instância.

Por outro lado, deixa de lado uma outra hipótese útil de simplificação do Acórdão: a remissão para as alegações das partes. Na realidade, o essencial deste n.º 5 deveria ser o de facultar a economia de energia e tempo decorrente das razões que procedem aos olhos da Relação no julgamento daquele recurso já estarem bem explanadas numa das seguintes três fontes possíveis: em Acórdãos anteriores, na decisão da 1.ª instância, ou nas alegações do recorrente ou do recorrido. Parece-me que a redacção que aqui proponho alcança melhor e mais claramente esse fim, sem ceder à facilidade.

- **Alteração ao art. 721.º**

A denominada regra da dupla conforme proposta no anteprojecto é perigosa e constitui mais um passo no sentido de tornar o direito a recorrer mais precário e dependente do arbítrio judicial, e no sentido duma justiça "despachada", que melhora os seus índices de produtividade com decisões sumárias e definitivas, e tanto mais definitivas quanto mais sumárias.

É que, paralelamente, ao abrigo do art. 713.º, n.º 5, o acórdão da Relação que confirma a decisão da 1.ª instância, sem qualquer declaração de voto, pode limitar-se a negar provimento ao recurso, remetendo para os fundamentos da decisão impugnada.

Quer dizer, para os Desembargadores da Relação, só há vantagens processuais em confirmar a decisão da 1.ª instância, sem qualquer declaração de voto: dá menos trabalho e a decisão é definitiva. Por amor de Deus, não está certo o legislador espalhar tais tentações à vista dos Senhores Desembargadores, como se fosse o Diabo a tentar Jesus!

É ainda de ter em conta que a experiência demonstra que as decisões do STJ que revogam acórdãos das Relações que confirmam decisões da 1.ª instância, sendo minoritárias, não são excepcionais, antes ocorrem com certa frequência.

O resultado final de acções em que se debatem interesses e direitos de grande relevo teria sido diferente, num número significativo de casos, se esta regra que agora é proposta tivesse estado em vigor nos últimos 10 anos. A sua introdução pode cercear cegamente, com reflexo no resultado final, o direito das partes a recorrer no processo ordinário.

Mas admite-se que possa haver uma limitação substancialmente mais moderada ao direito de recorrer para o Supremo, no sentido de complementar uma maior selectividade nos recursos para este tribunal, já alcançada em parte com a elevação da alçada do tribunal da Relação.

Mas essa limitação deve salvaguardar que há sempre recurso em acções de elevado montante, sob pena de, na prática (devia o legislador meditar na experiência dos recursos sobre matéria de facto e de como as Relações deixaram pousar as belas intenções da lei), em breve se verificar que a maioria dos processos de valor superior à alçada da Relação acabarão sendo decididos por esta em última instância.

Assim, o que proponho é uma dupla conforme mais restrita, em que haverá sempre possibilidade de revista se a decisão for desfavorável para o recorrente em valor igual ou superior à alçada da relação acrescida de metade do seu montante. Isto é, a dupla conforme vale para decisões até certo valor, mas fica excluída nas decisões em que o valor em causa seja particularmente elevado. Nestes casos, a alçada não pode ser afastada pela concordância da Relação com a 1.ª instância.

Pode objectar-se que este critério puramente quantitativo é cego e arbitrário. Mas a objecção valeria igualmente para as próprias alçadas, que ninguém põe em causa. Este tipo de critérios quantitativos, imperfeitos no plano da razão pura, são práticos e eficientes no plano da política legislativa em matéria de processo. Se já é um critério puramente quantitativo que determina as acções em que, em abstracto, pode haver revista, nada obsta a que uma fasquia da mesma natureza, mas mais elevada, determine as acções em que a revista não pode ser afastada por uma dupla conforme.

Aliás, este critério, pela sua simplicidade e celeridade (valores inestimáveis em regras processuais), parece-me preferível à complicada sujeição do recurso de revista a um juízo prévio de relevância, com o consequente acréscimo de novos actos processuais, o provável surgimento de decisões díspares e correntes divergentes, enfim, uma nova frente de produção jurisprudencial e doutrinal causada por uma inovação com propósito simplificador, um regresso à tendência para o processo consumir o melhor das suas energias com temas puramente processuais.

# COMENTÁRIOS SOBRE O ANTEPROJECTO DE REVISÃO DO REGIME DOS RECURSOS EM PROCESSO CIVIL

Procuradoria-Geral da República

Do Gabinete de Sua Excelência o Secretário de Estado da Justiça foi remetido o presente expediente relativo ao anteprojecto de revisão do regime de recursos em processo civil, solicitando o envio de comentários e sugestões.

Determinou Vossa Excelência a elaboração de informação sucinta pelo Gabinete, a qual passamos a prestar.

Na análise a que aqui procederemos, seguiremos a estrutura constante do documento de trabalho apresentado pelo Gabinete de Política Legislativa e Planeamento (GPLP) no âmbito do processo de debate público nacional em curso[1].

Uma vez que o projecto de diploma não tem especial incidência ou repercussão na actividade desenvolvida pelo Ministério Público na jurisdição cível, limitar-nos-emos a apontar alguns aspectos que se nos afiguram susceptíveis de levantar dúvidas de interpretação ou de aplicação na prática concreta dos tribunais.

De acordo com este documento, são as seguintes as linhas gerais deste anteprojecto:

---

[1] Anteprojecto de Revisão do Regime de Recursos em Processo Civil, disponível em *htpp://www.mj.gov.gt.*

## 1. Reforço do papel do Supremo Tribunal de Justiça, enquanto órgão superior da hierarquia dos tribunais judiciais, acentuando-se a sua função de uniformização de jurisprudência

Num momento em que o aumento da litigância no Supremo Tribunal de Justiça tem justificado uma ampla discussão quanto ao seu actual papel de terceiro grau de jurisdição, tem-se vindo a formar algum consenso no sentido da restrição efectiva do direito de recurso para aquele tribunal, de molde a permitir-lhe dedicar-se àquela que seria a sua tarefa fundamental e prioritária, a uniformização da jurisprudência e, consequentemente, a sua consagração como instância excepcional de recurso.

Na senda, aliás, da Recomendação n.º R (95) 5, de 7 de Fevereiro de 1995, do Conselho da Europa sobre o sistema de recursos, que se pronuncia quanto ao que entende ser o papel do terceiro tribunal, como tribunal de recurso nos casos em que a questão em apreço tenha por objecto questões de importância fundamental para o direito ou o interesse público ou contribua para a uniformização da jurisprudência. Sugerindo-se a introdução de mecanismos de rejeição discricionária de recursos no sentido de tornar excepcional o julgamento em triplo grau de jurisdição.

Para este efeito, propõe o anteprojecto como medidas concretizadoras de tal objectivo:

### 1.1 *Consagração do direito de recurso das decisões proferidas contra jurisprudência consolidada do Supremo Tribunal de Justiça* (artigo 678.º do Código de Processo Civil)

O anteprojecto adopta um novo conceito, o de *jurisprudência consolidada*, definida no n.º 5 do art. 678.º nos seguintes termos: "Considera-se consolidada a jurisprudência quando tiverem sido proferidas pelo Supremo Tribunal de Justiça, sobre a mesma questão fundamental de direito, três acórdãos consecutivos no mesmo sentido, sem acórdão subsequente em oposição".

Admitindo assim, a possibilidade de recurso das decisões que contrariem não só a jurisprudência uniformizada do STJ, mas igualmente, a sua jurisprudência consolidada.

## 1.2 Consagração de um recurso extraordinário para uniformização de jurisprudência (763.º a 770.º)

Acrescenta-se ao já existente recurso ampliado da revista (previsto no art. 732.º-A), um novo recurso extraordinário para uniformização de jurisprudência das decisões do Supremo que contrariem jurisprudência uniformizada ou consolidada do STJ.

Este modelo de recurso para uniformização de jurisprudência parece inspirar-se no recurso para o mesmo efeito consagrado no artigo 152.º do CPTA, no qual se prevê um recurso ordinário para o pleno da secção do contencioso administrativo do STA.

De referir que no contencioso administrativo, e tal como neste anteprojecto, se admite igualmente o julgamento ampliado da revista (art. 150.º do CPTA).

No entanto, o recurso de revista consagrado no CPTA diverge do seu congénere do Código de Processo Civil, uma vez que se circunscreve a possibilidade de acesso ao Supremo às questões que, pela sua relevância jurídica ou social, se revistam de importância fundamental, e àquelas situações em que a admissão do recurso seja claramente necessária para uma melhor aplicação do direito.

Não foi pois, acolhida neste anteprojecto a solução adoptada pelo CPTA, que assume o recurso de revista com carácter marcadamente excepcional.

Assim, suscitam-se-nos dúvidas quanto à efectiva utilidade deste novo recurso extraordinário, na medida em que se mantém o julgamento ampliado da revista para uniformização de jurisprudência (art. 732.º-A).

Pese embora, este último assuma uma natureza preventiva, não se vislumbra em que medida a previsão de um recurso extraordinário para uniformização de jurisprudência trará efectivos benefícios que não possam ser alcançados através da actual revista ampliada, cujos termos aliás, são mantidos.

## 1.3 Consagração da dupla conforme como excepção à admissibilidade de recurso para o Supremo Tribunal de Justiça

Propõe-se, ainda, a consagração da regra da *dupla conforme* nas regras de admissibilidade do recurso de revista (art. 721.º, n.º 2). Não haverá recurso de revista para o Supremo quando o acórdão da Relação tiver confirmado, sem voto de vencido e ainda que por diferente fundamento, a decisão da 1.ª instância, salvo as situações previstas no artigo 678.º, designadamente, quando se trate de decisões proferidas contra jurisprudência uniformizada ou consolidada daquele Supremo Tribunal.

Concebida como uma restrição do acesso ao STJ em triplo grau de jurisdição, a consagração desta regra sempre que a Relação tenha confirmado a decisão de 1.ª instância, corre o risco de ficar apenas dependente de uma identidade formal das decisões, uma vez que não consagra a exigência de coincidência de fundamentos da decisão da l.ª instância e do acórdão da Relação.

### 1.4 Clarificação dos pressupostos da admissibilidade do recurso per saltum (art. 725.º, n.º 1)

Procede-se a uma clarificação do n.º 1 do artigo 725.º, na parte que respeita ao requisito de valor.

No entanto, não se aproveitou esta reforma para se assumir a natureza efectivamente alternativa deste recurso relativamente ao recurso interposto, em matéria de direito, na 2.ª instância, acentuando a excepcionalidade do acesso ao Supremo em triplo grau de jurisdição.

Optou-se antes por manter a estrutura delineada na Reforma de 1995-96, que no entanto, não cumpriu o objectivo que lhe havia sido traçado de reduzir a sobreposição de sucessivos graus de jurisdição, assim imprimindo maior celeridade ao processo.

Situação que poderia ter sido contrariada, mediante a previsão da respectiva *obrigatoriedade*, isto é, impondo que o recurso sustentado exclusivamente em matéria de direito fosse necessariamente interposto no STJ, tal como foi consagrado no artigo 151.º do CPTA, o que permitiria evitar a duplicação de tarefas entre as Relações e o STJ, assegurando o duplo grau de jurisdição.

### 1.5 Possibilidade de alegações orais nos recursos no Supremo Tribunal de Justiça (art. 727.º-A)

É introduzida a possibilidade de alegar oralmente perante o Supremo Tribunal de Justiça, a requerimento das partes ou por determinação oficiosa do Tribunal.

É curioso referir que esta "inovação" constitui uma repristinação do regime anterior ao diploma de 1961, que veio precisamente, abolir "a obsoleta discussão oral no julgamento dos recursos", conforme é assinalado no respectivo Preâmbulo, por esta ter "caído em desuso".

Duvida-se da bondade do restabelecimento generalizado das alegações orais nas instâncias superiores, que implica uma excepção ao regime proposto neste anteprojecto quanto ao momento de apresentação das alegações de recurso e a que nos referiremos *infra*.

Sendo que o sistema ora proposto, divergindo do estabelecido noutros direitos processuais do nosso ordenamento (processo de trabalho, processo penal e processo nos tribunais administrativos), importará seguramente consequências na duração média dos recursos.

### 1.6 *Revisão dos valores das alçadas*

Os resultados obtidos no estudo de "Avaliação do Sistema de Recursos em Processo Civil e em Processo Penal" parecem indicar no sentido de um aumento das alçadas com vista a desobrigar o STJ a pronunciar-se, sistematicamente, sobre questões já apreciadas e decididas no mesmo sentido pela 1.ª instância e pela Relação, actuando, em regra, como um terceiro grau de jurisdição.

Os valores propostos neste anteprojecto, revelam um aumento do valor da alçada da 1.ª instância aquém do valor obtido por mera correcção monetária dos actuais valores. Já quanto à alçada da Relação, o valor proposto vai além do resultante da correcção monetária, procurando dar resposta à notória tendência de crescimento de recursos cíveis entrados nos tribunais superiores, em particular no Supremo Tribunal de Justiça.

Há, no entanto, que não esquecer o facto de, não raras vezes, o valor determinado para as acções não corresponder ao valor real das mesmas, antes sendo fixado em função do mínimo necessário para aceder ao tribunal superior. Pelo que, sempre será expectável que o aumento das actuais alçadas determine idêntico comportamento no valor das causas.

### 1.7 *Fixação do valor da causa pelo juiz no despacho saneador ou, quando não haja lugar a este despacho, na sentença*

Para obviar precisamente ao risco que acabamos de referir, de indicação do valor da causa igual ao valor da respectiva alçada mais uma unidade monetária, propõe-se que caiba ao juiz fixar o valor da causa no despacho saneador, ou, quando a este não haja lugar, na sentença.

### 2. Reforma do regime de resolução de conflitos de competência

Os conflitos de competência passam a ser decididos por um juiz singular. E por outro lado, o processo passa a ser considerado urgente, sendo simplificada a sua tramitação.

### 3. Simplificação e agilização da interposição, tramitação e julgamento dos recursos

#### 3.1 *Unificação do momento processual para interposição de recurso e apresentação de alegações*

Esta alteração pretende unificar os momentos de apresentação das alegações e da interposição do recurso.

Desta forma, são eliminados os "tempos" que correm entre o requerimento de interposição de recurso, o despacho de admissão, e um novo prazo para a apresentação das alegações.

Uma das consequências praticas é o desaparecimento da deserção do recurso por falta de apresentação de alegações por parte do recorrente, uma vez que o despacho sobre o requerimento de interposição do recurso passa a ser proferido somente quando já decorreram os prazos para as alegações das partes, unificando-se ainda, o despacho sobre a admissão do recurso e o despacho de remessa do recurso para o tribunal superior, assim se evitando a duplicação da intervenção do juiz.

Este regime corresponde ao actualmente previsto noutros direitos processuais nomeadamente no CPTA.

## 3.2 Racionalização e agilização do regime de vistos (art. 707.º)

Os vistos passam a realizar-se após a entrega da cópia do projecto de acórdão. Pretende-se que os vistos tenham lugar quando já existe uma solução jurídica proposta para a questão.

Por outro lado, prevê-se a vista simultânea aos juízes adjuntos através de meios electrónicos, reduzindo-se consequentemente os prazos.

## 4. Reforço dos mecanismos contra expedientes dilatórios (art. 720.º)

É adoptado um regime semelhante ao previsto no art. 84.º da Lei do Tribunal Constitucional.

No entanto, não se entende porque razão este regime é apenas aplicável às situações contempladas no n.º 2 do artigo 720.º, na redacção proposta pelo anteprojecto, e não também ao caso previsto no n.º 1 cujo teor é aliás, idêntico ao estatuído no n.º 8 do art. 84.º da Lei do Tribunal Constitucional.

## 5. Fundamentação dos acórdãos da Relação (art. 713.º, n.º 5)

O preceito constante do anteprojecto procede à junção, num mesmo artigo, dos regimes já previstos no art. 705.º[2] (decisão liminar do objecto do recurso) e do actual n.º 5 do art. 713.º[3], sendo que a redacção do primeiro destes preceitos não sofre no anteprojecto qualquer alteração.

O que implica uma duplicação de dispositivos no que concerne à decisão nos casos de simplicidade da questão objecto do recurso.

---

[2] Que dispõe o seguinte: "Quando o relator entender que a questão a decidir é simples, designadamente por ter já sido jurisdicionalmente apreciada, de modo uniforme e reiterado, ou que o recurso é manifestamente infundado, profere decisão sumária, que pode consistir em simples remissão para as precedentes decisões, de que se juntará cópia."

[3] O qual prevê que "Quando a Relação confirmar inteiramente e sem qualquer declaração de voto o julgado em 1.ª instância, quer quanto à decisão, quer quanto aos respectivos fundamentos, pode o acórdão limitar-se a negar provimento ao recurso, remetendo para os fundamentos da decisão impugnada."

Por outro lado, sugere-se no anteprojecto, em nota de rodapé, a possibilidade de nestes casos de simplicidade da questão, "a par da mera remissão para as precedentes decisões, ser igualmente prevista a possibilidade de a fundamentação dos acórdãos dos tribunais superiores ter lugar mediante a mera remissão para os fundamentos apresentados pelas partes nas alegações", solução esta próxima da consagrada no regime processual especial e experimental.

Quanto a esta possibilidade, suscitam-se-nos dúvidas[4] sobre a sua constitucionalidade, uma vez que esta opção para além de colidir com o expressamente previsto no art. 158.º, n.º 2, do C.P.C., é eventualmente susceptível de não se conformar com o respeito do dever de fundamentação tal como estatuído pela Constituição (art. 205.º).

Com efeito, o Tribunal Constitucional nas decisões em que tem sido chamado a pronunciar-se sobre a questão, tem reafirmado sucessivamente que a motivação da decisão é imprescindível, entre outras razões, por permitir o autocontrolo dos juízes, designadamente por os obrigar a analisar à luz da razão as impressões recolhidas, proporcionando o respeito pela lógica na sua apreciação, funcionando como garantia da racionalidade, imparcialidade e ponderação.

Razão pela qual, tem o Tribunal Constitucional considerado não se mostrar ferido de inconstitucionalidade o disposto nos arts. 705.º e 713.º, n.º 5, do C.P.C. que permitem a fundamentação por adesão, dado que nas situações previstas nestes preceitos o processo de fundamentação já foi feito por outro tribunal, a que o Tribunal Superior adere e perfilha. O que seguramente não se verifica no caso de adesão aos argumentos apresentados por uma das partes.

## 5. Tratamento informático do acórdão (art. 713.º, n.º 7)

Propõe-se neste preceito que "o juiz que lavrar o acórdão deve sumariá-lo e executar todas as operações necessárias para efeitos de tratamento informático e inserção em bases de dados".

---

[4] Conforme foi referido a propósito do projecto do "Regime processual especial relativo a acções declarativas e procedimentos cautelares" (cfr. Informação do Gabinete n.º 119/2005).

Afigura-se-nos que esta proposta irá contra todas as reformas em curso, e todas aquelas vozes que clamam pela necessidade de desjudicialização de uma parte substancial dos actos.

Veja-se, por exemplo o recente estudo intitulado "Os actos e os tempos dos juízes": contributos para a construção de indicadores da distribuição processual nos juízos cíveis" encomendado pelo Conselho Superior da Magistratura e elaborado pelo Observatório Permanente da Justiça Portuguesa, onde se evidencia a dimensão burocrática da tramitação dos processos no actual paradigma processual e se critica a atribuição ao juiz de funções meramente burocráticas que estão longe da essência da sua função de julgar, tudo com consequências no desempenho dos tribunais.

Aí se refere, nomeadamente a premência do funcionamento eficaz da reforma da acção executiva, em que um dos objectivos centrais é, como se sabe, a desjudicialização de uma parte substancial dos actos. Ou se propõem soluções que passariam por alterações legais, nomeadamente diminuindo a intervenção do juiz na realização de despachos de mero expediente.

# PROJECTO QUE ACOMPANHOU A PROPOSTA DE LEI DE AUTORIZAÇÃO

# PROJECTO QUE ACOMPANHOU A PROPOSTA DE LEI DE AUTORIZAÇÃO

**Exposição de Motivos**

**1.** A arquitectura do sistema de recursos do Código de 1939, aprovado pelo Decreto n.º 29 637, de 28 de Maio, sobreviveu, no essencial, a múltiplas intervenções legislativas de que foi alvo.

É certo que a reforma de 1995/96 procedeu a uma alteração significativa do regime dos recursos, com os principais objectivos de garantir um segundo grau de jurisdição em matéria de facto, simplificar o regime processual e clarificar as dúvidas suscitadas a propósito do regime em vigor. São de assinalar, ainda, a criação do recurso *per saltum* para o Supremo Tribunal de Justiça, a regra de que as alegações nos recursos ordinários são entregues no tribunal recorrido, a possibilidade de o juiz relator julgar sumariamente o recurso em determinadas situações e a revogação do artigo 2.º do Código Civil, que permitia aos tribunais fixar doutrina com força obrigatória geral por meio de assentos, criando-se, em alternativa, o julgamento ampliado do recurso de revista, previsto nos artigos 732.º-A e 732.º-B.

No entanto e de forma expressa, recusou-se uma intervenção profunda nos alicerces do sistema, opção patente, designadamente, na rejeição da proposta de unificação dos recursos ordinários, sucessivamente apresentada em precedentes projectos de reforma, por ter parecido mais adequado, diz-nos o preâmbulo do Decreto-Lei n.º 329-A/95, «manter tal diferenciação, em que assenta o regime de recursos vigentes em processo civil», uma vez que a opção por um sistema unitário «obrigaria, na verdade, a reformular praticamente todos os preceitos legais atinentes aos recursos, não ficando incólume virtualmente nenhum artigo do actual Código, para além de se revelar particularmente difícil a clara definição do regime de efeitos a atribuir ao «recurso unitário», que não poderá obviamente traduzir-se na mera "colagem" dos regimes actualmente estatuídos para a apelação e o agravo ou em acabar por ter de repescar, ao delinear os regimes, a diferenciação entre os recursos atinentes à decisão de mérito e os que incidem sobre a resolução de questões processuais».

**2.** O Ministério da Justiça decidiu empreender uma avaliação global e integrada daquele sistema, que, indo além de uma análise estritamente jurídica do respectivo regime, analisasse o funcionamento dos tribunais superiores, caracterizando, tão detalhadamente quanto possível, o respectivo movimento processual e os recursos humanos e materiais que lhes estão afectos e instruindo, deste modo, a definição de medidas administrativas e legislativas de simplificação das regras processuais e procedimentais que favoreçam a eficiência do sistema e qualidade das decisões.

Os resultados dessa avaliação foram tornados públicos em Maio de 2005, dando início a uma ampla discussão pública que contou com a participação de várias faculdades de direito portuguesas e viria revelar-se uma fase determinante na preparação da presente iniciativa legislativa.

Do estudo efectuado resultou que, de uma forma geral, e desde o início dos anos 80, o número de recursos entrados nas Relações e no Supremo Tribunal de Justiça tem aumentado, representando os recursos cíveis em acções relativas a dívidas civis e comerciais cerca de 50% do total de recursos.

Esta coincidência de matérias dos recursos interpostos nas secções cíveis das Relações e do Supremo Tribunal de Justiça parece indiciar que, sempre que os valores da acção e da sucumbência o comportam, existe um percurso típico de interposição de recurso para a Relação seguida de revista para o Supremo Tribunal de Justiça.

A avaliação efectuada revelou, ainda, uma utilização quase nula do recurso de revista *per saltum* para o Supremo Tribunal de Justiça, com percentagens inferiores a 0,5% do total de recursos de revista findos no Supremo.

É certo que, nos anos mais recentes, tem vindo a observar-se uma diminuição considerável das durações médias dos recursos cíveis, quer nas Relações, quer no Supremo, alcançando-se, em 2003, uma duração média de 4 meses.

No entanto, há que ter presente que estes números não espelham todo o período que medeia entre a interposição do recurso junto do tribunal recorrido e a sua efectiva entrada no tribunal superior, o qual atinge em média cerca de 6 meses, a acrescer, portanto, ao tempo que os tribunais superiores despendem, depois, no respectivo julgamento.

**3.** A presente reforma é norteada por três objectivos fundamentais: simplificação, celeridade processual e racionalização do acesso ao Supremo Tribunal de Justiça, acentuando-se as suas funções de orientação e uniformização da jurisprudência.

Pretende-se simplificar profundamente o regime de recursos cumprindo assinalar nesta matéria: a adopção de um regime monista de recursos ordinários; a introdução da regra geral de impugnação de decisões interlocutórias apenas com o recurso que vier a ser interposto da decisão que põe termo ao processo; a equiparação, para efeitos recursórios, das decisões que põem termo ao processo, sejam estas decisões de mérito ou de forma; a concentração em momentos processuais únicos dos actos processuais de interposição de recurso e apresentação de alegações e dos despachos de admissão e expedição do recurso e a revisão operada no regime de arguição dos vícios e da reforma da sentença, ao estabelecer-se que, cabendo recurso da decisão, o requerimento de rectificação, esclarecimento ou reforma é sempre feito na respectiva alegação. Paralelamente, revê-se o regime de reclamação do despacho de não admissão do recurso, passando o respectivo julgamento a competir ao relator, nos termos gerais; e, na fase do julgamento, altera-se o regime de vistos aos juízes-adjuntos, estabelecendo que aqueles apenas se realizam com a entrega da cópia do projecto de acórdão, processando-se simultaneamente, por meios electrónicos.

Esta simplificação permitirá significativos ganhos na celeridade processual, não apenas na fase de julgamento como naquela que decorre ainda perante o tribunal recorrido. São também evidentes a celeridade e a economia processuais que o projectado regime geral de impugnação das decisões interlocutórias no recurso que venha a ser interposto da decisão final proporcionará à própria tramitação dos processos em 1.ª instância.

Por último, é feita uma opção determinada pela racionalização do acesso ao Supremo Tribunal de Justiça, procurando dar resposta à notória tendência de crescimento de recursos cíveis entrados neste Tribunal, onde o número de recursos entrados em 2004 é superior em mais de

90% ao valor verificado em 1990 e criando, assim, condições para um melhor exercício da sua função de orientação e uniformização da jurisprudência.

Subsumem-se claramente nesse desígnio de racionalização do acesso ao Supremo: a revisão do valor da alçada da Relação para € 30.000, que é acompanhada da introdução da regra de fixação obrigatória do valor da causa pelo juiz; a norma que consagra a inadmissibilidade de recurso do acórdão que esteja de acordo com jurisprudência uniformizada do Supremo Tribunal de Justiça, no domínio da mesma legislação e sobre a mesma questão fundamental de direito ou que confirme, sem voto de vencido e ainda que por diferente fundamento, a decisão proferida na 1.ª instância, salvo quando esteja em causa uma questão cuja apreciação, pela sua relevância jurídica ou por versar sobre interesses imateriais de particular relevância social, é claramente necessária para uma melhor aplicação do direito.

Servem especificamente o propósito de uma maior uniformização da jurisprudência: a consagração do direito de recurso, independentemente da alçada e da sucumbência, das decisões proferidas contra jurisprudência consolidada do Supremo Tribunal de Justiça; a obrigação que passa a impender sobre o relator e os adjuntos de suscitar o julgamento ampliado da revista sempre que verifiquem a possibilidade de vencimento de uma solução jurídica que contrarie jurisprudência uniformizada do Supremo Tribunal de Justiça; e a introdução de um recurso extraordinário de uniformização de jurisprudência para o pleno das secções cíveis do Supremo quando este tribunal, em secção, proferir acórdão que esteja em contradição com outro anteriormente proferido, no domínio da mesma legislação e sobre a mesma questão fundamental de direito.

São de referir, ainda, a alteração das regras que regem os ónus a cargo do recorrente que impugne a decisão de facto, determinando que cabe ao recorrente, sob pena de imediata rejeição do recurso, proceder à transcrição das passagens da gravação em que se funda; a consagração da possibilidade de discussão oral do objecto do recurso de revista, quando o relator, oficiosamente ou a requerimento das partes, a entenda necessária; ou o aprofundamento das regras processuais que estabelecem mecanismos de defesa contra a utilização de expedientes dilatórios pelas partes.

Finalmente, pretende-se ampliar os casos em que é admissível o recurso extraordinário de revisão, de forma a adequar o respectivo regime à Convenção Europeia dos Direitos do Homem e às normas emanadas dos órgãos competentes das organizações internacionais de que Portugal seja parte.

4. A reforma do sistema dos recursos em processo civil é acompanhada de uma profunda revisão do tratamento dos conflitos de competência, igualmente orientada pelos propósitos de simplificação, celeridade e economia processuais. De forma a evitar a eternização da discussão sobre uma matéria que é prévia à discussão material sobre a causa, os conflitos de competência, além de deverem ser suscitados oficiosamente, passam a ser resolvidos com carácter urgente, num único grau e por um juiz singular.

Assim:

Nos termos da alínea *d*) do n.º 1 artigo 197.º da Constituição, o Governo apresenta à Assembleia da República a seguinte proposta de lei:

### Artigo 1.º
### Objecto

1 – O Governo fica autorizado a alterar o regime dos recursos em processo civil.

2 – O Governo fica ainda autorizado a alterar o regime dos conflitos de competência.

3 – Para os efeitos previstos nos números anteriores, o Governo fica autorizado a alterar:

    *a*) O Código de Processo Civil, aprovado pelo Decreto-Lei n.º 44129, de 28 de Dezembro de 1961, alterado pelos Decretos-Leis n.ºˢ 47690, de 11 de Maio de 1967, e 323/70, de 11 de Julho, pela Portaria n.º 439/74, de 10 de Julho, pelos Decretos-Leis n.ºˢ 261/75, de 27 de Maio, 165/76, de 1 de Março, 201/76, de 19 de Março, 366/76, de 5 de Maio, 605/76, de 24 de Julho, 738/76, de 16 de Outubro, 368/77, de 3 de Setembro, e 533/77, de 30 de Dezembro, pela Lei n.º 21/78, de 3 de Maio, pelos Decretos-Leis n.ºˢ 513-X/79, de 27 de Dezembro, 207/80, de 1 de Julho, 457/80, de 10 de Outubro, 400/82, de 23 de Setembro, 242/85, de 9 de Julho, 381-A/85, de 28 de Setembro, e 177/86, de 2 de Julho, pela Lei n.º 31/86, de 29 de Agosto, pelos Decretos-Leis n.ºˢ 92/88, de 17 de Março, 321-B/90, de 15 de Outubro, 211/91, de 14 de

Julho, 132/93, de 23 de Abril, 227/94, de 8 de Setembro, 39/95, de 15 de Fevereiro, 329-A/95, de 12 de Dezembro, 180/96, de 25 de Setembro, 375-A/99, de 20 de Setembro, e 183/2000, de 10 de Agosto, pela Lei n.º 30-D/2000, de 20 de Dezembro, pelos Decretos-Leis n.ᵒˢ 272/2001, de 13 de Outubro, e 323/2001, de 17 de Dezembro, pela Lei n.º 13/2002, de 19 de Fevereiro, e pelos Decretos-Leis n.ᵒˢ 38/2003, de 8 de Março, 199/2003, de 10 de Setembro, 324/2003, de 27 de Dezembro, e 53/2004, de 18 de Março, pela Lei n.º 6/2006, de 27 de Fevereiro, pelo Decreto--Lei n.º 76-A/2006, de 29 de Março e pela Lei n.º 14/2006, de 26 de Abril;

b) A Lei de Organização e Funcionamento dos Tribunais Judiciais, aprovada pela Lei n.º 3/99, de 13 de Janeiro, com a redacção dada pela Declaração de Rectificação n.º 7/99, de 4 de Fevereiro, alterada pela Lei n.º 101/99, de 26 de Julho, pelos Decretos-Leis n.ᵒˢ 323/2001, de 17 de Dezembro, e 38/2003, de 8 de Março, pela Lei n.º 105/2003, de 10 de Dezembro, pelo Decreto-Lei n.º 53/2004, de 18 de Março, e pela Lei n.º 42/2005, de 29 de Agosto, e pelo Decreto-Lei n.º 76-A/2006, de 29 de Março;

c) Todos os diplomas cuja necessidade de modificação decorra das alterações à legislação referida nas alíneas anteriores.

Artigo 2.º
**Sentido e extensão da autorização legislativa**

1 – O sentido e a extensão da autorização legislativa, no que se refere ao regime dos recursos em processo civil, são os seguintes:

a) Alteração do regime de arguição dos vícios e da reforma da sentença, reduzindo as situações em que é lícito às partes requerer a reforma da sentença, e estabelecendo que, quando caiba recurso da decisão, o requerimento de rectificação, esclarecimento ou reforma deve ser feito na respectiva alegação;

b) Revisão do regime de reclamação do despacho do tribunal recorrido que não admite o recurso, estabelecendo que o seu julgamento compete ao relator, nos termos gerais;

c) Aumento dos valores da alçada dos tribunais de 1.ª instância para € 5 000 e da alçada dos tribunais da Relação para € 30 000;

*d*) Consagração da obrigatoriedade de fixação do valor da causa pelo juiz;
*e*) Unificação dos recursos ordinários na 1.ª e na 2.ª instâncias, eliminando-se o agravo, e dos recursos extraordinários de revisão e de oposição de terceiro;
*f*) Consagração do direito de recurso, independentemente da alçada e da sucumbência, das decisões proferidas contra jurisprudência consolidada do Supremo Tribunal de Justiça;
*g*) Consagração da inadmissibilidade do recurso de revista do acórdão da Relação que confirme, sem voto de vencido e ainda que por diferente fundamento, a decisão proferida na 1.ª instância, salvo quando a admissão do recurso seja claramente necessária para uma melhor aplicação do direito;
*h*) Consagração da inadmissibilidade do recurso de revista se a orientação perfilhada no acórdão da Relação estiver de acordo com a jurisprudência uniformizada do Supremo Tribunal de Justiça, no domínio da mesma legislação e sobre a mesma questão fundamental de direito;
*i*) Revisão dos pressupostos de admissibilidade do recurso de revista per saltum, estabelecendo que este pode ter lugar nas causas de valor superior à alçada do tribunal da Relação desde que, verificados os demais requisitos actualmente previstos, a decisão impugnada seja desfavorável para o recorrente em valor também superior a metade da alçada desse tribunal;
*j*) Revisão do regime da revista ampliada, estabelecendo que o julgamento ampliado é obrigatoriamente proposto ao Presidente do Tribunal pelo relator ou pelos adjuntos quando verifiquem a possibilidade de vencimento de uma solução jurídica que esteja em oposição com jurisprudência anteriormente firmada, no domínio da mesma legislação e sobre a mesma questão fundamental de direito;
*l*) Consagração da regra geral de impugnação das decisões interlocutórias no recurso que venha ser interposto da decisão final e de um regime comum de recurso das decisões que põem termo ao processo, sejam estas decisões de mérito ou de forma;
*m*) Unificação do momento processual para a interposição do recurso e para a apresentação das alegações, bem como para a

prolação do despacho de admissão do recurso e do despacho que ordena a remessa do recurso para o tribunal superior;

*n)* Alteração das regras que regem os ónus a cargo do recorrente que impugne a decisão de facto, determinando que cabe ao recorrente, sob pena de imediata rejeição do recurso no que se refere à impugnação da matéria de facto, proceder à identificação da passagem da gravação em que funde essa impugnação, com referência aos meios de gravação áudio que permitem uma identificação precisa e separada dos depoimentos, sem prejuízo de as partes poderem proceder à transcrição das passagens da gravação em que se funde a impugnação;

*o)* Alteração do regime de vistos aos juízes adjuntos, estabelecendo que os vistos apenas se realizam após a entrega da cópia do projecto de acórdão e que as vistas se processam, preferencialmente, por meios electrónicos e de forma simultânea;

*p)* Consagração da possibilidade de discussão oral do objecto do recurso de revista, quando o relator a entenda necessária, oficiosamente ou a requerimento das partes;

*q)* Aprofundamento das regras processuais que estabelecem mecanismos de defesa contra as demoras abusivas na tramitação dos recursos;

*r)* Consagração de um recurso para uniformização de jurisprudência das decisões do Supremo Tribunal de Justiça que contrariem jurisprudência uniformizada ou consolidada desse Tribunal;

*s)* Ampliação dos casos em que é admissível o recurso extraordinário de revisão, de forma a adequar o respectivo regime à Convenção Europeia dos Direitos do Homem e às normas emanadas dos órgãos competentes das organizações internacionais de que Portugal seja parte.

2 – No que se refere aos conflitos de competência, o sentido e a extensão da autorização legislativa são os seguintes:

*a)* Alteração das regras de resolução dos conflitos de competência, passando esses conflitos a ser decididos por um juiz singular, num único grau, tanto no Supremo Tribunal de Justiça como nos tribunais da Relação;

*b)* Alteração da tramitação das regras processuais atinentes à resolução dos conflitos de competência, estabelecendo que o tribunal que se aperceba do conflito deve suscitá-lo oficiosamente junto do tribunal competente para decidir, e que o processo de resolução dos conflitos de competência tem carácter urgente.

Artigo 3.º
**Duração**

A autorização legislativa concedida pela presente lei tem a duração de 180 dias.

Visto e aprovado em Conselho de Ministros de
O Primeiro-Ministro
O Ministro da Presidência
O Ministro dos Assuntos Parlamentares

## ANTEPROJECTO DE DECRETO-LEI AUTORIZADO

Assim:
No uso da autorização legislativa concedida pela Lei n.º ...., de ..., e nos termos da alíneas *a*) e *b*) do n.º 1 do artigo 198.º da Constituição, o Governo decreta o seguinte:

Artigo 1.º
**Alteração ao Código de Processo Civil**

Os artigos 12.º, 116.º, 117.º, 118.º, 123.º, 154.º, 186.º, 224.º, 225.º, 229.º-A, 234.º-A, 262.º, 291.º, 315.º, 475.º, 506.º, **522.º-C**, 667.º, 668.º, 669.º, 670.º, 672.º, 676.º, 677.º, 678.º, 680.º, 682.º, 683.º, 685.º, 688.º, 691.º, 692.º, 693.º, 696.º, 700.º, 702.º, 703.º, 707.º, 709.º, 712.º, 713.º, 715.º, 716.º, 720.º a 725.º, 727.º a 729.º, 732.º-A, 732.º-B, 771.º a 776.º, 800.º, 953.º, 1086.º, 1087.º, 1089.º, 1099.º, 1373.º, 1382.º e 1396.º do Código de Processo Civil, aprovado pelo Decreto-Lei n.º 44129, de 28 de Dezembro de 1961, alterado pelos Decretos-Leis n.ºˢ 47690, de 11 de Maio de 1967, e 323/70, de 11 de Julho, pela Portaria n.º 439/74, de 10 de Julho, pelos Decretos-Leis n.ºˢ 261/75, de 27 de Maio, 165/76, de 1 de Março, 201/76, de 19 de Março, 366/76, de 5 de Maio, 605/76, de 24 de

Julho, 738/76, de 16 de Outubro, 368/77, de 3 de Setembro, e 533/77, de 30 de Dezembro, pela Lei n.º 21/78, de 3 de Maio, pelos Decretos-Leis n.ºs 513-X/79, de 27 de Dezembro, 207/80, de 1 de Julho, 457/80, de 10 de Outubro, 400/82, de 23 de Setembro, 242/85, de 9 de Julho, 381-A/85, de 28 de Setembro, e 177/86, de 2 de Julho, pela Lei n.º 31/86, de 29 de Agosto, pelos Decretos-Leis n.ºs 92/88, de 17 de Março, 321-B/90, de 15 de Outubro, 211/91, de 14 de Julho, 132/93, de 23 de Abril, 227/94, de 8 de Setembro, 39/95, de 15 de Fevereiro, 329-A/95, de 12 de Dezembro, 180/96, de 25 de Setembro, 375-A/99, de 20 de Setembro, e 183/2000, de 10 de Agosto, pela Lei n.º 30-D/2000, de 20 de Dezembro, pelos Decretos-Leis n.ºs 272/2001, de 13 de Outubro, e 323/2001, de 17 de Dezembro, pela Lei n.º 13/2002, de 19 de Fevereiro, pelos Decretos-Leis n.ºs 38/2003, de 8 de Março, 199/2003, de 10 de Setembro, 324/2003, de 27 de Dezembro, e 53/2004, de 18 de Março, pela Lei n.º 6/2006, de 27 de Fevereiro, pelo Decreto-Lei n.º 76-A/2006, de 29 de Março, e pela Lei n.º 14/2006, de 26 de Abril, passam a ter a seguinte redacção:

«Artigo 12.º
[...]

1 – [...].
2 – [...].
3 – Ouvido o outro progenitor, quando só um deles tenha requerido, bem como o Ministério Público, o juiz decide de acordo com o interesse do menor, podendo atribuir a representação a só um dos pais, designar curador especial ou conferir a representação ao Ministério Público, cabendo recurso da decisão.
4 – [...].
5 – [...].

Artigo 116.º
[...]

1 – Os conflitos de jurisdição são resolvidos pelo Supremo Tribunal de Justiça ou pelo Tribunal dos Conflitos, conforme os casos; os conflitos de competência são solucionados pelo presidente do tribunal de menor categoria que exerça jurisdição sobre as autoridades em conflito.
2 – [...].

## Artigo 117.º
[...]

1 – Quando o tribunal se aperceber do conflito, deve suscitá-lo oficiosamente junto do presidente do tribunal competente para decidir.

2 – O conflito pode igualmente ser suscitado por qualquer das partes ou pelo Ministério Público mediante requerimento dirigido ao presidente do tribunal.

3 – O processo de resolução dos conflitos de competência tem carácter urgente.

## Artigo 118.º
**Tramitação subsequente**

1 – Se a resolução do conflito tiver sido suscitada oficiosamente, deve a secretaria notificar as partes para se pronunciarem no prazo de 5 dias.

2 – Quando a resolução do conflito tiver sido requerida por uma das partes, pode a parte contrária pronunciar-se no prazo referido no número anterior.

3 – Em qualquer caso, o processo vai com vista ao Ministério Público pelo prazo de 5 dias.

## Artigo 123.º
[...]

1 – Quando se verifique alguma das causas de impedimento, deve o juiz, oficiosamente, declarar-se impedido ou podem as partes, até à sentença, requerer a declaração do impedimento.

2 – Do despacho proferido sobre o impedimento de algum dos juízes pode reclamar-se para a conferência, que decide com a intervenção de todos os juízes que devam intervir, excepto daquele a quem o impedimento respeitar.

3 – Declarado o impedimento, a causa passa ao juiz substituto, com excepção do caso previsto no n.º 2 do artigo 89.º.

4 – Nos tribunais superiores observa-se o disposto no n.º 1 do artigo 227.º, se o impedimento respeitar ao relator, ou a causa passa ao juiz imediato, se o impedimento respeitar a qualquer dos adjuntos.

5 – Seja qual for o valor da causa, é sempre admissível recurso da decisão de indeferimento para o tribunal imediatamente superior, que sobe em separado.

Artigo 154.º
[...]

1 – A manutenção da ordem nos actos processuais compete ao magistrado que a eles presida, o qual toma as providências necessárias contra quem perturbar a sua realização podendo, nomeadamente, e consoante a gravidade da infracção, advertir com urbanidade o infractor, retirar-lhe a palavra quando este se afaste do respeito devido ao tribunal ou às instituições vigentes, condená-lo em multa, ou fazê-lo sair do local em que o acto se realiza.
2 – [anterior n.º 3].
3 – O magistrado deve fazer consignar em acta, de forma especificada, os actos que determinaram a providência, sem prejuízo do procedimento criminal ou disciplinar que no caso couber.
4 – Sempre que seja retirada a palavra a advogado ou advogado-estagiário ou aos magistrados do Ministério Público, é, consoante os casos, dado conhecimento circunstanciado do facto à Ordem dos Advogados, para efeitos disciplinares, ou ao respectivo superior hierárquico.
5 – Das decisões referidas no número 1 cabe apelação, a processar como urgente, com efeito suspensivo do processo e, quanto à decisão que retire a palavra ou ordene a saída do local em que o acto se realize ao mandatário judicial, também com efeito suspensivo da decisão.
6 – [anterior n.º 7].

Artigo 186.º
[...]

1 – [...].
2 – [...].
3 – O Ministério Público pode interpor recurso de apelação com efeito suspensivo do despacho de cumprimento, seja qual for o valor da causa.

Artigo 224.º
[...]

Nas Relações há as seguintes espécies:
1.ª Apelações em processo ordinário e especial;
2.ª Apelações em processo sumário e sumaríssimo;
3.ª Recursos em processo penal;

4.ª Conflitos e revisão de sentenças de tribunais estrangeiros;
5.ª Causas de que a Relação conhece em 1.ª instância.

### Artigo 225.º
[...]

No Supremo Tribunal há as seguintes espécies:
1.ª Revistas;
2.ª Recursos em processo penal;
3.ª Conflitos;
4.ª Apelações;
5.ª Causas de que o tribunal conhece em única instância.

### Artigo 229.º-A
[...]

1 – Nos processos em que as partes tenham constituído mandatário judicial, todos os actos processuais que devam ser praticados por escrito pelas partes após a notificação ao autor da contestação do réu, são notificados pelo mandatário judicial do apresentante ao mandatário judicial da contraparte, no respectivo domicílio profissional, nos termos do artigo 260.º-A.
2 – [...].

### Artigo 234.º-A
[...]

1 – [...].
2 – É admitido recurso até à Relação do despacho que haja indeferido liminarmente a petição de acção ou de procedimento cautelar, cujo valor esteja contido na alçada dos tribunais de primeira instância.
3 – O despacho que admita o recurso referido no número anterior ordena a citação do réu ou requerido, tanto para os termos do recurso como para os da causa, salvo se o requerido no procedimento cautelar não dever ser ouvido antes do seu decretamento.
4 – [...].
5 – [...].

Artigo 262.º
[...]

1 – [...].
2 – Do despacho de indeferimento da notificação cabe recurso até à Relação.

Artigo 291.º
[...]

1 – [...].
2 – Os recursos são julgados desertos nos casos previstos no n.º 5 do artigo 721.º ou quando, por causa imputável ao recorrente, estejam parados durante mais de um ano.
3 – [...].
4 – [...].

Artigo 315.º
**Fixação do valor**

1 – Compete ao juiz fixar o valor da causa, sem prejuízo do dever de indicação que impende sobre as partes.
2 – O valor da causa é fixado no despacho saneador, salvo nos processos a que se refere o n.º 3 do artigo 308.º e naqueles em que não haja lugar a despacho saneador, sendo nesses casos fixado na sentença.
3 – Se for interposto recurso antes da fixação do valor, esta tem lugar no despacho sobre o requerimento de interposição.

Artigo 475.º
[...]

1 – [...].
2 – Do despacho que confirme o não recebimento cabe recurso até à Relação, ainda que o valor da causa não ultrapasse a alçada dos tribunais de primeira instância, aplicando-se, com as adaptações necessárias, o disposto no artigo 234.º-A.

### Artigo 506.º
**[...]**

1 – [...].
2 – [...].
3 – [...].
4 – [...].
5 – [...].
6 – Os factos articulados que interessem à decisão da causa são incluídos na base instrutória ou, nos casos em que esta já estiver elaborada, são-lhe aditados, sem possibilidade de reclamação contra o aditamento, cabendo recurso do despacho que o ordenar nos termos gerais do artigo 691.º.

### Artigo 522.º-C
**[...]**

1 – [...].
2 – Quando haja lugar a registo áudio ou vídeo, deve ser assinalado na acta o início e o termo da gravação de cada depoimento, informação ou esclarecimento, de forma a ser possível uma identificação precisa e separada dos mesmos.

### Artigo 667.º
**[...]**

1 – [...].
2 – Em caso de recurso, a rectificação só pode ter lugar antes de ele subir, podendo as partes alegar perante o tribunal superior o que entendam de seu direito no tocante à rectificação. Se nenhuma das partes recorrer, a rectificação pode ter lugar a todo o tempo.

### Artigo 668.º
**[...]**

1 – É nula a sentença quando:
   *a)* Não contenha a assinatura do juiz;
   *b)* Não especifique os fundamentos de facto e de direito que justificam a decisão;
   *c)* Os fundamentos estejam em oposição com a decisão;

*d)* O juiz deixe de pronunciar-se sobre questões que devesse apreciar ou conheça de questões de que não podia tomar conhecimento;
*e)* Condene em quantidade superior ou em objecto diverso do pedido.
2 – [...].
3 – As nulidades mencionadas nas alíneas *b)* a *e)* do n.º 1 só podem ser arguidas perante o tribunal que proferiu a sentença se esta não admitir recurso ordinário, podendo o recurso, no caso contrário, ter como fundamento qualquer dessas nulidades.

Artigo 669.º
[...]

1 – Pode qualquer das partes requerer no tribunal que proferiu a sentença:
*a)* O esclarecimento de alguma obscuridade ou ambiguidade relativa à decisão ou aos seus fundamentos;
*b)* [...].
2 – Cabendo recurso da decisão, o requerimento previsto no número anterior é feito na própria alegação.

Artigo 670.º
[...]

1 – Arguida alguma das nulidades previstas nas alíneas *b)* a *e)* do n.º 1 do artigo 668.º ou pedida a aclaração da sentença ou a sua reforma, nos termos dos artigos anteriores, deve o juiz indeferir o requerimento ou emitir despacho a corrigir o vício, a aclarar ou a reformar a sentença impugnada, que, neste caso, considera-se complemento e parte integrante da sentença.
2 – Do despacho que indeferir o requerimento previsto no número anterior não cabe recurso.
3 – Nos casos em que tenha havido recurso da decisão, este fica a ter por objecto a nova decisão, podendo o recorrente, no prazo de 10 dias, desistir do recurso, ou alargar ou restringir o respectivo âmbito em conformidade com a alteração que a sentença tiver sofrido e o recorrido responder a tal alteração no mesmo prazo.

4 – Caso se verifiquem os requisitos gerais do n.º 1 do artigo 678.º o recorrido pode interpor novo recurso da sentença aclarada, corrigida ou reformada no prazo de 15 dias a contar da notificação do despacho referido no n.º 1.

5 – O despacho previsto no n.º 1 é proferido com aquele que admite o recurso e ordena a respectiva subida, devendo o relator, se o juiz omitir aquele despacho, mandar baixar o processo para que o mesmo seja proferido.

Artigo 672.º
[...]

1 – Os despachos, bem como as sentenças, que recaiam unicamente sobre a relação processual têm força obrigatória dentro do processo.

2 – Excluem-se do disposto no número anterior os despachos previstos no artigo 679.º.

Artigo 676.º
[...]

1 – [...].

2 – Os recursos são ordinários ou extraordinários: são ordinários a apelação e a revista; são extraordinários o recurso para uniformização de jurisprudência e a revisão.

Artigo 677.º
[...]

A decisão considera-se transitada em julgado, logo que não seja susceptível de recurso ordinário, ou de reclamação nos termos dos artigos 668.º e 669.º.

Artigo 678.º
[...]

1 – Só é admissível recurso ordinário nas causas de valor superior à alçada do tribunal de que se recorre desde que a decisão impugnada seja desfavorável para o recorrente em valor também superior a metade da alçada desse tribunal, atendendo-se, em caso de fundada dúvida acerca do valor da sucumbência, somente ao valor da causa.

2 – Independentemente do valor da causa e da sucumbência, é sempre admissível recurso:
   a) Das decisões proferidas em violação das regras de competência internacional, em razão da matéria ou da hierarquia ou com ofensa de caso julgado;
   b) Das decisões respeitantes ao valor da causa, dos incidentes ou dos procedimentos cautelares, com o fundamento de que o seu valor excede a alçada do tribunal de que se recorre;
   c) Das decisões proferidas, no domínio da mesma legislação e sobre a mesma questão fundamental de direito, contra jurisprudência uniformizada ou consolidada do Supremo Tribunal de Justiça.

3 – Independentemente do valor da causa e da sucumbência, é sempre admissível recurso para a Relação nas acções em que se aprecie a validade, a subsistência ou a cessação de contratos de arrendamento, com excepção dos arrendamentos para habitação não permanente ou para fins especiais transitórios.

4 – Considera-se consolidada a jurisprudência quando tiverem sido proferidos pelo Supremo Tribunal de Justiça, sobre a mesma questão fundamental de direito, três acórdãos consecutivos no mesmo sentido, sem acórdão subsequente em oposição.

Artigo 680.º
[...]

1 – Os recursos só podem ser interpostos por quem, sendo parte principal na causa, tenha ficado vencido, com excepção do recurso de revisão previsto na alínea g) do artigo 771.º.

2 – As pessoas directa e efectivamente prejudicadas pela decisão podem recorrer dela, ainda que não sejam partes na causa ou sejam apenas partes acessórias.

3 – O recurso previsto na alínea g) do artigo 771.º pode ser interposto por qualquer terceiro, considerando-se como terceiro o incapaz que haja intervindo no processo como parte, mas por intermédio de representante legal.

Artigo 682.º
[...]

1 – [...].
2 – O prazo de interposição do recurso subordinado conta-se a partir da notificação da interposição do recurso da parte contrária.
3 – [...].
4 – [...].
5 – [...].

Artigo 683.º
[...]

1 – [...].
2 – [...].
3 – A adesão ao recurso pode ter lugar por meio de requerimento ou de subscrição das alegações do recorrente, até ao início do prazo referido no n.º 1 do artigo 707.º.
4 – [...].
5 – [...].

Artigo 685.º
Prazos

1 – O prazo de interposição do recurso é de 30 dias, salvo nos processos urgentes e nos demais casos expressamente previstos na lei, e conta-se a partir da notificação da decisão.

2 – Se a parte for revel e não dever ser notificada nos termos do artigo 255.º, o prazo de interposição corre desde a publicação da decisão, porém, se a revelia da parte cessar antes de decorrido o prazo para a interposição do recurso posterior à publicação, tem a sentença ou despacho de ser notificado e o prazo começa a correr da data da notificação.

3 – Tratando-se de despachos ou sentenças orais, reproduzidos no processo, o prazo corre do dia em que foram proferidos, se a parte esteve presente ou foi notificada para assistir ao acto.

4 – [anterior n.º 3].

5 – Em prazo idêntico ao da interposição, pode o recorrido responder à alegação do recorrente.

6 – Na sua alegação o recorrido pode impugnar a admissibilidade ou a tempestividade do recurso, bem como a legitimidade do recorrente.

7 – Se o recurso tiver por objecto a reapreciação da prova gravada, ao prazo de interposição e de resposta acrescem 10 dias.

8 – Se a ampliação do objecto do recurso for requerida pelo recorrido nos termos do artigo 684.º-A, pode ainda o recorrente responder à matéria da ampliação, nos 15 dias posteriores à notificação do requerimento.

9 – Havendo vários recorrentes ou vários recorridos, ainda que representados por advogados diferentes, o prazo das respectivas alegações é único, incumbindo à secretaria providenciar para que todos possam proceder ao exame do processo durante o prazo de que beneficiam.

Artigo 688.º
**Reclamação contra o indeferimento**

1 – Do despacho que não admita o recurso pode o recorrente reclamar para o tribunal que seria competente para conhecer desse recurso.

2 – O recorrido pode responder à reclamação apresentada pelo recorrente.

3 – A reclamação, dirigida ao tribunal superior, é apresentada na secretaria do tribunal recorrido, autuada por apenso aos autos principais e é sempre instruída com o requerimento de interposição de recurso, a decisão recorrida e o despacho objecto de reclamação.

4 – A reclamação é apresentada logo ao relator, que, no prazo de 10 dias, profere decisão que admita o recurso ou que mantenha o despacho reclamado.

5 – Se o relator não se julgar suficientemente elucidado com os documentos referidos no n.º 3, pode requisitar ao tribunal recorrido os esclarecimentos ou as certidões que entenda necessários.

6 – Se o recurso for admitido, o relator requisita o processo principal ao tribunal recorrido que o deve fazer subir no prazo de 10 dias.

Artigo 691.º
[...]

1 – Das decisões do tribunal de primeira instância que ponham termo ao processo cabe recurso de apelação.

2 – Cabe ainda recurso de apelação das seguintes decisões do tribunal de primeira instância:

*a)* Decisão pela qual o juiz indefira o impedimento oposto por alguma das partes;
*b)* Decisão que aprecie a competência do tribunal;
*c)* Decisão que aplique multa;
*d)* Decisão que condene no cumprimento de obrigação pecuniária, garantida por depósito ou caução;
*e)* Decisão que tenha ordenado o cancelamento de qualquer registo;
*f)* Decisão que suspenda a instância;
*g)* Decisão proferida depois da decisão final;
*h)* Despacho saneador que, sem pôr termo ao processo, decida do mérito da causa, cuja impugnação com o recurso da decisão final seja susceptível de causar ao recorrente prejuízo de difícil reparação;
*i)* Decisões cuja impugnação com o recurso da decisão final seria absolutamente inútil;
*j)* Nos demais casos expressamente previstos na lei.

3 – As restantes decisões proferidas pelo tribunal de primeira instância devem ser impugnadas no recurso que venha a ser interposto da decisão final.

4 – Se não houver recurso da decisão final, as decisões interlocutórias podem ser impugnadas, caso tenham interesse para o apelante independentemente daquela decisão, devendo ser objecto de um recurso único, a interpor após o trânsito da referida decisão.

5 – Nos casos previstos nos n.os 2 e 4 e nos processos urgentes, o prazo para interposição de recurso e apresentação de alegações é reduzido para 15 dias.

Artigo 692.º
[...]

1 – [...].
2 – A apelação tem, porém, efeito suspensivo:
*a)* Na decisão que ponha termo ao processo em acções sobre o estado das pessoas;
*b)* Na decisão que ponha termo ao processo nas acções referidas no n.º 3 do artigo 678.º e nas que respeitem à posse ou à propriedade de casa de habitação.

3 – Suspendem ainda os efeitos da decisão recorrida, além das referidas no número anterior:
   a) As apelações interpostas das decisões previstas as alíneas c), d) e e) do n.º 2 do artigo 691.º;
   b) Todas as demais a que a lei atribuir expressamente esse efeito.

4 – Fora dos casos previstos no número anterior, o recorrente pode requerer, ao interpor o recurso, que a apelação tenha efeito suspensivo quando a execução da decisão lhe cause prejuízo considerável e se ofereça para prestar caução, ficando a atribuição desse efeito condicionada à efectiva prestação da caução no prazo fixado pelo tribunal e aplicando-se o n.º 3 do artigo 818.º.

Artigo 693.º
[...]

1 – O apelado pode requerer a todo o tempo a extracção do traslado, com indicação das peças que, além da sentença, ele deva abranger.

2 – Não querendo, ou não podendo, obter a execução provisória da sentença, pode o apelado, que não esteja já garantido por hipoteca judicial, requerer, no prazo de 10 dias contados da notificação do despacho que admita a apelação ou que, no caso do n.º 4 do artigo anterior, lhe recuse o efeito suspensivo, que o apelante preste caução.

Artigo 696.º
[...]

Se houver dificuldades na fixação da caução a que se referem os artigos anteriores, calcula-se o seu valor mediante avaliação feita por um único perito nomeado pelo juiz.

Artigo 700.º
**Função do relator**

1 – O juiz a quem o processo for distribuído fica sendo o relator, incumbindo-lhe deferir a todos os termos do recurso até final, designadamente:
   a) Corrigir o efeito atr1ibuído ao recurso e o respectivo modo de subida, ou convidar as partes a aperfeiçoar as conclusões das respectivas alegações, nos termos do n.º 3 do artigo 685.º-C;

*b)* Verificar se alguma circunstância obsta ao conhecimento do recurso;
*c)* Julgar sumariamente o objecto do recurso, nos termos previstos no artigo 705.º;
*d)* Ordenar a realização das diligências que considere necessárias;
*e)* Autorizar ou recusar a junção de documentos e pareceres;
*f)* Julgar os incidentes suscitados;
*g)* Declarar a suspensão da instância;
*h)* Julgar extinta a instância por causa diversa do julgamento ou julgar findo o recurso, pelo não conhecimento do seu objecto.

2 – Na decisão do objecto do recurso e das questões a apreciar em conferência intervêm, pela ordem de antiguidade no tribunal, os juízes seguintes ao relator.

3 – [...].

4 – A reclamação deduzida é decidida no acórdão que julga o recurso, salvo quando a natureza das questões suscitadas impuser decisão imediata, sendo, neste caso, aplicável o disposto nos n.os 2 a 4 do artigo 707.º.

5 – Do acórdão da conferência pode a parte que se considere prejudicada recorrer nos termos gerais previstos no n.º 4 do artigo 721.º.

Artigo 702.º
**Erro no modo de subida do recurso**

1 – Se o recurso tiver subido em separado, quando devesse subir nos próprios autos, requisitam-se estes ao tribunal recorrido

2 – Decidindo o relator, inversamente, que o recurso que subiu nos próprios autos deveria ter subido em separado, o tribunal notifica as partes para indicarem as peças necessárias à instrução do recurso, as quais são autuadas com o requerimento de interposição do recurso e com as alegações, baixando, em seguida, os autos principais à 1.ª instância.

Artigo 703.º
[...]

1 – Se o relator entender que deve alterar-se o efeito do recurso, ouvirá, antes de decidir, as partes, no prazo de 5 dias.

2 – Se a questão tiver sido suscitada por alguma das partes na sua alegação, o relator apenas ouve a parte contrária que não tenha tido oportunidade de responder.

3 – [...].
4 – [...].

### Artigo 707.º
[...]

1 – Decididas as questões que devam ser apreciadas antes do julgamento do objecto do recurso, se não se verificar o caso previsto no artigo 705.º, o relator elabora o projecto de acórdão no prazo de 30 dias.

2 – Na sessão anterior ao julgamento do recurso, o processo, acompanhado com o projecto de acórdão, vai com vista simultânea, por meios electrónicos, aos dois juízes-adjuntos, pelo prazo de 5 dias, ou, quando tal não for possível, o relator ordena a extracção de cópias do projecto de acórdão e das peças processuais relevantes para a apreciação do objecto da apelação.

3 – Se o volume das peças processuais relevantes tornar excessivamente morosa a extracção de cópias, o processo vai com vista aos dois juízes-adjuntos, pelo prazo de 5 dias a cada um.

4 – Quando a natureza das questões a decidir ou a necessidade de celeridade no julgamento do recurso o aconselhem, pode o relator, com a concordância dos adjuntos, dispensar os vistos.

### Artigo 709.º
[...]

1 – O processo é inscrito em tabela logo que se mostre decorrido o prazo para o relator elaborar o projecto de acórdão.
2 – [*anterior n.º 3*].
3 – [*anterior n.º 5*].

### Artigo 712.º
[...]

1 – [...].
*a*) Se do processo constarem todos os elementos de prova que serviram de base à decisão sobre os pontos da matéria de facto em causa ou se, tendo ocorrido gravação dos depoimentos prestados, tiver sido impugnada, nos termos do artigo 685.º-B, a decisão com base neles proferida;

b) [...];
c) [...].
2 – [...].
3 – [...].
4 – [...].
5 – [...].
6 – [...].

Artigo 713.º
[...]

1 – [...].
2 – [...].
3 – [...].
4 – [...].
5 – Quando a Relação entender que a questão a decidir é simples pode o acórdão limitar-se à parte decisória, precedida da fundamentação sumária do julgado, ou, quando a questão já tenha sido jurisdicionalmente apreciada, a remeter para precedente acórdão, de que se junta cópia.
6 – [...].
7 – O juiz que lavrar o acórdão deve sumariá-lo.

Artigo 715.º
[...]

1 – Embora o tribunal de recurso declare nula a decisão proferida na 1.ª instância, não deixará de conhecer do objecto da apelação.
2 – [...].
3 – [...].

Artigo 716.º
[...]

1 – [...].
2 – A rectificação, aclaração ou reforma do acórdão, bem como a arguição de nulidade, são decididas em conferência.

## Artigo 720.º
[...]

1 – [...].

2 – O disposto no número anterior é também aplicável aos casos em que a parte procure obstar ao trânsito em julgado da decisão, através da suscitação de incidentes, a ela posteriores, manifestamente infundados.

3 – A decisão da conferência que qualificar como manifestamente infundado o incidente suscitado determina a imediata extracção do traslado, prosseguindo os autos os seus termos no tribunal recorrido.

4 – No caso previsto no número anterior, apenas é proferida a decisão no traslado depois de, contadas as custas a final, o requerente as ter pago, bem como todas as multas e indemnizações que hajam sido fixadas pelo tribunal.

5 – A decisão impugnada através de incidente manifestamente infundado considera-se, para todos os efeitos, transitada em julgado, sob condição resolutiva de, no caso de eventual provimento, em consequência da decisão no traslado, se anular o processado.

## Artigo 721.º
[...]

1 – Cabe recurso de revista para o Supremo Tribunal de Justiça do acórdão da Relação proferido sobre o recurso de apelação previsto no n.º 1 e na alínea *h*) do n.º 2 do artigo 691.º.

2 – Os acórdãos proferidos no decurso do processo pendente na Relação apenas podem ser impugnados no recurso de revista que vier a ser interposto nos termos do número anterior, com excepção:

   *a*) Dos acórdãos proferidos sobre incompetência relativa da Relação;
   *b*) Dos acórdãos cuja impugnação com o recurso de revista seria absolutamente inútil.

3 – Não é admitida revista do acórdão da Relação que esteja de acordo com jurisprudência uniformizada do Supremo Tribunal de Justiça, no domínio da mesma legislação e sobre a mesma questão fundamental de direito ou que confirme, sem voto de vencido e ainda que por diferente fundamento, a decisão proferida na 1.ª instância, salvo quando esteja em causa uma questão cuja apreciação, pela sua relevância jurídica ou por versar sobre interesses imateriais de particular relevância social, é claramente necessária para uma melhor aplicação do direito.

4 – É sempre admissível recurso de revista do acórdão da Relação que esteja em contradição com outro já transitado em julgado, proferido pelo Supremo Tribunal de Justiça ou por qualquer Relação, no domínio da mesma legislação e sobre a mesma questão fundamental de direito, salvo quando tiver sido fixada pelo Supremo jurisprudência com ele conforme.

5 – Nos casos previstos no número anterior, o recorrente deve, sob pena de deserção do recurso, indicar:
   *a)* As razões pelas quais a apreciação da questão é claramente necessária para uma melhor aplicação do direito;
   *b)* Os aspectos de identidade que determinam a contradição alegada, juntando cópia do acórdão fundamento com o qual o acórdão recorrido se encontra em oposição.

### Artigo 722.º
[...]

1 – A revista pode ter por fundamento:
   *a)* A violação de lei substantiva, que pode consistir tanto no erro de interpretação ou de aplicação, como no erro de determinação da norma aplicável;
   *b)* A violação ou errada aplicação da lei de processo;
   *c)* As nulidades previstas nos artigos 668.º e 716.º.

2 – Para os efeitos do disposto na alínea *a)* do número anterior, consideram-se como lei substantiva as normas e os princípios de direito internacional geral ou comum e as disposições genéricas, de carácter substantivo, emanadas dos órgãos de soberania, nacionais ou estrangeiros, ou constantes de convenções ou tratados internacionais.

3 – [*anterior n.º 2*].

### Artigo 723.º
[...]

1 – [*anterior corpo do artigo*].

2 – Se o recurso for admitido no efeito suspensivo, pode o recorrido exigir a prestação de caução, sendo neste caso aplicável o disposto no n.º 2 do artigo 693.º; se o efeito for meramente devolutivo, pode o recorrido requerer que se extraia traslado, o qual compreende unicamente o acórdão, salvo se o recorrido fizer, à sua custa, inserir outras peças.

Artigo 724.º
[...]

1 – [...].
2 – Nos casos previstos nas alíneas *a)* e *b)* do n.º 2 do artigo 721.º e nos processos urgentes, o prazo de interposição de recurso é de 15 dias.

Artigo 725.º
[...]

1 – Quando o valor da causa for superior à alçada dos tribunais judiciais de 2.ª instância, o valor da sucumbência for superior a metade da alçada desses tribunais e as partes, nas suas alegações, suscitem apenas questões de direito, pode qualquer delas, requerer nas conclusões que o recurso interposto da decisão proferida em 1.ª instância que ponha termo ao processo suba directamente ao Supremo Tribunal de Justiça.
2 – [...].
3 – [...].
4 – Se, remetido o processo ao Supremo Tribunal de Justiça, o relator entender que as questões suscitadas ultrapassam o âmbito da revista, determina que o processo baixe à Relação, a fim de o recurso aí ser processado, nos termos gerais, sendo a decisão do relator, neste caso, definitiva.
5 – [...].
6 – No caso de deferimento do requerimento previsto no n.º 1, o recurso é processado como revista, salvo no que respeita aos efeitos, a que se aplicam os preceitos referentes à apelação.

Artigo 727.º
[...]

Com as alegações podem juntar-se documentos supervenientes, sem prejuízo do disposto no n.º 3 do artigo 722.º e no n.º 2 do artigo 729.º.

Artigo 728.º
[...]

1 – [...].
2 – Se não houver a conformidade de votos exigida para o vencimento, o processo vai com vista aos dois juízes imediatos, sendo aplicáveis os n.os 2 e 3 do artigo 707.º.

## Artigo 729.º
[...]

1 – [...].
2 – A decisão proferida pelo tribunal recorrido quanto à matéria de facto não pode ser alterada, salvo o caso excepcional previsto no n.º 3 do artigo 722.º.
3 – [...].

## Artigo 732.º-A
[...]

1 – O Presidente do Supremo Tribunal de Justiça determina, até à prolação do acórdão, que o julgamento do recurso se faça com intervenção do pleno das secções cíveis, quando tal se revele necessário ou conveniente para assegurar a uniformidade da jurisprudência.

2 – O julgamento alargado, previsto no número anterior, pode ser requerido por qualquer das partes e deve ser proposto pelo Ministério Público, pelo relator, por qualquer dos adjuntos, ou pelos presidentes das secções cíveis.

3 – O relator, ou qualquer dos adjuntos, propõem obrigatoriamente o julgamento ampliado da revista quando verifiquem a possibilidade de vencimento de solução jurídica que esteja em oposição com jurisprudência uniformizada ou consolidada, no domínio da mesma legislação e sobre a mesma questão fundamental de direito.

## Artigo 732.º-B
[...]

1 – [...].
2 – Se a decisão a proferir envolver alteração de jurisprudência anteriormente uniformizada, o relator ouve previamente as partes se estas não tiverem tido oportunidade de se pronunciar sobre o julgamento alargado, sendo aplicável o disposto no artigo 727.º-A.

3 – Após a audição das partes, o processo vai com vista simultânea a cada um dos juízes que devam intervir no julgamento, aplicando-se o disposto nos n.ºs 2 e 3 do artigo 707.º.

4 – [*anterior n.º 3*].

5 – O acórdão proferido pelas secções reunidas sobre o objecto da revista é publicado na 1.ª série do *Diário da República*.

Artigo 771.º
[...]

A decisão transitada em julgado só pode ser objecto de revisão quando:
a) Uma outra sentença transitada em julgado tiver dado como provado crime cometido por juiz e relacionado com o exercício da sua função no processo;
b) Se verifique a falsidade de documento ou acto judicial, de depoimento ou das declarações de peritos, que possam em qualquer dos casos ter determinado a decisão a rever e tal matéria não tiver sido objecto de discussão no processo em que foi proferida a decisão a rever;
c) Se apresente documento de que a parte não tivesse conhecimento, ou de que não tivesse podido fazer uso, no processo em que foi proferida a decisão a rever e que, por si só, seja suficiente para modificar a decisão em sentido mais favorável à parte vencida;
d) Se verifique a nulidade ou a anulabilidade da confissão, desistência ou transacção em que a decisão se fundasse;
e) Tendo corrido a acção e a execução à revelia, por falta absoluta de intervenção do réu, se mostre que faltou a sua citação ou que é nula a citação feita;
f) Seja inconciliável com uma decisão definitiva de uma instância internacional de recurso vinculativa do Estado Português;
g) O litígio assente sobre um acto simulado das partes e o tribunal não tenha feito uso do poder que lhe confere o artigo 665.º, por se não ter apercebido da fraude.

Artigo 772.º
[...]

1 – O recurso é interposto no tribunal que proferiu a decisão a rever.
2 – O recurso não pode ser interposto se tiverem decorrido mais de cinco anos sobre o trânsito em julgado da decisão e o prazo para a interposição é de 60 dias, contados:
a) No caso da alínea a) do artigo 771.º, do trânsito em julgado da sentença em que se funda a revisão;
b) No caso da alínea f) do artigo 771.º, do momento em que a decisão em que se funda a revisão se tornou definitiva;

c) No caso da alínea g) do artigo 771.º, do momento em que o recorrente teve conhecimento da sentença;
d) Nos outros casos, do momento em que o recorrente obteve o documento ou teve conhecimento do facto que serve de base à revisão.

3 – Nos casos previstos na segunda parte do n.º 3 do artigo 680.º, o prazo previsto no n.º 2 não finda antes de decorrido um ano sobre a aquisição da capacidade por parte do incapaz ou sobre a mudança do seu representante legal.

4 – [anterior n.º 3].
5 – [anterior n.º 4].

Artigo 773.º
[...]

No requerimento de interposição, que é autuado por apenso ao processo, deve o recorrente:

a) Especificar o fundamento do recurso e, nos casos previstos nas alíneas b), d) e e) do artigo 771.º, procurar demonstrar que se verifica o fundamento invocado;
b) Nos casos das alíneas a), c), f), do artigo 771.º, juntar, consoante os casos, certidão da sentença, da decisão, ou o documento em que se funda o pedido.
c) No caso da alínea g) do artigo 771.º juntar certidão da sentença e demonstrar que esta resultou de simulação processual dos recorridos e envolveu prejuízo para o recorrente.

Artigo 774.º
**Admissão do recurso**

1 – Sem prejuízo do disposto no n.º 1 do artigo 685.º-C, o tribunal a que for dirigido o requerimento indefere-o quando não vier instruído nos termos do artigo anterior e também quando se reconheça logo que não há motivo para revisão.

2 – Se o recurso for admitido, notificam-se pessoalmente os recorridos para, responderem no prazo de 20 dias.

3 – O recebimento do recurso não suspende a execução da decisão recorrida.

4 – [revogado].

## Artigo 775.º
[...]

1 – Salvo nos casos das alíneas *b)*, *d)* e *g)* do artigo 771.º, o tribunal, logo em seguida à resposta do recorrido ou ao termo do prazo respectivo, conhecerá do fundamento da revisão, precedendo as diligências que forem consideradas indispensáveis.

2 – Nos casos das alíneas *b)*, *d)* e *g)* do artigo 771.º, segue-se, após a resposta dos recorridos ou o termo do prazo respectivo, os termos do processo sumário.

3 – Se o recurso tiver sido dirigido a algum tribunal superior, pode este requisitar as diligências, que se mostrem necessárias e não possam ter lugar naqueles tribunais, ao tribunal de 1.ª instância de onde o processo subiu.

## Artigo 776.º
[...]

Se o fundamento da revisão for julgado procedente, é revogada a decisão recorrida, observando-se o seguinte:

*a)* [...];
*b)* Nos casos das alíneas *a)*, *c)* e *f)* do artigo 771.º, profere-se nova decisão, procedendo-se às diligências absolutamente indispensáveis e dando-se a cada uma das partes o prazo de 20 dias para alegar por escrito;
*c)* [...];
*d)* No caso da alínea *g)* do artigo 771.º, anula-se a decisão recorrida.

## Artigo 800.º
[...]

Da sentença não há recurso, a não ser nos casos abrangidos pela alínea *a)* do n.º 2 do artigo 678.º, em que cabe recurso de apelação.

## Artigo 953.º
[...]

1 – [...].

2 – Da decisão que decrete a providência provisória cabe apelação, nos termos do artigo 691.º, n.º 2.

Artigo 1086.º
[...]

1 – [...].
2 – Sendo a causa da competência do tribunal de comarca, a decisão é proferida dentro de 15 dias. Quando for da competência da Relação ou do Supremo, os autos vão com vista aos juízes da respectiva secção, por 5 dias, sendo aplicáveis os n.os 2 e 3 do artigo 707.º, e em seguida a secção resolve.
3 – [...].

Artigo 1087.º
**Recurso**

Da decisão do juiz de direito ou da Relação que admita ou não admita a acção cabe recurso.

Artigo 1089.º
[...]

1 – Na Relação ou no Supremo o processo, quando esteja preparado para o julgamento final, vai com vista por 5 dias aos juízes que compõem o tribunal, sendo aplicáveis os n.os 2 e 3 do artigo 707.º, e, em seguida, faz-se a discussão e o julgamento da causa em sessão do tribunal pleno.
2 – [...].

Artigo 1099.º
[...]

1 – [...].
2 – O julgamento faz-se segundo as regras próprias da apelação.

Artigo 1373.º
[...]

1 – [...].
2 – [...].
3 – O despacho determinativo da forma da partilha só pode ser impugnado na apelação interposta da sentença de partilha.

Artigo 1382.º
[...]

1 – [...].
2 – Da sentença homologatória da partilha cabe recurso de apelação.

Artigo 1396.º
[...]

1 – Cabe recurso de apelação da sentença homologatória da partilha nos processos referidos nos artigos anteriores.
2 – Salvo nos casos previstos no artigo 691.º, n.º 2, as decisões interlocutórias proferidas no âmbito dos mesmos processos devem ser impugnadas no recurso que vier a ser interposto da sentença de partilha.»

Artigo 2.º
**Aditamentos ao Código de Processo Civil**

São aditados ao Código de Processo Civil os artigos 119.º-A, 275.º-A, 684.º-B, 685.º-A, 685.º-B, 685.º-C, 685.º-D, 691.º-A, 691.º-B, 691.º-C, 697.º-A, 697.º-B, 722.º-A, 727.º-A, 763.º a 770.º, 922.º-A, 922.º-B e 922.º-C ao Código de Processo Civil, com a seguinte redacção:

«Artigo 119.º-A
**Decisão**

1 – Se o presidente do tribunal entender que não há conflito, indefere imediatamente o pedido.
2 – No caso contrário, o presidente do tribunal decide sumariamente o conflito.
3 – A decisão é imediatamente comunicada aos tribunais em conflito e ao Ministério Público e notificada às partes.

Artigo 275.º-A
**Apensação de processos em fase de recurso**

1 – É aplicável aos processos em fase de recurso o disposto nos n.ºs 1 e 4 do artigo anterior, com as especialidades previstas nos números seguintes.

2 – Apenas pode haver lugar a apensação de processos que estejam pendentes no mesmo tribunal.

3 – Os processos são apensados ao que tiver sido interposto em primeiro lugar.

4 – A apensação pode ser oficiosamente ordenada pelo presidente da Relação.

### Artigo 684.º-B
### Modo de interposição do recurso

1 – Os recursos interpõem-se por meio de requerimento dirigido ao tribunal que proferiu a decisão recorrida e no qual se indique a espécie, o efeito e o modo de subida do recurso interposto e, nos casos previstos nas alíneas *a*) e *c*) do n.º 2 e no n.º 4 do artigo 678.º e no recurso para uniformização de jurisprudência, o respectivo fundamento.

2 – O requerimento referido no número anterior deve conter ou juntar a alegação do recorrente.

3 – Tratando-se de despachos ou sentenças orais, reproduzidos no processo, o requerimento de interposição pode ser imediatamente ditado para a acta, podendo a alegação ser apresentada no prazo de 30 ou 15 dias, consoante o caso, a contar do momento da interposição.

### Artigo 685.º-A
### Ónus de alegar e formular conclusões

1 – O recorrente deve apresentar a sua alegação, na qual conclui, de forma sintética, pela indicação dos fundamentos por que pede a alteração ou anulação da decisão.

2 – Versando o recurso sobre matéria de direito, as conclusões devem indicar:

a) As normas jurídicas violadas;
b) O sentido com que, no entender do recorrente, as normas que constituem fundamento jurídico da decisão deviam ter sido interpretadas e aplicadas;
c) Invocando-se erro na determinação da norma aplicável, a norma jurídica que, no entendimento do recorrente, devia ter sido aplicada.

3 – Quando as conclusões, sejam deficientes, obscuras, complexas ou nelas se não tenha procedido às especificações a que alude o número

anterior, o relator deve convidar o recorrente a completá-las, esclarecê-las ou sintetizá-las, no prazo de 5 dias, sob pena de não se conhecer do recurso, na parte afectada.

4 – A parte contrária é notificada da apresentação do aditamento ou esclarecimento pelo recorrente, podendo responder-lhe no prazo de 5 dias.

5 – O disposto nos n.os 1 a 3 deste artigo não é aplicável aos recursos interpostos pelo Ministério Público, quando recorra por imposição da lei.

## Artigo 685.º-B
### Ónus a cargo do recorrente que impugne a decisão de facto

1 – Quando se impugne a decisão proferida sobre a matéria de facto, deve o recorrente obrigatoriamente especificar, sob pena de rejeição:
   a) Quais os concretos pontos de facto que considera incorrectamente julgados;
   b) Quais os concretos meios probatórios, constantes do processo ou de registo ou gravação nele realizada, que impunham decisão sobre os pontos da matéria de facto impugnados diversa da recorrida.

2 – No caso previsto na alínea b) do número anterior, quando os meios probatórios invocados como fundamento do erro na apreciação das provas tenham sido gravados e seja possível a identificação precisa e separada dos depoimentos, nos termos do disposto no n.º 2 do artigo 522.º-C, incumbe ao recorrente, sob pena de imediata rejeição do recurso no que se refere à impugnação da matéria de facto, indicar com exactidão as passagens da gravação em que se funda, sem prejuízo da possibilidade de, por sua iniciativa, proceder à respectiva transcrição.

3 – Na hipótese prevista no número anterior, incumbe à parte contrária, sem prejuízo dos poderes de investigação oficiosa do tribunal, proceder, na contra-alegação que apresente, à indicação dos depoimentos gravados que infirmem as conclusões do recorrente, podendo, por sua iniciativa, proceder à respectiva transcrição.

4 – Quando a gravação da audiência for efectuada através de meio que permita a identificação precisa e separada dos depoimentos, as partes podem não proceder às transcrições previstas nos números anteriores.

5 – O disposto nos n.os 1 e 2 é aplicável ao caso de o recorrido pretender alargar o âmbito do recurso, nos termos do n.º 2 do artigo 684.º-A.

## Artigo 685.º-C
### Despacho sobre o requerimento

1 – Findos os prazos concedidos às partes para alegarem, o juiz emite despacho sobre o requerimento de interposição do recurso, ordenando a respectiva subida, excepto no caso previsto no n.º 3.

2 – O requerimento é indeferido quando:
 a) Se entenda que a decisão não admite recurso, que este foi interposto fora de prazo, ou que o requerente não tem as condições necessárias para recorrer;
 b) Não contenha ou junte a alegação do recorrente ou quando esta não tenha conclusões.

3 – No despacho em que admite o recurso, deve o juiz solicitar ao Conselho Distrital da Ordem dos Advogados a nomeação de advogado aos ausentes, incapazes e incertos, se estes não puderem ser representados pelo Ministério Público contando-se, neste caso, o prazo de resposta do recorrente a partir da notificação ao mandatário nomeado da sua designação.

4 – Findo o prazo referido no número anterior, deve o juiz emitir novo despacho a ordenar a subida do recurso.

5 – A decisão que admita o recurso, fixe a sua espécie, e determine o efeito que lhe compete não vincula o tribunal superior e as partes não a podem impugnar.

## Artigo 685.º-D
### Omissão do pagamento das taxas de justiça

1 – Se o documento comprovativo do pagamento da taxa de justiça inicial ou subsequente ou da concessão do benefício do apoio judiciário não tiver sido junto ao processo no momento definido para esse efeito, a secretaria notifica o interessado para, em 10 dias, efectuar o pagamento omitido, acrescido de multa de igual montante, mas não inferior a 1 UC nem superior a 10 UC.

2 – Se, no termo do prazo de 10 dias referido no número anterior, não tiver sido junto ao processo o documento em falta, o tribunal determina o desentranhamento da alegação, do requerimento ou da resposta apresentada pela parte em falta.

3 – Se a parte se encontrar a aguardar decisão sobre a concessão do apoio judiciário na modalidade de dispensa total ou parcial do prévio

pagamento da taxa de justiça, deve, em alternativa, juntar o documento comprovativo da apresentação do respectivo requerimento.

### Artigo 691.º-A
### Modo de subida

1 – Sobem nos próprios autos as apelações interpostas das decisões que ponham termo ao processo ou que suspendam a instância.

2 – Sobem em separado as apelações não compreendidas no número anterior.

3 – Formam um único processo as apelações que sobem conjuntamente, em separado dos autos principais.

### Artigo 691.º-B
### Subida da apelação nos procedimentos cautelares

Quanto aos recursos interpostos de decisões proferidas nos procedimentos cautelares observa-se o seguinte:
 a) O recurso interposto da decisão que indefira liminarmente o respectivo requerimento ou que não ordene a providência sobe nos próprios autos do procedimento cautelar;
 b) O recurso da decisão que ordene a providência ou que determine o respectivo levantamento sobe em separado.

### Artigo 691.º-C
### Subida da apelação nos incidentes

O recurso interposto da decisão que não admitir o incidente sobe nos próprios autos do incidente ou em separado, consoante o incidente seja processado por apenso ou juntamente com a causa principal.

### Artigo 697.º-A
### Instrução do recurso com subida em separado

1 – Nos casos em que o recurso sobe em separado, as partes indicam, após as conclusões das respectivas alegações, as peças do processo de que pretendem certidão para instruir o recurso.

2 – No caso previsto no número anterior, a secretaria facilita o processo às partes durante os prazos previstos no artigo 700.º.

### Artigo 697.º-B
### Junção de documentos

1 – As partes apenas podem juntar documentos às alegações nas situações excepcionais a que se refere o artigo 524.º ou no caso de a junção se ter tornado necessária em virtude do julgamento proferido na 1.ª instância, salvo nos casos previstos no n.º 2 do artigo 691.º, em que as partes podem juntar todos os documentos que lhes seja lícito oferecer.

2 – Os documentos supervenientes e os pareceres de advogados, professores ou técnicos podem ser juntos até ao início do prazo referido no n.º 1 do artigo 707.º

3 – É aplicável à junção de documentos e pareceres, com as necessárias adaptações, o disposto nos artigos 542.º e 543.º, cumprindo ao relator autorizar ou recusar a junção.

### Artigo 722.º-A
### Modo de subida

1 – Sobem nos próprios autos as revistas interpostas das decisões previstas no n.º 1 do artigo 721.º.

2 – Sobem em separado as revistas não compreendidas no número anterior.

3 – Formam um único processo as revistas que sobem conjuntamente, em separado dos autos principais.

### Artigo 727.º-A
### Alegações orais

1 – Pode o relator, oficiosamente ou a requerimento fundamentado de alguma das partes, determinar a realização de audiência para discussão do objecto do recurso.

2 – No dia marcado para a audiência ouvem-se as partes que tiverem comparecido, não havendo lugar a adiamentos.

3 – O presidente declara aberta a audiência e faz uma exposição sumária sobre o objecto do recurso enunciando as questões que o tribunal entende deverem ser discutidas.

4 – O presidente dá a palavra aos mandatários do recorrente e do recorrido para se pronunciarem sobre as questões referidas no número anterior.

### Artigo 763.º
### Fundamento do recurso

1 – As partes podem interpor recurso para o pleno das secções cíveis do Supremo Tribunal de Justiça quando o Supremo proferir acórdão que esteja em contradição com outro anteriormente proferido pelo mesmo tribunal, no domínio da mesma legislação e sobre a mesma questão fundamental de direito.

2 – Como fundamento do recurso só pode invocar-se acórdão anterior com trânsito em julgado, presumindo-se o trânsito.

3 – O recurso não é admitido se a orientação perfilhada no acórdão recorrido estiver de acordo com a jurisprudência uniformizada do Supremo Tribunal de Justiça.

### Artigo 764.º
### Prazo para a interposição

1 – O recurso para uniformização de jurisprudência é interposto no prazo de 30 dias, contados do trânsito em julgado do acórdão recorrido.

2 – O recorrido dispõe de prazo idêntico para responder à alegação do recorrente a contar da data em que foi por este notificado da respectiva apresentação.

### Artigo 765.º
### Instrução do requerimento

1 – O requerimento de interposição, que é autuado por apenso ao processo, deve conter a alegação do recorrente, na qual se identifiquem os aspectos de identidade que determinam a contradição alegada e a infracção imputada ao acórdão recorrido.

2 – Com o requerimento previsto no número anterior, o recorrente junta cópia do acórdão anteriormente proferido pelo Supremo, com o qual o acórdão recorrido se encontra em oposição.

### Artigo 766.º
### Recurso por parte do Ministério Público

O recurso de uniformização de jurisprudência deve ser interposto pelo Ministério Público, mesmo quando não seja parte na causa, mas, neste caso, não tem qualquer influência na decisão desta, destinando-se unicamente a provocar acórdão de uniformização sobre o conflito de jurisprudência.

### Artigo 767.º
**Apreciação liminar**

1 – Recebidas as contra-alegações ou expirado o prazo para a sua apresentação, é o processo concluso ao relator para exame preliminar, devendo o recurso ser rejeitado, para além dos casos previstos no n.º 2 do artigo 685.º-C, sempre que o recorrente não haja cumprido os ónus estabelecidos no artigo 765.º, não exista a oposição que lhe serve de fundamento ou ocorra a situação prevista no n.º 3 do artigo 763.º.

2 – Da decisão do relator pode o recorrente reclamar para a conferência.

3 – Findo o prazo de resposta do recorrido, a conferência decide da verificação dos pressupostos do recurso, incluindo a contradição invocada como seu fundamento.

4 – O acórdão da conferência previsto no número anterior é irrecorrível, sem prejuízo de o pleno das secções cíveis, ao julgar o recurso, poder decidir em sentido contrário.

### Artigo 768.º
**Efeito do recurso**

O recurso para uniformização de jurisprudência tem efeito meramente devolutivo.

### Artigo 769.º
**Prestação de caução**

Se estiver pendente ou for promovida a execução da sentença, não pode o exequente ou qualquer credor ser pago em dinheiro ou em quaisquer bens sem prestar caução.

### Artigo 770.º
**Julgamento e termos a seguir quando o recurso é procedente**

1 – Ao julgamento do recurso é aplicável o disposto no artigo 732.º-B, com as necessárias adaptações.

2 – Sem prejuízo do disposto no artigo 766.º, a decisão que verifique a existência da contradição jurisprudencial revoga o acórdão recorrido e substitui-o por outro em que se decide a questão controvertida.

3 – A decisão de provimento do recurso não afecta qualquer sentença anterior àquela que tenha sido impugnada nem as situações jurídicas ao seu abrigo constituídas.

Artigo 922.º-A
**Disposições reguladoras dos recursos**

Aos recursos de apelação e de revista de decisões proferidas no processo executivo são aplicáveis as disposições reguladoras do processo de declaração, salvo o que vai prescrito nos artigos seguintes.

Artigo 922.º-B
**Apelação**

1 – Cabe recurso de apelação das decisões que ponham termo aos seguintes incidentes:

*a*) Liquidação não dependente de simples cálculo aritmético;
*b*) Verificação e graduação de créditos;
*c*) Oposição à execução;
*d*) Oposição à penhora.

2 – No caso previsto na alínea *d*) do número anterior o prazo de interposição é reduzido para 15 dias.

3 – As decisões interlocutórias proferidas no âmbito dos incidentes referidos no número anterior devem ser impugnadas no recurso que venha a ser interposto da decisão final.

4 – As restantes decisões interlocutórias devem ser impugnadas num único recurso a interpor no prazo de 15 dias a contar da notificação prevista no n.º 2 do artigo 919.º.

Artigo 922.º-C
**Revista**

Cabe recurso de revista das decisões referidas nas alíneas *a*), *b*) e *c*) do n.º 1 do artigo anterior.»

## Artigo 3.º
### Alteração à organização do Código de Processo Civil

São feitas as seguintes alterações na organização sistemática do Código de Processo Civil:

a) É eliminada a Subsecção II da Secção II do Capítulo VI do Subtítulo I do Título II do Livro III;
b) É eliminada a Secção IV do Capítulo VI do Subtítulo I do Título II do Livro III e respectivas subsecções;
c) É criada uma nova Secção V no Capítulo VI do Subtítulo I do Título II do Livro III, denominada "Recurso para uniformização de jurisprudência", que se inicia com o artigo 763.º e termina com o artigo 770.º, sendo as secções subsequentes renumeradas em conformidade;
d) É eliminada a Secção VI do Capítulo VI do Subtítulo I do Título II do Livro III.

## Artigo 4.º
### Alteração à Lei n.º 3/99, de 13 de Janeiro

Os artigos 24.º, 43.º, 55.º e 59.º da Lei n.º 3/99, de 13 de Janeiro (Lei de Organização e Funcionamento dos Tribunais Judiciais), com a redacção dada pela Declaração de Rectificação n.º 7/99, de 4 de Fevereiro, alterada pela Lei n.º 101/99, de 26 de Julho, pelos Decretos-Leis n.ºs 323/2001, de 17 de Dezembro, e 38/2003, de 8 de Março, pela Lei n.º 105/2003, de 10 de Dezembro, pelo Decreto-Lei n.º 53/2004, de 18 de Março, pela Lei n.º 42/2005, de 29 de Agosto e pelo Decreto-Lei n.º 76-A/2006, de 29 de Março, passa a ter a seguinte redacção:

«Artigo 24.º
[...]

1 – Em matéria cível, a alçada dos tribunais da Relação é de € 30 000 e a dos tribunais de 1.ª instância é de € 5 000.
2 – [...].
3 – [...].

Artigo 43.º
[...]

1 – [...].
2 – [...].
3 – Compete ainda ao Presidente do Supremo Tribunal de Justiça conhecer dos conflitos de competência que ocorram entre:
   a) Os plenos das secções;
   b) As secções;
   c) Os tribunais da Relação;
   d) Os tribunais da Relação e os tribunais de 1.ª instância;
   e) Os tribunais de 1.ª instância de diferentes distritos judiciais ou sedeados na área de diferentes tribunais da Relação.
4 – O Presidente do Supremo Tribunal de Justiça pode delegar a competência referida no número anterior nos vice-presidentes.

Artigo 55.º
[...]

Compete aos tribunais da Relação, funcionando em plenário, exercer as competências conferidas por lei.

Artigo 59.º
[...]

1 – [...].
2 – O presidente do tribunal da Relação é competente para conhecer dos conflitos de competência entre tribunais de 1.ª instância sedeados na área do respectivo tribunal, podendo delegar essa competência no vice-presidente.
3 – [anterior n.º 2].
4 – [anterior n.º 3].»


Artigo 5.º
**Alteração ao Decreto-Lei n.º 269/98, de 1 de Setembro**

O artigo 1.º do Decreto-Lei n.º 269/98, de 1 de Setembro com a redacção dada pela Declaração de Rectificação n.º 16-A/98, de 30 de Setembro, e alterado pelos Decretos-Leis n.ᵒˢ 383/99, de 23 de Setembro,

183/2000, de 10 de Agosto, 323/2001, de 17 de Dezembro, 32/2003, de 17 de Fevereiro, 38/2003, de 8 de Março, 324/2003, de 27 de Dezembro, com a redacção dada pela Declaração de Rectificação n.º 26/2004, de 24 de Fevereiro, e 107/2005, de 1 de Julho, com a redacção dada pela Declaração de Rectificação n.º 63/2005, de 19 de Agosto, passa a ter a seguinte redacção:

«Artigo 1.º
[...]

É aprovado o regime dos procedimentos destinados a exigir o cumprimento de obrigações pecuniárias emergentes de contratos de valor não superior a € 15.000, publicado em anexo, que faz parte integrante do presente diploma»

Artigo 6.º
**Alteração ao Decreto-Lei n.º 423/91, de 30 de Outubro**

O artigo 2.º do Decreto-Lei n.º 423/91, de 30 de Outubro, alterado pelas Leis n.ºs 10/96, de 23 de Março e 136/99, de 28 de Agosto, pelo Decreto-Lei n.º 62/2004, de 22 de Março, e pela Lei n.º 31/2006, de 21 de Julho, passa a ter a seguinte redacção:

«Artigo 2.º
[...]

1 – A indemnização por parte do Estado é restrita ao dano patrimonial resultante da lesão e é fixada em termos de equidade, tendo como limites máximos, por cada lesado, o montante de € 30.000,00 para os casos de morte ou lesão corporal grave.

2 – Nos casos de morte ou lesão de várias pessoas em consequência do mesmo facto, a indemnização por parte do Estado tem como limite máximo o montante de € 30.000,00 para cada uma delas, com o máximo total do € 90.000,00.

3 – Se a indemnização for fixada sob a forma de renda anual, o limite máximo é de € 3.750,00 por cada lesado, não podendo ultrapassar o montante de € 11.250,00 quando sejam vários os lesados em virtude do mesmo facto.

4 – [...].

5 – Nos casos a que se refere o n.º 3 do artigo 1.º, há igualmente lugar a uma indemnização por danos de coisas de considerável valor, tendo como limite máximo o montante de € 15.000,00.
6 – [...].
7 – [...]»

## Artigo 7.º
**Disposição transitória**

As disposições do presente diploma não se aplicam aos processos pendentes à data da sua entrada em vigor.

## Artigo 8.º
**Revogação**

São revogados o n.º 5 do artigo 111.º, os artigos 119.º, 120.º, 686.º, 687.º, 689.º, 690.º, 690.º-A, 690.º-B, 695.º, 698.º, 699.º, 701.º, 706.º, **710.º**, 733.º a 762.º, 778.º a 782.º, 922.º e 923.º do Código de Processo Civil e a alínea b) do artigo 33.º, o n.º 2 do artigo 35.º, a alínea e) do artigo 36.º, e a alínea d) e o n.º 2 do artigo 56.º da Lei n.º 3/99, de 13 de Janeiro.

## Artigo 9.º
**Início de vigência**

O presente diploma entra em vigor no dia ——— de ———.

Visto e aprovado em Conselho de Ministros de
O Primeiro-Ministro
O Ministro da Justiça

## PARECERES E ACTA

**PARECER SOBRE A PROPOSTA DE LEI QUE AUTORIZA O GOVERNO A ALTERAR O REGIME DOS RECURSOS EM PROCESSO CIVIL E O REGIME DOS CONFLITOS DE COMPETÊNCIA E SOBRE O ANTEPROJECTO DO DECRETO-LEI AUTORIZADO**

Desembargador João Cura Mariano
*Associação Sindical dos Juízes Portugueses*

**PARECER SOBRE A PROPOSTA DE LEI QUE AUTORIZA O GOVERNO A ALTERAR O REGIME DE RECURSOS EM PROCESSO CIVIL E O REGIME DOS CONFLITOS DE COMPETÊNCIAS**

Dr. Carlos Manuel de Andrade Miranda
*Conselho Superior dos Tribunais Administrativos e Fiscais*

**PARECER SOBRE O PROJECTO LEGISLATIVO SOBRE O SISTEMA DE RECURSOS EM PROCESSO CIVIL**

Prof. Doutor José Lebre de Freitas
*Ordem dos Advogados*

**ACTA DA DISCUSSÃO PARLAMENTAR DA PROPOSTA DE LEI DE AUTORIZAÇÃO**

Assembleia da República

# PARECER SOBRE A PROPOSTA DE LEI QUE AUTORIZA O GOVERNO A ALTERAR O REGIME DOS RECURSOS EM PROCESSO CIVIL E O REGIME DE CONFLITOS DE COMPETÊNCIA E SOBRE O ANTEPROJECTO DO DECRETO-LEI AUTORIZADO

João Cura Mariano
*Associação Sindical dos Juízes Portugueses*

## 1. Sobre a metodologia da reforma

Opta-se mais uma vez por uma reforma parcelar do C.P.C. de 1939, em detrimento e adiamento da chamada "solução grande", isto é um novo Código, norteado por uma nova filosofia, funcionando como um todo harmónico e coerente, cuidadosamente pensado e experimentado.

Devido aos conhecidos inconvenientes das alterações parcelares aos códigos, nomeadamente ao C.P.C. – desencontros sistemáticos, falta de coerência, desajustamentos na aplicação da lei no tempo de diferentes partes do direito processual no mesmo processo, agravamento da apresentação do C.P.C., caracterizada por um excesso de remendos que dificultam o seu conhecimento integrado e aplicabilidade – era aconselhável que as alterações a efectuar fossem mínimas e cirúrgicas, mas capazes de eliminar as principais deficiências do actual sistema de recursos.

Grandes e profundas mudanças, a realizar após madura reflexão e um período de experimentação, deveriam apenas ser efectuadas com a aprovação de um novo Código, que funcionasse como um todo coerente, quer nos princípios, quer nos meios escolhidos.

Daí o nosso parecer negativo sobre a metodologia da Proposta.

## 2. Sobre os objectivos da reforma

Conforme se refere na exposição de motivos esta reforma obedece a três objectivos fundamentais: simplificação, celeridade e racionalização do acesso ao S.T.J.

Tais objectivos resultam de um acertado diagnóstico da actual situação da fase de recursos em processo civil e, por isso, concorda-se inteiramente com os objectivos a prosseguir proclamados na Proposta.

Abrange todas as fases do processo a necessidade de simplificar a sua tramitação, é possível abreviar o tempo de decisão dos recursos em processo civil, o qual é exagerado, e é urgente libertar o Supremo Tribunal de Justiça de questões sem a importância que justifique a sua reapreciação por uma terceira instância.

Daí o nosso parecer favorável à identificação das actuais deficiências do sistema de recursos em processo civil e dos enunciados princípios que devem presidir à sua eliminação.

Contudo, apesar de não ser um dos objectivos enunciados, é manifesta a intenção desta reforma também obter uma maior uniformidade de decisões nos tribunais de recurso.

Se é verdade que a certeza do direito é um valor a considerar e que a disparidade de julgamentos, em casos semelhantes, contribui para alguma incompreensão da actividade judicial, a referida procura da uniformidade não pode ser um obstáculo à justiça do caso concreto, nem à necessária renovação e actualização da jurisprudência, pelo que colocamos sérias reservas a esta preocupação da actual reforma.

## 3. Sobre o conteúdo da reforma

### 3.1. *Apreciação geral*

Se a Proposta em análise se mostra ajustada nos objectivos apontados, o receio de aprovação de novas restrições ao direito ao recurso, conjugado com o desejo de efectuar uma remodelação profunda do sistema vigente, nomeadamente com o recurso à importação de figuras de outros ramos do direito processual, resultou numa Proposta que, na generalidade, não só não permite alcançar os objectivos definidos, como, em determinados aspectos, vai agravar as dificuldades do regime actualmente vigente.

Os ganhos de celeridade adivinham-se mínimos, as "portas" do S.T.J. que se encerram são compensadas pelas inúmeras "janelas" que se abrem, e tudo isto obtido através da construção de um sistema causador de novas conflitualidades, indiferente às vantagens da estabilidade da tramitação processual, obtida através do caso julgado formal, e com uma obsessão pela uniformização dos julgados nos tribunais de recurso.

O resultado final desta proposta não só não alcança, como, em parte, contraria os acertados objectivos que proclama pretender atingir.

Passamos a analisar as alterações constantes da Proposta que, segundo o nosso parecer, devem ser objecto de melhor reflexão e correcção.

### 3.2. *Sobre a uniformização dos recursos ordinários*

A surpresa desta proposta é a uniformização dos recursos ordinários que se encontrava arredada do inicial anteprojecto de proposta de lei.

E porque não teve o necessário amadurecimento e discussão a solução proposta tem consequências gravíssimas para a credibilidade da actividade judicial, a justiça material, a estabilidade processual e a racionalização das competências do S.T.J.

Segundo o sistema proposto, que extingue o recurso de agravo, as decisões interlocutórias, em regra, são apenas impugnáveis com o recurso (apelação) da decisão que põe termo ao processo (art. 691.º, n.º 3).

Desta solução resultam as seguintes consequências:

– O caso julgado formal das decisões interlocutórias, o qual conferia estabilidade ao processado, deixa de existir.
– A parte julgada vencida pela sentença final terá tendência a impugnar o maior número de decisões interlocutórias, na tentativa de obter a anulação do resultado final que lhe foi desfavorável.
– Daí resultará um aumento da possibilidade de virem a serem anuladas decisões de mérito, com fundamento em violações da lei processual ocorridas ao longo de todo o processo, o que desacredita a actividade judicial; um acréscimo das decisões de

forma relativamente às decisões de mérito; e um alargamento excessivo do objecto da generalidade dos recursos, os quais, além da impugnação da decisão final, passarão a contemplar a impugnação de várias decisões interlocutórias.
- A impossibilidade do juiz, reparando os agravos, repor a legalidade processual, obstando à posterior anulação do processado (podem as partes e o juiz ter consciência que foi proferida uma decisão interlocutória errada no início do processo, que vai conduzir à anulação de todos os actos posteriores, mas são obrigados a tramitá-lo até à sua decisão final para poderem ver reconhecido no recurso da sentença esse erro e anulado o processado).
- O regresso ao conhecimento generalizado pelo S.T.J. dos recursos sobre meras questões processuais, sem dignidade para tal, uma vez que estas são suscitadas conjuntamente com o recurso da decisão final e um dos fundamentos do recurso para o S.T.J. pode ser a violação das leis processuais (art. 722.º, n.º 1, b)).

Se o sistema ideal de impugnação das decisões interlocutórias é o do seu julgamento imediato, não-suspensivo do processo, mas ultra--rápido, por uma única instância de recurso, em decisão sumária do relator, de forma a permitir que eventuais erros na tramitação do processo sejam rapidamente corrigidos, obtendo-se deste modo uma certeza de estabilidade do processado num curto período, o sistema proposto é precisamente o oposto, em que é possível pôr em causa tudo, a todo o tempo.

Com a solução proposta, a abolição do recurso de agravo, com a inerente simplificação processual, foi obtida à custa de um absurdo alongamento desmedido do prazo de impugnação das decisões interlocutórias, estendendo-se o mesmo para além do anúncio do resultado final do pleito, com todos os inconvenientes que daí resultam e que acima se enumeraram.

### 3.3. Sobre a concentração dos actos processuais de interposição de recurso e apresentação de alegações e seus prazos

Se é de aplaudir esta concentração, pela simplificação processual que lhe é inerente, o aumento do prazo para a prática dos actos de interposição de recurso, com apresentação simultânea de alegações, e apresentação de contra-alegações (art. 685.º) retira parte da eficácia em termos de ganhos de celeridade a esta medida.

Somando os diversos prazos previstos na Proposta, constatando-se que se generalizou a prática da impugnação da matéria de facto com o fito de obter um prazo mais dilatado para apresentar as alegações de recurso e tomando em consideração que normalmente nessa sucessão de prazos ocorre um período de férias judiciais, um recurso passará a ter uma duração média no tribunal recorrido de 4 meses, o que continua a ser excessivo.

No nosso entendimento, a manter-se a duração dos prazos constantes da Proposta, a mera impugnação da matéria de facto não deve justificar só por si o alargamento do prazo de recurso, sendo também necessário que a parte proceda à transcrição dos depoimentos em que baseia a sua impugnação ou contrarie a impugnação deduzida. Só essa actividade justifica um prazo acrescido.

### 3.4. *Sobre a introdução do conceito de jurisprudência consolidada*

Discorda-se da introdução do novo conceito de jurisprudência consolidada (três acórdãos do S.T.J. sobre a mesma questão, no mesmo sentido, sem acórdão subsequente em oposição), o qual vai aumentar o número das decisões recorríveis e a prolação de acórdãos de uniformização de jurisprudência, em nome duma exagerada preocupação com a sintonia das decisões dos tribunais de recurso.

Na verdade, passa a ser admissível recurso, independentemente do valor da causa, de qualquer decisão que contrarie a chamada jurisprudência consolidada (art. 678.º, n.º 2, *c*)) e cria-se a obrigatoriedade de se proferir acórdão uniformizador sempre que haja a possibilidade do próprio S.T.J. contrariar essa tendência jurisprudencial (art. 732.º-A, n.º 3).

Este novo conceito vem acrescentar uma nova categoria valorativa da jurisprudência, que exige a construção duma base de dados, acessível a todos os operadores judiciários, contendo o texto integral de todos os acórdãos do S.T.J., em matéria civil, proferidos, pelo menos, no âmbito do C.C. de 1966, e que vai suscitar na zona da admissibilidade dos recursos um novo tema de conflitualidade, centrado na questão da existência ou não de jurisprudência consolidada.

A estas dificuldades e consequências negativas, acresce o contributo para a cristalização da jurisprudência dominante, definida pelo S.T.J., impeditiva da verificação de movimentos de renovação e actualização, tão necessários à aplicação da justiça num mundo composto de mudança.

A criação de mecanismos que obriguem os tribunais a decidir conforme a orientação dominante do S.T.J., dá origem a uma camuflada e indirecta obediência hierárquica, que põe em causa o princípio da independência e autonomia dos juízes, o mesmo sucedendo se ocorrer uma proliferação excessiva de acórdãos de uniformização de jurisprudência.

### 3.5. Sobre a valorização da "dupla conforme"

Pretende esta reforma racionalizar o acesso ao S.T.J., valorizando as situações em que o tribunal da 2.ª instância confirma a decisão da 1.ª instância.

Nestes casos, mesmo que a causa tivesse um valor que permitisse o recurso de revista para o S.T.J., o mesmo não seria admissível (art. 721.º, n.º 3).

Opção discutível, mas que se admite na louvável opção de dignificar a actividade do S.T.J.

Contudo, a Proposta revelando receios não assumidos, acaba por neutralizar tal opção, ao consagrar excepções a esta regra, que transformam a regra em excepção e esta em regra.

Na verdade, além das hipóteses em que a "dupla conforme" contrariar jurisprudência consolidada (art. 678.º, n.º 2, c)), também é admissível recurso quando "a questão em apreciação, pela sua relevância jurídica ou por versar sobre interesses imateriais de particular relevância" justifique a sua apreciação pelo S.T.J. (art. 721.º, n.º 3, *in fine*), ou quando contrarie *um* outro acórdão proferido pelo S.T.J. ou por qualquer Relação sobre a mesma questão de direito.

A primeira "excepção" é uma cláusula aberta, de duvidosa constitucionalidade face ao princípio da igualdade, e a segunda "excepção" alarga em demasia a hipótese de recurso para o S.T.J., permitindo, inclusive, a utilização do advérbio "sempre" interpretações no sentido de que essa admissibilidade se estenderá às causas com valor inferior à alçada da Relação.

Ambas retiram qualquer efeito útil à valorização da "dupla conforme", pelo que, nestes moldes, não se justifica a introdução deste sistema de limitação dos recursos.

Caso não se queira assumir inteiramente o valor da "dupla conforme", é preferível que, nesses casos, se estabeleça uma alçada mais exigente dos tribunais da Relação (por exemplo, o quintúplo da alçada comum). Existindo uma situação de "dupla conforme", só as causas com um valor superior a essa alçada qualificada (às causas em que se discutissem interesses materiais de excepcional relevância seria fixado esse valor) admitiriam recurso para o S.T.J..

Ganhar-se-ia em objectividade e racionalidade.

### 3.6. Sobre o modo de impugnação da decisão sobre a matéria de facto

Era desejável que a Proposta limitasse a impugnação da decisão que fixa a matéria de facto aos casos de erro grave e manifesto, com influência na decisão da causa, evitando que este recurso continue a resultar numa segunda apreciação da prova produzida em 1.ª instância por quem, estranhamente, se encontra numa posição manifestamente mais desfavorável, por lhe faltar a tão importante imediação da prova, para efectuar uma valoração consciente e acertada desta.

Não o fez, tendo neste domínio, num primeiro momento (n.os 2 e 3, do art. 685.º-B) se limitado a voltar a exigir a transcrição pelas partes dos depoimentos que consideram relevantes na sustentação da sua posição quanto à decisão sobre a matéria de facto, para, num segundo momento retirar qualquer efeito útil a esta exigência, uma vez que permite que essa transcrição não ocorra "quando a gravação da audiência for efectuada através de meio que permita a identificação precisa e separada dos depoimentos" (n.º 4 do art. 685.º-B).

Ora, exigindo o art. 6.º, n.º 1, do D.L. 39/95, que regula a forma de gravação da audiência, tal identificação, o que é cumprido em todos os tribunais, é sempre dispensável a transcrição dos depoimentos pelas partes, pelo que não tem qualquer sentido útil a exigência contida nos n.os 2 e 3 do art. 685.º-B, face à existência do referido n.º 4, que deve ser suprimido.

### 3.7. Sobre a obrigatoriedade de sumariar os Acórdãos

Perfeitamente inaceitável, porque estranha à actividade judicial, é a disposição que estabelece a obrigatoriedade dos juízes dos tribunais de recurso sumariarem as suas decisões (art. 713.º, n.º 7).

Tal tarefa que apenas visa a divulgação pública da jurisprudência dos tribunais superiores não integra o conteúdo essencial dos acórdãos (*vide* art. 713.º, n.º 2), sendo totalmente desadequado que a lei processual estabeleça tal dever.

### 3.8. Sobre a inscrição automática em tabela

Se deve existir um prazo para o relator determinar a inscrição do recurso em tabela, não se justifica que essa inscrição ocorra automaticamente findo esse prazo (art. 709.º, n.º 1), se o respectivo projecto não se encontra ainda elaborado, o que vai conduzir ao inevitável adiamento do julgamento do recurso. Não há qualquer vantagem neste procedimento, devendo os eventuais desrespeitos pelos prazos consagrados na lei para a prática de actos judiciais ser controlada e evitada pelo C.S.M. e ter um tratamento na avaliação dos juízes e no campo disciplinar.

É este o nosso PARECER.

# PARECER SOBRE O PROJECTO DE PROPOSTA DE LEI QUE AUTORIZA O GOVERNO A ALTERAR O REGIME DE RECURSOS EM PROCESSO CIVIL E O REGIME DOS CONFLITOS DE COMPETÊNCIAS

Dr. Carlos Manuel de Andrade Miranda
*Conselho Superior dos Tribunais Administrativos e Fiscais*

O presente projecto de lei, depois de aprovado de forma preliminar em Conselho de Ministros, percorre agora as diversas instâncias a quem incumbe pronunciar-se sob a forma de parecer.

Recolhidos os contributos reputados como relevantes será presente novamente a Conselho de Ministros antes de seguir para a Assembleia da República.

Cumpre, assim, ao Conselho Superior dos Tribunais Administrativos e Fiscais, pronunciar-se.

O Ministério da Justiça, com a presente proposta de revisão do regime dos recursos em processo civil, pautou-se confessadamente por critérios de ordem pragmática, privilegiando a eficiência do sistema, consabidamente carecido de recursos humanos e materiais.

Ao conformar-se a pretendida revisão com esta escassez de meios, corre-se o risco de se transigir em Qualidade e Rigor.

A tremenda pressão que a elevada pendência processual exerce sobre o Sistema Judiciário pode conduzir:
- ao abaixamento dos parâmetros no recrutamento dos magistrados;
- à perda de qualidade das decisões;
- à conformação dos agentes judiciários com a simplificação e a facilidade.

A dignidade da Decisão Jurisdicional exige uma Qualidade crescente.

E a qualidade das decisões judiciais defende-se através da avaliação, da reponderação e da revisão dessas mesmas decisões.

Qualquer movimento reformista estrangulador do direito ao recurso milita em desfavor da dignidade constitucional devida à Sentença de um Juiz.

É assim com algum receio que se surpreendem na presente proposta de lei algumas disposições que buscam a todo o transe ganhos marginais de celeridade, com o sacrifício da adequada preparação da decisão.

Sendo por todos sabido que "os recursos" não constituem já hoje factor de bloqueio do processo civil.

Posto isto, observemos com algum detalhe algumas das propostas em presença:

## I. O Código de Processo Civil é uma lei de aplicação supletiva e/ou subsidiária do Código de Processo nos Tribunais Administrativos e do Código de Procedimento e de Processo Tributário.

Efectivamente,
*"O processo nos tribunais administrativos rege-se pela presente lei, pelo Estatuto dos Tribunais Administrativos e Fiscais e, supletivamente, pelo disposto na lei do processo civil, com as necessárias adaptações."*
(Art.º 1.º do CPTA)

*"São de aplicação supletiva ao procedimento e processo judicial tributário, de acordo com a natureza dos casos omissos:*
*e) O Código de Processo Civil"*
(Art.º 2.º do CPPT)

Por sua vez, em matéria de **RECURSOS,** a regra é a de que, sem prejuízo do disposto no CPTA e no ETAF, os recursos ordinários das decisões proferidas pelos tribunais administrativos regem-se, com as necessárias adaptações, pelo disposto no CPC; e que esses recursos são processados como os recursos de **AGRAVO** (Art.º 140.º do CPTA) – (Art.º 281.º do CPPT)

Os recursos ordinários no contencioso administrativo podem ser de "apelação" e de "revista", mas a sua tramitação é a dos recursos de **AGRAVO** do CPC.

Uma das primeiras preocupações que nos assaltam perante a presente proposta de revisão é a de que o paradigma da tramitação do recurso – o AGRAVO – vai desaparecer da ordem adjectiva cível.

Os recursos em processo civil vão restringir-se à **"apelação"** e à **"revista"**.

Processar-se-á uma **"unificação dos recursos ordinários na 1.ª e na 2.ª instâncias, eliminando-se o agravo, e dos recursos extraordinários de revisão e de oposição de terceiro"**. – cfr. redacção das propostas Arts. 224.º e 225.º do CPC.

Deixa assim de existir compatibilidade de regimes entre o CPC e os CPTA e CPPT.

Deixam de fazer sentido as remissões que do CPTA e de CPPT se fazem para a tramitação do recurso de Agravo.

Pois bem.

Apesar de o Governo solicitar autorização à Assembleia da República para alterar:

**Art.º 1.º**
**n.º 3**
c) Todos os diplomas cuja necessidade de modificação decorre das alterações à legislação referida nas alíncas anteriores.

O certo é que não se prevê qualquer alteração ao regime dos Recursos Jurisdicionais da Jurisdição Administrativa e/ou Fiscal.

Urge evitar hiatos.

Bom seria que se aproveitasse esta oportunidade para promover uma ainda maior aproximação dos regimes de recursos em qualquer destas jurisdições – Civil, Administrativa e Fiscal.

Sobretudo em sede de:
- espécies de recursos;
- efeitos dos recursos;
- o prazo para a interposição do recurso;
- o requerimento da interposição do recurso deve ir acompanhado da respectiva alegação (como é já regra no recurso administrativo);
- julgamento ampliado dos recursos (Art.º 148.º do CPTA e Art.º 732.º-A e 732.º-B do CPC);
- recurso "per saltum" para o Supremo.

Assim, o dilema é: Ou se adopta um paradigma alternativo ao agravo;
Ou se adopta um regime geral-regra, temperado com as necessárias especialidades de cada jurisdição.

## II. Aspectos vários que não abonam em favor da qualidade da Justiça que se pretende administrar

**II. a.** Art.º 685.º CPC – Prazos nos recursos
**Prazo de interposição** – 30 dias
(mantém as partes em estado prolongado de ansiedade quanto à definição e estabilização da situação jurídica)

**Alegações em simultâneo**
(regime idêntico ao do CPTA)

**Reapreciação da prova gravada**
(ónus da transmissão a cargo das partes; prazo de interposição ......... em 10 dias)
Em nome da celeridade, criam-se dificuldades ao exercício do direito de recorrer.

**II. b.** Art.º 707.º CPC – **Vistos**
Vistos só após a entrega da cópia do projecto de acórdão.
Os juízes adjuntos poderão não analisar em profundidade as alegações de recurso, limitando-se a analisar o projecto de acórdão.
Sacrifício da colegialidade.

**II. c.** Art.º 713.º, n.º 5 do CPC
No regime actual, quando a relação confirma inteiramente e sem qualquer declaração de voto o julgado em 1.ª instância, pode o acórdão limitar-se a remeter para os fundamentos da decisão impugnada.
Pretende-se agora alargar essa possibilidade a todos os casos em que **"a relação entenda que a quantia a decidir é simples",** pode o acórdão limitar-se à parte decisória, precedida da

fundamentação sumária do julgado ou remetendo para precedente acórdão.

Com o que se convida à pratica generalizada deste artifício, consagrando-se, com recurso a conceito indeterminado, a negação da efectiva reapreciação da decisão anterior.

Atente-se que, de ora em diante, pode revogar-se telegraficamente a decisão sob recurso, quando antes a simplificação do acórdão só era admitida em caso de confirmação (dupla conforme).

Trata-se de uma derrogação implícita do dever constitucional de fundamentação das decisões judiciais. (Art.º 205.º CRP)

**II. d. Art.º 721.º CPC – A regra da dupla conforme**

Inadmissibilidade do recurso de revista do acórdão da Relação que confirma, sem voto de vencido e ainda que por diferente fundamento, a decisão proferida na 1.ª instância;

Inadmissibilidade do recurso de revista se a orientação perfilhada no acórdão da Relação estiver de acordo com jurisprudência uniformizada do STJ.

Quantas e quantas vezes o STJ não revogou acórdãos da relação que haviam confirmado decisões da 1.ª instância?

Assistir-se-á a uma perda absoluta da qualidade das decisões, com os tribunais da relação a qualificar como simples as questões que lhe são colocadas, confirmando as decisões da 1.ª instância (seguindo a regra) e bloqueando assim o acesso à revista do STJ.

Tudo em prol da sacrossanta celeridade.

Quando os Tribunais de Relação e o Supremo Tribunal de Justiça já deixaram de se queixar do engarrafamento de processos e até já fizeram baixar para os 4 meses o prazo médio do recurso.

No contencioso administrativo a excepcionalidade do duplo grau de recurso jurisdicional (cfr. Art.º 150.º do CPTA – recurso de revista) tem subjacente uma especialidade desta jurisdição, não sendo tal regra imediatamente importável para o processo civil comum.

Aliás, só a partir de 1996 (com a Lei n.º 49/96, de 4 de Setembro) se criou um tribunal de grau hierárquico intermédio: o TCA.

De acordo com a proposta em análise, pretender-se-á aplicar no processo civil uma regra idêntica, a saber, só seria admissível a revista (para além da dupla conforme) *"quando esteja em causa uma questão cuja apreciação, pela sua relevância jurídica ou por versar sobre interesses imateriais de particular relevância social, for claramente necessária para uma melhor aplicação do direito."*

### III. Acerca dos conflitos de jurisdição

As alterações propostas centram-se na possibilidade de o conflito ser conhecido oficiosamente (Art.º 117.º, n.º 1 CPC) e na atribuição de competência para a resolução do conflito aos presidentes dos tribunais superiores ou da secção; e na concessão de carácter urgente ao procedimento (Art.º 117.º, n.º 4) e na sua simplificação (Art.º 120.º).

Nada há a obstar.

**Em resumo e conclusão:**

**A.** Uma vez que se propõe a eliminação do recurso de Agravo que funcionava como paradigma da tramitação dos recursos jurisdicionais do contencioso administrativo e tributário, recomenda-se vivamente que se aproveite a oportunidade para aproximar, tanto quanto se puder, a tramitação dos novos recursos de "apelação" e de "revista" com os seus congéneres administrativo e tributário.

**B.** No mais, suprida a perigosidade da excessiva simplificação, potenciadora da coarctação dos direitos e garantias dos cidadãos, nada temos de verdadeiramente substancial que obste à pretendida revisão.

Lisboa, 1 de Junho de 2006
Aprovado na sessão do Conselho de 26 de Junho de 2006.

# PARECER SOBRE O PROJECTO LEGISLATIVO SOBRE O SISTEMA DE RECURSOS EM PROCESSO CIVIL

GABINETE DE ESTUDOS DA ORDEM DOS ADVOGADOS

José Lebre de Freitas
*Relator*

## I. Considerações gerais

**1.** Tive ocasião de me pronunciar, cm nome da Ordem dos Advogados, sobre a versão anterior do anteprojecto de proposta de lei sobre os recursos em processo civil. Algumas das minhas observações gerais sobre o diploma foram acolhidas na nova versão, como aconteceu com a crítica ao encurtamento que era proposto para os prazos das partes, com a que propunha que a alçada da Relação se fixasse em 30.000 Euros e com a que foi dirigida à forma de simplificação proposta para o acórdão proferido em recurso; mas vê-se que tal não aconteceu com a maioria das críticas gerais feitas ao diploma, que continuo, porém, a pensar que são pertinentes. *Maxime*, melhorou-se o que estava proposto quanto à admissibilidade do recurso de revista, mas sem ainda se ter totalmente em conta o perigo que o seu cerceamento trará para as garantias das partes no processo civil.

Por outro lado, enveredou-se agora pela via da supressão da distinção entre o recurso de apelação e o recurso de agravo e também pela integração do recurso de oposição de terceiro no recurso de revisão; a primeira opção, também por mim mais de uma vez defendida, é de apoiar, enquanto a segunda, em princípio neutra nas suas consequências práticas, oferecerá riscos se alguns aspectos de regime não forem ainda depurados no sentido de ter em conta a especificidade da simulação processual.

Quanto, finalmente, à numeração dos artigos, insiste-se em não privilegiar, sempre que possível, a conservação da sequência actual, ao propor-se, a meu ver mal, novas e evitáveis alterações, que retalham o código sem proveito.

**2.** Começo, tal como no parecer anterior, por este último ponto.

As modificações propostas são, em princípio, introduzidas nos actuais artigos, havendo, porém, alguns que são revogados e outros que são aditados. A revogação justifica-se quando um preceito é suprimido, sem que outro haja lugar a introduzir em substituição. Por seu lado, o aditamento justifica-se quando não há lugar de artigo revogado a ocupar ou a ocupação dum artigo revogado prejudicaria significativamente a ordenação lógica dos preceitos ou a sua compreensão. Há, pois, sempre que possível, que privilegiar a conservação da sequência numérica, em atenção inclusivamente aos hábitos criados pela consulta do código.

Nem sempre estes critérios foram seguidos.

Assim é que se procede à revogação dos arts. 690 a 690-B, passando a respectiva matéria para novos artigos (arts. 685-A a 685-B e 685-D). Compreende-se a ideia: é mais lógico tratar do conteúdo da alegação do recorrente a seguir ao artigo que regula o requerimento de recurso e estipula que a alegação o deve acompanhar. Mas, se o proposto art. 685-C (despacho sobre o requerimento) constituir antes o art. 687, e o proposto art. 685-D (omissão do pagamento das taxas de justiça) for o art. 689, tratando o art. 688, como actualmente, da "reclamação" contra o indeferimento ou retenção do recurso, não há mal de maior em que do conteúdo da alegação continuem a tratar os arts. 690 e 690-A, evitando--se assim, além do mais, o vazio do art. 690: a ordem dos arts. 686 a 689 respeitará à sequência processual; os arts. 690 e 690-A tratarão do conteúdo da alegação e, com ele, do âmbito do recurso (matéria, note-se, relacionada com a dos arts. 684 e 684-A, que dos primeiros se mantêm em qualquer caso separados). A matéria já hoje não está perfeitamente arrumada e um pormenor de melhor arrumação não justifica, a meu ver, os inconvenientes duma nova numeração (além de que mal se compreende que a norma do art. 685-C anteceda a do art. 685-D). Por outro lado, é absurdo revogar os arts. 686 e 687, tal como os arts. 689 e 690, e

introduzir os arts. 685-A a 685-D. Terá o código de ser mesmo uma manta de retalhos? Insisto, portanto, na substituição da ordenação proposta:
– Ordenação que vem proposta: Delimitação subjectiva e objectiva do recurso (art. 684); Ampliação do âmbito do recurso a requerimento do recorrido (art. 684-A); Modo de interposição do recurso (art. 684-B); Prazos (art. 685); Ónus de alegar e formular conclusões (art. 685-A); Ónus a cargo do recorrente que impugna a decisão de facto (art. 685-B); Despacho sobre o requerimento (art. 685-C); Omissão do pagamento das taxas de justiça (art. 685-D); Reclamação contra o indeferimento ou retenção do recurso (art. 688).
– Ordenação que proponho: Delimitação subjectiva e objectiva do recurso (art. 684); Ampliação do âmbito do recurso a requerimento do recorrido (art. 684-A); Prazos (art. 685); Modo de interposição do recurso (art. 686); Despacho sobre o requerimento (art. 687); Reclamação contra o indeferimento ou retenção do recurso (art. 688); Omissão do pagamento das taxas de justiça (art. 689); Ónus de alegar e formular conclusões (art. 690); Ónus a cargo do recorrente que impugne a decisão de facto (art. 690-A). Outro exemplo: revogados os arts. 922 e 923 e não existindo já o art. 924, são introduzidos os arts. 922-A, 922-B e 922-C, cujas normas logicamente deveriam, sim, ocupar o espaço dos arts. 922, 923 e 924.

Mais dois exemplos ainda:
– revoga-se o art. 119 e introduz-se o art. 119-A!
– quer-se revogar o art. 706; mas transpõe-se o respectivo regime para um novo artigo (art. 697-B)!

**3.** Dificultar o acesso ao STJ só se justificará na medida em que com isso se vise alcançar o aumento de qualidade da decisão jurisprudencial, inclusivamente garantindo a subida ao tribunal supremo das causas cujo interesse para o aperfeiçoamento da prática do Direito o justifique. O simples requisito negativo da dupla conforme poderia levar a resultados que subvertessem a intenção do legislador e por isso vejo com algum agrado a proposta de que o recurso para o STJ seja admissível, não só quando não haja dupla conforme, mas também quando esteja em causa uma questão cuja apreciação, pela sua relevância jurídica, seja claramente necessária para uma melhor aplicação do direito.

Vejo, porém, com preocupação que, em vez de haver no Supremo juízes conselheiros, que não os que irão julgar o recurso, que se pronunciem sobre a verificação dessa condição de admissibilidade, se confia esse juízo à própria secção a que o recurso é distribuído: em vez do aperfeiçoamento do Direito, podemos ter facilmente, por via do aliciamento dos magistrados à solução mais cómoda, o seu abastardamento.

Continuo, de qualquer modo, a pensar, como venho apontando desde o início do processo de reforma, que a significativa percentagem de provimentos no STJ (pelo menos, 20% em matéria cível) e o facto de o tempo médio de duração dos recursos ser actualmente razoável aconselham prudência na adopção de soluções radicais que se traduzam numa significativa perda das garantias das partes. Bem mais simpática seria a ideia de manter aberta a via do recurso e actuar a restrição através do mecanismo regulador da sanção do que limitar rigidamente as garantias processuais: sem prejuízo de os tribunais deverem ser mais rigorosos na aplicação de multas e na fixação de indemnização por litigância de má fé (tal como já latamente lhes faculta – e impõe – o art. 456), poderia estabelecer-se que, nos casos de dupla conforme sem voto de vencido, a parte cujo recurso para o STJ fosse julgado improcedente pagaria custas segundo uma tabela que – não me repugnaria – poderia ser, por exemplo, cinco vezes superior à normal. Por certo que uma disposição desta natureza faria a parte sem razão, ou com escassa possibilidade de vencer, pensar duas vezes antes de se aventurar no recurso. Aliás, de acordo com sugestão que foi feita por outro membro do grupo de consultores do Sr. Ministro da Justiça em reunião havida sobre a reforma dos recursos, o requerimento de recurso deveria, nesses casos, ser subscrito ou ratificado pessoalmente pela parte, assim melhor responsabilizada pela decisão. Isto pressuporia, por outro lado, que o esforço de racionalização dum apoio judiciário justo prosseguisse, assim como também a responsabilização efectiva dos funcionários judiciais que, sem motivo justificado, atrasam notificações e remessas do processo de um tribunal para outro, muito para além de todos os limites de razoabilidade.

Esta solução, representando um compromisso razoável entre os interesses da celeridade e da justiça, não é incompatível com a da triagem dos processos com interesse por uma formação de juízes conselheiros, eventualmente com a composição constante da redacção alternativa do art. 721 que foi proposta na versão anterior, na qual só omitiria, na parte final do art. 721-5, o pressuposto do número par de secções (e se um conselheiro faltar?), dizendo apenas que o presidente do Supremo tem voto de qualidade. A obtenção da declaração de relevância jurídica da questão a resolver para a melhor aplicação do direito dispensaria a aplicação da tabela de custas aprovada em caso de decaimento, o que seria justo. À pura e simples aceitação da proposta em que insisto (deixando cair a ideia da declaração de relevância jurídica) é possível assacar as virtudes de jogar automaticamente, não dar azo a novas questões processuais e não fomentar a discussão sobre os critérios utilizados na triagem. Mas a combinação dos dois critérios teria a inegável vantagem de permitir uma experiência (sobre o uso da verificação de relevância jurídica das questões levantadas no recurso) cuja utilidade para futuras e definitivas opções legislativas não é dispicienda: não se faria imediatamente a revolução total, mas preparar-se-ia o terreno para ela, condicionadamente ao resultado do confronto com a realidade jurisprudencial produzida naquilo que pode vir a ser uma fase de transição. Não se dará assim um passo mais prudente e, ao mesmo tempo, mais responsabilizador das partes e dos Srs. Conselheiros do STJ?

**4.** Outra questão respeita à admissibilidade do recurso de revista.
O art. 721-3, se ficar tal como proposto, não admitirá revista do acórdão da Relação que esteja de acordo com jurisprudência anteriormente uniformizada, o que corresponde a um ponto de regime próprio da antiga figura do assento, mas pouco consentâneo com a sua substituição pelo acórdão uniformizador: uma coisa é admitir sempre recurso de decisões contra jurisprudência uniformizada ou consolidada (art. 678-2-c), bem como excluir como fundamento determinante dum recurso de outro modo inadmissível a oposição com um acórdão uniformizador (como nos actuais arts. 678-4 e 754-2); outra é excluir o recurso, em casos em que ele seria admissível, por a decisão proferida ser conforme com a jurisprudência uniformizada.
A solução parece de rejeitar, até pelos problemas de inconstitucionalidade que levantaria. Mal se vê, aliás, como se harmoniza ela com a previsão do art. 732-B-2.

**5.** A integração do recurso de oposição de terceiro no recurso de revisão, baseada num louvável intuito de uniformização processual, oferece-me duas reflexões:
 – Em primeiro lugar, a verificação da simulação do litígio não é, normalmente, tarefa fácil. Desempenhá-la no próprio recurso interposto, com a panóplia de prova testemunhal que normal-

mente implicará, pode ser complicativo, sobretudo tendo em vista que a revisão pode caber ao tribunal da relação ou ao Supremo (art. 772-1);
– Em segundo lugar, e sobretudo, o prazo de interposição de 60 dias, contados do momento em que o recorrente tem conhecimento da sentença (art. 772-2-c), pode levar à prática eliminação dos já muito raros casos em que é invocada a simulação do litígio: o terceiro prejudicado pode saber hoje da sentença, mas só muito mais tarde conhecer a situação de simulação, sendo este último o conhecimento que releva para a decisão de recorrer extraordinariamente. Assim, o prazo deve contar do momento em que as duas condições (conhecimento da sentença; conhecimento da simulação) estão reunidas.

II. **Apreciação na especialidade**

**6.** Passo a percorrer o texto daqueles artigos que me parecem dever sofrer alguma alteração, não repetindo o que já foi referido na parte geral:

**Art. 117:**
Aperceber > aperceba (n.º 1)

Vírgula após "Ministério Público" (n.º 2)

**Art. 123:**
Falta "de tribunal superior" (juízes de tribunal superior)

**Art. 154:**
Vírgula após "realização" (n.º 1)
Aos magistrados > ao magistrado (n.º 4). Quanto à decisão (...) da decisão, > tratando-se de decisão (...) dessa decisão (n.º 5)
Deve manter-se, no n.º 1, o dever de consignar em acta os factos constituintes da infracção, a fim de ser efectivo o direito ao recurso (n.º 5)

**Art. 229-A:**
Sai a vírgula depois de "contestação do réu" (n.º 1)

### Art. 667:
É ambígua a supressão do último período do n.º 2: quis-se eliminar o recurso ou entender-se que este é possível segundo as regras gerais? Esta, a meu ver, a interpretação correcta; mas porquê então o perfeccionismo da supressão?

### Art. 668:
Quis-se aperfeiçoar formalmente a redacção do n.º 1; mas valerá a pena? Veja-se, designadamente, que a alínea d) refere o juiz e as alíneas b) e e) não, quando não há razão para que numa o sujeito da oração seja o juiz e noutras a sentença. As imperfeições continuam, pois, sem que daí venha algum mal.

### Art. 669:
Discordo da eliminação da reforma da sentença. A figura não fazia mal nenhum (não era factor de demora do processo) quando a sentença admitia recurso, podendo, pelo contrário, abreviar a tramitação se o juiz reparasse a decisão. Mas era sobretudo útil em casos, raros mas existentes, em que, por mero lapso, era dada uma decisão errada, insusceptível de recurso, que o juiz honestamente modificava (eu poderia dar alguns exemplos da minha experiência pessoal). A supressão, a manter-se, constituirá um passo atrás. Em nome de quê?

Aplaude-se, ao invés, a expressa admissão do esclarecimento relativo aos fundamentos (n.º 1-a). Mas custa-me aceitar que o esclarecimento, a prestar pelo juiz que proferiu a sentença, apareça requerido na alegação de recurso (n.º 2).

### Art. 670:
É inadmissível a supressão do contraditório, em violação do art. 3-4 e, para além dele, do art. 20 da Constituição (n.º 1).

No n.º 4, deve haver mais duas vírgulas – após "678.º"" e após "reformada"

### Art. 677:
Não há razão para a alteração, meramente formal

### Art. 678:
Diz o mesmo. Não há razão para alterar. De qualquer modo, a haver alteração, uma vírgula após "recorre" impõe-se.

**Art. 679:**
Em violação > com violação

**Art. 680:**
Deve dizer-se "terceiro que com a sentença tenha sido prejudicado" (ver o art. 773-c e a redacção actual do art. 778-1: porque o prejuízo é requisito de legitimidade, é que faz sentido exigir-se a sua prova, o que é dele mera consequência).

**Art. 685:**
Ponto e vírgula (e não vírgula) após "publicação da decisão" (n.º 2)
Melhor redacção para o resto do n.º 2: "porém, quando a revelia da parte cesse antes de decorrido esse prazo, é a decisão notificada e o prazo começa a correr da data da notificação".

Continuo a entender que o ónus de transcrição da gravação, imposto ao recorrente (art. 690-A-2), justifica a concessão de maior dilação do que os 10 dias do n.º 7. No parecer anterior, propus 30 dias.

Se for aceite a crítica dirigida à redacção proposta para o art. 669-2 e se mantiver a ideia de que a aclaração, tal como aliás também a rectificação (art. 667-2), tem de preceder o recurso, o disposto no actual art. 686-1 deverá constituir o n.º 10 do art. 685 (sendo também alterada, em conformidade com o disposto no actual art. 686-2 – e também no próprio art. 670-3 – a redacção do art. 670-3). Note-se que a opção de recorrer pode ser condicionada pela aclaração (e mais raramente, pela rectificação), só a reforma quanto a custas e multas se justificando que não suspenda o prazo de recurso.

**Art. 688:**
Tirar "que" antes de "mantenha" (n.º 4)
Pôr vírgula após "recorrido" (n.º 6)

**Art. 691:**
A alínea i) do n.º 2 abrange a situação da alínea f) (este é mesmo o caso com que dela se usa dar exemplo), pelo que poderá dizer-se, na mesma alínea, "decisão que suspende a instância ou outra cuja impugnação com o recurso da decisão final seria absolutamente inútil".
Devem > podem (n.º 3)

**Art. 720-4:**
Continuo a pensar que o preceito do n.º 5 utiliza incorrectamente o conceito de caso julgado, cuja definitividade se compadece mal com a ideia de condição (resolutiva). O que se poderá certamente dizer é que a decisão impugnada é imediatamente exequível, sem prejuízo das modificações que venham a decorrer em consequência da decisão dos incidentes levantados. Poderá, pois, falar-se da atribuição do efeito de exequibilidade, mas não do efeito de caso julgado, se se entender que não é suficiente o que já se diz nos n.ºs 2 e 3.

**Art. 721:**
No n.º 2, processo > instância de recurso (não abrange os casos em que a Relação funciona como 1.ª instância)
No número anterior > nos dois números anteriores (n.º 5)

**Art. 725:**
Fazer sair a vírgula após "delas" ("qualquer delas requerer")

**Art. 732-B-2:**
de louvar o respeito pelo princípio do contraditório.

**Art. 771:**
uma outra sentença > uma sentença (al. a))
seja inconciliável > a decisão seja inconciliável
discordo da supressão do fundamento do caso julgado: embora seja raro o recurso de revisão com este fundamento, em casos em que, perante duas decisões transitadas, seja necessária a definição judicial do caso julgado, é preferível a via do recurso de revisão do que a da acção declarativa de mera apreciação.

**Art. 773-b:**
sentença, da decisão > sentença ou decisão
Acabar com ponto e vírgula

**Art. 774-1:**
porque não se admite o despacho de aperfeiçoamento?

**Art. 775:**
conhecerá > conhece (n.º 1)
naqueles tribunais > naquele tribunal (n.º 3)

**Art. 1087:**
a epígrafe será Recurso

**Art. 1373-3:**
não há alteração (!)

**Art. 1396:**
é inútil: o n.º 1 reproduz a norma do art. 1382-2; o n.º 2 reproduz a norma geral do art. 691-3

**Art. 685-C-2-b:**
discordo inteiramente da supressão do despacho de aperfeiçoamento (actual art. 690-4). É um passo atrás no que respeita ao princípio da cooperação.
Preferível dizer: "o recorrente não tenha apresentado a sua alegação, nos termos do n.º 2 do art. 684.º-B"

**Art. 697-B-1:**
o que significa "lícito"?
Porquê um regime mais generoso nos casos do art. 691-2?

**Art. 727-A-3:**
vírgula após "recurso" (n.º 3)

**Art. 764-2:**
recorrente a contar > recorrente, contado

**Art. 765-1:**
por apenso ao processo > por apenso infracção > ilegalidade (ou violação)

**Art. 765-2:**
acrescentar ", salvo quando o recorrente demonstre ter-lhe sido impossível, por facto que não lhe seja imputável, a apresentação ime-

diata da cópia" (ver o antigo art. 765-2, mais generoso: a falta de junção dava lugar a notificação para a efectuar).

**Art. 922-A:**
é inútil (art. 466-1)

**Art. 922-B:**
nem a verificação e graduação de créditos nem a oposição à execução constituem incidentes, mas acções enxertadas no processo executivo (n.ᵒˢ 1 e 3)

No n.º anterior > no n.º 1 (n.º 3)

Não compreendo o n.º 4: refere-se às decisões interlocutórias proferidas no processo de execução propriamente dito? Então seria: "as decisões interlocutórias proferidas no processo de execução"

**Art. 922-C:**
Incompreensível: afinal cabe apelação ou revista? não se quer antes dizer que cabe recurso de revista das decisões finais proferidas pela Relação em recurso de apelação de alguma das decisões referidas na alínea a), b) e c) do n.º 1 do artigo anterior?

**Art. 685-c-3:**
Vírgula após "Ministério Público"

**Art. 691-B:**
Vírgula após "cautelares"
Que é da alínea c)?

## ACTA DA DISCUSSÃO PARLAMENTAR DA PROPOSTA DE LEI N.º 95-X-2
## ORDEM DO DIA
## 21-12-2006

O Sr. Presidente:
– Srs. Deputados, vamos iniciar a discussão, na generalidade, da Proposta de Lei n.º 95/X/2 – **Autoriza o Governo a alterar o regime dos recursos em processo civil e o regime dos conflitos de competência**.
Tem a palavra o Sr. Ministro da Justiça, para apresentar o diploma.

O Sr. Ministro da Justiça (Alberto Costa):
– Sr. Presidente, Sr.ªs e Srs. Deputados: ao contrário do que se passa noutros países da União Europeia, a justiça cível é a que, de longe, mais pesa nos nossos tribunais – 78% dos processos pendentes em Portugal, em 31 de Dezembro de 2005, eram processos cíveis.
Além de intervenções de outra natureza, o Governo promoveu já um conjunto de medidas legislativas com incidência directa na situação da justiça cível, várias delas aprovadas por esta Assembleia, designadamente: o alargamento do âmbito de aplicação da injunção; a clarificação legislativa da competência dos juízos de execução, em que entraram em funcionamento mais quatro; o alargamento do âmbito geográfico da actuação dos solicitadores de execução; a eliminação da intervenção obrigatória do tribunal em categorias de actos respeitantes a sociedades; e, em especial, um novo regime de processo civil, já em aplicação experimental em alguns tribunais das Áreas Metropolitanas de Lisboa e do Porto, consagrando especiais poderes e, também, especiais deveres de gestão por parte dos juízes.
Preparamos, agora, um novo conjunto de medidas com especial incidência na acção executiva, num processo que tem incluído um diá-

logo promissor com os maiores frequentadores empresariais do nosso sistema judicial.

Vozes do PS:
— Muito bem!

O Orador:
— A reforma que hoje apresentamos incide sobre uma área muito relevante da actividade dos nossos tribunais: os recursos cíveis, o sistema de recursos potencialmente aplicável a 78% dos processos pendentes.

Os principais objectivos desta reforma são os seguintes: Primeiro, a modernização, simplificação e agilização de práticas judiciais que, no essencial, continuam a ser regidas por uma arquitectura processual fixada há quase 70 anos. Segundo, a criação das condições para que o Supremo Tribunal de Justiça possa concentrar-se mais num papel de orientação e uniformização da jurisprudência. Terceiro, tornar mais expedita a resolução dos conflitos de competência que consomem demasiado tempo e recursos nos nossos tribunais.

Quarto, abrir o sistema para soluções de reconciliação entre a ordem jurídica interna e instâncias jurisdicionais internacionais, tornando a nossa ordem processual civil mais adaptada à vida internacional contemporânea.

Cerca de 50% dos recursos conhecidos pelos tribunais da Relação são de natureza cível e no Supremo Tribunal de Justiça essa percentagem sobre para 60%.

Pode dizer-se que o Supremo Tribunal de Justiça está hoje ameaçado por uma tendência para a trivialização, com muitos processos a fazer um percurso típico pela primeira, segunda, terceira instâncias, até ao fim da «escada». Em consequência, o Supremo Tribunal de Justiça é levado a debruçar-se, muitas vezes, sobre questões repetitivas, de escasso valor jurídico-social.

Em pouco mais de uma década, duplicou o número de recursos cíveis que sobem ao Supremo Tribunal de Justiça. Desses processos, 50% versam dívidas civis e comerciais, que, assim, realizam esse percurso em três etapas. E 50% dessas dívidas que sobem ao Supremo Tribunal de Justiça têm um valor inferior a 30 000 €. Este afluxo de processos contribuiu para explicar a actual configuração do Supremo Tribunal de Justiça.

Apresentamos uma proposta que, claramente, favorece uma evolução do Supremo, não no sentido que a realidade tem vindo a seguir mas no sentido de um papel virado para a orientação e uniformização da jurisprudência.

A vida jurídica e a vida económica requerem um contributo mais intenso em matéria de previsibilidade do direito. Racionaliza-se, por consequência, o acesso ao Supremo Tribunal de Justiça: por princípio, perante duas decisões concordantes sobre o mesmo caso e sem votos de vencido, o acesso ao Supremo Tribunal de Justiça, ainda que preenchidos os requisitos legais, deixa de ser automático. O mesmo acontece, aliás, em caso de conformidade com jurisprudência uniformizada.

Este princípio poderia oferecer riscos se desacompanhado de complemento adequado. Assim, abre-se a possibilidade de acesso ao Supremo Tribunal de Justiça quando esteja em causa uma questão que, pela sua relevância jurídica ou por versar interesses imateriais de particular relevância social, deva ser clara e necessariamente apreciada para uma melhor aplicação do direito.

Quanto à decisão preliminar sobre o preenchimento destes pressupostos, a opção vai na esteira daquela que, há pouco tempo, foi introduzida no contencioso administrativo, com alguns aperfeiçoamentos decorrentes dos contributos verificados nas audições já realizadas.

Na reforma agora proposta, adoptamos uma nova visão acerca dos conflitos de competência, isto é, conflitos que são responsáveis por uma grande parte do tempo despendido nos processos.

Nalguns anos, um terço dos recursos versaram conflitos de competência, isto é, conflitos em que se discute não o que deve decidir-se sobre um caso mas, sim, quem deve decidi-lo.

Ora, o que se propõe agora é que seja um juiz singular, num único grau e num processo com carácter urgente, a decidir quem é competente.

Vozes do PS:
– Muito bem!

O Orador:
– Foi simplificação e racionalização, do ponto de vista conceptual e prático, o que se pretendeu com a reformulação dos recursos ordinários e extraordinários, com o fim da existência autónoma do agravo e da opo-

sição de terceiro e a consagração de um recurso para a uniformização da jurisprudência, em linha com o novo papel sistémico previsto para o Supremo Tribunal de Justiça.

A Sr.ª Sónia Sanfona (PS):
— Muito bem!

O Orador:
— As soluções preconizadas consagram, também, uma sensível redução do número de actos e intervenções exigidos de cada parte e do tribunal, através da concentração de peças e de despachos.

Prevê-se, por outro lado, a prática, em simultâneo, de actos que vinham sendo realizados sequencialmente, como a tecnologia de há décadas atrás podia explicar mas que hoje não tem fundamento. É o que se passa, por exemplo, com as vistas, que passam a processar-se preferencialmente por meios electrónicos e de forma simultânea.

Com tudo isto, recupera-se, para além de lógica e de simplicidade, no mínimo, semanas ou, mesmo, meses preciosos para a marcha dos processos.

Na proposta prevê-se, expressamente, que a gravação digital do julgamento possa ser em áudio ou, logo que possível, em vídeo e que haja uma identificação precisa e separada dos depoimentos. Isto de modo a permitir que as partes indiquem as passagens da gravação em que se fundam, sem prejuízo de poderem proceder, por sua iniciativa, à respectiva transcrição.

Estamos a prever que, durante o ano de 2007, ano em que a reforma deverá entrar em vigor, um terço dos tribunais sejam equipados com sistemas de gravação com a valência vídeo, de forma a que a realidade possa aproximar-se da previsão normativa.

Actualizam-se as alçadas. Na 1.ª instância, a actualização é inferior à que a inflação justificaria, pois entendemos que o primeiro grau de recurso não deve ser restringido mas, sim, reforçada a garantia de acesso em relação ao alcance de outras opções tomadas no passado. Na 2.ª instância, o valor é, pelo contrário, superior ao que a inflação por si justificaria, tendo sido fixado em 30 000 €. Este valor tem como efeito que metade dos processos sobre dívidas civis e comerciais que hoje acede ao Supremo, para sobre elas recair uma terceira decisão, conhecerão mais cedo um ponto final.

Quero sublinhar, por último, uma opção que visa adequar decisões jurisdicionais internas às decisões jurisdicionais internacionais.

É previsto um novo fundamento de recurso para promover a reconciliação entre a decisão nacional em última instância e a decisão emanada de instância internacional de recurso que vincule Portugal.

Nos últimos anos, temos vivido diversas situações de oposição, sem remédio processual, de decisões do Tribunal Europeu dos Direitos do Homem e de algumas decisões internas de última instância. Também a ordem processual civil deve contribuir para assegurar adequadamente os direitos na sociedade contemporânea, que é europeia e global.

Modernização, simplicidade, previsibilidade, racionalidade e celeridade, eis os parâmetros onde esta proposta pretende representar ganhos para os que procuram a justiça e para os que trabalham nos tribunais.

Mas, como sempre, estaremos atentos aos contributos e sugestões que possam significar novas hipóteses de aperfeiçoamento.

Aplausos do PS.

O Sr. Presidente:
– Para pedir esclarecimentos, tem a palavra o Sr. Deputado António Montalvão Machado.

O Sr. António Montalvão Machado (PSD):
– Sr. Presidente, Srs. Membros do Governo, Sr. Ministro da Justiça, se calhar, para tristeza de muitos ou, pelo menos, de alguns mas para gáudio dos portugueses, hoje fazemos a primeira concretização prática e efectiva daquele que foi o acordo político-parlamentar na área da justiça feito entre o Partido Socialista e o Partido Social Democrata, em 8 de Setembro de 2006.

A Sr.ª Odete Santos (PCP):
– Não acredito que para o processo civil tenham feito esse acordo!

O Orador:
– Ora, uma das questões mais importantes que esse acordo versava era justamente a matéria dos recursos, matéria, essa – recursos cíveis, como está dito na proposta de lei, mas que, como sabemos, subsidiariamente se aplica a muitas outras áreas do direito adjectivo –, que é de

uma importância fundamental e que assenta num trabalho prévio que vem já da anterior legislatura. Aliás, aproveito para ler a seguinte nota que foi hoje aprovada na 1.ª Comissão: «A proposta de lei em análise deriva de um importante estudo levado a cabo na anterior legislatura, cuja realização foi, portanto, ordenada pelo Governo precedente...» – governo, esse, ao qual tive a honra de pertencer, juntamente com o CDS – «... e de uma não menos importante avaliação global e integrada empreendida pelo actual Ministério da Justiça, a qual produziu resultados em Maio de 2005, que determinaram...» – como está, de resto, no preâmbulo da lei, e muito bem! – «... uma ampla discussão pública e que contou com a participação de diversas faculdades de direito portuguesas; (...)». Ou seja, há uma continuação, um aproveitamento de um trabalho levado agora a cabo, correctamente, pelo Governo.

Mais ainda e mais importante: se todos lermos o acordo político-parlamentar celebrado em Setembro passado, verificamos que aí se diz que esta proposta seria apresentada no último trimestre de 2006.

Sr. Ministro, a primeira pergunta que, com todo o gosto e prazer pessoal, lhe dirijo é a de saber se, como eu, V. Ex.ª se sente confiante, se sente satisfeito com este primeiro passo da concretização prática e efectiva do acordo político-parlamentar, porque – não é demais lembrá-lo – a matéria dos recursos não é uma matéria qualquer. Nós não defendemos, ao contrário do que muitos dizem, que os recursos são um expediente dilatório utilizado pelos advogados para fazer protelar a acção da justiça, para fazer protelar e retardar as sentenças. Nós entendemos que os recursos são, verdadeiramente, uma indispensável garantia de defesa.

Permita-me que recorde aos Deputados que não é por acaso que essa matéria está constitucionalmente protegida.

A Sr.ª Odete Santos (PCP):
– Nisso estamos de acordo!

O Orador:
– O artigo 32.º da Constituição, embora versando sobre matéria de procedimento criminal, ao qual se aplicam subsidiariamente as regras do processo cível, diz que o processo assegura todas as garantias de defesa, incluindo o recurso.

Portanto, estamos a tratar de uma matéria de grande dignidade, de grande importância constitucional.

Mas o acordo político-parlamentar abrange também muitas outras matérias, como: a revisão do Código Penal, para a qual o PSD tem uma proposta; a revisão do Código de Processo Penal, para a qual o PSD também tem uma proposta; a mediação penal, em relação à qual o Governo já apresentou a sua proposta; a acção executiva, cuja resolução é imprescindível durante o ano de 2007; a revisão do mapa judiciário, sobre o qual tive o prazer de assistir a diversas intervenções do Governo e, também, absolutamente indispensável; as regras de acesso à magistratura; a autonomia do Conselho Superior da Magistratura, para o qual o PSD tem uma proposta. E tudo isto tem datas.

Mas, além de lhe perguntar qual é a sua apreciação sobre a dimensão dos recursos e se concorda comigo quando digo que a dimensão é de natureza constitucional e de importância vital para o bom funcionamento dos tribunais e da máquina judiciária em si mesma, gostava de saber se, tal como o PSD, o Governo está confiante, empenhado e determinado não só em apresentar estas iniciativas legislativas como também, como é o caso, em respeitar as datas que foram combinadas, redigidas e anunciadas ao povo português – e bem recebidas pelo povo português – no dito acordo político-parlamantar.

A Sr.ª Odete Santos (PCP):
– O apoio judiciário não está lá!

O Sr. Presidente:
– Para responder, tem a palavra o Sr. Ministro da Justiça.

O Sr. Ministro da Justiça:
– Sr. Presidente, Sr. Deputado Montalvão Machado, gostaria de lhe dizer que partilho a sua ideia acerca da importância da matéria dos recursos e do seu nível constitucional. Eles são uma peça fundamental para se poder falar de acesso à justiça. Toda a modernização que, nesta proposta, está em marcha e que se converterá em realidade representará, sem dúvida, uma subida no padrão do acesso à justiça por parte dos portugueses. Se não melhorássemos este segundo plano, esta segunda oportunidade de os tribunais melhorarem decisões proferidas em 1.ª instância, estaríamos a contentar-nos com níveis mais insatisfatórios de acesso à justiça.

Por isso, esta é uma iniciativa que nos deve satisfazer por concretizar um projecto e um primeiro passo para fazer reformas legislativas que, no seu conjunto, poderão alterar de maneira muito significativa a face da justiça portuguesa.

Pela minha parte, subscrevo inteiramente os propósitos que conduziram à subscrição do nosso acordo político-parlamentar em matéria de justiça e creio que começar pelos recursos cíveis é começar bem e é criar um clima, é criar condições para que as futuras iniciativas legislativas possam, igualmente, ser bem acolhidas e satisfazer as expectativas dos portugueses, que querem ver melhorado o panorama da justiça.

Reafirmo a convicção profunda de que, sem convergência de vontades em torno de grandes reformas legislativas, não mudaremos o panorama da realidade da justiça, e nós queremos mudá-lo.

Aplausos do PS.

O Sr. Presidente:
— Para uma intervenção, tem a palavra o Sr. Deputado António Montalvão Machado.

O Sr. António Montalvão Machado (PSD):
— Sr. Presidente, Srs. Ministros dos Assuntos Parlamentares e da Justiça, Sr. Secretário de Estado da Justiça, Sr.$^{as}$ e Srs. Deputados: As respostas que V. Ex.ª, Sr. Ministro da Justiça, deu às questões que lhe coloquei eram aquelas que eu, sinceramente, porque o conheço há muitos anos, esperava.

O acordo político-parlamentar que envolveu os dois maiores partidos portugueses foi um acordo muito bem pensado, muito bem estruturado, melhor ainda redigido e tem de ser, porque essa é a parte importante, posto em prática, para bem dos portugueses e da justiça em geral.

Temos um longo caminho a percorrer e já fui referindo aqui quais são todas as áreas que temos de percorrer. Eu não queria entrar em muitos detalhes técnicos, como fizemos hoje na 1.ª Comissão quando discutimos o relatório que eu próprio tive o prazer de redigir, mas há três ou quatro notas às quais não queria fugir nesta minha breve intervenção.

Uma delas já V. Ex.ª referiu, embora, porventura, não dispondo do tempo que desejaria. Mas eu vou voltar a ela. Esta não é a altura de louvarmos as propostas do PSD e as do Governo, mas, realmente, encontro nesta proposta de lei todas as preocupações que o Partido Social Democrata tinha, elas estão salvaguardadas e respeitadas deste diploma. Mas, como estava a dizer, uma delas prende-se com uma matéria que V. Ex.ª já referiu: a questão das alçadas. Sou muito avesso a que a alçada da 1.ª instância suba e mais ainda que suba de forma relevante. Todos sabemos que, quanto mais subirmos a alçada da 1.ª instância, menor número de decisões é passível de recurso e menor será a possibilidade de as partes vencidas verem a decisão que lhes foi desfavorável ser reapreciada. Portanto, antipatizamos muito com grandes subidas das alçadas da 1.ª instância.

Outro tanto não sucede em relação à alçada da 2.ª instância. Como V. Ex.ª disse – e esse assunto foi também objecto de debate entre nós –, a alçada da 2.ª instância subiu, e subiu relevantemente para o dobro da actual. Mas aí é natural, e os portugueses têm de perceber bem esta questão. Aí estamos a falar de um eventual recurso da 2.ª instância para o Supremo Tribunal de Justiça. Obviamente, nesse casos já há duas decisões jurisdicionais, já há um grau de certeza jurídica muito grande. Por isso, não se justificava manter a alçada da Relação em valores tão baixos. Portanto, consideramos que esta medida está correctamente consagrada na proposta de lei, como esperávamos.

A segunda questão diz respeito a um ponto que me parece nevrálgico neste diploma: a consagração de um verdadeiro segundo grau de jurisdição em matéria de facto. Há décadas que os portugueses que litigam em tribunal e os advogados que os representam lutam por esse objectivo, ou seja, por verem verdadeiramente ser consagrado um segundo grau de jurisdição em matéria de facto. Apesar de algumas iniciativas ocorridas com o Código de 1995/1996, se assim quiserem, a verdade é que ainda não temos, hoje, consagrado esse segundo grau de jurisdição, de apreciação da decisão da matéria de facto. Ora, no acordo político-parlamentar e na proposta de lei apontámos definitivamente para a questão de o registo da prova ser feita não apenas em áudio mas em sistema de vídeo. Só assim teremos um verdadeiro segundo grau de jurisdição em matéria de facto.

Muitos querem «enterrar» o Prof. José Alberto dos Reis, mas, como estudei pelos seus livros, lembro-me de ter lido o que ele escrevia a propósito do princípio da mediação. Mais importante do que aquilo que uma testemunha diz é a forma como ela diz: a espontaneidade, ou falta dela, a tranquilidade, ou falta dela. Ora, isso não é perceptível num registo meramente áudio, mas num registo vídeo é.

Mais ainda: o recurso da decisão da matéria de facto não vai obrigar os advogados recorrentes a transcreverem as partes da prova que levam ou devem levar o tribunal superior a decidir de forma diferente.

Não. Justamente porque a gravação está feita em áudio e justamente porque ela vai poder ser feita em vídeo, os advogados não têm de fazer essa transcrição. Têm de apontar no recurso quais são os elementos de facto, onde estão, para que os tribunais superiores possam rever a audiência de julgamento. É isso que se pretende.

E não me digam, como se disse durante anos, que isso é orçamentalmente impossível, que não há recursos financeiros que resistam a dotar os tribunais de máquinas de reprodução e de filmagem. Aliás, também se dizia isso quando passámos das inquirições das testemunhas por cartas precatórias para as inquirições das testemunhas por videoconferência. «Funcionavam mal», pois funcionavam, mas era, ao princípio, por causa da tecnologia. Hoje, a tecnologia está mais desenvolvida e funciona bem. Alguém de bom senso habituado aos tribunais tem hipótese de comparar o que é hoje a prova produzida pelo sistema de videoconferência com a prova produzida por carta precatória, de nenhuma credibilidade, repito, de nenhuma credibilidade? Uma última questão que gostaria de abordar aqui muito rapidamente e à qual não posso fugir porque é polémica e melindrosa diz respeito à dupla conforme. A dupla conforme, como está consagrada – e, como V. Ex.ª sabe, é criticada por muitos –, diz-nos que, se a Relação confirmar uma decisão da 1.ª instância, sem votos de vencido, com os mesmos fundamentos ou com outros, ainda que o valor da causa permitisse o recurso para o Supremo, ele deixa de ser admitido. E dizem «bom, isso é perigosíssimo porque no sistema actual, que permite que os acórdãos da Relação sejam por simples remissão para os fundamentos da 1.ª instância, poderá haver essa tendência de os tribunais da Relação portugueses, para poupar tempo e trabalho, confirmarem a decisão da 1.ª instância e, assim, vedarem a possibilidade de recurso para o Supremo».

Sr. Presidente, muito sinceramente, advogo no terreno judiciário há 30 anos. Tenho da magistratura portuguesa a melhor das melhores impressões devido não só à sua seriedade mas – é o caso que agora nos interessa – à sua competência. Não tenho medo deste sistema de dupla conforme, até porque – é importante referi-lo porque o Partido Socialista ou o Governo irão abordar essa questão – a dupla conforme que aqui está consagrada, embora envolva risco, está devidamente controlada e os seus riscos estão bem acautelados.

Termino, Sr. Presidente, voltando ao princípio para referir que este é um primeiro passo de um grande trabalho que temos à nossa frente, é um primeiro passo decisivo, e nós, PSD, estaremos sempre na linha da boa administração da justiça, em Portugal.

Aplausos do PSD.

O Sr. Presidente:
— Para uma intervenção, tem a palavra a Sr.ª Deputada Sónia Sanfona.

A Sr.ª Sónia Sanfona (PS):
— Sr. Presidente, Srs. Ministros, Sr. Secretário de Estado, Sr.ªˢ e Srs. Deputados: O nosso sistema de recursos, apesar de já ter sofrido inúmeras intervenções legislativas, nomeadamente aquando da reforma de 1995/96, mantém-se na sua estrutura inalterado desde a sua aprovação em 1939, pelo Decreto n.º 29 637, de 28 de Maio.

Desde então, diversas alterações ocorreram na sociedade, e a justiça, enquanto elemento dinâmico, carece de se adaptar para dar resposta a novas exigências.

De acordo com um estudo efectuado pelo Gabinete de Política Legislativa e Planeamento do Ministério da Justiça, verificou-se que o número de recursos entrados nas Relações e no Supremo Tribunal de Justiça tem vindo a aumentar desde o início dos anos 80, sendo que metade desses mesmos recursos são relativos a dívidas cíveis e comerciais.

Tal parece indicar que, sempre que os valores da acção e da sucumbência o permitam, a tendência é a interposição de recurso para a Relação, seguida de revista para o Supremo Tribunal de Justiça.

Este aumento de litigiosidade conjugado com a sistemática interposição de recursos, sempre que a lei o permite, conduz a uma maior pendência processual, fazendo com que os nossos tribunais superiores se encontrem congestionados, na sua maioria, com recursos relativos a dívidas. Impede-os, assim, de se debruçarem com maior acuidade sobre recursos referentes a questões jurídicas mais complexas.

Face a esta realidade, afigura-se como essencial a reforma do sistema de recursos, dando assim cumprimento ao objectivo do XVII Governo Constitucional de garantir a efectividade dos direitos e deveres e tornar o sistema de justiça um factor de desenvolvimento económico e social, já previsto no Programa do Governo.

Assim, a proposta de lei n.º 95/X/2 visa alterar o regime dos recursos em processo civil e o regime dos conflitos de competência, com os objectivos de simplificação da tramitação, celeridade processual e racio-nalização do acesso ao Supremo Tribunal de Justiça, acentuando-se as suas funções de orientação e uniformização da jurisprudência.

As principais alterações consistem, nomeadamente: Na adopção de um regime monista de recursos ordinários, adoptando a apelação como conceito único; Na introdução da regra geral de impugnação das decisões interlocutórias apenas com o recurso que vier a ser interposto da decisão que põe termo ao processo; Na equiparação, para efeitos de recurso, das decisões que põem termo ao processo, sejam estas de mérito ou de forma; Na concentração num único acto dos requerimentos de interposição de recurso e a apresentação das alegações, sem prejuízo do prazo de recurso; Na alteração do regime de vistos aos juízes adjuntos, prevendo que estes só se iniciam com a entrega da cópia do projecto de decisão, preferencialmente por meios electrónicos; Na simplificação dos conflitos de competência, que passam a ser resolvidos com carácter de urgência, num único grau e por um juiz singular, de forma a abreviar a discussão de uma questão prévia à questão material; Na introdução da regra de fixação obrigatória do valor da causa, sem prejuízo de o autor indicar o valor na petição inicial; Na revisão dos valores das alçadas, passando o valor da primeira alçada para 5000 € e a alçada da Relação para 30 000 €, reforçando-se, assim, o primeiro grau de recurso e acentuando a exigência para o segundo; Na introdução da regra da «dupla conforme», que impede o recurso para o Supremo Tribunal de Justiça sempre que haja duas decisões idênticas sobre a mesma matéria; Neste caso, e não obstante a regra, é ainda possível recorrer para o Supremo Tribunal de Justiça quando haja ainda voto de vencido, mesmo havendo duas decisões idênticas, ou esteja em causa questão em que, pela sua relevância jurídico-legal, o recurso é claramente necessário para uma melhor aplicação do direito.

É, ainda, admissível recurso para o Supremo, independentemente do valor da causa e da sucumbência, quando a decisão contrarie jurisprudência consolidada; Introduz-se o recurso de uniformização de jurisprudência para o pleno das secções cíveis do Supremo quando este Tribunal, em secção, proferir acórdão contraditório com outro anteriormente proferido; Prevê-se o recurso extraordinário de revisão quando uma decisão interna contrarie uma decisão definitiva de uma instância internacional que vincule Portugal. Esta alteração surge na sequência da necessidade de adequar o nosso regime de recursos ao estabelecido na Convenção Europeia dos Direitos do Homem, da qual Portugal é parte; Determina--se a identificação precisa do excerto das gravações, áudio ou vídeo, que se pretendam utilizar para fundamentar o recurso, sempre que tal seja possível. Será de enorme importância para a efectivação deste objectivo a introdução nos tribunais de meios que permitam a gravação digital, medida já anunciada pelo Governo.

O conjunto destas medidas, Sr. Presidente, Srs. Membros do Governo, Srs. Deputados, contribui indubitavelmente para a simplificação da tramitação processual, não apenas na fase de julgamento, mas, sobretudo, naquela que decorre ainda perante o tribunal recorrido, onde os recursos acabam por permanecer mais tempo.

Racionalizar o acesso ao Supremo Tribunal de Justiça, fazendo com que cheguem a este patamar da justiça os casos que realmente revistam uma complexidade jurídica disso merecedora e não meras questões de dívidas civis e comerciais, como hoje acontece.

A proposta em apreço terá também um papel fundamental na consolidação e uniformização de jurisprudência, elemento necessário para um aumento da segurança jurídica e uma maior proximidade do cidadão da justiça, que com estas medidas saberá com maior previsibilidade de que forma será decidida a sua questão.

Por fim, a presente proposta de lei é um verdadeiro exemplo do esforço de simplificação encetado por este Governo, com vista a prosseguir uma justiça mais célere e eficaz, inserindo-se num vasto conjunto de medidas que, de forma determinada e determinante, têm vindo a ser tomadas por este Governo, procurando colocar a justiça definitivamente ao serviço do cidadão e do desenvolvimento de Portugal.

Aplausos do PS.

O Sr. Presidente:
– Para uma intervenção, tem a palavra a Sr.ª Deputada Odete Santos.

A Sr.ª Odete Santos (PCP):
– Sr. Presidente, Sr. Ministro da Justiça, Sr. Ministro dos Assuntos Parlamentares, Sr. Secretário de Estado Adjunto e da Administração Interna, Sr.ᵃˢ e Srs. Deputados: Em 45 anos de vigência, o Código do

Processo Civil conta já com 40 alterações – vamos ao artigo 1.º e contamos os diplomas –, e algumas delas de vulto. Foi uma média de uma por ano.

A cada uma dessas alterações parcelares corresponderam de uma maneira geral momentos de instabilidade nos tribunais, incerteza quanto à jurisprudência maioritária, aumento da conflitualidade processual, aumento do número de recursos, aumento da morosidade da justiça.

Era chegado o tempo de proceder à elaboração de um novo Código, extirpado de burocracias inúteis, onde se reconhecesse uma filosofia global posta ao serviço da justiça e dos cidadãos, e não esta «manta de retalhos» que continuaremos a ter.

Não o entendeu assim o Governo, que, em execução das Grandes Opções do Plano, avançou prioritariamente com alterações profundas no sistema de recursos.

Sempre ficará a ideia (errada) de que o Código do Processo Civil é demasiado garantístico, sendo necessário um travão a uma recorrente litigância. Travão que, de resto, se apresenta com folgas que poderão provocar novas derrapagens.

A juntar a esta eleição dos recursos como a prioridade «prioritária», junta-se a sempre adiada concretização – Sr. Ministro da Justiça, mais uma vez – da promessa de alterar a lei do apoio judiciário.

Aliás, não consta do tal pacto entre os dois partidos a alteração desta lei.

Também encontramos nas Grandes Opções do Plano a afirmação de que, para o Governo, a melhoria da resposta judicial passa pela garantia do acesso dos cidadãos ao sistema judicial, dando-se cumprimento ao disposto no artigo 20.º da Constituição.

A verdade é que já quase todos se esqueceram dos sucessivos prazos que, nesta Assembleia, se indicaram para apresentação de uma proposta de lei do Governo que garantisse o acesso ao direito e aos tribunais. De maneira que os cidadãos, nomeadamente os que recorrem aos tribunais do trabalho, vão continuar a debater-se com o freio de uma justiça cara, sem mecanismos que lhes garantam o acesso ao direito. Sem mecanismos que garantam, quanto a eles, que a mediação laboral é verdadeiramente uma mediação, e não a abdicação por insuficiência económica.

Se é certo que o diagnóstico feito nesta proposta de lei está correcto, em abstracto, a verdade é que as soluções se revelam aqui e além, desajustadas, geradoras de novas conflitualidades, de outras morosidades, por vezes infractoras do princípio da igualdade dos cidadãos e, até, da independência dos tribunais.

Do princípio que afasta o recurso de decisões interlocutórias para o recurso da decisão final, pondo em causa o caso julgado formal que confere estabilidade à instância, poderá resultar (no final de uma marcha processual que se acelerou dessa forma) a inutilização do processado, o recomeço da litigância em certo ponto, mais uns meses de alongamento da mesma, ou uma multiplicidade de recursos de decisões interlocutórias geradoras de maior morosidade.

Foram suprimidos mecanismos, como os relativos à reforma da sentença e à reparação, nos casos de agravo, que agilizavam a prossecução da justiça material.

Por outro lado, se é objectivo justo garantir a dignidade do Supremo Tribunal de Justiça – e este objectivo é de aplaudir, mas parece-nos que não é feito de uma forma correcta –, verdade é também que a proposta de lei contém soluções infelizes, no mínimo. Para não falar já dos próprios acórdãos de uniformização de jurisprudência, que me parece terem ido longe demais em relação à imposição aos juízes de seguimento desses acórdãos.

Acontece também quanto à impossibilidade de recurso relativamente à jurisprudência consolidada e quanto à chamada «dupla conforme».

Pergunta-se: que magistrados se encontram na mente do Governo para necessitar destas soluções apresentadas? Nas Grandes Opções do Plano consagrou-se o princípio da carreira plana dos magistrados judiciais e do Ministério Público, permitindo uma progressão profissional não condicionada pelo grau hierárquico dos tribunais e conferindo maior liberdade de escolha dos magistrados – sublinho, maior liberdade de escolha dos magistrados –, segundo critérios de competência e vocação profissional.

A esta definição demasiado genérica – e é por isso que se pergunta que magistrados serão!? – corresponderá para o Governo uma certeza quase matemática do Direito. E se a certeza e a segurança jurídicas têm de ser a base das soluções do ramo processual civil (não são a única base), há outro princípio que deste ramo não pode ser afastado: o da verdade material. A certeza matemática, ou quase matemática, nunca poderá ser a base do Direito, pois que é avessa à criatividade judiciária que vive do mundo social, das transformações da vivência deste, que não pode dissociar-se do objectivo de prosseguir a justiça material.

Ora, a criação do conceito de jurisprudência consolidada – três acórdãos do Supremo Tribunal de Justiça sobre a mesma questão, no mesmo sentido, sem acórdão subsequente de oposição –, impedindo o recurso de decisão, cristaliza a jurisprudência, obstando à renovação da mesma, e colide com a independência dos tribunais. Tudo sob o «cutelo» de um novo recurso a interpor de decisão proferida contra essa jurisprudência, que funcionará, de facto, como freio de inovações e não como garantia de inovação, como resultaria, em princípio, do n.º 3 do artigo 732.º-A, pois que o magistrado não será seguramente imune à possibilidade de ver interpor recurso daquela decisão contrária à jurisprudência consolidada. Está aberta a via para uma disfarçada obediência hierárquica.

Quanto à dupla conforme, o disposto no n.º 3 do artigo 721.º, impedindo o recurso para o Supremo Tribunal de Justiça de acórdão da Relação que confirme, sem voto de vencido, a decisão da 1.ª instância, é também uma forma de cristalização da jurisprudência.

Desconfiado da sua própria solução, o Governo abre a possibilidade de recurso em relação a questões com relevância jurídica ou relativamente a questões sobre interesses materiais de particular relevância social, desde que, em qualquer dos casos, a apreciação pelo Supremo Tribunal de Justiça seja necessária para uma melhor aplicação do direito. Esta excepção acaba por colocar em desigualdade os cidadãos, sendo por isso de duvidosa constitucionalidade.

Visando a dupla conforme racionalizar o acesso ao Supremo Tribunal de Justiça, a verdade é que as outras excepções à mesma (a existência de jurisprudência consolidada em sentido contrário, ou de acórdão do Supremo Tribunal de Justiça ou da Relação em sentido contrário) permitem a interposição de um recurso que se cria (é um novo recurso) e as excepções acabam por transformar a dupla conforme numa excepção. Tudo isto deveria determinar a rejeição da solução.

Sr. Presidente, Srs. Deputados: Ficam por abordar questões como a gravação da prova e a exiguidade do prazo para alegações por parte dos advogados nestas circunstâncias. Fica por abordar a questão dos meios que tornem possível a aplicação de algumas soluções, nomeadamente, e por exemplo, a necessidade de uma base de dados para determinar a existência de jurisprudência consolidada. E fica, ao fim e ao cabo, adiada a elaboração de um novo Código, que este grande «remendo» acaba por atirar para não se sabe quando.

Aplausos do PCP.

O Sr. Presidente: — Para uma intervenção, tem a palavra o Sr. Deputado Nuno Magalhães.

O Sr. Nuno Magalhães (CDS-PP): — Sr. Presidente, Srs. Membros do Governo, Sr.ªs e Srs. Deputados: As propostas de lei que autorizam o Governo a alterar o regime dos recursos em processo civil e dos conflitos de competência, de acordo com a Exposição de motivos, resultam de uma avaliação global do sistema de recursos que estudou o funcionamento processual dos tribunais superiores, dos recursos existentes e dos meios, com o objectivo de simplificar as regras processuais.

Nesse estudo, concluiu o Ministério da Justiça – e julgo que é um facto perfeitamente apreensível por todos quando trabalham neste mundo – que os recursos para as Relações e para o Supremo Tribunal de Justiça aumentaram, sobretudo ao nível das dívidas civis e comerciais, representando uma percentagem significativa dos mesmos.

Por isso, já aqui ouvimos o Sr. Ministro dizer que apresentou esta proposta de lei com três objectivos anunciados: simplificação, celeridade e racionalização do acesso ao Supremo Tribunal de Justiça, acentuando as funções de uniformização de jurisprudência.

Sublinhamos positivamente o facto de estas propostas de lei darem continuidade e algumas vezes até recuperarem propostas aqui feitas, e bem, por anteriores ministros do anterior governo, nomeadamente pela Sr.ª Dr.ª Maria Celeste Cardona e pelo Sr. Dr. José Pedro Aguiar Branco, como bem já aqui notou o Deputado Relator no douto parecer da 1.ª Comissão.

Mas vamos aos objectivos do diploma: o primeiro é o da simplificação processual, com a introdução da regra geral de impugnação de decisões interlocutórias apenas com o recurso final ou com a concentração da interposição de recurso e de apresentação de alegações e respectivos despachos num só momento. Este objectivo parece-nos positivo. O segundo é o da celeridade processual, que, em rigor, não deixa também de ser uma consequência dessa simplificação, com a medida já aqui falada da consagração efectiva da dupla jurisdição em matéria de facto, que, reforça, a nosso ver – e bem! –, os direitos dos cidadãos. E o terceiro é o da racionalização do acesso ao Supremo Tribunal de Justiça, que é o que talvez nos parece mais relevante, pois a interposição de recursos cíveis nos chamados «processos em massa» no Supremo Tribunal de Justiça tem aumentado exponencialmente, transformando este tribunal numa espécie de terceira instância, que, na realidade, na verdade e no rigor jurídico não é.

Por isso, percebemos as seguintes alterações: A revisão do valor da alçada da Relação, que, felizmente, não é acompanhada por um reforço significativo mas apenas por uma mera actualização da alçada da 1.ª instância, pois, se assim não fosse, estaríamos contra, porque, a nosso ver, coarctava o direito essencial de os cidadãos recorrerem à justiça, bem como a reintrodução da regra da fixação obrigatória do valor da causa pelo juiz; A inadmissibilidade de recurso para o Supremo do acórdão concordante, com jurisprudência uniformizada, sobre idêntica legislação e questão fundamental de direito; A inadmissibilidade do recurso para o Supremo também do acórdão da Relação que confirme, sem votos de vencido, a decisão da 1.ª instância – a denominada «dupla conforme»; E a introdução de um recurso extraordinário de uniformização de jurisprudência.

Do mesmo modo, salientamos aquela que é senão a mais importante, pelo menos uma das mais importantes medidas que aqui são apresentadas, que é a revisão do regime dos conflitos de competência, sobretudo os negativos, que, de facto, faziam com que muitas acções se eternizassem, sem que fosse minimamente explicada a razão de ser de se estar, por vezes um ano, a discutir não a questão, não o mérito da causa, mas, sim, quem a vai julgar. Isto é perfeitamente incompreensível para os cidadãos e julgo que esta é, de facto, de entre as várias propostas, aquela que é mais importante para o dia-a-dia dos tribunais e que merecerá o mais veemente apoio da parte do CDS.

Por isso, se, na generalidade, somos concordantes com estas propostas, até porque resultam de ideias de governos a que pertencemos e até em que desempenhámos funções, algumas, na sua concretização, ainda que nos pareçam bem intencionadas, merecem o nosso reparo.

Ou seja, se nos parece bem a consagração da inadmissibilidade de recurso do acórdão que confirme, sem votos de vencido, ainda que com fundamento diverso, a decisão proferida na 1.ª instância, não é menos verdade que o actual Código de Processo Civil permite os denominados acórdãos por remissão, em que, por vezes, a 2.ª instância limita-se a remeter para a decisão da 1.ª instância, o que, na prática, poderá – mas desejamos que assim não aconteça – resultar num único grau de jurisdição. Poderíamos pensar numa forma de evitar esta tentação da parte da nossa magistratura.

Do mesmo modo, a fixação do valor da acção pelo juiz deve ser acompanhada pela criação de um processo expedito, sob pena de estarmos a contrariar a desejada celeridade, tanto mais que a subida das alçadas poderá ser irrelevante para determinado tipo de grandes empresas, que dispõem de meios para custear elevados valores das acções, que, depois não correspondem em concreto ao objecto dessa mesma acção, de forma que a fixação do juiz deve ser pautada por critérios e regras rigorosas.

O mesmo dizemos em relação à uniformização de jurisprudência, que deve ser também revista, tanto mais que, por vezes, vemos que é o próprio Supremo Tribunal de Justiça, nas suas várias secções, que não respeita as decisões uniformizadoras que o próprio profere. Trata-se de uma matéria que, a nosso ver, podia ser mais e melhor aprofundada.

Em suma, Sr. Presidente, Sr.as e Srs. Deputados, viabilizando esta proposta de lei, sem qualquer dúvida, o CDS demonstra a sua disponibilidade para, no local próprio, aqui mesmo, na Assembleia da República, sem secretismos, conluios e tacticismos políticos, poder contribuir para um melhor e mais eficaz sistema de justiça.

Mas com um único objectivo: a vontade real que sentimos de mudar o País nesta área da justiça, sem tentar partidarizar ou retirar dividendos políticos de um objectivo que é de todos e não de alguns, como, às vezes, se pretende crer.

Aplausos do CDS-PP.

O Sr. Presidente:
– Srs. Deputados, não há mais oradores inscritos, pelo que está concluída a discussão, na generalidade, da proposta de lei n.º 95/X/L.

Srs. Deputados, pergunto, agora, se podemos proceder à votação conjunta na generalidade, na especialidade e final global da proposta de lei n.º 95/X/2 – Autoriza o Governo a alterar o regime dos recursos em processo civil e o regime dos conflitos de competência.

Pausa.

Como não há objecções, vamos, então, votar.

Submetida à votação, foi aprovada, com votos a favor do PS, do PSD, do CDS-PP e do BE e abstenções do PCP e de Os Verdes.

# LEI DE AUTORIZAÇÃO LEGISLATIVA N.º 6/2007, DE 2 DE FEVEREIRO

**Autoriza o Governo a alterar o regime dos recursos em processo civil e o regime dos conflitos de competência**

A Assembleia da República decreta, nos termos da alínea d) do artigo 161.º da Constituição, o seguinte:

### Artigo 1.º
**Objecto**

1 – O Governo fica autorizado a alterar o regime dos recursos em processo civil.

2 – O Governo fica ainda autorizado a alterar o regime dos conflitos de competência.

3 – Para os efeitos previstos nos números anteriores, o Governo fica autorizado a alterar:

a) O Código de Processo Civil, aprovado pelo Decreto- Lei n.º 44 129, de 28 de Dezembro de 1961, alterado pelos Decretos-Leis n.os 47 690, de 11 de Maio de 1967, e 323/70, de 11 de Julho, pela Portaria n.º 439/74, de 10 de Julho, pelos Decretos-Leis n.os 261/75, de 27 de Maio, 165/76, de 1 de Março, 201/76, de 19 de Março, 366/76, de 5 de Maio, 605/76, de 24 de Julho, 738/76, de 16 de Outubro, 368/77, de 3 de Setembro, e 533/77, de 30 de Dezembro, pela Lei n.º 21/78, de 3 de Maio, pelos Decretos-Leis n.os 513-X/79, de 27 de Dezembro, 207/80, de 1 de Julho, 457/80, de 10 de Outubro, 400/82, de 23 de Setembro, 242/85, de 9 de Julho, 381-A/85, de 28 de Setembro, e 177/86, de 2 de Julho, pela Lei n.º 31/86, de 29 de Agosto, pelos Decretos-Leis n.os 92/88, de 17 de Março, 321-B/90, de 15 de Outubro, 211/91, de 14 de Julho, 132/93, de 23 de Abril, 227/94, de 8 de Setembro, 39/95, de 15 de Fevereiro,

329-A/95, de 12 de Dezembro, 180/96, de 25 de Setembro, 375-A/99, de 20 de Setembro, e 183/2000, de 10 de Agosto, pela Lei n.º 30-D/2000, de 20 de Dezembro, pelos Decretos-Leis n.ᵒˢ 272/2001, de 13 de Outubro, e 323/2001, de 17 de Dezembro, pela Lei n.º 13/2002, de 19 de Fevereiro, pelos Decretos-Leis n.ᵒˢ 38/2003, de 8 de Março, 199/2003, de 10 de Setembro, 324/2003, de 27 de Dezembro, e 53/2004, de 18 de Março, pela Lei n.º 6/2006, de 27 de Fevereiro, pelo Decreto-Lei n.º 76-A/2006, de 29 de Março, e pela Lei n.o 14/2006, de 26 de Abril;

*b)* A Lei de Organização e Funcionamento dos Tribunais Judiciais, aprovada pela Lei n.º 3/99, de 13 de Janeiro, com a redacção dada pela Declaração de Rectificação n.º 7/99, de 4 de Fevereiro, alterada pela Lei n.º 101/99, de 26 de Julho, pelos Decretos-Leis n.ᵒˢ 323/2001, de 17 de Dezembro, e 38/2003, de 8 de Março, pela Lei n.º 105/2003, de 10 de Dezembro, pelo Decreto-Lei n.º 53/2004, de 18 de Março, pela Lei n.º 42/2005, de 29 de Agosto, e pelo Decreto-Lei n.º 76-A/2006, de 29 de Março;

*c)* Todos os diplomas cuja necessidade de modificação decorra das alterações à legislação referida nas alíneas anteriores.

## Artigo 2.º
### Sentido e extensão da autorização legislativa

1 – O sentido e a extensão da autorização legislativa, no que se refere ao regime dos recursos em processo civil, são os seguintes:

*a)* Alteração do regime de arguição dos vícios e da reforma da sentença, reduzindo as situações em que é lícito às partes requerer a reforma da sentença, e estabelecendo que, quando caiba recurso da decisão, o requerimento de rectificação, esclarecimento ou reforma deve ser feito na respectiva alegação;

*b)* Revisão do regime de reclamação do despacho do tribunal recorrido que não admite o recurso, estabelecendo que o seu julgamento compete ao relator, nos termos gerais;

*c)* Aumento dos valores da alçada dos tribunais de 1.a instância para € 5000 e da alçada dos tribunais da Relação para € 30 000;

*d)* Consagração da obrigatoriedade de fixação do valor da causa pelo juiz;

*e)* Unificação dos recursos ordinários na 1.ª e na 2.ª instâncias, eliminando-se o agravo, e dos recursos extraordinários de revisão e de oposição de terceiro;

*f)* Consagração do direito de recurso, independentemente da alçada e da sucumbência, das decisões proferidas contra jurisprudência consolidada do Supremo Tribunal de Justiça;

*g)* Consagração da inadmissibilidade do recurso de revista do acórdão da Relação que confirme, sem voto de vencido e ainda que por diferente fundamento, a decisão proferida na 1.ª instância, salvo quando a admissão do recurso seja claramente necessária para uma melhor aplicação do direito;

*h)* Consagração da inadmissibilidade do recurso de revista se a orientação perfilhada no acórdão da Relação estiver de acordo com a jurisprudência uniformizada do Supremo Tribunal de Justiça, no domínio da mesma legislação e sobre a mesma questão fundamental de direito;

*i)* Revisão dos pressupostos de admissibilidade do recurso de revista *per saltum,* estabelecendo que este pode ter lugar nas causas de valor superior à alçada do tribunal da Relação desde que, verificados os demais requisitos actualmente previstos, a decisão impugnada seja desfavorável para o recorrente em valor também superior a metade da alçada desse tribunal;

*j)* Revisão do regime da revista ampliada, estabelecendo que o julgamento ampliado é obrigatoriamente proposto ao presidente do Tribunal pelo relator ou pelos adjuntos quando verifiquem a possibilidade de vencimento de uma solução jurídica que esteja em oposição com jurisprudência anteriormente firmada, no domínio da mesma legislação e sobre a mesma questão fundamental de direito;

*l)* Consagração da regra geral de impugnação das decisões interlocutórias no recurso que venha a ser interposto da decisão final e de um regime comum de recurso das decisões que põem termo ao processo, sejam estas decisões de mérito ou de forma;

*m)* Unificação do momento processual para a interposição do recurso e para a apresentação das alegações, bem como para a prolação do despacho de admissão do recurso e do despacho que ordena a remessa do recurso para o tribunal superior;

*n)* Alteração das regras que regem os ónus a cargo do recorrente que impugne a decisão de facto, determinando que cabe ao recorrente, sob pena de imediata rejeição do recurso no que se refere à impugnação da matéria de facto, proceder à identificação da passagem da gravação em que funde essa impugnação, com referência aos meios de gravação áudio que permitem uma identificação precisa e separada dos depoimentos, sem prejuízo de as partes poderem proceder à transcrição das passagens da gravação em que se funde a impugnação;

*o)* Alteração do regime de vistos aos juízes-adjuntos, estabelecendo que os vistos apenas se realizam após a entrega da cópia do projecto de acórdão e que as vistas se processam, preferencialmente, por meios electrónicos e de forma simultânea;

*p)* Consagração da possibilidade de discussão oral do objecto do recurso de revista, quando o relator a entenda necessária, oficiosamente ou a requerimento das partes;

*q)* Aprofundamento das regras processuais que estabelecem mecanismos de defesa contra as demoras abusivas na tramitação dos recursos;

*r)* Consagração de um recurso para uniformização de jurisprudência das decisões do Supremo Tribunal de Justiça que contrariem jurisprudência uniformizada ou consolidada desse Tribunal;

*s)* Ampliação dos casos em que é admissível o recurso extraordinário de revisão, de forma a adequar o respectivo regime à Convenção Europeia dos Direitos do Homem e às normas emanadas dos órgãos competentes das organizações internacionais de que Portugal seja parte.

2 – No que se refere aos conflitos de competência, o sentido e a extensão da autorização legislativa são os seguintes:

*a)* Alteração das regras de resolução dos conflitos de competência, passando esses conflitos a ser decididos por um juiz singular, num único grau, tanto no Supremo Tribunal de Justiça como nos tribunais da Relação;

*b)* Alteração da tramitação das regras processuais atinentes à resolução dos conflitos de competência, estabelecendo que o tribunal que se aperceba do conflito deve suscitá-lo oficiosamente junto do tribunal competente para decidir, e que o processo de resolução dos conflitos de competência tem carácter urgente.

Artigo 3.º
**Duração**

A autorização legislativa concedida pela presente lei tem a duração de 180 dias.

Aprovada em 20 de Dezembro de 2006.

O Presidente da Assembleia da República, *Jaime Gama.*

Promulgada em 18 de Janeiro de 2007.

Publique-se.

O Presidente da República, ANÍBAL CAVACO SILVA.

Referendada em 19 de Janeiro de 2007.

O Primeiro-Ministro, *José Sócrates Carvalho Pinto de Sousa.*

# PROPOSTA DE DECRETO-LEI AUTORIZADO SUBMETIDO A AUDIÇÕES PÚBLICAS

# DECRETO-LEI N.º /2007
## DE DE

### Artigo 1.º
### Alterações ao Código de Processo Civil

Os artigos 12.º, 116.º, 117.º, 118.º, 121.º, 123.º, 143.º, 150.º, 150.º-A, 152.º, 154.º, 164.º, 165.º, 167.º, 186.º, 209.º-A, 211.º, 213.º, 214.º, 219.º, 223.º, 224.º, 225.º, 228.º, 229.º-A, 234.º-A, 254.º, 260.º-A, 261.º, 262.º, 291.º, 315.º, 379.º, 380.º, 467.º, 474.º, 475.º, 486.º-A, 506.º, 522.º-C, 657.º, 667.º, 668.º, 669.º, 670.º, 671.º, 672.º, 676.º, 677.º, 678.º, 680.º, 682.º, 683.º, 685.º, 688.º, 691.º, 692.º, 693.º, 700.º, 702.º, 703.º, 707.º, 709.º, 712.º, 713.º, 715.º, 716.º, 720.º a 725.º, 727.º, 729.º, 732.º-A, 732.º-B, 771.º a 776.º, 953.º, 1030.º, 1086.º, 1087.º, 1089.º, 1099.º, 1382.º e 1396.º do Código de Processo Civil, aprovado pelo Decreto-Lei n.º 44129, de 28 de Dezembro de 1961, alterado pelos Decretos-Leis n.ºs 47690, de 11 de Maio de 1967, e 323/70, de 11 de Julho, pela Portaria n.º 439/74, de 10 de Julho, pelos Decretos-Leis n.ºs 261/75, de 27 de Maio, 165/76, de 1 de Março, 201/76, de 19 de Março, 366/76, de 5 de Maio, 605/76, de 24 de Julho, 738/76, de 16 de Outubro, 368/77, de 3 de Setembro, e 533/77, de 30 de Dezembro, pela Lei n.º 21/78, de 3 de Maio, pelos Decretos-Leis n.ºs 513-X/79, de 27 de Dezembro, 207/80, de 1 de Julho, 457/80, de 10 de Outubro, 400/82, de 23 de Setembro, 242/85, de 9 de Julho, 381-A/85, de 28 de Setembro, e 177/86, de 2 de Julho, pela Lei n.º 31/86, de 29 de Agosto, pelos Decretos-Leis n.ºs 92/88, de 17 de Março, 321-B/90, de 15 de Outubro, 211/91, de 14 de Julho, 132/93, de 23 de Abril, 227/94, de 8 de Setembro, 39/95, de 15 de Fevereiro, 329-A/95, de 12 de Dezembro, 180/96, de 25 de Setembro, 375-A/99, de 20 de Setembro, e 183/2000, de 10 de Agosto, pela Lei n.º 30-D/2000, de 20 de Dezembro, pelos Decretos-Leis n.ºs 272/2001, de 13 de Outubro, e 323/2001, de 17 de Dezembro, pela Lei n.º 13/2002, de 19 de Fevereiro, pelos Decretos-Leis n.ºs 38/2003, de 8 de Março, 199/2003, de 10 de

Setembro, 324/2003, de 27 de Dezembro, e 53/2004, de 18 de Março, pela Lei n.º 6/2006, de 27 de Fevereiro, pelo Decreto-Lei n.º 76-A/2006, de 29 de Março, pela Lei n.º 14/2006, de 26 de Abril, e pelo Decreto-Lei n.º 8/2007, de 17 de Janeiro, passam a ter a seguinte redacção:

«Artigo 12.º
[...]

1 – [...].
2 – [...].
3 – Ouvido o outro progenitor, quando só um deles tenha requerido, bem como o Ministério Público, o juiz decide de acordo com o interesse do menor, podendo atribuir a representação a só um dos pais, designar curador especial ou conferir a representação ao Ministério Público, cabendo recurso da decisão.
4 – [...].
5 – [...].

Artigo 116.º
[...]

1 – Os conflitos de jurisdição são resolvidos, conforme os casos, pelo Supremo Tribunal de Justiça ou pelo Tribunal dos Conflitos.
2 – Os conflitos de competência são solucionados pelo presidente do tribunal de menor categoria que exerça jurisdição sobre as autoridades em conflito.
3 – O processo a seguir no julgamento dos conflitos de jurisdição cuja resolução caiba ao Tribunal dos Conflitos é o estabelecido na respectiva legislação.
4 – No julgamento dos conflitos de jurisdição ou de competência cuja resolução caiba aos tribunais comuns segue-se o disposto nos artigos seguintes.

Artigo 117.º
[...]

1 – Quando o tribunal se aperceba do conflito, deve suscitar oficiosamente a sua resolução junto do presidente do tribunal competente para decidir.

2 – A resolução do conflito pode igualmente ser suscitada, por qualquer das partes ou pelo Ministério Público, mediante requerimento dirigido ao presidente do tribunal competente para decidir.

3 – O processo de resolução de conflitos tem carácter urgente.

Artigo 118.º
**Decisão**

1 – Se o presidente do tribunal entender que não há conflito, indefere imediatamente o pedido.

2 – Se o presidente do tribunal entender que há conflito, decide-o sumariamente.

3 – A decisão é imediatamente comunicada aos tribunais em conflito e ao Ministério Público e notificada às partes.

Artigo 121.º
[...]

O que fica disposto nos *artigos 117.º* a 119 é aplicável a quaisquer outros conflitos que devam ser resolvidos pelas Relações ou pelo Supremo e também:
*a)* [...];
*b)* [...];
*c)* [...].

Artigo 123.º
[...]

1 – Quando se verifique alguma das causas previstas no artigo anterior, o juiz deve declarar-se impedido, podendo as partes requerer a declaração do impedimento até à sentença.

2 – Do despacho proferido sobre o impedimento de algum dos juízes da Relação ou do Supremo Tribunal de Justiça pode reclamar-se para a conferência, que decide com a intervenção de todos os juízes que devam intervir, excepto daquele a quem o impedimento respeitar.

3 – Declarado o impedimento, a causa passa ao juiz substituto, com excepção do caso previsto no n.º 2 do artigo 89.º.

4 – Nos tribunais superiores observa-se o disposto no n.º 1 do artigo 227.º, se o impedimento respeitar ao relator, ou a causa passa ao juiz imediato, se o impedimento respeitar a qualquer dos adjuntos.

5 – É sempre admissível recurso da decisão de indeferimento para o tribunal imediatamente superior.

### Artigo 143.º
**[...]**

1 – [...].
2 – [...].
3 – [...].
4 – As partes podem praticar os actos processuais por transmissão electrónica de dados ou através de telecópia, em qualquer dia e independentemente da hora da abertura e do encerramento dos tribunais.

### Artigo 150.º
**[...]**

1 – Os actos processuais que devam ser praticados por escrito pelas partes são apresentados a juízo preferencialmente por transmissão electrónica de dados, nos termos definidos na portaria prevista no artigo 138.º-A, valendo como data da prática do acto processual a da respectiva expedição.

2 – Os actos processuais referidos no número anterior também podem ser apresentados a juízo por uma das seguintes formas:
   *a)* Entrega na secretaria judicial, valendo como data da prática do acto processual a da respectiva entrega;
   *b)* Remessa pelo correio, sob registo, valendo como data da prática do acto processual a da efectivação do respectivo registo postal;
   *c)* Envio através de telecópia, valendo como data da prática do acto processual a da expedição.

3 – A parte que proceda à apresentação de acto processual nos termos do n.º 1 deve enviar por transmissão electrónica de dados a peça processual e os documentos que a devam acompanhar, ficando dispensada de remeter os respectivos originais, excepto nas situações definidas na portaria prevista no artigo 138.º-A, designadamente em função do seu formato ou da dimensão dos ficheiros a enviar.

4 – *(Revogado.)*
5 – [...].
6 – [...].

7 – Os documentos apresentados nos termos previstos no n.º 3 têm a força probatória dos originais, nos termos definidos para as certidões.

8 – O disposto no n.º 3 não prejudica o dever de exibição das peças processuais em suporte de papel e dos originais dos documentos juntos pelas partes através de meio de transmissão electrónica de dados, sempre que o juiz o determine, nos termos da lei de processo.

9 – As peças procesuais e os documentos apresentados pelas partes em suporte de papel são digitalizados pela secretaria judicial, nos termos definidos na portaria prevista no artigo 138.º-A.

Artigo 150.º-A
**Pagamento de taxa de justiça**

1 – [...].
2 – Quando a prática do acto processual seja feita por transmissão electrónica de dados, o prévio pagamento da taxa de justiça ou a concessão do benefício do apoio judiciário são comprovados nos termos definidos na portaria prevista no artigo 138.º-A.
3 – [...].

Artigo 152.º
**[...]**

1 – [...].
2 – [...].
3 – [...].
4 – [...].
5 – *(Revogado.)*
6 – [...].
7 – A parte que proceda à apresentação de peça processual por transmissão electrónica de dados fica dispensada de oferecer os respectivos duplicados ou cópias, bem como as cópias dos documentos.
8 – Nas situações previstas no número anterior, quando seja necessário duplicado ou cópia de qualquer peça processual ou documento, deve a secretaria extrair exemplares dos mesmos, designadamente para efeitos de citação ou notificação das partes, excepto nos casos em que estas se possam efectuar por meios electrónicos, nos termos definidos na portaria prevista no artigo 138.º-A.

## Artigo 154.º
[...]

1 – A manutenção da ordem nos actos processuais compete ao magistrado que a eles presida, o qual toma as providências necessárias contra quem perturbar a sua realização, podendo, nomeadamente, e consoante a gravidade da infracção, advertir com urbanidade o infractor, retirar-lhe a palavra quando este se afaste do respeito devido ao tribunal ou às instituições vigentes, condená-lo em multa ou fazê-lo sair do local em que o acto se realiza, sem prejuízo do procedimento criminal ou disciplinar que no caso couber.

2 – *(Anterior n.º 3.)*

3 – O magistrado faz consignar em acta, de forma especificada, os actos que determinaram a providência.

4 – Sempre que seja retirada a palavra a advogado, advogado-estagiário ou ao magistrado do Ministério Público, é, consoante os casos, dado conhecimento circunstanciado do facto à Ordem dos Advogados, para efeitos disciplinares, ou ao respectivo superior hierárquico.

5 – Das decisões referidas no n.º 1, salvo a de advertência, cabe recurso, com efeito suspensivo da decisão.

6 – Sem prejuízo do disposto no número anterior, o recurso da decisão que retire a palavra a mandatário judicial ou lhe ordene a saída do local onde o acto se realiza, tem também efeito suspensivo do processo e deve ser processado como urgente.

7 – [...].

## Artigo 164.º
[...]

1 – [...].

2 – [...].

3 – Quando os actos sejam praticados por meios electrónicos, o disposto no n.º 1 não se aplica aos actos dos funcionários que se limitem a efectuar uma comunicação interna ou a mera remessa do processo para o juiz, Ministério Público ou outras secretarias ou secções do mesmo tribunal.

Artigo 165.º
[...]

1 – [...].
2 – [... ].
3 – O disposto nos números anteriores não se aplica aos actos praticados por meios electrónicos.

Artigo 167.º
[...]

1 – [...].
2 – [...].
3 – O exame e a consulta dos processos são também efectuados mediante acesso a página informática de acesso público do Ministério da Justiça, nos termos definidos na portaria prevista no artigo 138.º-A.
4 – *(Anterior n.º 3.)*
5 – *(Anterior n.º 4.)*

Artigo 186.º
[...]

1 – [...].
2 – Recebida a carta rogatória, dá-se vista ao Ministério Público para opor ao cumprimento da carta o que julgue de interesse público, decidindo-se, em seguida, se deve ser cumprida.
3 – O Ministério Público pode interpor recurso de apelação com efeito suspensivo do despacho de cumprimento, seja qual for o valor da causa.

Artigo 209.º-A
**Distribuição por meios electrónicos**

1 – As operações de distribuição e registo previstas nos artigos subsequentes são integralmente efectuadas por meios electrónicos, que devem garantir o mesmo grau de aleatoriedade no resultado e de igualdade na distribuição do serviço, nos termos definidos na portaria prevista no artigo 138.º-A.
2 – As listagens produzidas electronicamente têm o mesmo valor que os livros, pautas e listas.

3 – Os mandatários judiciais podem obter informação acerca do resultado da distribuição dos processos referentes às partes que patrocinam mediante acesso a página informática de acesso público do Ministério da Justiça, nos termos definidos na portaria prevista no artigo 138.º-A.

Artigo 211.º
**Actos processuais sujeitos a distribuição na 1.ª instância**

1 – Estão sujeitos a distribuição na 1.ª instância:
a) Os actos processuais que importem começo de causa, salvo se esta for dependência de outra já distribuída;
b) Os actos processuais que venham de outro tribunal, com excepção das cartas precatórias, mandados, ofícios ou telegramas, para simples citação, notificação ou afixação de editais.

2 – As causas que por lei ou por despacho devam considerar-se dependentes de outras são apensadas àquelas de que dependerem.

Artigo 213.º
[...]

1 – Nenhum acto processual é admitido à distribuição sem que contenha todos os requisitos externos exigidos por lei.

2 – A verificação do disposto no número anterior é efectuada através de meios electrónicos, nos termos definidos na portaria prevista no artigo 138.º-A.

Artigo 214.º
**Periodicidade da distribuição**

A distribuição dos processos tem lugar diariamente e é realizada de forma automática.

Artigo 219.º
**Publicação**

1 – [...].

2 – Terminada a distribuição em todas as espécies, procede-se à publicação do seu resultado por meio de uma pauta disponibilizada automaticamente e por meios electrónicos em página informática de

acesso público do Ministério da Justiça, nos termos definidos na portaria prevista no artigo 138.º-A.
3 – *(Revogado.)*

Artigo 223.º
**Periodicidade e correcção de erros na distribuição**

1 – Nas Relações e no Supremo, a distribuição é efectuada diariamente e de forma automática.
2 – *(Revogado.)*
3 – *(Revogado.)*
4 – [...].

Artigo 224.º
[...]

Nas Relações há as seguintes espécies:
1.ª Apelações em processo ordinário e especial;
2.ª Apelações em processo sumário e sumaríssimo;
3.ª Recursos em processo penal;
4.ª Conflitos e revisão de sentenças de tribunais estrangeiros;
5.ª Causas de que a Relação conhece em 1.ª instância.

Artigo 225.º
[...]

No Supremo Tribunal há as seguintes espécies:
1.ª Revistas;
2.ª Recursos em processo penal;
3.ª Conflitos;
4.ª Apelações;
5.ª Causas de que o tribunal conhece em única instância.

Artigo 226.º
[...]

1 – A distribuição é integralmente efectuada por meios electrónicos, nos termos previstos no artigo 209.º-A.
2 – *(Anterior n.º 1.)*

3 – *(Revogado.)*
4 – *(Revogado.)*

Artigo 228.º
[...]

1 – [...].
2 – [...].
3 – [...].
4 – Quando a citação e as notificaçoes sejam efectuadas por meios electrónicos, nos termos definidos na portaria prevista no artigo 138.º-A, os elementos e cópias referidos no número anterior podem constar de suporte electrónico acessível ao citando ou notificando.

Artigo 229.º-A
[...]

1 – Nos processos em que as partes tenham constituído mandatário judicial, os actos processuais que devam ser praticados por escrito pelas partes após a notificação da contestação do réu ao autor, são notificados pelo mandatário judicial do apresentante ao mandatário judicial da contraparte, no respectivo domicílio profissional, nos termos do artigo 260.º-A.

2 – O mandatário judicial que assuma o patrocínio na pendência do processo indica o seu domicílio profissional e o respectivo endereço de correio electrónico ao mandatário judicial da contraparte.

Artigo 234.º-A
[...]

1 – [...].
2 – É sempre admitido recurso até à Relação, com subida nos próprios autos, do despacho que haja indeferido liminarmente a petição de acção ou o requerimento de providência cautelar.
3 – O despacho que admite o recurso referido no número anterior ordena a citação do réu ou requerido, tanto para os termos do recurso como para os da causa, salvo se o requerido no procedimento cautelar não dever ser ouvido antes do seu decretamento.
4 – [...].
5 – [...].

### Artigo 254.º
### [...]

1 – [...].
2 – Os mandatários das partes que pratiquem os actos processuais pelo meio previsto no n.º 1 do artigo 150.º, são notificados nos termos definidos na portaria prevista no artigo 138.º-A.
3 – [...].
4 – [...].
5 – A notificação por transmissão electrónica de dados presume-se feita na data da expedição.
6 – [...]

### Artigo 260.º-A
### [...]

1 – [...].
2 – Os termos a que devem obedecer as notificações entre os mandatários judiciais das partes, realizadas por transmissão electrónica de dados, são definidos na portaria prevista no artigo 138.º-A.
3 – O mandatário judicial notificante deve juntar aos autos documento comprovativo da data da notificação à contraparte, podendo essa junção ser dispensada quando a notificação seja realizada por transmissão electrónica de dados, nos termos definidos na portaria prevista no artigo 138.ºA.
4 – [...].

### Artigo 261.º
### [...]

1 – [...].
2 – [...].
3 – [...].
4 – [...].
5 – Quando os requerimentos e documentos sejam enviados por transmissão electrónica de dados, o requerente está dispensado de entregar os duplicados referidos no número anterior.

Artigo 262.º
[...]

1 – As notificações avulsas não admitem oposição alguma, devendo os direitos respectivos fazer-se valer nas acções competentes.
2 – Do despacho de indeferimento da notificação cabe recurso até à Relação.

Artigo 291.º
[...]

1 – [...].
2 – Os recursos consideram-se desertos quando o recorrente não tenha apresentado a sua alegação, nos termos do n.º 2 do artigo 684.º-B, ou quando, por inércia deste, estejam parados durante mais de um ano.
3 – [...].
4 – [...].

Artigo 315.º
**Fixação do valor**

1 – Compete ao juiz fixar o valor da causa, sem prejuízo do dever de indicação que impende sobre as partes.
2 – O valor da causa é fixado no despacho saneador, salvo nos processos a que se refere o n.º 3 do artigo 308.º e naqueles em que não haja lugar a despacho saneador, sendo nesses casos fixado na sentença.
3 – Se for interposto recurso antes da fixação do valor da causa pelo juiz, deve este fixá-lo no despacho referido no artigo 685.º-C.

Artigo 379.º
**Dedução da liquidação**

1 – A liquidação é deduzida mediante requerimento oferecido em duplicado, no qual o autor, conforme os casos, deve relacionar os objectos compreendidos na universalidade, com as indicações necessárias para se identificarem, ou especificar os danos derivados do facto ilícito e concluir pedindo quantia certa.
2 – Quando a liquidação seja deduzida mediante requerimento apresentado por transmissão electrónica de dados, o autor está dispensado de entregar o duplicado referido no número anterior.

Artigo 380.º
[...]

1 – A oposição à liquidação é formulada em duplicado, excepto quando efectuada por transmissão electrónica de dados.
2 – [...].
3 – [...].
4 – [...].

Artigo 467.º
[...]

1 – Na petição, com que propõe a acção, deve o autor:
a) Designar o tribunal em que a acção é proposta e identificar as partes, indicando os seus nomes, domicílios ou sedes e, sempre que possível, números de identificação civil e de identificação fiscal, profissões e locais de trabalho;
b) [...];
c) [...];
d) [...];
e) [...];
f) [...];
g) [...].
2 – [...].
3 – [...].
4 – Quando a petição inicial seja enviada por transmissão electrónica de dados, o prévio pagamento da taxa de justiça ou a concessão do benefício do apoio judiciário são comprovados nos termos definidos na portaria prevista no artigo 138.º-A.
5 – *(Anterior n.º 4.)*
6 – *(Anterior n.º 5.)*
7 – *(Anterior n.º 6.)*
8 – *(Anterior n.º 7.)*

Artigo 474.º
[...]

A secretaria recusa o recebimento da petição inicial indicando por escrito o fundamento da rejeição, quando ocorrer algum dos seguintes factos:
a) [...];

b) [...];
c) [...];
d) [...];
e) [...];
f) Não tenha sido junto o documento comprova-tivo do prévio pagamento da taxa de justiça inicial ou o documento que ateste a concessão de apoio judiciário, excepto no caso previsto no n.º 4 do artigo 467.º;
g) [...];
h) [....];
i) [...].

Artigo 475.º
[...]

1 – [...].
2 – Do despacho que confirme o não recebimento cabe sempre recurso até à Relação, aplicando-se, com as necessárias adaptações, o disposto no artigo 234.º-A.

Artigo 486.º-A
[...]

1 – É aplicável à contestação, com as necessárias adaptações, o disposto nos n.ºˢ 3 e 4 do artigo 467.º, podendo o réu, se estiver a aguardar decisão sobre a concessão do benefício de apoio judiciário na modalidade de dispensa total ou parcial do prévio pagamento da taxa de justiça inicial, juntar apenas o documento comprovativo da apresentação do respectivo requerimento.
2 – [...].
3 – [...].
4 – [...].
5 – [...].
6 – [...].
7 – [...].

Artigo 506.º
[...]

1 – [...].

2 – [...].
3 – [...].
4 – [...].
5 – [...].
6 – Os factos articulados que interessem à decisão da causa são incluídos na base instrutória ou, quando esta já esteja elaborada, são-lhe aditados, aplicando-se o disposto no artigo 511.º.

### Artigo 522.º-C
[...]

1 – [...].
2 – Quando haja lugar a registo áudio ou vídeo, deve ser assinalado na acta o início e o termo da gravação de cada depoimento, informação ou esclarecimento, de forma a ser possível uma identificação precisa e separada dos mesmos.

### Artigo 657.º
[...]

1 – [...].
2 – Quando o processo seja facultado por meios electrónicos, nos termos definidos na portaria prevista no artigo 138.º-A, as partes procedem ao respectivo exame simultaneamente, pelo prazo referido no número anterior.

### Artigo 667.º
[...]

1 – [...].
2 – Em caso de recurso, a rectificação só pode ter lugar antes de ele subir, podendo as partes alegar perante o tribunal superior o que entendam de seu direito no tocante à rectificação.
3 – Se nenhuma das partes recorrer, a rectificação pode ter lugar a todo o tempo.

### Artigo 668.º
[...]

1 – É nula a sentença quando:
*a)* Não contenha a assinatura do juiz;

*b)* Não especifique os fundamentos de facto e de direito que justificam a decisão;
*c)* Os fundamentos estejam em oposição com a decisão;
*d)* O juiz deixe de pronunciar-se sobre questões que devesse apreciar ou conheça de questões de que não podia tomar conhecimento;
*e)* Condene em quantidade superior ou em objecto diverso do pedido.

2 – A omissão prevista na alínea *a)* do número anterior é suprida oficiosamente, ou a requerimento de qualquer das partes, enquanto for possível colher a assinatura do juiz que proferiu a sentença, devendo este declarar no processo a data em que apôs a assinatura.

3 – Quando a assinatura seja aposta por meios electrónicos, não há lugar à declaração prevista no número anterior.

4 – As nulidades mencionadas nas alíneas *b)* a *e)* do n.º 1 só podem ser arguidas perante o tribunal que proferiu a sentença se esta não admitir recurso ordinário, podendo o recurso, no caso contrário, ter como fundamento qualquer dessas nulidades.

Artigo 669.º
[...]

1 – Pode qualquer das partes requerer no tribunal que proferiu a sentença:
*a)* O esclarecimento de alguma obscuridade ou ambiguidade relativa à decisão ou aos seus fundamentos;
*b)* [...].

2 – Não cabendo recurso da decisão, é ainda lícito a qualquer das partes requerer a reforma da sentença quando, por manifesto lapso do juiz:
*a)* Tenha ocorrido erro na determinação da norma aplicável ou na qualificação jurídica dos factos;
*b)* Constem do processo documentos que, só por si, impliquem necessariamente decisão diversa da proferida.

3 – Cabendo recurso da decisão, o requerimento previsto no n.º 1 é feito na alegação.

Artigo 670.º
[...]

1 – Nos casos previstos no n.º 3 dos *artigos 668.º* e 669.º, deve o juiz indeferir o requerimento ou emitir despacho a corrigir o vício, a aclarar ou a reformar a sentença, considerando-se o referido despacho complemento e parte integrante desta.

2 – Do despacho de indeferimento referido no número anterior não cabe recurso.

3 – O recurso que tenha sido interposto fica a ter por objecto a nova decisão, podendo o recorrente, no prazo de 10 dias, dele desistir, alargar ou restringir o respectivo âmbito, em conformidade com a alteração sofrida, e o recorrido responder a tal alteração, no mesmo prazo.

4 – O recorrido pode interpor recurso da sentença aclarada, corrigida ou reformada, no prazo de 15 dias a contar da notificação do despacho referido no n.º 1.

5 – O despacho previsto no n.º 1 é proferido com aquele que admite o recurso e ordena a respectiva subida, devendo o relator, se o juiz omitir aquele despacho, mandar baixar o processo para que o mesmo seja proferido.

Artigo 671.º
[...]

1 – Transitada em julgado a sentença ou o despacho saneador que decida do mérito da causa, a decisão sobre a relação material controvertida fica tendo força obrigatória dentro do processo e fora dele nos limites fixados pelos *artigos 497.º* e seguintes, sem prejuízo do disposto nos artigos 771.º e seguintes.

2 – [...].

Artigo 672.º
[...]

1 – As sentenças e os despachos que recaiam unicamente sobre a relação processual têm força obrigatória dentro do processo.

2 – Excluem-se do disposto no número anterior os despachos previstos no artigo 679.º.

Artigo 676.º
[...]

1 – [...].
2 – Os recursos são ordinários ou extraordinários, sendoordinários a apelação e a revista e extraordinários o recurso para uniformização de jurisprudência e a revisão.

Artigo 677.º
[...]

A decisão considera-se transitada em julgado logo que não seja susceptível de recurso ordinário ou de reclamação, nos termos dos *artigos 668.º e 669.º*.

Artigo 678.º
[...]

1 – Só é admissível recurso ordinário nas causas de valor superior à alçada do tribunal de que se recorre desde que a decisão impugnada seja desfavorável para o recorrente em valor também superior a metade da alçada desse tribunal, atendendo-se, em caso de fundada dúvida acerca do valor da sucumbência, somente ao valor da causa.
2 – Independentemente do valor da causa e da sucumbência, é sempre admissível recurso:
   a) Das decisões que violem as regras de competência internacional, em razão da matéria ou da hierarquia, ou que ofendam o caso julgado;
   b) Das decisões respeitantes ao valor da causa ou dos incidentes, com o fundamento de que o seu valor excede a alçada do tribunal de que se recorre;
   c) Das decisões proferidas, no domínio da mesma legislação e sobre a mesma questão fundamental de direito, contra jurisprudência uniformizada do Supremo Tribunal de Justiça.
3 – Independentemente do valor da causa e da sucumbência, é sempre admissível recurso para a Relação:
   a) Nas acções em que se aprecie a validade, a subsistência ou a cessação de contratos de arrendamento, com excepção dos arrendamentos para habitação não permanente ou para fins especiais transitórios;

*b)* Das decisões respeitantes ao valor da causa nos procedimentos cautelares, com o fundamento de que o seu valor excede a alçada do tribunal de que se recorre.

### Artigo 680.º
### [...]

1 – Os recursos só podem ser interpostos por quem, sendo parte principal na causa, tenha ficado vencido, sem prejuízo do disposto nos números seguintes.

2 – As pessoas directa e efectivamente prejudicadas pela decisão podem recorrer dela, ainda que não sejam partes na causa ou sejam apenas partes acessórias.

3 – O recurso previsto na alínea *g)* do artigo 771.º pode ser interposto por qualquer terceiro que tenha sido prejudicado com a sentença, considerando-se como terceiro o incapaz que interveio no processo como parte, mas por intermédio de representante legal.

### Artigo 682.º
### [...]

1 – Se ambas as partes ficarem vencidas, cada uma delas deve recorrer na parte que lhe seja desfavorável, podendo o recurso, nesse caso, ser independente ou subordinado.

2 – O prazo de interposição do recurso subordinado conta-se a partir da notificação da interposição do recurso da parte contrária.

3 – [...].
4 – [...].
5 – [...].

### Artigo 683.º
### [...]

1 – [...].
2 – [...].
3 – A adesão ao recurso pode ter lugar, por meio de requerimento ou de subscrição das alegações do recorrente, até ao início do prazo referido no n.º 1 do artigo 707.º.
4 – [...].
5 – [...].

## Artigo 685.º
### Prazos

1 – O prazo de interposição do recurso é de 30 dias, salvo nos processos urgentes e nos demais casos expressamente previstos na lei, e conta-se a partir da notificação da decisão.

2 – Se a parte for revel e não dever ser notificada nos termos do artigo 255.º, o prazo de interposição corre desde a publicação da decisão, excepto se a revelia da parte cessar antes de decorrido esse prazo, caso em que a sentença ou despacho tem de ser notificado e o prazo começa a correr da data da notificação.

3 – Tratando-se de despachos ou sentenças orais, reproduzidos no processo, o prazo corre do dia em que foram proferidos, se a parte esteve presente ou foi notificada para assistir ao acto.

4 – *(Anterior n.º 3.)*

5 – Em prazo idêntico ao da interposição, pode o recorrido responder à alegação do recorrente.

6 – Na sua alegação o recorrido pode impugnar a admissibilidade ou a tempestividade do recurso, bem como a legitimidade do recorrente.

7 – Se o recurso tiver por objecto a reapreciação da prova gravada, ao prazo de interposição e de resposta acrescem 10 dias.

8 – Sendo requerida pelo recorrido a ampliação do objecto do recurso, nos termos do artigo 684.º-A, pode o recorrente responder à matéria da ampliação, nos 15 dias posteriores à notificação do requerimento.

9 – Havendo vários recorrentes ou vários recorridos, ainda que representados por advogados diferentes, o prazo das respectivas alegações é único, incumbindo à secretaria providenciar para que todos possam proceder ao exame do processo durante o prazo de que beneficiam.

## Artigo 688.º
### Reclamação contra o indeferimento

1 – Do despacho que não admita o recurso pode o recorrente reclamar para o tribunal que seria competente para dele conhecer.

2 – O recorrido pode responder à reclamação apresentada pelo recorrente.

3 – A reclamação, dirigida ao tribunal superior, é apresentada na secretaria do tribunal recorrido, autuada por apenso aos autos principais

e é sempre instruída com o requerimento de interposição de recurso, a decisão recorrida e o despacho objecto de reclamação.

4 – A reclamação é apresentada logo ao relator, que, no prazo de 10 dias, profere decisão que admita o recurso ou mantenha o despacho reclamado.

5 – Se o relator não se julgar suficientemente elucidado com os documentos referidos no n.º 3, pode requisitar ao tribunal recorrido os esclarecimentos ou as certidões que entenda necessários.

6 – Se o recurso for admitido, o relator requisita o processo principal ao tribunal recorrido, que o deve fazer subir no prazo de 10 dias.

Artigo 691.º
[...]

1 – Da decisão do tribunal de primeira instância que ponha termo ao processo, cabe recurso de apelação.

2 – Cabe ainda recurso de apelação das seguintes decisões do tribunal de primeira instância:
   a) Decisão que aprecie o impedimento do juiz;
   b) Decisão que aprecie a competência do tribunal;
   c) Decisão que aplique multa;
   d) Decisão que condene no cumprimento de obrigação pecuniária;
   e) Decisão que ordene o cancelamento de qualquer registo;
   f) Decisão que ordene a suspensão da instância;
   g) Decisão proferida depois da decisão final;
   h) Despacho saneador que, sem pôr termo ao processo, decida do mérito da causa;
   i) Despacho de admissão ou rejeição de meios de prova;
   j) Despacho que não admita o incidente ou que lhe ponha termo;
   l) Decisões cuja impugnação com o recurso da decisão final seria absolutamente inútil;
   m) Nos demais casos expressamente previstos na lei.

3 – As restantes decisões proferidas pelo tribunal de primeira instância podem ser impugnadas no recurso que venha a ser interposto da decisão final.

4 – Se não houver recurso da decisão final, as decisões interlocutórias que tenham interesse para o apelante independentemente daquela decisão podem ser impugnadas num recurso único, a interpor após o trânsito da referida decisão.

5 – Nos casos previstos nas alíneas *a)* a *g)*, e *i)* a *m)* do n.º 2, no n.º 4 e nos processos urgentes, o prazo para interposição de recurso e apresentação de alegações é reduzido para 15 dias.

Artigo 692.º
[...]

1 – A apelação tem efeito meramente devolutivo, excepto nos casos previstos nos números seguintes.

2 – A apelação tem efeito supensivo do processo nos casos previstos na lei.

3 – Tem efeito suspensivo da decisão a apelação:
*a)* Da decisão que ponha termo ao processo em acções sobre o estado das pessoas;
*b)* Da decisão que ponha termo ao processo nas acções referidas no n.º 3 do *artigo 678.º* e nas que respeitem à posse ou à propriedade de casa de habitação;
*c)* Do despacho de indeferimento do incidente processado por apenso;
*d)* Do despacho que indefira liminarmente ou que não ordene a providência cautelar;
*e)* Das decisões previstas nas alíneas *c)*, *d)* e *e)* do n.º 2 do artigo 691.º;
*f)* Nos demais casos previstos por lei.

4 – Fora dos casos previstos no número anterior, o recorrente pode requerer, ao interpor o recurso, que a apelação tenha efeito suspensivo quando a execução da decisão lhe cause prejuízo considerável e se ofereça para prestar caução, ficando a atribuição desse efeito condicionada à efectiva prestação da caução no prazo fixado pelo tribunal e ao disposto no n.º 3 do *artigo 818.º*.

Artigo 693.º
[...]

1 – O apelado pode requerer a todo o tempo a extracção do traslado, com indicação das peças que, além da sentença, ele deva abranger.

2 – Não querendo, ou não podendo, obter a execução provisória da sentença, o apelado que não esteja já garantido por hipoteca judicial pode requerer, na alegação, que o apelante preste caução.

## Artigo 700.º
### Função do relator

1 – O juiz a quem o processo for distribuído fica sendo o relator, incumbindo-lhe deferir a todos os termos do recurso até final, designadamente:
   a) Corrigir o efeito atribuído ao recurso e o respectivo modo de subida, ou convidar as partes a aperfeiçoar as conclusões das respectivas alegações, nos termos do n.º 3 do artigo 685.º-A;
   b) Verificar se alguma circunstância obsta ao conhecimento do recurso;
   c) Julgar sumariamente o objecto do recurso, nos termos previstos no *artigo 705.º*;
   d) Ordenar a realização das diligências que considere necessárias;
   e) Autorizar ou recusar a junção de documentos e pareceres;
   f) Julgar os incidentes suscitados;
   g) Declarar a suspensão da instância;
   h) Julgar extinta a instância por causa diversa do julgamento ou julgar findo o recurso, pelo não conhecimento do seu objecto.

2 – Na decisão do objecto do recurso e das questões a apreciar em conferência intervêm, pela ordem de antiguidade no tribunal, os juízes seguintes ao relator.

3 – [...].

4 – A reclamação deduzida é decidida no acórdão que julga o recurso, salvo quando a natureza das questões suscitadas impuser decisão imediata, sendo, neste caso, aplicável, com as necessárias adaptações, o disposto nos n.ºs 2 a 4 do artigo 707.º.

5 – Do acórdão da conferência pode a parte que se considere prejudicada recorrer nos termos previstos na segunda parte do n.º 4 do artigo 721.º.

## Artigo 702.º
### Erro no modo de subida do recurso

1 – Se o recurso tiver subido em separado, quando devesse subir nos próprios autos, requisitam-se estes ao tribunal recorrido.

2 – Decidindo o relator, inversamente, que o recurso que subiu nos próprios autos deveria ter subido em separado, o tribunal notifica as

partes para indicarem as peças necessárias à instrução do recurso, as quais são autuadas com o requerimento de interposição do recurso e com as alegações, baixando, em seguida, os autos principais à 1.ª instância.

### Artigo 703.º
[...]

1 – Se o relator entender que deve alterar-se o efeito do recurso, deve ouvir as partes, antes de decidir, no prazo de 5 dias.

2 – Se a questão tiver sido suscitada por alguma das partes na sua alegação, o relator apenas ouve a parte contrária que não tenha tido oportunidade de responder.

3 – [...].
4 – [...].

### Artigo 707.º
[...]

1 – Decididas as questões que devam ser apreciadas antes do julgamento do objecto do recurso, se não se verificar o caso previsto no artigo 705.º, o relator elabora o projecto de acórdão no prazo de 30 dias.

2 – Na sessão anterior ao julgamento do recurso, o processo, acompanhado com o projecto de acórdão, vai com vista simultânea, por meios electrónicos, aos dois juízes-adjuntos, pelo prazo de 5 dias, ou, quando tal não for tecnicamente possível, o relator ordena a extracção de cópias do projecto de acórdão e das peças processuais relevantes para a apreciação do objecto da apelação.

3 – Se o volume das peças processuais relevantes tornar excessivamente morosa a extracção de cópias, o processo vai com vista aos dois juízes-adjuntos, pelo prazo de 5 dias a cada um.

4 – Quando a natureza das questões a decidir ou a necessidade de celeridade no julgamento do recurso o aconselhem, pode o relator, com a concordância dos adjuntos, dispensar os vistos.

### Artigo 709.º
[...]

1 – O processo é inscrito em tabela logo que se mostre decorrido o prazo para o relator elaborar o projecto de acórdão.

2 – *(Anterior n.º 3.)*
3 – *(Anterior n.º 5.)*

Artigo 712.º
[...]

1 – A decisão do tribunal de 1.ª instância sobre a matéria de facto pode ser alterada pela Relação:
  a) Se do processo constarem todos os elementos de prova que serviram de base à decisão sobre os pontos da matéria de facto em causa ou se, tendo ocorrido gravação dos depoimentos prestados, tiver sido impugnada, nos termos do artigo 685.º-B, a decisão com base neles proferida;
  b) [...];
  c) [...].
2 – [...].
3 – [...].
4 – [...].
5 – [...].
6 – [...].

Artigo 713.º
[...]

1 – [...].
2 – [...].
3 – [...].
4 – [...].
5 – Quando a Relação entender que a questão a decidir é simples pode o acórdão limitar-se à parte decisória, precedida da fundamentação sumária do julgado, ou, quando a questão já tenha sido jurisdicionalmente apreciada, a remeter para precedente acórdão, de que se junta cópia.
6 – [...].
7 – O juiz que lavrar o acórdão deve sumariá-lo.

## Artigo 715.º
[...]

1 – Ainda que declare nula a decisão que põe termo ao processo, o tribunal de recurso deve conhecer do objecto da apelação.
2 – [...].
3 – [...].

## Artigo 716.º
[...]

1 – [...].
2 – A rectificação, aclaração ou reforma do acórdão, bem como a arguição de nulidade, são decididas em conferência,

## Artigo 720.º
[...]

1 – [...].
2 – O disposto no número anterior é também aplicável aos casos em que a parte procure obstar ao trânsito em julgado da decisão, através da suscitação de incidentes, a ela posteriores, manifestamente infundados.

3 – A decisão da conferência que qualifique como manifestamente infundado o incidente suscitado determina a imediata extracção do traslado, prosseguindo os autos os seus termos no tribunal recorrido.

4 – No caso previsto no número anterior, apenas é proferida a decisão no traslado depois de, contadas as custas a final, o requerente as ter pago, bem como todas as multas e indemnizações que hajam sido fixadas pelo tribunal.

5 – A decisão impugnada através de incidente manifestamente infundado considera-se, para todos os efeitos, transitada em julgado.

6 – Sendo o processado anulado em consequência de provimento na decisão a proferir no traslado, não se aplica o disposto no número anterior.

## Artigo 721.º
[...]

1 – Cabe recurso de revista para o Supremo Tribunal de Justiça do acórdão da Relação proferido ao abrigo do n.º 1 e da alínea *h*) do n.º 2 do artigo 691.º.

2 – Os acórdãos proferidos na pendência do processo na Relação apenas podem ser impugnados no recurso de revista que venha a ser interposto nos termos do número anterior, com excepção:
  a) Dos acórdãos proferidos sobre incompetência relativa da Relação;
  b) Dos acórdãos cuja impugnação com o recurso de revista seria absolutamente inútil;
  c) Dos demais casos expressamente previstos na lei.

3 – Não é admitida revista do acórdão da Relação que confirme, sem voto de vencido e ainda que por diferente fundamento, a decisão proferida na 1.ª instância, salvo nos casos previstos no artigo seguinte.

4 – Se não houver ou não for admissível recurso de revista das decisões previstas no n.º 1 do presente artigo, os acórdãos proferidos na pendência do processo na Relação podem ser impugnados, caso tenham interesse para o recorrente independentemente daquela decisão, num recurso único, a interpor após o trânsito daquela decisão, no prazo de 15 dias após o referido trânsito.

5 – As decisões interlocutórias impugnadas com a sentença final, nos termos do disposto no n.º 4 do artigo 691.º, não podem ser objecto do recurso de revista.

6 – Nos casos previstos nos n.ºs 2 e 4 e nos processos urgentes, o prazo para interposição de recurso e apresentação de alegações é reduzido para 15 dias.

Artigo 722.º
[...]

1 – A revista pode ter por fundamento:
  a) A violação de lei substantiva, que pode consistir tanto no erro de interpretação ou de aplicação, como no erro de determinação da norma aplicável;
  b) A violação ou errada aplicação da lei de processo;
  c) As nulidades previstas nos artigos 668.º e 716.º.

2 – Para os efeitos do disposto na alínea a) do número anterior, consideram-se como lei substantiva as normas e os princípios de direito internacional geral ou comum e as disposições genéricas, de carácter substantivo, emanadas dos órgãos de soberania, nacionais ou estrangeiros, ou constantes de convenções ou tratados internacionais.

3 – *(Anterior n.º 2.)*

Artigo 723.º
[...]

1 – *(Anterior corpo do artigo.)*
2 – Se o recurso for admitido no efeito suspensivo, pode o recorrido exigir a prestação de caução, sendo neste caso aplicável o disposto no n.º 2 do *artigo 693.º*.
3 – *Se o efeito do recurso* for meramente devolutivo, pode o recorrido requerer que se extraia traslado, o qual compreende unicamente o acórdão, salvo se o recorrido fizer, à sua custa, inserir outras peças.

Artigo 724.º
[...]

Nos casos previstos nas alíneas *a)* a *c)* do n.º 2 do artigo 721.º e nos processos urgentes, o prazo de interposição de recurso é de 15 dias.

Artigo 725.º
[...]

1 – As partes podem requerer, nas conclusões da alegação, que o recurso interposto das decisões referidas no n.º 1 e na alínea *h)* do n.º 2 do artigo 691.º suba directamente ao Supremo Tribunal de Justiça, desde que, cumulativamente:
  *a)* O valor da causa seja superior à alçada da Relação;
  *b)* O valor da sucumbência seja superior a metade da alçada da Relação;
  *c)* As partes, nas suas alegações, suscitem apenas questões de direito;
  *d)* As partes não impugnem, no recurso da decisão prevista no n.º 1 do artigo 691.º, quaisquer decisões interlocutórias.
2 – Sempre que o requerimento referido no número anterior seja apresentado pelo recorrido, o recorrente pode pronunciar-se no prazo de 10 dias.
3 – O presente recurso é processado como revista, salvo no que respeita aos efeitos, a que se aplicam os preceitos referentes à apelação.
4 – A decisão do relator que entenda que as questões suscitadas ultrapassam o âmbito da revista e determine que o processo baixe à Relação, a fim de o recurso aí ser processado, é definitiva.
5 – Da decisão do relator que admita o recurso *per saltum*, pode haver reclamação para a conferência.

Artigo 727.º
[...]

Com as alegações podem juntar-se documentos supervenientes, sem prejuízo do disposto no n.º 3 do artigo 722.º e no n.º 2 do artigo 729.º.

Artigo 729.º
[...]

1 – [...].
2 – A decisão proferida pelo tribunal recorrido quanto à matéria de facto não pode ser alterada, salvo o caso excepcional previsto no n.º 3 do artigo 722.º.
3 – [...].

Artigo 732.º-A
[...]

1 – O Presidente do Supremo Tribunal de Justiça determina, até à prolação do acórdão, que o julgamento do recurso se faça com intervenção do pleno das secções cíveis, quando tal se revele necessário ou conveniente para assegurar a uniformidade da jurisprudência.
2 – O julgamento alargado, previsto no número anterior, pode ser requerido por qualquer das partes e deve ser proposto pelo relator, por qualquer dos adjuntos, pelos presidentes das secções cíveis ou pelo Ministério Público.
3 – O relator, ou qualquer dos adjuntos, propõem obrigatoriamente o julgamento ampliado da revista quando verifiquem a possibilidade de vencimento de solução jurídica que esteja em oposição com jurisprudência uniformizada, no domínio da mesma legislação e sobre a mesma questão fundamental de direito.
4 – A decisão referida no n.º 1 é definitiva.

Artigo 732.º-B
[...]

1 – [...].
2 – Se a decisão a proferir envolver alteração de jurisprudência anteriormente uniformizada, o relator ouve previamente as partes caso estas não tenham tido oportunidade de se pronunciar sobre o julgamento alargado, sendo aplicável o disposto no artigo 727.º-A.

3 – Após a audição das partes, o processo vai com vista simultânea a cada um dos juízes que devam intervir no julgamento, aplicando-se o disposto nos n.ᵒˢ 2 e 3 do artigo 707.º.

4 – *(Anterior n.º 3.)*

5 – O acórdão proferido pelas secções reunidas sobre o objecto da revista é publicado na 1.ª série do *Diário da República*.

Artigo 771.º

[...]

A decisão transitada em julgado só pode ser objecto de revisão quando:

*a)* Uma outra sentença transitada em julgado tenha dado como provado que a decisão resulta de crime praticado pelo juiz no exercício das suas funções no processo;

*b)* Se verifique a falsidade de documento ou acto judicial, de depoimento ou das declarações de peritos, que possam, em qualquer dos casos, ter determinado a decisão a rever, não tendo a matéria sido objecto de discussão no processo em que foi proferida a decisão a rever;

*c)* Se apresente documento de que a parte não tivesse conhecimento, ou de que não tivesse podido fazer uso, no processo em que foi proferida a decisão a rever e que, por si só, seja suficiente para modificar a decisão em sentido mais favorável à parte vencida;

*d)* Se verifique a nulidade ou a anulabilidade da confissão, desistência ou transacção em que a decisão se fundou;

*e)* Tendo corrido a acção e a execução à revelia, por falta absoluta de intervenção do réu, se mostre que faltou a sua citação ou que é nula a citação feita;

*f)* Seja inconciliável com uma decisão definitiva de uma instância internacional de recurso vinculativa para o Estado Português;

*g)* O litígio assente sobre um acto simulado das partes e o tribunal não tenha feito uso do poder que lhe confere o *artigo 665.º*, por se não ter apercebido da fraude.

Artigo 772.º
**Prazo para a interposição**

1 – O recurso é interposto no tribunal que proferiu a decisão a rever.

2 – O recurso não pode ser interposto se tiverem decorrido mais de cinco anos sobre o trânsito em julgado da decisão e o prazo para a interposição é de 60 dias, contados:

a) No caso da alínea a) do *artigo 771.º*, do trânsito em julgado da sentença em que se funda a revisão;
b) No caso da alínea f) do artigo 771.º, desde que a decisão em que se funda a revisão se tornou definitiva;
c) No caso da alínea g) do artigo 771.º, desde que o recorrente teve conhecimento da sentença;
d) Nos outros casos, desde que o recorrente obteve o documento ou teve conhecimento do facto que serve de base à revisão.

3 – Nos casos previstos na segunda parte do n.º 3 do artigo 680.º, o prazo previsto no n.º 2 não finda antes de decorrido um ano sobre a aquisição da capacidade por parte do incapaz ou sobre a mudança do seu representante legal.

4 – *(Anterior n.º 3)*.

5 – *(Anterior n.º 4)*.

Artigo 773.º
[...]

1 – No requerimento de interposição, que é autuado por apenso, o recorrente alega os factos constitutivos do fundamento do recurso e, no caso da alínea g) do artigo 771.º, o prejuízo resultante da simulação processual.

2 – Nos casos das alíneas a), c), f) e g) do artigo 771.º, o recorrente, com o requerimento de interposição, apresenta certidão, consoante os casos, da decisão ou do documento em que se funda o pedido.

Artigo 774.º
**Admissão do recurso**

1 – Sem prejuízo do disposto no n.º 1 do artigo 685.º-C, o tribunal a que for dirigido o requerimento indefere-o quando não for instruído nos termos do artigo anterior ou se reconheça de imediato que não há motivo para revisão.

2 – Admitido o recurso, notifica-se pessoalmente o recorrido para responder no prazo de 20 dias.
3 – O recebimento do recurso não suspende a execução da decisão recorrida.
4 – *(Revogado.)*

Artigo 775.º
[...]

1 – Salvo nos casos das alíneas *b)*, *d)* e *g)* do *artigo 771.º*, o tribunal, logo em seguida à resposta do recorrido ou ao termo do prazo respectivo, conhecerá do fundamento da revisão, precedendo as diligências consideradas indispensáveis.
2 – Nos casos das alíneas *b)*, *d)* e *g)* do *artigo 771.º*, segue-se, após a resposta dos recorridos ou o termo do prazo respectivo, os termos do processo sumário.
3 – Quando o recurso tenha sido dirigido a algum tribunal superior, pode este requisitar ao tribunal de 1.ª instância, de onde o processo subiu, as diligências que se mostrem necessárias e que naquele não possam ter lugar.

Artigo 776.º
[...]

1 – Nos casos previstos nas alíneas *a)* a *f)* do artigo 771.º, se o fundamento da revisão for julgado procedente, é revogada a decisão recorrida, observando-se o seguinte:
 *a)* [...];
 *b)* Nos casos das alíneas *a)*, *c)* e *f)* do artigo 771.º, profere-se nova decisão, procedendo-se às diligências absolutamente indispensáveis e dando-se a cada uma das partes o prazo de 20 dias para alegar por escrito;
 *c)* [...].
2 – No caso da alínea *g)* do artigo 771.º, anula-se a decisão recorrida.

Artigo 953.º
[...]

1 – [...].

2 – Da decisão que decrete a providência provisória cabe apelação, nos termos do n.º 2 do artigo 691.º.

### Artigo 1030.º
[...]

1 – [...].
2 – [...].
3 – [...].
4 – [...].
5 – [...].
6 – Quando a pretensão seja deduzida por transmissão electrónica de dados, o credor está dispensado de apresentar os duplicados referidos no n.º 3.

### Artigo 1086.º
[...]

1 – [...].
2 – Sendo a causa da competência do tribunal de comarca, a decisão é proferida dentro de 15 dias. Quando for da competência da Relação ou do Supremo, os autos vão com vista aos juízes da respectiva secção, por 5 dias, sendo aplicáveis os n.ºs 2 e 3 do artigo 707.º, e, em seguida, a secção resolve.
3 – [...].

### Artigo 1087.º
**Recurso**

Da decisão do juiz de direito ou da Relação que admita ou não admita a acção cabe recurso.

### Artigo 1089.º
[...]

1 – Na Relação ou no Supremo, o processo, quando esteja preparado para o julgamento final, vai com vista por 5 dias aos juízes que compõem o tribunal, sendo aplicáveis os n.ºs 2 e 3 do artigo 707.º, e, em seguida, faz-se a discussão e o julgamento da causa em sessão do tribunal pleno.
2 – [...].

Artigo 1099.º
[...]

1 – Findos os articulados e realizadas as diligências que o relator tenha por indispensáveis, é o exame do processo facultado, para alegações, às partes e ao Ministério Público, pelo prazo de 15 dias.

2 – O julgamento faz-se segundo as regras próprias da apelação.

Artigo 1382.º
[...]

1 – [...].

2 – Da sentença homologatória da partilha cabe recurso.

Artigo 1396.º
[...]

1 – Nos processos referidos nos artigos anteriores cabe recurso da sentença homologatória da partilha.

2 – Salvo nos casos previstos no n.º 2 do artigo 691.º, as decisões interlocutórias proferidas no âmbito dos mesmos processos devem ser impugnadas no recurso que vier a ser interposto da sentença de partilha.»

Artigo 2.º
**Aditamentos ao Código de Processo Civil**

São aditados ao Código de Processo Civil os artigos 117.º-A, 275.º-A, 684.º-B, 685.º-A, 685.º-B, 685.º-C, 685.º-D, 691.º-A, 691.º-B, 692.º-A, 693.º-A, 693.º-B, 721.º-A, 722.º-A, 727.º-A, 763.º a 770.º, 922.º-A, 922.º-B e 922.º-C ao Código de Processo Civil, com a seguinte redacção:

«Artigo 117.º-A
**Tramitação subsequente**

1 – As partes ou a parte contrária à que suscite a resolução do conflito podem pronunciar-se no prazo de 5 dias.

2 – De seguida, o processo vai com vista ao Ministério Público pelo prazo de 5 dias.

## Artigo 275.º-A
### Apensação de processos em fase de recurso

1 – É aplicável aos processos em fase de recurso o disposto nos n.ᵒˢ 1 e 4 do artigo anterior, com as especialidades previstas nos números seguintes.

2 – Apenas pode haver lugar a apensação de processos que estejam pendentes no mesmo tribunal.

3 – Os processos são apensados ao que tiver sido interposto em primeiro lugar.

4 – A apensação pode ser oficiosamente ordenada pelo presidente da Relação.

## Artigo 684.º-B
### Modo de interposição do recurso

1 – Os recursos interpõem-se por meio de requerimento dirigido ao tribunal que proferiu a decisão recorrida, no qual se indica a espécie, o efeito e o modo de subida do recurso interposto e, nos casos previstos nas alíneas *a)* e *c)* do n.º 2 do artigo 678.º, no recurso para uniformização de jurisprudência, e na revista excepcional, o respectivo fundamento.

2 – O requerimento referido no número anterior deve incluir a alegação do recorrente.

3 – Tratando-se de despachos ou sentenças orais, reproduzidos no processo, o requerimento de interposição pode ser imediatamente ditado para a acta.

## Artigo 685.º-A
### Ónus de alegar e formular conclusões

1 – O recorrente deve apresentar a sua alegação, na qual conclui, de forma sintética, pela indicação dos fundamentos por que pede a alteração ou anulação da decisão.

2 – Versando o recurso sobre matéria de direito, as conclusões devem indicar:
   *a)* As normas jurídicas violadas;
   *b)* O sentido com que, no entender do recorrente, as normas que constituem fundamento jurídico da decisão deviam ter sido interpretadas e aplicadas;

c) Invocando-se erro na determinação da norma aplicável, a norma jurídica que, no entendimento do recorrente, devia ter sido aplicada.

3 – Quando as conclusões sejam deficientes, obscuras, complexas ou nelas se não tenha procedido às especificações a que alude o número anterior, o relator deve convidar o recorrente a completá-las, esclarecê-las ou sintetizá-las, no prazo de 5 dias, sob pena de não se conhecer do recurso, na parte afectada.

4 – O recorrido pode responder ao aditamento ou esclarecimento no prazo de 5 dias.

5 – O disposto nos números anteriores não é aplicável aos recursos interpostos pelo Ministério Público, quando recorra por imposição da lei.

Artigo 685.º-B
**Ónus a cargo do recorrente que impugne a decisão relativa à matéria de facto**

1 – Quando se impugne a decisão proferida sobre a matéria de facto, deve o recorrente obrigatoriamente especificar, sob pena de rejeição:
  a) Quais os concretos pontos de facto que considera incorrectamente julgados;
  b) Quais os concretos meios probatórios, constantes do processo ou de registo ou gravação nele realizada, que impunham decisão sobre os pontos da matéria de facto impugnados diversa da recorrida.

2 – No caso previsto na alínea b) do número anterior, quando os meios probatórios invocados como fundamento do erro na apreciação das provas tenham sido gravados e seja possível a identificação precisa e separada dos depoimentos, nos termos do disposto no n.º 2 do artigo 522.º-C, incumbe ao recorrente, sob pena de imediata rejeição do recurso no que se refere à impugnação da matéria de facto, indicar com exactidão as passagens da gravação em que se funda, sem prejuízo da possibilidade de, por sua iniciativa, proceder à respectiva transcrição.

3 – Na hipótese prevista no número anterior, incumbe ao recorrido, sem prejuízo dos poderes de investigação oficiosa do tribunal, proceder, na contra-alegação que apresente, à indicação dos depoimentos gravados que infirmem as conclusões do recorrente, podendo, por sua iniciativa, proceder à respectiva transcrição.

4 – Quando a gravação da audiência for efectuada através de meio que não permita a identificação precisa e separada dos depoimentos, as partes devem proceder às transcrições previstas nos números anteriores.

5 – O disposto nos n.ᵒˢ 1 e 2 é aplicável ao caso de o recorrido pretender alargar o âmbito do recurso, nos termos do n.º 2 do artigo 684.º-A.

### Artigo 685.º-C
**Despacho sobre o requerimento**

1 – Findos os prazos concedidos às partes para alegarem, o juiz emite despacho sobre o requerimento de interposição do recurso, ordenando a respectiva subida, excepto no caso previsto no n.º 3.

2 – O requerimento é indeferido quando:
   *a)* Se entenda que a decisão não admite recurso, que este foi interposto fora de prazo, ou que o requerente não tem as condições necessárias para recorrer;
   *b)* Não contenha ou junte a alegação do recorrente ou quando esta não tenha conclusões.

3 – No despacho em que admite o recurso, deve o juiz solicitar ao Conselho Distrital da Ordem dos Advogados a nomeação de advogado aos ausentes, incapazes e incertos, quando estes não possam ser representados pelo Ministério Público contando-se, neste caso, o prazo de resposta do recorrente a partir da notificação ao mandatário nomeado da sua designação.

4 – Findo o prazo referido no número anterior, o juiz emite novo despacho a ordenar a subida do recurso.

5 – A decisão que admita o recurso, fixe a sua espécie, e determine o efeito que lhe compete não vincula o tribunal superior nem pode ser impugnada pelas partes, salvo na situação prevista no n.º 3 do artigo 315.º.

### Artigo 685.º-D
**Omissão do pagamento das taxas de justiça**

1 – Quando o pagamento da taxa de justiça inicial ou subsequente ou a concessão do benefício do apoio judiciário não tenham sido comprovados no momento definido para esse efeito, a secretaria notifica o interessado para, em 10 dias, efectuar o pagamento omitido, acrescido de multa de igual montante, mas não inferior a 1 UC nem superior a 10 UC.

2 – Quando, no termo do prazo de 10 dias referido no número anterior, não **tenha** sido comprovado o pagamento da taxa de justiça ou a concessão do apoio judiciários, o tribunal determina o desentranhamento da alegação, do requerimento ou da resposta apresentada pela parte em falta.

3 – A parte que aguarde decisão sobre a concessão do apoio judiciário deve, em alternativa, comprovar a apresentação do respectivo requerimento.

Artigo 691.º-A
**Modo de subida**

1 – Sobem nos próprios autos as apelações interpostas:
a) Das decisões que ponham termo ao processo;
b) Das decisões que suspendam a instância;
c) Das decisões que indefiram o incidente processado por apenso;
d) Das decisões que indefiram liminarmente ou não ordenem a providência cautelar.

2 – Sobem em separado as apelações não compreendidas no número anterior.

3 – Formam um único processo as apelações que sobem conjuntamente, em separado dos autos principais.

Artigo 691.º-B
**Instrução do recurso com subida em separado**

1 – Na apelação com subida em separado, as partes indicam, após as conclusões das respectivas alegações, as peças do processo de que pretendem certidão para instruir o recurso.

2 – No caso previsto no número anterior, os mandatários procedem ao exame do processo através de página informática de acesso público do Ministério da Justiça, nos termos definidos na portaria prevista no artigo 138.º-A, devendo a secretaria facultar, durante o prazo de cinco dias, as peças processuais, documentos e demais elementos que não estiverem disponíveis na referida página informática

3 – As peças do processo disponibilizadas por via electrónica valem como certidão para efeitos de instrução do recurso.

### Artigo 692.º-A
### Termos a seguir no pedido de atribuição do efeito suspensivo

1 – No caso previsto no n.º 4 do artigo anterior, a atribuição do efeito suspensivo extingue-se se o recurso estiver parado durante mais de 30 dias por negligência do apelante.

2 – Ao pedido de atribuição de efeito suspensivo pode o apelado responder na sua alegação.

### Artigo 693.º-A
### Caução

1 – Se houver dificuldade na fixação da caução a que se refere o n.º 4 do artigo 692.º e o n.º 2 do artigo 693.º, calcula-se o seu valor mediante avaliação feita por um único perito nomeado pelo juiz.

2 – Se a caução não for prestada no prazo de 10 dias após o despacho previsto no artigo 685.º-C, extrai-se traslado, com a sentença e outras peças que o juiz considere indispensáveis, para se processar o incidente e a apelação segue os seus termos.

### Artigo 693.º-B
### Junção de documentos

Salvo nos casos previstos nas alíneas *a)* a *g)* e *i)* a *n)* do n.º 2 do artigo 691.º, as partes apenas podem juntar documentos às alegações nas situações excepcionais a que se refere o *artigo 524.º* ou no caso de a junção se ter tornado necessária em virtude do julgamento proferido na 1.ª instância.

### 721.º-A
### Revista excepcional

1 – Excepcionalmente, cabe recurso de revista do acórdão da Relação referido no n.º 3 do artigo anterior quando:
   *a)* Esteja em causa uma questão cuja apreciação, pela sua relevância jurídica, seja claramente necessária para uma melhor aplicação do direito;
   *b)* Estejam em causa interesses de particular relevância social;
   *c)* O acórdão da Relação esteja em contradição com outro, já transitado em julgado, proferido por qualquer Relação ou pelo Supremo Tribunal de Justiça, no domínio da mesma legislação e

sobre a mesma questão fundamental de direito, salvo se tiver sido proferido acórdão de uniformização de jurisprudência com ele conforme.

2 – O requerente deve indicar, na sua alegação, sob pena de rejeição:
 a) As razões pelas quais a apreciação da questão é claramente necessária para uma melhor aplicação do direito;
 b) As razões pelas quais os interesses são de particular relevância social;
 c) Os aspectos de identidade que determinam a contradição alegada, juntando cópia do acórdão-fundamento com o qual o acórdão recorrido se encontra em oposição.

3 – A decisão quanto à verificação dos pressupostos referidos no n.º 1 compete ao Supremo Tribunal de Justiça, devendo ser objecto de apreciação preliminar sumária, a cargo de uma formação constituída por três juízes de entre os mais antigos das secções cíveis.

4 – A decisão referida no número anterior é definitiva.

Artigo 722.º-A
**Modo de subida**

1 – Sobem nos próprios autos as revistas interpostas das decisões previstas no n.º 1 do artigo 721.º.

2 – Sobem em separado as revistas não compreendidas no número anterior.

3 – Formam um único processo as revistas que sobem conjuntamente, em separado dos autos principais.

Artigo 727.º-A
**Alegações orais**

1 – Pode o relator, oficiosamente ou a requerimento fundamentado de alguma das partes, determinar a realização de audiência para discussão do objecto do recurso.

2 – No dia marcado para a audiência ouvem-se as partes que tiverem comparecido, não havendo lugar a adiamentos.

3 – O presidente declara aberta a audiência e faz uma exposição sumária sobre o objecto do recurso enunciando as questões que o tribunal entende deverem ser discutidas.

4 – O presidente dá a palavra aos mandatários do recorrente e do recorrido para se pronunciarem sobre as questões referidas no número anterior.

### Artigo 763.º
### Fundamento do recurso

1 – As partes podem interpor recurso para o pleno das secções cíveis do Supremo Tribunal de Justiça quando o Supremo proferir acórdão que esteja em contradição com outro anteriormente proferido pelo mesmo tribunal, no domínio da mesma legislação e sobre a mesma questão fundamental de direito.

2 – Como fundamento do recurso só pode invocar-se acórdão anterior com trânsito em julgado, presumindo-se o trânsito.

3 – O recurso não é admitido se a orientação perfilhada no acórdão recorrido estiver de acordo com a jurisprudência uniformizada do Supremo Tribunal de Justiça.

### Artigo 764.º
### Prazo para a interposição

1 – O recurso para uniformização de jurisprudência é interposto no prazo de 30 dias, contados do trânsito em julgado do acórdão recorrido.

2 – O recorrido dispõe de prazo idêntico para responder à alegação do recorrente, contado da data em que é notificado da respectiva apresentação.

### Artigo 765.º
### Instrução do requerimento

1 – O requerimento de interposição, que é autuado por apenso, deve conter a alegação do recorrente, na qual se identificam os elementos que determinam a contradição alegada e a violação imputada ao acórdão recorrido.

2 – Com o requerimento previsto no número anterior, o recorrente junta cópia do acórdão anteriormente proferido pelo Supremo, com o qual o acórdão recorrido se encontra em oposição.

### Artigo 766.º
### Recurso por parte do Ministério Público

O recurso de uniformização de jurisprudência deve ser interposto pelo Ministério Público, mesmo quando não seja parte na causa, mas, neste caso, não tem qualquer influência na decisão desta, destinando-se unicamente à emissão de acórdão de uniformização sobre o conflito de jurisprudência.

### Artigo 767.º
### Apreciação liminar

1 – Recebidas as contra-alegações ou expirado o prazo para a sua apresentação, é o processo concluso ao relator para exame preliminar, sendo o recurso rejeitado, para além dos casos previstos no n.º 2 do artigo 685.º-C, sempre que o recorrente não haja cumprido os ónus estabelecidos no artigo 765.º, não exista a oposição que lhe serve de fundamento ou ocorra a situação prevista no n.º 3 do artigo 763.º.

2 – Da decisão do relator pode o recorrente reclamar para a conferência.

3 – Findo o prazo de resposta do recorrido, a conferência decide da verificação dos pressupostos do recurso, incluindo a contradição invocada como seu fundamento.

4 – O acórdão da conferência previsto no número anterior é irrecorrível, sem prejuízo de o pleno das secções cíveis, ao julgar o recurso, poder decidir em sentido contrário.

### Artigo 768.º
### Efeito do recurso

O recurso para uniformização de jurisprudência tem efeito meramente devolutivo.

### Artigo 769.º
### Prestação de caução

Se estiver pendente ou for promovida a execução da sentença, não pode o exequente ou qualquer credor ser pago em dinheiro ou em quaisquer bens sem prestar caução.

### Artigo 770.º
**Julgamento e termos a seguir quando o recurso é procedente**

1 – Ao julgamento do recurso é aplicável o disposto no artigo 732.º-B, com as necessárias adaptações.

2 – Sem prejuízo do disposto no artigo 766.º, a decisão que verifique a existência da contradição jurisprudencial revoga o acórdão recorrido e substitui-o por outro em que se decide a questão controvertida.

3 – A decisão de provimento do recurso não afecta qualquer sentença anterior àquela que tenha sido impugnada nem as situações jurídicas constituídas ao seu abrigo.

### Artigo 922.º-A
**Disposições reguladoras dos recursos**

Aos recursos de apelação e de revista de decisões proferidas no processo executivo são aplicáveis as disposições reguladoras do processo de declaração, salvo o que vai prescrito nos artigos seguintes.

### Artigo 922.º-B
**Apelação**

1 – Cabe recurso de apelação das decisões que ponham termo:
a) À liquidação não dependente de simples cálculo aritmético;
b) À verificação e graduação de créditos;
c) À oposição à execução;
d) À oposição à penhora.

2 – No caso previsto na alínea d) do número anterior, o prazo de interposição é reduzido para 15 dias.

3 – As decisões interlocutórias proferidas no âmbito dos incidentes referidos no n.º 1 devem ser impugnadas no recurso que venha a ser interposto da decisão final.

4 – Se não houver recurso da decisão final, as decisões interlocutórias devem ser impugnadas num único recurso a interpor no prazo de 15 dias a contar da notificação prevista no n.º 2 do artigo 919.º.

### Artigo 922.º-C
**Revista**

Cabe recurso de revista dos acórdãos da Relação proferidos em recurso das decisões referidas nas alíneas a), b) e c) do n.º 1 do artigo anterior.»

Artigo 3.º
**Alterações à organização do Código de Processo Civil**

São feitas as seguintes alterações na organização sistemática do Código de Processo Civil:
a) É eliminada a Subsecção II da Secção II do Capítulo VI do Subtítulo I do Título II do Livro III;
b) É eliminada a Secção IV do Capítulo VI do Subtítulo I do Título II do Livro III e respectivas subsecções;
c) É criada uma nova Secção V no Capítulo VI do Subtítulo I do Título II do Livro III, denominada "Recurso para uniformização de jurisprudência", que se inicia com o artigo 763.º e termina com o artigo 770.º, sendo a secção subsequente renumerada em conformidade;
d) É eliminada a Secção VI do Capítulo VI do Subtítulo I do Título II do Livro III.

Artigo 4.º
**Alterações ao Código de Processo do Trabalho**

Os artigos 40.º, 79.º, 80.º, 83.º e 87.º do Código de Processo do Trabalho, aprovado pelo Decreto-Lei n.º 480/99, de 9 de Novembro, e alterado pelos Decretos-Leis n.ºˢ 323/2001, de 17 de Dezembro, e 38//2003, de 8 de Março, passam a ter a seguinte redacção:

«Artigo 40.º
[...]

1 – Da decisão final cabe sempre recurso de apelação para a Relação.
2 – [...].
3 – [...].

Artigo 79.º
**Decisões que admitem sempre recurso**

[...].

Artigo 80.º
[...]

1 – O prazo de interposição do recurso é de 20 dias.

2 – Nos casos previstos nos n.ᵒˢ 2 e 4 do artigo 79.º-A e nos pro-cessos urgentes, o prazo para a interposição de recurso é reduzido para 10 dias.

3 – Se o recurso tiver por objecto a reapreciação da prova gravada, aos prazos referidos nos números anteriores acrescem 10 dias.

Artigo 83.º
[...]

1 – A apelação tem efeito meramente devolutivo, podendo, contudo, o requerente obter o efeito suspensivo se, no requerimento de interposição de recurso, requerer a prestação de caução da importância em que foi condenado por meio de depósito efectivo na Caixa Geral de Depósitos, ou por meio de fiança bancária.

2 – A apelação tem ainda efeito suspensivo nos demais casos previstos na lei.

3 – O juiz fixa prazo, não excedente a 10 dias, para a prestação de caução, e se esta não for prestada no prazo fixado, a sentença pode ser desde logo executada.

4 – O incidente de prestação de caução referido no n.º 1 é processado nos próprios autos.

Artigo 87.º
**Julgamento dos recursos**

1 – O regime do julgamento dos recursos é o que resulta, com as necessárias adaptações, das disposições do *Código de Processo Civil* que regulamentam, o julgamento do recurso de apelação e de revista.

2 – [...].
3 – [...].»

Artigo 5.º
**Aditamentos ao Código de Processo do Trabalho**

São aditados ao Código de Processo do Trabalho os artigos 79.º-A e 83.º-A, com a seguinte redacção:

«Artigo 79.º-A
**Recurso de apelação**

1 – Da decisão do tribunal de primeira instância que ponha termo ao processo cabe recurso de apelação.

2 – Cabe ainda recurso de apelação das seguintes decisões do tribunal de primeira instância:
   a) Da decisão que aprecie o impedimento do juiz;
   b) Da decisão que aprecie a competência do tribunal;
   c) Da decisão que ordene a suspensão da instância;
   d) Dos despachos que excluam alguma parte do processo ou constituam, quanto a ela, decisão final, bem como da decisão final proferida nos incidentes de intervenção de terceiro e de habilitação;
   e) Do despacho que, nos termos do n.º 2 do *artigo 115.º*, recuse a homologação do acordo;
   f) Dos despachos proferidos depois da decisão final;
   g) Decisões cuja impugnação com o recurso da decisão final seria absolutamente inútil;
   h) Nos demais casos expressamente previstos na lei.

3 – As restantes decisões proferidas pelo tribunal de primeira instância podem ser impugnadas no recurso que venha a ser interposto da decisão final.

4 – Se não houver recurso da decisão final, as decisões interlocutórias que tenham interesse para o apelante independentemente daquela decisão podem ser impugnadas num recurso único, a interpor após o trânsito da referida decisão.

## Artigo 83.º-A
### Subida dos recursos

1 – Sobem nos próprios autos as apelações das decisões que ponham termo ao processo e que suspendam a instância.

2 – Sobem em separado as apelações não compreendidas no número anterior.»

## Artigo 6.º
### Referências ao regime dos recursos

1 – Para efeitos do disposto em legislação avulsa, entende-se o seguinte:
   a) As referências ao agravo interposto na primeira instância consideram-se feitas ao recurso de apelação;

*b)* As referências ao agravo interposto na segunda instância consideram-se feitas ao recurso de revista;
*c)* As referências à oposição de terceiro consideram-se feitas ao recurso de revisão.

2 – Os recursos previstos nos números anteriores seguem, em cada caso, o regime instituído pelo Código de Processo Civil, sem prejuízo das adaptações necessárias.

Artigo 7.º
**Alterações à Lei n.º 3/99, de 13 de Janeiro**

Os artigos 24.º, 43.º, 55.º e 59.º da Lei de Organização e Funcionamento dos Tribunais Judiciais, aprovada pela Lei n.º 3/99, de 13 de Janeiro, com a redacção dada pela Declaração de Rectificação n.º 7/99, de 4 de Fevereiro, alterada pela Lei n.º 101/99, de 26 de Julho, pelos Decretos-Leis n.ᵒˢ 323/2001, de 17 de Dezembro, e 38/2003, de 8 de Março, pela Lei n.º 105/2003, de 10 de Dezembro, pelo Decreto-Lei n.º 53/2004, de 18 de Março, pela Lei n.º 42/2005, de 29 de Agosto e pelo Decreto-Lei n.º 76-A/2006, de 29 de Março, passam a ter a seguinte redacção:

«Artigo 24.º
[...]

1 – Em matéria cível, a alçada dos tribunais da Relação é de € 30 000 e a dos tribunais de 1.ª instância é de € 5 000.
2 – [...].
3 – [...].

Artigo 43.º
[...]

1 – [...].
2 – [...].
3 – Compete ainda ao Presidente do Supremo Tribunal de Justiça conhecer dos conflitos de jurisdição cuja apreciação não pertença ao tribunal de conflitos e, ainda, dos conflitos de competência que ocorram entre:
*a)* Os plenos das secções;

*b)* As secções;
*c)* Os tribunais da Relação;
*d)* Os tribunais da Relação e os tribunais de 1.ª instância;
*e)* Os tribunais de 1.ª instância de diferentes distritos judiciais ou sedeados na área de diferentes tribunais da Relação.
4 – A competência referida no número anterior é delegável nos vice--presidentes.

Artigo 55.º
[...]

Compete aos tribunais da Relação, funcionando em plenário, exercer as competências conferidas por lei.

Artigo 59.º
[...]

1 – [...].
2 – O presidente do tribunal da Relação é competente para conhecer dos conflitos de competência entre tribunais de 1.ª instância sedeados na área do respectivo tribunal, podendo delegar essa competência no vice-presidente.
3 – *(Anterior n.º 2.)*
4 – *(Anterior n.º 3.)*»

Artigo 8.º
**Alteração ao Decreto-Lei n.º 269/98, de 1 de Setembro**

O artigo 1.º do Decreto-Lei n.º 269/98, de 1 de Setembro, com a redacção dada pela Declaração de Rectificação n.º 16-A/98, de 30 de Setembro, e alterado pelos Decretos-Leis n.$^{os}$ 383/99, de 23 de Setembro, 183/2000, de 10 de Agosto, 323/2001, de 17 de Dezembro, 32/2003, de 17 de Fevereiro, 38/2003, de 8 de Março, 324/2003, de 27 de Dezembro, com a redacção dada pela Declaração de Rectificação n.º 26/2004, de 24 de Fevereiro, e 107/2005, de 1 de Julho, com a redacção dada pela Declaração de Rectificação n.º 63/2005, de 19 de Agosto, passa a ter a seguinte redacção:

«Artigo 1.º
[...]

É aprovado o regime dos procedimentos destinados a exigir o cumprimento de obrigações pecuniárias emergentes de contratos de valor não superior a € 15 000, publicado em anexo, que faz parte integrante do presente diploma.»

Artigo 9.º
**Alteração ao Decreto-Lei n.º 423/91, de 30 de Outubro**

O artigo 2.º do Decreto-Lei n.º 423/91, de 30 de Outubro, alterado pelas Leis n.ºs 10/96, de 23 de Março, e 136/99, de 28 de Agosto, pelo Decreto-Lei n.º 62/2004, de 22 de Março, e pela Lei n.º 31/2006, de 21 de Julho, passa a ter a seguinte redacção:

«Artigo 2.º
[...]

1 – A indemnização por parte do Estado é restrita ao dano patrimonial resultante da lesão e é fixada em termos de equidade, tendo como limites máximos, por cada lesado, o montante de € 30 000 para os casos de morte ou lesão corporal grave.

2 – Nos casos de morte ou lesão de várias pessoas em consequência do mesmo facto, a indemnização por parte do Estado tem como limite máximo o montante de € 30 000 para cada uma delas, com o máximo total do € 90 000.

3 – Se a indemnização for fixada sob a forma de renda anual, o limite máximo é de € 3 750 por cada lesado, não podendo ultrapassar o montante de € 11 250 quando sejam vários os lesados em virtude do mesmo facto.

4 – [...].

5 – Nos casos a que se refere o n.º 3 do artigo 1.º, há igualmente lugar a uma indemnização por danos de coisas de considerável valor, tendo como limite máximo o montante de € 15 000.

6 – [...].
7 – [...].»

## Artigo 10.º
### Disposição transitória

1 – As disposições do presente diploma não se aplicam aos processos pendentes à data da sua entrada em vigor.

2 – Enquanto não se verificarem as condições necessárias para proceder à distribuição diária e por meios electrónicos, nos termos definidos na portaria prevista no artigo 138.º-A do Código de Processo Civil, são aplicáveis àquele acto processual as disposições do Código de Processo Civil revogadas ou alteradas pelo presente decreto-lei, relativas à distribuição na 1.ª instância e nos tribunais superiores.

## Artigo 11.º
### Revogação

São revogados:

a) O n.º 5 do artigo 111.º, os artigos 119.º e 120.º, o n.º 4 do artigo 150.º, o n.º 5 do artigo 152.º, o n.º 2 do artigo 214.º, os artigos 215.º a 218.º, o n.º 3 do artigo 219.º, os n.ᵒˢ 2 e 3 do artigo 223.º, os n.ᵒˢ 3 e 4 do artigo 226.º, o n.º 5 do artigo 463.º, os artigos 686.º, 687.º, 689.º, 690.º, 690.º-A, 690.º-B, 694.º, 695.º, 696.º, 697.º, 698.º, 699.º, 701.º, 706.º e 710.º, o n.º 2 do artigo 724.º, o artigo 728.º, os artigos 733.º a 762.º, o n.º 4 do artigo 774.º, os artigos 778.º a 782.º e os artigos 800.º, 922.º e 923.º do Código de Processo Civil;

b) O n.º 5 do artigo 81.º e os artigos 84.º a 86.º do Código de Processo do Trabalho;

c) A alínea b) do artigo 33.º, o n.º 2 do artigo 35.º, as alíneas d) e e) do artigo 36.º, e a alínea d) do n.º 1 e o n.º 2 do artigo 56.º da Lei n.º 3/99, de 13 de Janeiro.

## Artigo 12.º
### Início de vigência

O presente diploma entra em vigor no dia ... de ... de .....

Visto e aprovado em Conselho de Ministros de
O Primeiro-Ministro
O Ministro da Justiça

# PARECERES

## PROJECTO DE DECRETO-LEI QUE ALTERA O CPC, PROCEDENDO À REVISÃO DO REGIME DE RECURSO E DE CONFLITOS E À ADAPTAÇÃO DE NORMAS TENDO EM VISTA A PRÁTICA DE ACTOS PROCESSUAIS POR VIA ELECTRÓNICA

Mestre Armindo Ribeiro Mendes

## PROJECTO DE DECRETO-LEI QUE ALTERA O CÓDIGO DE PROCESSO CIVIL. REVISÃO DO REGIME DE RECURSO E DE CONFLITOS TENDO EM VISTA A PRÁTICA DE ACTOS PROCESSUAIS POR VIA ELECTRÓNICA

Associação Sindical dos Juízes Portugueses (Direcção Nacional)

## PARECER N.º 35/2007 SOBRE O PROJECTO DE DECRETO-LEI QUE ALTERA O CPC, PROCEDENDO À REVISÃO DO REGIME DE RECURSO E DE CONFLITOS E À ADAPTAÇÃO DE NORMAS TENDO EM VISTA A PRÁTICA DE ACTOS PROCESSUAIS POR VIA ELECTRÓNICA

Comissão Nacional de Protecção de Dados

## PROJECTO DE DECRETO-LEI SOBRE RECURSOS

Conselheiro J.O. Cardona Ferreira
*Conselho de Acompanhamento dos Julgados de Paz*

## PROJECTO DE DECRETO-LEI QUE ALTERA O CPC, PROCEDENDO À REVISÃO DO REGIME DE RECURSO E DE CONFLITOS E À ADAPTAÇÃO DE NORMAS TENDO EM VISTA A PRÁTICA DE ACTOS PROCESSUAIS POR VIA ELECTRÓNICA

Conselheiro António Nunes Ferreira Girão
*Conselho Superior da Magistratura*

## PROJECTO DE DECRETO-LEI QUE ALTERA O CPC, PROCEDENDO À REVISÃO DO REGIME DE RECURSO E DE CONFLITOS E À ADAPTAÇÃO DE NORMAS TENDO EM VISTA A PRÁTICA DE ACTOS PROCESSUAIS POR VIA ELECTRÓNICA

Conselho Superior dos Tribunais Administrativos e Fiscais

## REGIME DOS RECURSOS EM PROCESSO CIVIL. REGIME DOS CONFLITOS DE COMPETÊNCIA E PRÁTICA DE ACTOS POR VIA ELECTRÓNICA

Conselheiro Rosendo Dias José
*CSTAF e Supremo Tribunal Administrativo*

## PROJECTO DE DECRETO-LEI QUE ALTERA O CPC, PROCEDENDO À REVISÃO DO REGIME DE RECURSO E DE CONFLITOS E À ADAPTAÇÃO DE NORMAS TENDO EM VISTA A PRÁTICA DE ACTOS PROCESSUAIS POR VIA ELECTRÓNICA

Prof. Doutor José Lebre de Freitas
*Ordem dos Advogados*

## PROJECTO DE DECRETO-LEI QUE ALTERA O CPC, PROCEDENDO À REVISÃO DO REGIME DE RECURSO E DE CONFLITOS E À ADAPTAÇÃO DE NORMAS TENDO EM VISTA A PRÁTICA DE ACTOS PROCESSUAIS POR VIA ELECTRÓNICA

Procurador-Geral Adjunto José António Barreto Nunes
*Procuradoria-Geral da República*

## PARECER SOBRE O PROJECTO DE ALTERAÇÃO AO CÓDIGO DE PROCESSO CIVIL

Procurador-Geral Adjunto Carlos Lopes do Rego
*Sindicato dos Magistrados do Ministério Público*

# PROJECTO DE DECRETO-LEI QUE ALTERA O CÓDIGO DE PROCESSO CIVIL PROCEDENDO À REVISÃO DO REGIME DE RECURSO E DE CONFLITOS E À ADAPTAÇÃO DE NORMAS TENDO EM VISTA A PRÁTICA DE ACTOS PROCESSUAIS POR VIA ELECTRÓNICA

Armindo Ribeiro Mendes

De forma necessariamente sucinta, atendendo à fase em que se encontra este processo legislativo, tomo a liberdade de formular os seguintes comentários:

**A – Articulação entre a Lei n.º 6/2007, de 2 de Fevereiro (Lei de Autorização Legislativa) e o Decreto-Lei Autorizado**

**a)** Cotejando a Lei de Autorização e o diploma autorizado, verifico que não há discrepâncias manifestas a apontar entre os dois diplomas, salvo no que toca à não inclusão de qualquer medida, no diploma autorizado, quanto à consagração do direito ao recurso, independentemente da alçada e da sucumbência, das decisões proferidas contra jurisprudência consolidada do Supremo Tribunal de Justiça.

Com efeito, o art. 678.º, n.º 2, al. c), CPC (versão do decreto-lei autorizado) refere-se a jurisprudência uniformizada, conceito diverso do de jurisprudência consolidada. É certo que se restaura, como recurso extraordinário, o recurso de uniformização de jurisprudência (arts. 763.º a 770.º CPC), mas não parece que tal recurso tutele o respeito por jurisprudência consolidada ou reiterada, salvo se se incluir uma referência a tal no primeiro desses artigos, como à frente é sugerido.

Admito, porém, que tal não consagração do direito ao recurso não gere uma inconstitucionalidade, atendendo a que não está em causa propriamente uma questão de competência o Supremo Tribunal de Justiça, mas uma pura opção de direito processual (regime de recursos), para a qual é competente o Governo enquanto Órgão de Soberania com poderes legislativos.

**b)** Não me parece que tenha sido integralmente cumprida a directiva constante da alínea a) do art. 2.º da Lei n.º 6/2007, afigurando-se que se mantém substancialmente inalterado o regime precedente. Mas basta estabelecer, como foi feito, que o pedido de aclaração deve constar da alegação do recorrente para que não se ponha qualquer risco de considerar violada a directiva.

### B – O Articulado do Decreto-lei Autorizado

De um modo geral, não foram detectadas soluções tidas por incorrectas ou defeitos de redacção que possam fazer suscitar, no futuro, dúvidas fundadas aos intérpretes.

Chamo a atenção para os seguintes pontos:

**c)** *Art. 121.º*: Deve corrigir-se a referência aos artigos de lei (117.º a 119.º) atendendo a que a matéria do art. 119.º da versão imediatamente anterior passou para o art 117.º-A. Assim sendo, deve corrigir-se o texto do artigo:

"O que fica dispostos nos arts. 117.º, 117.º-A e 118.º é aplicável..."

**d)** *Art. 657.º, n.º 2*: Compreendendo-se a preocupação de celeridade da solução, parece insustentável – e, porventura, violador do princípio da igualdade – impor a simultaneidade das alegações de direito ao autor e ao réu, quando tal regra não é imposta quando o processo não seja facultado por meios electrónicos às partes. Parece haver o risco de se assegurar o contraditório num caso e, no outro, não.

**e)** *Art. 670.º*: Atendendo à inclusão no art. 668.º CPC do novo n.º 3, deve corrigir-se o n.º 1 deste artigo:

"Nos casos previstos no n.º 4 do artigo 668.º e n.º 3 do artigo 669.º..."

**f)** *Artigo 672.º, n.º 1:* Atendendo à impugnabilidade de decisões interlocutórias (art. 691.º, n.º 3), talvez se devesse esclarecer que: "As sentenças e os despachos que recaiam sobre a relação processual, *quando definitivos*, têm força obrigatória dentro do processo.»;

**g)** *Artigo 678.º, n.º 3, al. b)*: É duvidosa a vantagem de autonomizar este caso, porquanto o facto de não ser admissível recurso nos procedimentos cautelares para o Supremo Tribunal de Justiça (art. 387.º-A) não implica logicamente esta solução, que é discrepante em relação aos outros incidentes. Pode sustentar-se que a celeridade dos procedimento cautelares não se compadece com o terceiro grau de jurisdição, o que se afigura uma opção possível do legislador.

**h)** *Art. 685.º-C:* Afigura-se que n.º 1, parte inicial, deveria ter uma outra redacção, visto as alegações passaram a fazer parte de requerimento de interposição, perdendo a sua anterior autonomia:

"1 – Findos os prazos concedidos às partes para interpor recursos, e tendo sido interposto recurso ou recursos, o juiz profere despacho sobre os requerimentos de interposição, ordenando a respectiva subida, excepto no caso previsto no n.º 3."

**i)** *Art. 721.º-A:* No caso de revista excepcional, dever-se-ia esclarecer no n.º 3 que o recurso é objecto de despacho de admissão ou rejeição por relator na Relação e que, uma vez admitido, a decisão sobre a admissibilidade é confiada a uma conferência *ad hoc*, sem prévia distribuição. Proponho a seguinte redacção:

*Art. 721.º-A, n.º 3*

"Uma vez admitido o recurso na Relação por se verificarem os requisitos previstos no n.º 1 do art. 678.º, o processo é remetido ao Supremo Tribunal de Justiça, o qual deve ser objecto de apreciação preliminar sumária, a cargo de uma formação constituída por três juízes de entre os mais antigos das secções cíveis, escolhidos em cada ano judicial pelo presidente deste Tribunal.»
Sugere-se que se adite um novo n.º 5 do seguinte teor:

"5. Se o recurso de revista excepcional for admitido, vão os autos à distribuição, nos termos gerais."

**j)** *Art. 763.º*: Poder-se-ia incluir aqui a noção de jurisprudência consolidada, para compatibilizar o decreto-lei autorizado com a lei de autorização legislativa. Sugere-se a seguinte redacção para o n.º 1:

"1 – As partes podem interpor recurso para o pleno das secções cíveis do Supremo Tribunal de Justiça quando este Tribunal proferir acórdão que esteja em contradição com outro anteriormente proferido pelo mesmo tribunal ou com vários acórdãos que constituam jurisprudência consolidada, no dominio da mesma legislação e sobre a mesma questão fundamental de direito."

## C – A Questão da Aplicação no Tempo do Novo Regime em Matéria de Recursos

O art. 10.º do decreto-lei autorizado estabelece sem mais a regra da não aplicação das disposições do novo diploma aos processos pendentes na data da sua entrada em vigor.

Tendo em atenção a solução constante do art. 25.º do Decreto-Lei n.º 329-A/95, de 12 Dezembro (Reforma de 1955-1966), não sei se não deveria estabelecer-se uma solução mais matizada. Proponho a seguinte:

*Art. 10.º*

n.º 1 – As disposições do presente diploma em matéria de recursos não se aplicam aos processos pendentes à data da sua entrada em vigor durante um prazo de um ano a contar da data dessa entrada em vigor.

n.º 2 – Exceptuam-se do disposto no artigo anterior as regras sobre o recurso extraordinário para Tribunal pleno, que são de aplicação imediata.

n.º 3 – Findo o prazo de um ano previsto no n.º 1, aplicar-se-ão a todos os processos pendentes as normas sobre recursos introduzidas por este diploma, sendo assegurado que serão sempre admissíveis os recursos previstos na legislação agora revogada relativamente aos processos previstos no n.º 1, com as necessárias adaptações.

n.º 4 [n.º 2 do projecto].

Lisboa, 25 de Junho de 2007

# PROJECTO DE DECRETO-LEI QUE ALTERA O CÓDIGO DE PROCESSO CIVIL

## REVISÃO DO REGIME DE RECURSOS E DE CONFLITOS E ADAPTAÇÃO DE NORMAS TENDO EM VISTA A PRÁTICA DE ACTOS PROCESSUAIS POR VIA ELECTRÓNICA

Associação Sindical dos Juízes Portugueses
(Direcção Nacional)

**1 – Introdução**

O projecto de decreto-lei enviado a esta ASJP pelo Ministério da Justiça (MJ), a coberto de oficio datado de 19.06.2007, "para os comentários e sugestões tidos por convenientes" vem na sequência da Lei de autorização legislativa n.º 6/2007, de 02 de Fevereiro.

A ASJP já tinha tido oportunidade de se pronunciar, em Maio de 2006, sobre o projecto de proposta de lei de alteração do "regime dos recursos em processo civil e o regime dos conflitos de competência", emitindo parecer que enviou ao MJ estando este parecer acessível na nossa página na net[1].

Na medida em que, das críticas e sugestões vertidas nesse parecer, apenas foi abandonada a introdução da proposta de não ser admissível recurso das decisões proferidas contra a "jurisprudência consolidada do STJ" –e, ao que tudo indica, apenas pela razão técnica por nós apontadas

---

[1] Em http://www.asjp.eu/images/stories/doc/parecer_recursos.pdf.

em reunião de trabalho com o ex-Gabinete de Política Legislativa e Planeamento (GPLP), a dificuldade (senão impossibilidade) de construção de uma base de dados com toda a jurisprudência do STJ –, quase que nos poderíamos limitar a remeter para aquele parecer.

No entanto, como as alterações a introduzir por este projecto de decreto-lei irão ter uma enorme repercussão negativa no funcionamento da justiça cível nomeadamente ao nível do funcionamento dos tribunais de 2.ª instância, não queremos deixar de salientar aquelas críticas e sugestões, ainda que em muitos casos repetindo o anterior parecer.

## 2 – Considerações genéricas

As introduções propostas de adaptação de normas do Código de Processo Civil (CPC), na perspectiva da prática de actos processuais por via electrónica, sendo na generalidade dos casos a introdução no CPC de normas hoje situadas em legislação avulsa, não levanta objecção.

Também os objectivos da reforma do regime dos recursos, tal enunciados no projecto de proposta de lei, "simplificação, celeridade processual e racionalização do acesso ao Supremo Tribunal de Justiça", não nos suscitam quaisquer dúvidas e até tem a adesão dos juízes.

Porém, como já se disse no anterior parecer e aqui se quer enfatizar, a metodologia adoptada e o conteúdo da projectada reforma não vão lograr atingir aqueles objectivos e, muito pelo contrário, vão introduzir vários factores de complexidade do sistema, de desprestígio dos tribunais cíveis e de agravamento da morosidade processual.

Quanto à metodologia, critica-se a opção feita de não se ter optado por uma profunda reforma do CPC, cuja matriz data de 1939, com a introdução e um novo código, coerente e harmonioso, moderno e simplificado, capaz de proporcionar a realização de uma justiça mais célere. Ou, então, a opção por uma intervenção meramente cirúrgica que visasse apenas a resolução de estrangulamentos hoje detectados.

Assim, a opção de fazer uma reforma parcelar, ainda para mais na área onde elas menos é necessária, o regime dos recursos, só pode compreender-se porque "existia um estudo feito no âmbito do GPLP sobre esta matéria e era necessário dar-lhe algum aproveitamento", como já foi publicamente assumido em conferência realizada no Tribunal da Relação de Coimbra sobre esta reforma, por um ex-elemento daquele Gabinete.

A consequência desta metodologia será a conhecida dos profissionais da justiça: falta de coerência e desajustamentos na aplicação da lei no tempo, agravamento da apresentação do CPC, já hoje caracterizado por um excesso de remendos, que dificultam o seu conhecimento integrado e a sua aplicação.

Relativamente ao conteúdo da reforma, tal como a seguir e a propósito de cada instituto em particular se analisará, ela apenas conseguirá introduzir nos tribunais factores de complexidade do sistema, de desprestígio e de agravamento da morosidade processual.

Não pode deixar de se salientar que não é nos tribunais superiores que está a causa dos atrasos na justiça cível e, assim, não é o regime dos recursos a principal causa de morosidade desta área da justiça. Aliás, esse diagnóstico está feito pelo próprio GPLP que em estudo realizado concluiu que os recursos, após entrada nos tribunais superiores, são decididos em prazo médio de 4 meses. A própria exposição de motivos do projecto de proposta de lei, acima referida, expressamente aceita essa duração média e afirma, ainda, que se tem vindo a observar "um diminuição considerável das durações médias dos recursos cíveis".

Por outro lado, deve considerar-se inquestionável ser este um tempo muito superior ao obtido na generalidade dos tribunais de recurso dos países europeus congéneres, conforme se pode constatar pela leitura do relatório do CEPEJ, de avaliação do sistema judicial europeu[2].

Ainda a propósito do conteúdo desta reforma, é importante chamar atenção para o facto de que ela nem sequer pode encontrar acolhimento no Acordo político-parlamentar para a reforma da Justiça, celebrado entre o PS e o PSD, pois vai muito além do aí clausulado. As alterações projectadas naquele acordo correspondem a necessidades de intervenção, na generalidade reconhecidas nos profissionais da justiça, ao contrário de muitas das previstas nesta reforma.

Assim o nosso parecer quanto a este projecto de decreto-lei, quer quanto à sua metodologia quer quanto a parte significativa do seu conteúdo não pode deixar de ser negativo, por consideramos que a reforma que se justificava no regime dos recursos era apenas uma que fizesse alterações pontuais e muito específicas alguns estrangulamentos hoje commumente reconhecidos.

---

[2] Acessível em http://www.coe.in/t/dgl/legalcooperation/cepej/evaluation/default_en/asp.

## 3 – Considerações Específicas

### 3.1. *A uniformização dos recursos ordinários*

Segundo o sistema proposto é extinto o recurso de agravo e apenas haverá um recurso ordinário, o de apelação.

Como aprofundamento desta solução as decisões interlocutórias passam, regra, e por força do projectado n.º 3 do art.º 691.º, a ser apenas impugnáveis com o recurso que venha a ser interposto da decisão final.

Destas propostas resultarão as seguintes alterações jurídicas:

*a)* o caso julgado formal das decisões interlocutórias, que conferia estabilidade ao processo, deixa de existir;

*b)* a parte vencida, por força da decisão final, poderá impugnar todas as decisões interlocutórias que lhe tenham sido desfavoráveis ao longo do processo, precisamente com o recurso da decisão final;

*c)* o juíz deixou de poder repor a legalidade processual, alterando anteriores despachos, como hoje lhe é possível com a reparação do agravo.

As consequências práticas destas alterações serão vastíssimas.

Uma delas deve estar bem presente no propósito legislativo – a forte diminuição do número de recursos cíveis, pelo desaparecimento do recurso de agravo – e nela se procurará justificar, seguramente com os habituais números e a inerente mediatização, o êxito da reforma.

Puro engano, se é que é disso que se trata, pois as outras consequências práticas só não são visíveis para quem não conhece minimamente o funcionamento do sistema judicial.

Deixam-se aqui enumeradas, que mais não seja para, depois da aplicação desta reforma, serem confirmadas:

*a)* com o desaparecimento do caso julgado formal a parte vencida afinal terá a tendência de impugnar o maior número de decisões interlocutórias, na tentativa de obter pela via formal a anulação do resultado material que lhe foi desfavorável;

*b)* daqui resultará um aumento de anulação de decisões de mérito, com fundamento em violações da lei processual, dando-se assim preponderância às decisões de forma em relação às decisões substância ou materiais, com o inerente descrédito dos tribunais e protelamento no tempo dos processos;

*c)* um alargamento excessivo do objecto dos recursos já que, além da impugnação da decisão final, passarão a subir com esse recurso todos os que a parte quiser então interpor (o recurso será só um mas materialmente estão lá a actual apelação, os actuais agravos e ainda os recursos de decisões interlocutórias que esta reforma vai gerar).

Além disso importa questionar, até na perspectiva de aplicação futura desta reforma:

*a)* com a extinção do caso julgado formal não será violado o princípio da confiança e da estabilidade das decisões judiciais?

Temos muitas reservas que o não seja, pois o regime dos recursos deve ter limites adequados e parece-nos violar tais limites a possibilidade de recurso, para além dum prazo razoável, a não ser quando estejam em causa valores essenciais do ordenamento jurídico, o que não será o caso, da forma como se encontra gizada esta reforma.

*b)* o princípio da cooperação e da boa fé e lealdade processual não deveriam exigir que a parte cooperasse para a boa condução processual dos autos, manifestando desde logo a sua discordância com as decisões judiciais que lhe fossem desfavoráveis, através da interposição de recurso?

Não temos dúvidas nenhumas na resposta afirmativa a esta questão enquanto não forem alterados os arts. 266.º e 266.º-A do CPC e não se estatuir que o princípio da cooperação e da boa fé processual é só uma obrigação dos magistrados e não, também, como hoje se prevê, um dever dos mandatários judiciais e das próprias partes.

*c)* Não há a noção de que ao não possibilitar que o órgão jurisdicional possa reapreciar uma decisão de natureza processual e reparar um erro está-se a criar a partir daí um processo virtual, em que todos os intervenientes têm a noção – sem poderem fazer nada – que os actos subsequentes serão inúteis pois a interposição de um recurso dessa decisão interlocutória, afinal, vai necessariamente fazer voltar o processo a essa fase?

Para quem anda nos tribunais essa noção existe, pelo que seria bom que o legislador ponderasse nessas consequências, até para as poder assumir no futuro.

Em suma e reafirmando o nosso anterior parecer "a solução proposta, a abolição do recurso de agravo, ..., foi obtida à custa de um absurdo alongamento desmedido do prazo de impugnação das decisões interlocutórias, estendendo-se o mesmo para além do anúncio do resultado final do pleito, com todos os inconvenientes que daí resultam ...".

### 3.2. A impugnação da decisão sobre a matéria de facto

Ao contrário de tornar claro o que se pretende nesta questão, desde logo em função da realidade dos tribunais e dos meios disponíveis, a proposta em causa acaba por dar a ideia de que introduz mudanças para, na realidade, deixar ficar tudo na mesma.

Não houve a coragem de assumir, frontalmente e em articulado de lei, o que se pretende com a impugnação da matéria de facto num segundo grau de jurisdição.

Apenas e tão só "a detecção e correcção de pontuais, concretos e seguramente excepcionais erros de julgamento, incidindo sobre pontos determinados da matéria de facto", como se afirma no preâmbulo do DL 39/95 de 15.02, que ainda hoje rege sobre a gravação da prova em audiência e não é revogado por este projecto de decreto-lei?

Ou, mais do que isso, pretende-se então uma segunda e total reapreciação da prova produzida em 1.ª instância? Com a noção da forma como se procede à gravação da prova, em equipamentos tecnologicamente ultrapassados e de fiabilidade duvidosa, e à consequente reapreciação, através da difícil audição das pré-históricas cassetes? Isto claro porque nem vale a pena falar da gravação vídeo prevista no n.º 2 do art.º 522.º-C, na redacção introduzida pelo DL 183/2000 de 10.08, que continua ainda no domínio das intenções e não passa de mera norma programática, como se deu conta o Parlamento, já que ao aprovar a Lei n.º 6/2007, apenas se referiu aos "meios de gravação áudio" – v. art.º 2.º al. n).

Era fundamental que o legislador, nesta questão, não deixasse lugar a equívocos e assumisse, frontalmente, as opções e os meios necessários à sua praticabilidade.

Aliás é patente a falta de um mínimo de coerência e de consistência da opção legislativa.

No projecto de proposta de lei, acima referido (v. n.ºs 2 a 4 do art.º 685.º-B), o sistema era construído impondo, aparentemente, ao recorrente proceder à transcrição das passagens da gravação em que se fundava, sob pena de imediata rejeição do recurso, mas era-lhe possibilitado não proceder a tal transcrição quando a gravação da audiência fosse efectuada através de meio que permitisse a identificação precisa e separadas dos depoimentos. Ora, como nos termos do art.º 6.º n.º 1 do DL 39/95 tal identificação deve ser, e é, cumprida pelos tribunais, a transcrição da prova seria sempre possível de considerar como estando dispensada.

Já no actual projecto de decreto-lei se dispensaram as aparências e acabou por se limitar o ónus da parte impugnante a indicar "com precisão as passagens em que se funda". Não tem pois a parte impugnante qualquer dever de transcrição, já que a iniciativa de o fazer não precisaria, seguramente, de merecer consagração legal, como se prevê nos n.ᵒˢ 2 e 3 do projectado art.º 685.º-B, e a hipótese de gravação não permitir "a identificação precisa e separada dos depoimentos" – v. previsão do n.º 4 do art.º 685.º-B – até faz confusão, por ser a previsão legal da possibilidade de violação, por parte do funcionário de justiça, do art.º 6.º n.º 1 do DL 39/95.

### 3.3. *A concentração dos actos processuais de interposição de recurso de apresentação de alegações e seus prazos*

Não temos dúvidas em aplaudir a concentração da prática do acto de interposição de recurso e de apresentação simultânea de alegações, com consequente prazo único, que decorre dos n.ᵒˢ 1 do art.º 685.º e n.º 2 do art.º 684.º do projecto de decreto-lei, dados os inerentes ganhos de simplificação processual e, tudo o indica, de alguma maior celeridade.

Porém, considerando que já estava generalizada a prática da impugnação da matéria de facto, com o mero fito de obter um prazo mais dilatado para apresentar as alegações de recurso, esta concentração pode ainda ser mais motivadora para uma generalização, diríamos que absoluta, da impugnação da matéria de facto.

E, assim, se já se justificava tornar claro que nos casos de impugnação manifestamente infundada da matéria de facto, o recurso, *in totum*, seria de julgar deserto, por não poderem aproveitar ao recorrente as alegações sobre a matéria de direito apresentadas no prazo acrescido dos 10 dias, mais se justificará tal solução com a solução legislativa ora desenhada. Não temos dúvidas que isso vai potenciar, ainda mais, a utilização desse prazo acrescido como mero expediente para ampliar o prazo inicial de recurso.

Ou então, e é essa a alternativa que propomos, deveria considerar-se que esse prazo acrescido de 10 dias, agora previsto no n.º 7 do projectado art.º 685.º, só é de acrescentar ao prazo de recurso no caso de o recorrente proceder à transcrição da prova gravada. Obviar-se-ia, dessa forma, à utilização daquele prazo acrescido como mero expediente de alargar o prazo inicial de apresentar as alegações.

Se assim se não optar, utilizando até o argumento que o prazo acrescido é necessário porque as alegações de impugnação da matéria de facto são mais trabalhosas, então não há fundamento nenhum para não considerar que a prolação de um acórdão, envolvendo o recurso da matéria de facto, é também mais trabalhoso. E, em consequência, prever-se no art.º 707.º que, ao prazo de 30 dias para elaborar o projecto de acórdão, acrescem mais 10 dias no caso de o recurso ter por objecto a impugnação da matéria de facto.

### 3.4. A valorização da "dupla conforme"

Pretende-se com a norma projectada para o n.º 3 do art.º 721.º racionalizar o acesso ao STJ, valorizando as situações em que o tribunal da 2.ª instância confirma, sem voto de vencido, a decisão da 1.ª instância, não permitindo recurso de revista para o STJ.

É uma opção discutível, sob vários pontos de vista, mas admite-se que seja aceitável no intuito de dignificar a actividade do nosso mais alto Tribunal, com "racionalização do acesso" ao mesmo e acentuando "as suas funções de orientação e uniformização da jurisprudência", inscritas como um dos objectivos do diploma na exposição de motivos do citado Projecto de proposta de lei.

Por outro lado, tendo sido eliminadas nesta proposta de decreto-lei as excepções à referida regra, que estavam previstas na parte final do n.º 3 e no n.º 4 do art.º 721.º, além de ter desaparecido também a noção de jurisprudência consolidada – v. al. c) do n.º 2 do art.º 678.º do projecto de proposta de lei – e que lhe retravam qualquer efeito útil, como já assinalávamos no Parecer de Maio de 2006, estão ultrapassadas as críticas que aí formulávamos, tendo-se ganho em objectividade e racionalidade.

Para dar coerência ao sistema, o n.º 5 do art.º 721.º vem prever, no projecto de decreto-lei, que as decisões interlocutórias impugnadas com a sentença final não podem ser objecto do recurso de revista. Ponderou-se, e bem, na crítica que formulávamos no Parecer de Maio de 2006 quando alertávamos para o risco de se regressar ao sistema do "conhecimento generalizado pelo STJ dos recursos sobre meras questões processuais".

Chama-se porém a atenção para o lapso que se nos afigura existir neste projectado n.º 5 do art.º 721.º, pois onde se remete para o "disposto no n.º 4 do art.º 691.º'" deve com certeza querer dizer-se n.º 3 do art.º 691.º, dado que as decisões interlocutórias previstas naquele n.º 4 não são impugnadas com o recurso da decisão final, antes impugnadas "após o trânsito da referida decisão".

### 3.5. *A obrigatoriedade de sumariar os acórdãos*

Parece de muito pouco bom senso que se continue a insistir na norma projectada para o n.º 7 do art.º 713.º – "o juiz que lavrar o acórdão deve sumariá-lo" – depois de todos os alertas que já foram feitos.

Como já se disse no referido Parecer de Maio de 2006 e aqui se reafirma, tal função é "estranha à actividade judicial" e "não integra o conteúdo essencial dos acórdãos", previsto no n.º 2 do mesmo preceito.

Mais.

Temos como seguro que tal norma é inconstitucional, pois não cabe na função jurisdicional, que aos tribunais compete e os juízes exercem, de "administrar a justiça em nome do povo" – v. art.º 202.º n.º 1 da CRP – esta actividade de proceder a uma tarefa que não tem qualquer conteúdo jurisdicional, nem qualquer ligação com essa função.

Aliás, compreende-se mal que o poder político-legislativo que consagrou em letra de lei, como uma das competências dos assessores precisamente a de sumariarem as decisões dos tribunais – v. art.º 2.º n.º 1 al. e) da Lei 2/98 de 08.01 – venha agora esquecer a existência dessa Lei e pretenda transformar, por decreto-lei, os juízes dos tribunais superiores em assessores.

Quase que diríamos que até temos "compreensão" para o facto de, embora aquela lei ainda esteja em vigor, o legislador se ter esquecido dela. Com efeito, dado que a assessoria nos tribunais nunca foi implementada na prática e com continuidade, a não ser no STJ e mesmo aqui mitigadamente, aquele esquecimento, não sendo desculpável, é humano.

Agora o que já não conseguimos ter compreensão nenhuma é para o facto de ao juiz, a quem já hoje tudo é pedido, incluindo dactilografar ou proceder pessoalmente ao processamento de texto das suas decisões, bem como fazer pessoalmente a pesquisa da legislação, jurisprudência e doutrina necessárias à preparação das suas decisões, além de scanear as peças processuais que não estejam nos autos em suporte digital, quando não tirar fotocópias dos projectos de acórdão, para as entregar aos juízes adjuntos, ainda tenha de proceder à elaboração de um sumário da sua decisão.

E afinal para quê tal sumário?
É necessário para decidir o recurso em causa? Tem algum fim útil para as partes, nomeadamente para a compreensão do julgado?

Não vemos que seja para algum destes fins a elaboração deste sumário, até porque não é assumido como tal no projecto legislativo.

Ou será apenas que o Ministério da Justiça quer estes sumários para os integrar, juntamente com as decisões, em bases de dados jurídicas, aproveitando de forma gratuita os direitos de autor – é comum o reconhecimento que um sumário ou súmula de uma decisão judicial, tal como uma recensão de uma obra científica ou literária, está protegida por direitos de autor – que actualmente tem de pagar, para a elaboração dos sumários das decisões judiciais integradas nas bases de dados jurídicas do ITIJ?

Bom, se é assim, assuma-se tal fim frontalmente, mas também as suas consequências. Nomeadamente a de que o tempo que esse juiz, dum tribunal superior, vai gastar a sumariar as suas decisões poderia ser usado de forma muito mais útil e proveitosa para decidir outros casos que lhe estão distribuídos. E, ainda, que tal função poderia ser perfeitamente realizada por um técnico de direito, por um preço mais baixo. E que pensar-se que o juiz vai fazer aquele sumário sem custos é um tremendo equívoco, pois o tempo que dedicar à sua elaboração terá de o retirar de outras decisões judiciais, que se vão atrasar por isso.

### 3.6. *A inscrição automática em tabela*

Não temos dúvidas que deve existir um prazo para o relator elaborar um projecto de acórdão, para determinar a inscrição do recurso em tabela e, ainda, que os eventuais desrespeitos pelos prazos consagrados na lei para a prática de actos judiciais devem ser controlados pelo CSM, ter um tratamento ao nível da avaliação dos juízes e, se for caso disso, ao nível disciplinar.

Esclarecido este ponto, deixemos claro que a norma projectada para o n.º 1 do art.º 709.º, de inscrição automática em tabela logo que decorrido o prazo para o relator elaborar o projecto de acórdão, só pode resultar de ignorância ou desconfiança e só vai provocar burocracia e atrasos.

Certamente ignora-se que há hoje muitos recursos que são inscritos em tabela ainda antes de terminar o prazo para o relator elaborar o acórdão, porque o conseguiu elaborar mais cedo. No futuro, dado que é automática a inscrição, o processo aguardará, calmamente, o decurso do prazo.

Também certamente se ignora que, por variadas razões, a que não são alheias situações de excesso de serviço ou complexidade elevada de certos recursos, os quais exigem um estudo mais aprofundado, não é possível a elaboração de todos os acórdãos no prazo previsto. Com esta norma o que irá acontecer é a realização de uma série de actos pela secretaria, como a inscrição em tabela e a notificação de tal facto aos Exm.[os] Advogados das partes, além do posterior adiamento e a notificação do mesmo, que só vão gerar burocracia e atraso.

Bom, mas se a referida norma resulta de desconfiança no CSM em controlar devidamente o prazo para a prática dos actos judiciais por parte dos juízes dos tribunais superiores, então a solução não é seguramente a introdução da referida inscrição automática em tabela, como o futuro virá a confirmar.

## 4 – Conclusão

Pelas razões e fundamentos atrás expostos o parecer da ASJP, sobre o projecto de decreto-lei que altera o Código de Processo Civil, procedendo à revisão do regime de recursos e de conflitos e à adaptação de normas tendo em vista a prática de actos processuais por via electrónica, é negativo em relação aos aspectos atrás enunciados.

# PARECER N.º 35/2007 SOBRE O PROJECTO DE DECRETO-LEI QUE ALTERA O CPC, PROCEDENDO À REVISÃO DO REGIME DE RECURSOS E DE CONFLITOS E À ADAPTAÇÃO DE NORMAS TENDO EM VISTA A PRÁTICA DE ACTOS POR VIA ELECTRÓNICA

COMISSÃO NACIONAL DE PROTECÇÃO DE DADOS

**Introdução**

Sua Excelência o Ministro da Justiça pede o parecer da CNPD sobre o anteprojecto de Decreto-Lei que altera o Código de Processo Civil, procedendo à revisão do regime de recursos e de conflitos e à adaptação de normas tendo em vista a prática de actos processuais por via electrónica. O pedido de parecer decorre do disposto nos artigos 22.º, n.º 2, e 23.º, n.º 1 – a), da Lei n.º 67/98, de 29 de Outubro.

Como ponto prévio refira-se que, não obstante a amplitude significativa das alterações introduzidas pelo diploma, não se faz um projecto de republicação do Código de Processo Civil, tendo em conta a fase de génese legislativa em curso, ainda propensa a modificações diversas. Assim sendo, nem sempre se torna líquido o espírito global resultante das alterações propostas, em matéria de densificação do processo civil. No entanto, e porque a apreciação que ora cumpre levar a cabo se situa no universo delimitado da protecção de dados pessoais, é somente esse o escopo que preside à enunciação do presente parecer.

## Considerações

O anteprojecto de Decreto-Lei *sub judice* surge no uso da autorização legislativa concedida pela Lei n.º 6/2007, de 2 de Fevereiro. Recorde-se que este diploma autoriza o Governo a alterar o regime dos recursos em processo civil e o regime dos conflitos de competência. Para tanto, o Governo ficou autorizado a alterar:

*a*) O Código de Processo Civil, aprovado pelo Decreto-Lei n.º 44129, de 28 de Dezembro de 1961, alterado pelos Decretos-Leis n.ºs 47690, de 11 de Maio de 1967, e 323/70, de 11 de Julho, pela Portaria n.º 439/74, de 10 de Julho, pelos Decretos-Leis n.ºs 261/75, de 27 de Maio, 165/76, de 1 de Março, 201/76, de 19 de Março, 366/76, de 5 de Maio, 605/76, de 24 de Julho, 738/76, de 16 de Outubro, 368/77, de 3 de Setembro, e 533/77, de 30 de Dezembro, pela Lei n.º 21/78, de 3 de Maio, pelos Decretos-Leis n.ºs 513-X/79, de 27 de Dezembro, 207/80, de 1 de Julho, 457/80, de 10 de Outubro, 400/82, de 23 de Setembro, 242/85, de 9 de Julho, 381-A/85, de 28 de Setembro, e 177/86, de 2 de Julho, pela Lei n.º 31/86, de 29 de Agosto, pelos Decretos-Leis n.ºs 92/88, de 17 de Março, 321-B/90, de 15 de Outubro, 211/91, de 14 de Julho, 132/93, de 23 de Abril, 227/94, de 8 de Setembro, 39/95, de 15 de Fevereiro, 329-A/95, de 12 de Dezembro, 180/96, de 25 de Setembro, 375-A/99, de 20 de Setembro, e 183/2000, de 10 de Agosto, pela Lei n.º 30-D/2000, de 20 de Dezembro, pelos Decretos-Leis n.ºs 272/2001, de 13 de Outubro, e 323/2001, de 17 de Dezembro, pela Lei n.º 13/2002, de 19 de Fevereiro, pelos Decretos-Leis n.ºs 38/2003, de 8 de Março, 199/2003, de 10 de Setembro, 324/2003, de 27 de Dezembro, e 53/2004, de 18 de Março, pela Lei n.º 6/2006, de 27 de Fevereiro, pelo Decreto--Lei n.º 76-A/2006, de 29 de Março, e pela Lei n.º 14/2006, de 26 de Abril;

*b*) A Lei de Organização e Funcionamento dos Tribunais Judiciais, aprovada pela Lei n.º 3/99, de 13 de Janeiro, com a redacção dada pela Declaração de Rectificação n.º 7/99, de 4 de Fevereiro, alterada pela Lei n.º 101/99, de 26 de Julho, pelos Decretos-Leis n.ºs 323/2001, de 17 de Dezembro, e 38/2003, de 8 de Março, pela Lei n.º 105/2003, de 10 de Dezembro, pelo Decreto-Lei n.º 53/2004, de 18 de Março, pela Lei n.º 42/2005, de 29 de Agosto, e pelo Decreto-Lei n.º 76-A/2006, de 29 de Março;

*c*) Todos os diplomas cuja necessidade de modificação decorra das alterações à legislação referida nas alíneas anteriores.

De acordo com a citada Lei, o sentido e a extensão da autorização legislativa, no que se refere ao regime dos recursos em processo civil, são os seguintes:

*a*) Alteração do regime de arguição dos vícios e da reforma da sentença, reduzindo as situações em que é licito às partes requerer a reforma da sentença, e estabelecendo que, quando caiba recurso da decisão, o requerimento de rectificação, esclarecimento ou reforma deve ser feito na respectiva alegação;

*b*) Revisão do regime de reclamação do despacho do tribunal recorrido que não admite o recurso, estabelecendo que o seu julgamento compete ao relator, nos termos gerais;

*c*) Aumento dos valores da alçada dos tribunais de 1.ª instância para € 5000 e da alçada dos tribunais da Relação para € 30000;

*d*) Consagração da obrigatoriedade de fixação do valor da causa pelo juiz;

*e*) Unificação dos recursos ordinários na 1.ª e na 2.ª instâncias, eliminando-se o agravo, e dos recursos extraordinários de revisão e de oposição de terceiro;

*f*) Consagração do direito de recurso, independentemente da alçada e da sucumbência, das decisões proferidas contra jurisprudência consolidada do Supremo Tribunal de Justiça;

*g*) Consagração da inadmissibilidade do recurso de revista do acórdão da Relação que confirme, sem voto de vencido e ainda que por diferente fundamento, a decisão proferida na 1.ª instância, salvo quando a admissão do recurso seja claramente necessária para uma melhor aplicação do direito;

*h*) Consagração da inadmissibilidade do recurso de revista se a orientação perfilhada no acordão da Relação estiver de acordo com a jurisprudência uniformizada do Supremo Tribunal de Justiça, no domínio da mesma legislação e sobre a mesma questão fundamental de direito;

*i*) Revisão dos pressupostos de admissibilidade do recurso de revista *per saltum*, estabelecendo que este pode ter lugar nas causas de valor superior à alçada do tribunal da Relação desde que, verificados os demais requisitos actualmente previstos, a decisão impugnada seja desfavorável para o recorrente em valor também superior a metade da alçada desse tribunal;

*j*) Revisão do regime da revista ampliada, estabelecendo que o julgamento ampliado é obrigatoriamente proposto ao presidente do Tribunal pelo relator ou pelos adjuntos quando verifiquem a possibilidade de vencimento de uma solução jurídica que esteja em oposição com jurisprudência anteriormente firmada, no domínio da mesma legislação e sobre a mesma questão fundamental de direito;

*l*) Consagração da regra geral de impugnação das decisões interlocutórias no recurso que venha a ser interposto da decisão final e de um regime comum de recurso das decisões que põem termo ao processo, sejam estas decisões de mérito ou de forma;

*m*) Unificação do momento processual para a interposição do recurso e para a apresentação das alegações, bem como para a prolação do despacho de admissão do recurso e do despacho que ordena a remessa do recurso para o tribunal superior;

*n*) Alteração das regras que regem os ónus a cargo do recorrente que impugne a decisão de facto, determinando que cabe ao recorrente, sob pena de imediata rejeição do recurso no que se refere à impugnação da matéria de facto, proceder a identificação da passagem da gravação em que funde essa impugnação, com referência aos meios de gravação áudio que permitem uma identificação precisa e separada dos depoimentos, sem prejuízo de as partes poderem proceder a transcrição das passagens da gravação em que se funde a impugnação;

*o*) Alteração do regime de vistos aos juízes-adjuntos, estabelecendo que os vistos apenas se realizam após a entrega da cópia do projecto de acórdão e que as vistas se processam, preferencialmente, por meios electrónicos e de forma simultânea;

*p*) Consagração da possibilidade de discussão oral do objecto do recurso de revista, quando o relator a entenda necessária, oficiosamente ou a requerimento das partes;

*q*) Aprofundamento das regras processuais que estabelecem mecanismos de defesa contra as demoras abusivas na tramitação dos recursos;

*r*) Consagração de um recurso para uniformização de jurisprudência das decisões do Supremo Tribunal de Justiça que contrariem jurisprudência uniformizada ou consolidada desse Tribunal;

*s*) Ampliação dos casos em que é admissível o recurso extraordinário de revisão, de forma a adequar o respectivo regime à Convenção Europeia dos Direitos do Homem e às normas emanadas dos órgãos competentes das organizações internacionais de que Portugal seja parte.

2 – No que se refere aos conflitos de competência, o sentido e a extensão da autorização legislativa são os seguintes:

*a)* Alteração das regras de resolução dos conflitos de competência, passando esses conflitos a ser decididos por um juiz singular, num único grau, tanto no Supremo Tribunal de Justiça como nos tribunais da Relação;

*b)* Alteração da tramitação das regras processuais atinentes a resolução dos conflitos de competência, estabelecendo que o tribunal que se aperceba do conflito deve suscitá-lo oficiosamente junto do tribunal competente para decidir, e que o processo de resolução dos conflitos de competência tem carácter urgente.

A autorização legislativa concedida pela Lei n.º 6/2007, de 2 de Fevereiro, tem a duração de 180 dias.

Neste contexto, o anteprojecto que agora se aprecia visa essencialmente simplificar procedimentos e criar condições para a desmaterialização de processos. Tal desmaterialização – e a adopção de aplicações informáticas adequadas – permite a entrega de peças processuais *on-line*, a consulta do estado do processo através da Internet e a tramitação electrónica dos processos.

Contudo, a desmaterialização de processos só é um benefício desde que seja garantida a existência de elementos de segurança adicionais no sistema. Por exemplo, a circulação de um processo electrónico tem que implicar a manutenção de registos de quem a ele acedeu.

Daí que seja de sublinhar a inequívoca importância dos termos procedimentais a fixar por portaria (mencionada em diversas disposições, a começar pelo n.º 1 do Artigo 150.º do anteprojecto).

Do ponto de vista dos cidadãos, pode dizer-se que a desmaterialização de recursos cíveis é incentivada pela maior liberdade que confere às partes (cfr. Artigo 143.º, n.º 4), visível ainda na dispensa de apresentação de duplicados ou cópias dos documentos (cfr. Artigo 152.º, n.º 7).

De um modo geral, todas as alterações visam a criação de condições para melhorar e qualificar a resposta judicial em duas áreas essenciais: o regime dos recursos em processo civil e o regime dos conflitos de competência.

No domínio dos recursos em processo civil, o diploma prossegue uma linha de reforma norteada por três objectivos fundamentais:

1. Simplificação do regime de recursos, quer nas suas espécies, que passam a contar apenas com dois recursos ordinários (a apelação e a

revista, eliminando-se o agravo, como resulta dos artigos 691.º, 922.º-B, 922.º-C e 721.º do anteprojecto) e dois recursos extraordinários (a revisão e o recurso extraordinário de uniformização de jurisprudência, eliminando-se a oposição de terceiro, conforme decorre dos artigos 771.º, 776.º e 721.º-A do anteprojecto), quer no seu processamento, designadamente pela adopção de um regime similar de recursos ordinários e extraordinários; na opção de fazer coincidir o momento da interposição de recurso com a apresentação de alegações e o despacho de admissão com aquele que ordena a respectiva subida; na revisão do regime de reclamação do despacho do tribunal recorrido que não admite o recurso, estabelecendo que o seu julgamento compete ao relator; e na alteração introduzida no regime de vistos aos juízes-adjuntos, que passam a realizar-se em simultâneo com a entrega da cópia do projecto de acórdão, processando-se por meios electrónicos.

2. Maior celeridade e economia processuais, não apenas na fase de julgamento no tribunal superior, por força da alteração do regime de vistos, como naquela que se processa perante o tribunal recorrido, quer pela assinalada alteração do regime de interposição, admissão e subida, quer pela revisão do regime de arguição dos vícios e da reforma da sentença, a qual, cabendo recurso da decisão, é sempre feita na respectiva alegação.

3. Racionalização do acesso ao Supremo Tribunal de Justiça, acentuando-se as suas funções de orientação e uniformização da jurisprudência, nomeadamente através da revisão da alçada da Relação para € 30.000, acompanhada de uma alteração das regras sobre o valor da causa, que passa a ser sempre fixado pelo juiz; previsão da inadmissibilidade da revista do acórdão da Relação que confirme, sem voto de vencido e ainda que por diferente fundamento, a decisão da 1.ª instância, salvo quando esteja em causa uma questão cuja apreciação é claramente necessária para uma melhor aplicação do direito (cfr. alterações à Lei n.º 3/99, de 13 de Janeiro, mormente ao seu artigo 24.º), e a introdução de um recurso extraordinário de uniformização de jurisprudência para o pleno das secções cíveis do Supremo quando este tribunal, em secção, proferir acórdão que esteja em contradição com outro anteriormente proferido, no domínio da mesma legislação e sobre a mesma questão fundamental de direito.

Em matéria de conflitos de competência, o diploma visa, igualmente, imprimir maior simplicidade e celeridade ao regime processual. Neste sentido, propõe-se que os conflitos de competência passem a ser resolvidos por um juiz singular, num único grau, tanto no Supremo Tribunal de Justiça como nos tribunais da Relação. O processo de resolução dos conflitos de competência passa a ter carácter urgente (cfr. alterações a Lei n.º 3/99, de 13 de Janeiro, artigo 43.º, n.ᵒˢ 3 e 4).

**Conclusões**

O anteprojecto de Decreto-Lei em análise apresenta-se, no geral, coerente com os princípios de protecção de dados pessoais.

Formulam-se, de todo o modo, as seguintes observações:
1. A adopção generalizada e sistemática da prática de actos processuais por meios electrónicos requer a garantia de segurança do sistema; o diploma ou diplomas onde sejam previstos os meios e formas relativos à desmaterialização deve ser objecto de parecer da CNPD;
2. É necessário prever o regime de destruição (ou outro) para os suportes de papel utilizados para recolha de dados, a partir do momento em que sejam registados por meios electrónicos;
3. No preâmbulo, que não acompanha o anteprojecto analisado, caberá referir a audição da CNPD.

Lisboa, 2 de Julho de 2007

Relatora,
Ana Roque

Carlos Campos Lobo
Helena António

# PROJECTO DE DECRETO-LEI SOBRE RECURSOS

J. O. Cardona Ferreira
*Conselho de Acompanhamento de Julgado de Paz*

Quer por razões funcionais, quer por gosto pessoal, há dezenas de anos que me dedico ao estudo do Direito Processual Civil.

Portanto, ao longo de anos, fiz variadíssimas sugestões ao Ministério da Justiça, designada e ultimamente, desde que começaram os estudos que deram origem ao projecto ora em apreço, corno é sabido, especialmente, do G.P.L.P. Isto, para concluir que as propostas e sugestões que tinha a fazer, já as fui fazendo. Assinalo, principalmente, que vejo, finalmente, consagrado o monismo recursório (aliás, nos recursos ordinários), acabando-se com os agravos. Aplaudo esta opção, como outras.

Posto isto e porque, como é natural, há sempre questões que suscitam opções diferentes, escolho, construtivamente, 3 pontos para eventual ponderação.

O registo da prova foi – é – uma das minhas preocupações, de experiência feita. A possibilidade de transcrições é muito importante, para que o sistema funcione.

O n.º 5 do art. 690.º-A do CPC, no seu segundo segmento, permite uma abertura, ainda que tímida, útil. Não revogaria esta regra que permite, expressamente, iniciativa judicial de transcrição.

Por outro lado, o n.º 5 do art. 713.º do CPC permite remissão para a decisão recorrida, quando haja total concordância. É a meu ver, uma regra simples, realista e simplificadora.

Tudo na linha da reforma. Não revogaria esta possibilidade.

Finalmente, é estranho o primeiro segmento do novo art. 693.º-B, acerca da junção de documentos em fase de recurso. Não é crível, penso, que se pretenda não restringir tal possibilidade, exactamente em hipóteses menores. A redacção parece justificar clarificação.

Não se pense, todavia, que advogo a manutenção de regras. Sou, abertamente, a favor de inovações e, até, de rupturas legislativas no sentido da simplificação processual própria da Justiça do século XXI. Mas há particularidades na lei velha, que não são, necessariamente, más.

Fico numa grande expectativa quanto a uma reforma que considero, globalmente, *reforma*!

Lisboa, de de Julho de 2007

# PROJECTO DE DECRETO-LEI QUE ALTERA O CPC, PROCEDENDO À REVISÃO DO REGIME DE RECURSOS E À ADAPTAÇÃO DE NORMAS TENDO EM VISTA A PRÁTICA DE ACTOS POR VIA ELECTRÓNICA

António Nunes Ferreira Girão
*Conselho Superior da Magistratura*

Tendo em conta o muito limitado prazo concedido para a apreciação de tão vasta e relevante materia processual, bem como o facto deste CSM já se ter pronunciado com grande profundidade sobre o anterior Anteprojecto de revisão do Regime de Recursos em Processo Civil e sobre o Projecto de Proposta de Lei relativo à alteração do Regime de Recursos em Processo Civil e o Regime dos Conflitos de competência, limitaremos a nossa apreciação a alguns pontos a merecerem também, em nosso entender, alguma reflexão.

Deste modo, apreciado o Projecto de Decreto-Lei em apreço, cumpre-me apresentar os seguintes considerandos:

## PARECER

**A – Retrocessos relativamente ao projecto de proposta de lei e em função do já defendido por este CSM:**

1 – Voltou-se ao regime vigente de não obrigatoriedade de transcrições das gravações a cargo dos recorrentes, em caso de recurso com impugnação da decisão da matéria de facto – art. 685.º-B-2 do CPC.

**B – Não acolhimento de sugestões anteriores:**

1 – São mantidos os valores das alçadas em € 5.000,00 e € 30.000,00 (1.ª instância e Relações, respectivamente), não se consagrando valores superiores mais ajustados;

2 – Manutenção do n.º 5 do art. 691.º do CPC, em vez de constar no art. 685.º do CPC que regula os prazos de recurso;

3 – Manutenção das alegações orais na revista para o STJ, a pedido de qualquer das partes ou por iniciativa do Relator, chamando agora ao Processo Civil solução que no âmbito do processo penal tem dado tão má conta de si, como é de reconhecimento quase unânime;

4 – Manutenção do recurso extraordinário de revisão (arts. 763.º e s. do CPC) em termos tais que praticamente significam um (*mais um*) 4.º grau de jurisdição;

5 – Não consagração da determinação de que, em caso de anulação de julgamento (designadamente com repetição de julgamento) e de novo recurso da nova decisão, o novo recurso seja apreciado, quando possível, pelo mesmo relator e o mesmo colectivo ou, ao menos, pelo mesmo relator;

6 – Não consagração da possibilidade de condenação por litigância de má-fé no âmbito do recurso, sem necessidade de audição prévia.

**C – Acolhimento de sugestões anteriores:**

1 – Alteração da redacção do art. 123.º-2, clarificando-se que a conferência, inexistente em 1.ª instância respeita a reclamações de despachos sobre impedimentos de Juízes das Relações e do Supremo Tribunal de Justiça;

2 – O art. 700.º-1-a) do CPC passou a fazer referência ao n.º 3 do art. 685.º-A do CPC e não ao n.º 3 do art. 685.º-C do CPC.

**D – Outras alterações relativamente ao anterior projecto de proposta de lei:**

1 – Abandono da figura da "jurisprudência consolidada", o que nos parece de aplaudir, pois poderia implicar injustificada publicação de todos os acórdãos do Supremo Tribunal em jornal oficial (*v.g.*, Diário da República) a fim de ser garantida a necessária e credível divulgação, a semelhança do que acontece com os Acórdãos do Tribunal Constitu-

cional, cuja 3.ª publicação sobre a mesma questão determina a força obrigatória geral do julgado sobre a questão da inconstitucionalidade.

Tal figura potenciara ainda a interposição de recursos (com a mais do que previsível discussão sobre a existência ou não da "consolidação") e a prolação de acórdãos uniformizadores de jurisprudência, numa busca agigantada de afinação decisória, nem sempre fonte de regozijo pelo encasulamento jurídico que normalmente acarreta.

**D – Outras apreciações críticas ao actual projecto de decreto-lei:**

1 – **No art. 223.º do CPC** prevêem-se distribuições realizadas diariamente. Já o art. 10.º-2 do próprio Projecto de DL, como disposiçãao transitória estabelece a manutenção dos termos da distribuição enquanto não se verificarem as condições necessárias para proceder à distribuição diária e por meios electrónicos.

Embora o referido art. 10.º não concretize quais as condições necessárias cabe aqui dizer que uma distribuição diária nos Tribunais da Relação e no Supremo Tribunal de Justiça *só é viável e aceitável com uma total desmaterialização dos processos que permita aos Desembargadores e Conselheiros terem acesso aos mesmos nas suas casas.* Isto porque, desde logo, nem todos têm gabinetes facultados pelos respectivos Tribunais e, porque, fundamentalmente, muitos dos Juízes dos Tribunais Superiores residem muito longe de Lisboa ou das restantes cidades onde se encontram instalados os demais Tribunais das Relações.

Não sendo razoável nem exigível a um Conselheiro ou Desembargador a viver no Porto que, por exemplo, se desloque diariamente a Lisboa para despachar de imediato os processos, tal distribuição diária, com o inerente início imediato e diário de decurso de prazos para admitir recurso e elaborar o projecto de acórdão, coloca aqueles juízes em manifesta situação de desvantagem e desigualdade com aqueles que residam em Lisboa ou muito perto desta cidade.

Mesmo para os residentes na cidade onde o tribunal está instalado, a deslocação diária ao Tribunal pode implicar significativa redução do tempo disponível para a elaboração das decisões, contabilizadas que sejam as perdas de tempo em deslocações.

2 – **No art. 709.º-1 do CPC** determina-se a inscrição do processo em tabela logo que se mostre decorrido o prazo para o relator elaborar o projecto de acórdão.

Não se conhecem casos em que os relatores, tendo os projectos prontos, não os fizessem imediatamente inscrever em tabela.

Esta inscrição automática, independentemente da existência material do projecto só vai acarretar desnecessário trabalho às secções e adiamentos de julgamentos perfeitamente evitáveis.

Trata-se da introdução de inusitada e injusta pressão sobre os Desembargadores quando é sabido que o tempo médio de resposta dos Tribunais da Relação é muito razoável senão mesmo bom.

Seguramente, ninguém de boa fé terá dúvidas que por vezes será materialmente impossível cumprir o prazo de elaboração do projecto previsto na lei, ou porque em determinado período de tempo houve invulgar quantidade na distribuição, ou porque uma sucessão de questões particularmente trabalhosas se conjugaram num espaço temporal limitado, ou porque problemas de saúde ou familiares afectaram o normal desempenho do Juiz. Mas aí competirá ao CSM, na sua função disciplinar, aquilatar da justificação ou desculpabilidade de atrasos que ocorram.

A norma em si, sem vantagens, não eliminará as ocorrências naturais da vida de todos os dias que, por vezes, determinam as situações de não cumprimento estrito de prazos processuais. Mas, com inconvenientes, criará adiamentos e prática de actos desnecessários que serão repetidos pouco tempo depois.

**3 – No art. 713.º-7 do CPC**, impõe-se ao juiz que lavrar o acórdão, o dever de o sumariar.

Trata-se de dispositivo insólito.

Para além de se continuar a não garantir aos Juízes Desembargadores qualquer tipo de assessoria para as funções jurisdicionais pretende-se agora atribuir-lhe mais uma obrigação de trabalho, desta feita com contornos de tarefa própria de mero funcionário administrativo.

É função que escapa, de todo, ao conteúdo essencial (e mesmo não essencial) do cargo de juiz, sendo manifestamente desprestigiante para os Juízes dos Tribunais da Relação essa imposição, para além do mais, através de desadequada contemplação na lei processual civil.

Deve ser totalmente eliminado.

**4 – No art. 275.º-A do CPC**, permite-se a apensação de processos em fase de recurso.

Parece depreender-se que o preceito se refere aos processos já pendentes nos Tribunais das Relações já que se alude a possibilidade de apensação oficiosa ordenada pelo presidente da Relação (n.º 4) e porque alude a possibilidade de apensação apenas no mesmo tribunal (n.º 2), sendo certo que o art. 275.º-1 do CPC permite a apensação de processos pendentes em diferentes tribunais.

Porém, a expressão "em fase de recurso" pode ser equívoca na medida em que um processo em fase de recurso pode ser também um processo pendente em 1.ª instância em que já tenha sido interposto recurso.

Podendo existir em diversos juízos de um mesmo tribunal de 1.ª instância vários processos já com recursos interpostos e que podem ser apensados nos termos do art. 275.º do CPC, parece-nos conveniente clarificar se a apensação prevista no art. 275.º-A do CPC pode também ser determinada por um juiz de 1.ª instância, ou se essa possibilidade está restrita aos Juízes Desembargadores Relatores e aos presidentes das Relações.

Será suficiente alteração no sentido de ser feita referência a *"apensação de processos em fase de recurso nos Tribunais da Relação antes de ali ser proferida decisão final"*, ou *"apensação de processos pendentes nos tribunais da Relação"*.

5 – **Ao art. 700.º do CPC**, será de aditar uma alínea i) ao seu n.º 1 que preveja a função do Relator na determinação da apensação nos termos do art. 275.º-A do CPC.

6 – **Quanto ao art. 79.º-A do C. Processo de Trabalho**, o preceito acolhe a solução encontrada para o processo civil, uniformizando os recursos ordinários.

Esta solução elimina a existência de caso julgado formal relativamente a decisões interlocutórias, que eram fonte de estabilidade, e impede que o juiz repare agravos obrigando a uma persistência de reconhecido erro desde o seu cometimento até à decisão final para, depois se obter uma, por todos há muito sabida, anulação de actos posteriores. E permite mesmo a impugnação de decisões interlocutórias depois da decisão final, significando incompreensível extensão do prazo de interposição de recurso.

É o que nos oferece dizer.

Lisboa, 2 de Julho de 2007

# PROJECTO DE DECRETO-LEI QUE ALTERA O CPC, PROCEDENDO À REVISÃO DO REGIME DE RECURSOS E À ADAPTAÇÃO DE NORMAS TENDO EM VISTA A PRÁTICA DE ACTOS POR VIA ELECTRÓNICA

Conselho Superior dos Tribunais Administrativos e Fiscais

### 1. Apreciação formal:

• Salienta-se o esforço de maior rigor linguístico – por exemplo, na epígrafe do artigo 379.º –, e uniformização das terminologias usadas – cfr. artigo 211.º, ao substituir-se a expressão "papéis" por "actos processuais", sendo que tal substituição também se impõe, julga-se, no artigo 219.º, n.º 1; cfr. artigo 693.º, n.º 1, ao substituir-se a expressão "parte vencedora" por apelado, fazendo-se, assim, a devida harmonização com o seu n.º 2);

• Realça-se o cuidado de salvaguarda da coerência textual, ao ser feita a necessária articulação entre as alterações introduzidas e as demais disposições do CPC (cfr., como exemplos, o aditamento do n.º 2 ao artigo 379.º e a parte final do n.º 1 do artigo 380.º; a remissão no artigo 486.º-A, n.º 1, agora também para o n.º 4 do artigo 467.º);

• Falta de espaçamento no artigo 676.º, n.º 2, quando aí se refere "(...) sendo ordinários (...)";

• No n.º 2 do artigo 685.º-D, será de eliminar o " bold" na expressão "tenha";

• Existência de uma gralha no artigo 150.º, n.º 9 – "procesuais";

• A redacção prevista para o artigo 669.º, n.º 2, alínea b), não nos parece muito clara, pois o "manifesto lapso" reporta-se à não ponderação pelo julgador, na sua tomada de decisão, de documentos constantes do processo, e não, como parece decorrer da redacção projectada, ao facto de constarem do processo certos documentos. Como redacção alternativa, sugere-se: "b) a decisão proferida, face aos documentos constantes do processo, devesse ser, necessariamente, diversa";

• Ainda no que concerne ao artigo 669.º, julga-se existir um lapso no seu n.º 3, devendo a remissão aí feita reportar-se ao n.º 2 e não ao n.º 1 desse mesmo artigo;

• Também no que respeita ao artigo 670.º, n.º 1, considera-se que existirão duas gralhas na sua redacção – em vez de constar "Nos casos previstos no n.º 3 dos artigos 668.º e 669.º", deveria constar "Nos casos previstos no n.º 4 do artigo 668.º e 669.º";

• Existência de uma gralha no artigo 692.º, n.º 2 – "supensivo";

• No artigo 716.º, n.º 2, a vírgula no fim da norma deve ser substituída por um ponto final;

• Existência de uma gralha no artigo 693.º-B, onde se refere "nas alíneas (...) i) a n)" deveria constar "nas alíneas (...) i) a m)";

## 2. Apreciação material:

• No que respeita à eliminação da Secção IV do Capítulo VI do Subtítulo I do Título II do Livro III e respectivas subsecções – recurso de agravo –, a mesma suscita preocupação. Com efeito, a articulação entre a lei processual aplicável no contencioso administrativo e tributário e a lei processual civil deve constituir um objectivo essencial. Ora, as alterações feitas nas normas processuais do CPC, designadamente em matéria de recursos jurisdicionais, tem repercussão directa sobre o contencioso administrativo e tributário (dada a aplicação subsidiária do CPC, nos termos do artigo 1.º do CPTA e artigo 2.º, alínea e), do CPPT), pelo que deve ser ponderada a necessidade da sua harmonização, de forma a conceder-se um tratamento uniforme aos problemas subjacentes.

Esta preocupação foi já manifestada num parecer do Dr. Carlos Manuel Andrade Miranda, vogal do CSTAF, relativo ao anterior anteprojecto sobre esta matéria, que parcialmente se transcreve:

*"Em matéria do recursos, a regra é a de que, sem prejuízo do disposto no CPTA e no ETAF, os recursos ordinários das decisões pro-*

*feridas pelos tribunais administrativos regem-se, com as necessárias adaptações pelo disposto no CPC; e que esses recursos são processados como recursos de agravo (artigo 140.º do CPTA e artigo 281.º do CPPT).*

*Os recursos ordinários no contencioso administrativo podem ser "apelação" e de "revista", mas a sua tramitação é a dos recursos de agravo do CPC.*

*Uma das primeiras preocupações que nos assaltam perante a presente proposta de revisão é a de que o paradigma da tramitação do recurso – o agravo – vai desaparecer da ordem adjectiva cível.*

*Os recursos em processo civil vão restringir-se à "apelação" e à "revista".*

*(...).*

*Deixa assim do existir compatibilidade de regimes entre o CPC e os CPTA e CPPT.*

*Deixam de fazer sentido as remissões que do CPTA e do CPPT se fazem para a tramitação do recurso de Agravo."*

• São louváveis a preferência e o incentivo dedicados à prática de actos processuais por via electrónica, quer pelas partes, consagrando-se, nomeadamente, para esse efeito, a dispensa de apresentação de duplicados (cfr. artigo 150.º, n.ºs 1 e 3, em especial, artigo 152.º, n.º 7 e artigo 261.º, n.º 5), quer pela secretaria (cfr. artigo 209.º-A), visto assim se lograr maior celeridade na tramitação processual;

• A previsão da distribuição diária dos processos (cfr. artigo 214.º), tal como a redução de certos prazos (cfr. artigo 703.º) constituem contributos para a maior prontidão da justiça;

• É igualmente de aplaudir a atribuição de um papel central à página informática de acesso público do Ministério da Justiça, designadamente para exame e consulta de processos, informação sobre distribuição, entre outras virtualidades (cfr. artigo 167.º, n.º 3, artigo 209.º-A, n.º 3), reforçando-se assim, cada vez mais, o uso das novas tecnologias ao serviço da justiça;

• Salienta-se, ainda, a tentativa de simplificação de procedimentos, como acontece no âmbito do artigo 164.º, n.º 3;

• Consideram-se factores positivos a consagração do dever do tribunal suscitar oficiosamente a resolução do conflito de jurisdição, previsto no artigo 117.º, assim como o reconhecimento do carácter urgente desse processo;

• Quanto ao alargamento do prazo (regra) para recorrer de 10 para 30 dias, conforme previsto no artigo 685.º, é um sinal de harmonização entre a tramitação dos recursos no âmbito do processo civil e no âmbito do processo administrativo (cfr. artigo 144.º, n.º 1, do CPTA);
• No que respeita ao artigo 688.º,
– seria de manter a possibilidade de reclamação face a despacho que retenha o recurso, assim como a possibilidade de convolação quando a parte, em vez de reclamar, impugna por meio de recurso (cfr. actual redacção do artigo 688.º, n.ᵒˢ 1 e 5);
– chama-se a atenção para a desarticulação de que padecerá o artigo 144.º, n.º 3, do CPTA, face à alteração do artigo 688.º aqui projectada (de retirar competência aos presidentes dos tribunais para apreciar as reclamações, passando esta para o próprio tribunal, com papel de destaque para o relator), pois a remissão, feita naquele preceito, para a lei processual civil deixa de ser substancialmente adequada – daí, repete-se, a importância de harmonização das leis processuais em causa;
– por fim, é salutar a instrução obrigatória da reclamação com o requerimento de interposição de recurso, a decisão recorrida e o despacho objecto de reclamação, elementos fundamentais para a apreciação da admissibilidade do recurso (cfr. artigo 688.º, n.º 3),
• A solução consagrada no artigo 707.º, prevendo-se que os vistos só ocorrerão após a entrega da cópia do projecto de acórdão, comporta o risco de os juízes adjuntos poderem não analisar em profundidade as alegações de recurso, limitando-se a analisar o projecto de acórdão, com o sacrifício da colegialidade;
• No que concerne ao artigo 713.º, n.º 5, reafirma-se aqui o que foi expresso, sobre esta questão, no parecer que se mencionou anteriormente: *"no regime actual, quando a relação confirma inteiramente e sem qualquer declaração de voto o julgado em 1.ª instância, pode o acórdão limitar-se a remeter para os fundamentos da decisão impugnada. Pretende-se agora alargar essa possibilidade a todos os casos em que "a relação entenda que a quantia a decidir é simples", podendo o acórdão limitar-se à parte decisória, precedida da fundamentação sumária do julgado ou remetendo para precedente acórdão. Tal solução convida à prática generalizada deste artifício, consagrando-se, com recurso a conceito indeterminado, a negação da efectiva reapreciação da decisão anterior. Atente-se que, de ora em diante, pode revogar-se telegraficamente a decisão sob recurso, quando antes a simplificação do acórdão*

*só era admitida em caso de confirmação (dupla conforme). Trata-se de uma derrogação implícita do dever constitucional de fundamentação das decisões judiciais (Art.º 205.º CRP);*

• Também quanto ao artigo 721.º, n.º 3, articulado com o novo artigo 721.º-A – inadmissibilidade do recurso de revista do acórdão da Relação que confirma, sem voto de vencido e ainda que por diferente fundamento, a decisão proferida na 1.ª instância; inadmissibilidade do recurso de revista se a orientação perfilhada no acórdão da Relação estiver de acordo com jurisprudência uniformizada do STJ – renova-se o afirmado no anterior parecer mencionado: *"Quantas e quantas vezes o STJ não revogou acórdãos da Relação que haviam confirmado decisões da 1.ª instância? Assistir-se-á a uma perda absoluta da qualidade das decisões, com os tribunais da relação a qualificar como simples as questões que lhe são colocadas, confirmando as dicisões da 1.ª instância (seguindo a regra) e bloqueando assim o acesso à revista do STJ. Tudo em prol da sacrossanta celeridade."*;

• Considera-se positivo o reconhecimento do carácter obrigatório da proposta de julgamento alargado, nos termos dos n.ᵒˢ 2 e 3 do artigo 732.º-A, visto o mesmo constituir um mecanismo relevante para garantia da uniformidade da jurisprudência;

• No que se refere à eliminação do convite pelo relator para apresentação das conclusões das alegações, quando estas estejam em falta (cfr. artigo 685.º, n.º 3), sendo, nesse caso, automaticamente rejeitado o recurso (artigo 685.º-C, n.º 2, b)), entende-se existir aqui uma restrição ao princípio do favorecimento do processo ou princípio *pro actione*;

• Uma questão final:
  – face ao novo teor do artigo 315.º, a consequência prevista no artigo 474.º, alínea e), não deveria, *in casu*, ser pelo menos atenuada, dado que, apesar de previsto um dever de indicação pelas partes, está agora concentrado nas mãos do julgador, nesse caso concreto, o poder de definição do valor da causa?

É esta a apreciação geral das medidas propostas, as quais merecem, nas suas linhas mestras, uma referência positiva.

# REGIME DOS RECURSOS EM PROCESSO CIVIL. REGIME DOS CONFLITOS DE COMPETÊNCIA E PRÁTICA DE ACTOS POR VIA ELECTRÓNICA

Rosendo Dias José
*CSTAF e Supremo Tribunal Administrativo*

O Senhor Presidente do CSTAF pede parecer breve sobre o projecto de decreto-lei de alteração do CPC sobre o regime de recursos e de conflitos, bem como sobre normas relativas à prática de actos por via electrónica.

Atento o parecer emitido pelo CSTAF de 1 de Julho de 2006, considerado o texto agora proposto e limitando-nos aos aspectos mais relevantes, fazem-se as seguintes observações:

1. As normas sobre conflitos de competência, designadamente quanto à competência permitem uma maior celeridade na decisão e parecem adequadas e contendo boas soluções.

2. Também se concorda com as normas relativas à prática de actos por via electrónica.

3. O recurso de revista

3.1. O texto proposto para o artigo 721.º n.º 3 utiliza como critério para inadmissibilidade de recurso para o STJ a dupla decisão conforme das instâncias.

Este critério de partida parece acreditar que a existência de decisões conformes da 1.ª instância e da Relação é o indício mais relevante no sentido de que a causa não merece ser reapreciada pelo Tribunal de última instância.

Concomitantemente, a revista de acórdão da Relação proferido sobre decisão de 1.ª instância que punha termo ao processo e que seja em sentido divergente será sempre admitido.

É introduzido um *recurso de revista excepcional* cuja finalidade é permitir a correcção daquele critério geral nos casos em que, apesar das decisões conformes das instâncias naquele processo haja decisões divergentes da Relação ou do STJ sobre a matéria, esteja em causa uma questão que pela relevância jurídica claramente seja necessária uma melhor aplicação do direito ou em que estejam em causa interesses de particular relevância social.

É assim conferida uma relevância à dupla decisão conforme que vai muito para além do que pode parecer numa primeira aproximação.

Na verdade, havendo um recurso de revista comum para os casos de decisões não conformes das instâncias e um recurso de revista excepcional para os casos de decisões conformes este passa a ser encarado como uma válvula de segurança do sistema só aplicável como "ultima ratio" em casos excepcionalíssimos.

Este modo de ver o assunto na prática é o mesmo que desinteressar-se da natureza e valia de matérias em questão fechando ou abrindo as portas à intervenção do Supremo em termos perfeitamente formais, que sendo seguros, só na aparência criada pelo texto legal se vão debruçar sobre a valia que pode representar a intervenção do STJ na escolha dos casos a admitir como objecto da revista, porque o art.º 721.º-A vai ser subsidiário de um regime geral de restrição cega.

3.2. Esta solução vai transformar a dupla conforme em regra de ouro que fecha o sistema e pode ser prejudicial ao seu bom funcionamento e a importância e flexibilidade que deve merecer a intervenção do STJ, apesar de ficar assegurado um grande número de intervenções ao STJ pela via das divergentes decisões das instâncias, mas estas situações vão acontecer através de uma determinação puramente formal e aleatória que o STJ não pode de modo algum controlar designadamente através da qualidade da decisão da Relação.

De acordo com o exposto parece preferível a formulação que permita atender decisivamente à importância das matérias em discussão da perspectiva jurídica, da perspectiva social ou da perspectiva da melhor aplicação do direito, através de uma decisão prévia de admissão caso a caso, sem um recurso comum de revista em caso de decisões divergentes das instâncias.

Isto apesar de se reconhecer que o método agora adoptado é apesar de tudo mais abrangente e assegura mais ampla garantia de recurso ao eleger todas as decisões das instâncias não conformes como objecto de revista sem limitações.

O método adoptado parece descrer dos juízes e do seu bom desempenho na aplicação de conceitos com uma certa margem de indeterminação.

Ao contrário, no CPTA a solução assenta sempre na decisão casuística com base em pressupostos a preencher pela formação de apreciação preliminar, pelo que a solução do projecto cria afastamento muito acentuado no modo de analisar o mesmo problema, a menos que se pretenda evoluir para um sistema semelhante no contencioso administrativo, o que não perece desejável, nem de acordo com as boas práticas e os regimes jurídicos europeus que restringem os recursos (de revista, de amparo, ou outros) aos casos mais relevantes.

3.3. Entende-se também que *a regra da revista restrita* deve ser acompanhada de uma regra clara de contrabalanço que se reputa da maior importância para o funcionamento do sistema liberto do sistemático recurso para o Tribunal Constitucional, que é *a admissibilidade do recurso de revista quando as decisões das instâncias ponham em causa a tutela judicial efectiva* vista como o acesso, tão amplo quanto possível, à decisão de fundo sobre o litígio proposto aos tribunais.

Este controlo do exercício dos poderes das instancias na filtragem que efectuam ao conhecimento das causas apresentadas aos tribunais através da verificação dos pressupostos processuais é uma mais valia que pode colher-se da intervenção da formação destinada a apreciar a admissão destes recursos bem como da extensão da revista a matéria processual.

4. As normas tendentes a pôr termo às reclamações abusivas dos artigos 719.º e 720.º n.ºˢ 4 e 5 são justificadas e parecem adequadas e proporcionada à gravidade das situações criadas com frequência em alguns processos.

5. Concorda-se com o novo caso de admissão de recurso de revisão da al. f) do art.º 771.º – decisão nacional inconciliável com outra decisão definitiva de instância internacional que vincule o Estado Português – corresponde a criar um meio que permite a assunção plena das vinculações

externas do Estado face a decisões judiciais que não se conformam com as obrigações assumidas internacionalmente.

6. As remissões efectuadas no CPTA para as regras do recurso de agravo ficam sem sentido, mas uma vez que passa a existir um único tipo de recurso não se prevêem dificuldades de monta, sendo as remissões de entender como efectuadas para as normas correspondentes do único tipo de recurso agora regulado, sem prejuízo da oportuna e necessária reformulação dessas remissões.

**Avaliação geral e conclusão:**

Em termos gerais as soluções dadas aos pontos críticos são melhores que as da proposta de Maio de 2006, mas quanto ao modo como é restringido o recurso de revista e aos respectivos critérios de admissão e não admissão a solução a adoptar parece susceptível de se ainda melhorada.

Lisboa, 25 de Junho de 2007

# PROJECTO DE DECRETO-LEI QUE ALTERA O CPC, PROCEDENDO À REVISÃO DO REGIME DE RECURSOS E DE COFLITOS E À ADAPTAÇÃO DE NORMAS TENDO EM VISTA A PRÁTICA DE ACTOS POR VIA ELECTRÓNICA

GABINETE DE ESTUDOS DA ORDEM DOS ADVOGADOS

José Lebre de Freitas
*Relator*

Seguem algumas propostas de alteração do projecto, na sequência de outras que, em fases anteriores, tive ocasião de ir formulando ao GPLP.

Para além do que vai assinalado no texto que reenvio, com algumas notas explicativas com asterisco e deixando cair as críticas e sugestões que, anteriormente por mim feitas, não foram aceites por clara opção do legislador (assim quanto à admissibilidade do recurso para o STJ, matéria em que penso que era preferível actuar sobre as custas, ou quanto à ordenação dos preceitos, que poderia ter sido mais conforme com a actualmente vigente), noto que:

1. Tive conhecimento das observações do Dr. Ribeiro Mendes. Vejo que coincidem com as minhas as das alíneas c) e e) (mas não apenas o n.º 3 do art. 669.º), concordo com a da alínea i) (com a redacção que proponho), julgo de encarar a da alínea f) (voltando então ao que já esteve no anteprojecto, incluindo a definição de jurisprudência consolidada) e penso, ao invés, que o novo regime só deve aplicar-se aos novos processos (é a velha questão sobre o momento da constituição do direito ao recurso, que já deu lugar a mais de um recuo do legislador, quando este ousou quebrar a regra que tem vindo a ser tradicionalmente consagrada).

2. Tenho dúvidas sobre a norma dos arts. 691.º-A-3 e 722.º-A-3. Como deixa de haver norma que mande subir o recurso diferidamente, em certo momento, entendo que o que se pretende é atender à coincidência temporal que ocasionalmente se verifique quanto aos vários recursos. Por exemplo: interposto recurso da decisão final e logo a seguir (antes de o processo ser remetido ao tribunal (*ad quem*) dum despacho sobre uma questão processual decidida depois dessa decisão, os recursos, interpostos nos termos do art. 691.º-l e 691.º-2-g, devem formar um só processo. Esta solução tem o meu pleno acordo, mas então há que clarificar o preceito: em vez de "sobem conjuntamente", talvez fosse melhor dizer algo como "subam no mesmo momento processual".

3. Discordo da proibição de as partes impugnarem a decisão da 1.ª instância sobre o efeito suspensivo ou devolutivo do recurso (art. 685.º- -C-5). Creio que devia ser possibilitada a possibilidade de, em requerimento espontâneo, a parte poder fazê-lo até ao momento do despacho do relator, sendo respeitado o princípio do contraditório.

4. Continuo a discordar fortemente da dispensa de fundamentação própria da decisão introduzida pelo art. 713.º-5. Reproduzo o que, a este respeito, escrevi em fase anterior da discussão do diploma:

"O art. 713.º-5 propõe nova simplificação do conteúdo do acordão proferido em recurso.

Actualmente, prevê-se apenas a confirmação total e sem declaração de voto da sentença recorrida, quer quanto a decisão, quer quanto aos fundamentos, e admite-se que o acórdão nessas condições se limite a negar provimento ao recurso, remetendo para os fundamentos da decisão recorrida. A norma insere-se na regulação da apelação, mas é aplicável ao agravo (arts. 749.º e 762.º-1) e à revista (art. 726.º).

A proposta é no sentido de prever também o caso em que a questão seja entendida como simples, designadamente por ter sido já jurisprudencialmente apreciada, de modo uniforme e reiterado, e de admitir que o acórdão se limite a remeter para as decisões anteriores. Não se prevendo alteração dos arts. 726.º, 749.º e 762.º-1, a norma continuaria a estender a sua aplicação, não só ao recurso de agravo em 1.ª instância, mas também aos de revista e de agravo em 2.ª instância. Encara-se ainda a possibilidade cumulativa de a fundamentação poder consistir em mera remissão para os fundamentos constantes das alegações das partes, quando a questão seja simples.

O meu receio perante este tipo de permissões é grande. Em primeiro lugar, o conceito de simplicidade da questão é indeterminado e o uso que dele se faça pode ser muito variado. Sem que a lei o diga, a tendência será sempre – e bem – para resolver sumariamente as questões simples e desenvolvidamente as mais complexas. Mas omitir totalmente fundamentação própria, ainda que sintética e completada com as remissões que se entendam adequadas, parece-me perigoso. As partes pagam para obter uma verdadeira decisão em recurso e, sem prejuízo da aplicação efectiva e rigorosa das sanções por litigância de má fé, o demasiado aligeiramento da forma da decisão pode cobrir um indesejável aligeiramento do estudo da questão e, quando assim não seja, a aparência da mulher de César é importante para o prestígio da magistratura. Por outro lado, a norma constitucional que impõe a fundamentação das decisões, embora "na forma prevista na lei", não deve ser tomada como vazia de conteúdo.

*De qualquer modo, nunca a norma deveria ter aplicação aos acórdãos do Supremo, nomeadamente quando a 1.ª e a 2.ª instância não tenham proferido decisões inteiramente coincidentes.*

5. Em vez de revogar números de artigos (por exemplo, art. 150.º-4), não é preferível reordenar os números subsistentes?

Lisboa, 9 de Julho de 2007

# PROJECTO DE DECRETO-LEI QUE ALTERA O CPC, PROCEDENDO À REVISÃO DO REGIME DE RECURSOS E DE CONFLITOS E À ADAPTAÇÃO DE NORMAS TENDO EM VISTA A PRÁTICA DE ACTOS POR VIA ELECTRÓNICA

José António Barreto Nunes
Procuradoria-Geral da República

Na sistematização do parecer, começaremos pela análise do regime de conflitos, seguindo-se os recursos, ficando para o fim uma breve menção à transmissão electrónica de dados processuais. Em quaisquer das matérias referenciadas procuraremos comparar, sempre que necessário, o regime vigente, a Proposta de Lei n.º 95/X/2 e o projecto de Decreto-Lei cuja análise vem solicitada.

Anote-se, desde já, que muitas das alterações e algumas das normas aditadas contendem com o regime anterior apenas em meros pormenores, sendo disso exemplo as que resultam do aperfeiçoamento da respectiva redacção, da restrição do corpo da norma ao essencial e da numeração subsequente de outras previsões que anteriormente integravam o mesmo corpo normativo (*v.g.*, o artigo 116.º), e da revogação do recurso de agravo (*v.g.*, o artigo 12.º, n.º 3). Muitas outras alterações ou adições são mero reflexo da introdução de normas relacionadas com a transmissão electrónica de dados.

## I – Do regime de conflitos

A primeira alteração relevante surge no artigo 116.º, cujo n.º 2 passa a atribuir competência para solucionar o conflito ao presidente do tribunal de menor categoria que exerça jurisdição sobre as autoridades em conflito. Anteriormente a competência cabia ao tribunal.

Depois, o n.º 1 do artigo 117.º atribui ao tribunal do conflito o dever de o suscitar (sempre) oficiosamente, logo que se aperceba do mesmo. Anteriormente, em certos casos, a incompetência relativa não era de conhecimento oficioso.

O processo de resolução de conflitos passa a ter (sempre) carácter urgente (n.º 3 do artigo 117.º).

Sugere-se que no n.º 1 do artigo 117.º talvez se justifique a alteração do vocábulo «aperceba» para «aperceber», que constava do correspondente texto da Proposta de Lei n.º 95/X/2.

O aditado artigo 117.º-A mantém a audição das partes e do Ministério Público, sobressaindo a relevância desta última, dada a sua natureza pública, por ser do interesse do Estado solucionar os conflitos; para além disso, diminui os prazos de intervenção dos interessados para metade.

Finalmente, o n.º 2 do artigo 118.º passa a estabelecer que o conflito seja decidido sumariamente pelo presidente do tribunal, parecendo-nos que a decisão a proferir resolve definitivamente o conflito, em termos de caso julgado formal.

— Anote-se que são revogados o n.º 5 do artigo 111.º, que previa recurso de agravo da decisão sobre incompetência relativa, o artigo 119.º, que previa a audição das autoridades em conflito, e o artigo 120.º que previa produção de prova nos conflitos.

Num breve comentário, diremos que o legislador, sem retirar dignidade aos conflitos, passa a atribuir-lhes natureza urgente, optando, para o efeito, pela simplificação e celeridade do seu processado, procurando resolver definitivamente a habitual morosidade que os caracterizava.

## II – Dos recursos

1. Em primeiro lugar convém assinalar a subida das alçadas, com a alteração do n.º 1 do artigo 24.º da Lei n.º 3/99, de 13 de Janeiro (LOFTJ), que passa ter a seguinte redacção: «1 – Em matéria cível, a alçada dos tribunais da Relação é de € 30 000 e a dos tribunais de 1.ª instância é de € 5 000».

Oportunamente, veremos se essa alteração será pertinente, ou se, como na anterior subida das alçadas, se torna irrelevante, nomeadamente tendo em atenção que um dos seus fins primeiros era (e sê-lo-á também agora) o da diminuição do número de recursos.

Uma das novidades desta reforma, que se prende com a nova classificação dos recursos, aparece logo nas normas destinadas à distribuição por espécies nas Relações e no Supremo Tribunal de Justiça (STJ).

Desaparece o agravo e surgem no artigo 224.º, sob a epígrafe «*Espécies nas Relações*», as apelações em processo ordinário e especial (1.ª) e apelações em processo sumário e sumaríssimo (2.ª); depois, no artigo 225.º, sob a epígrafe «*Espécies no Supremo*», as revistas.

Também, em sede de recursos, foi aditada uma norma inovadora, a do artigo 275.º-A, sob a epígrafe «*Apensação de processos em fase de recurso*», que reflecte a celeridade e economia do processo que se pretendem introduzir com a presente reforma. De relevante, este artigo remete para determinadas regras da apensação de acções prevista na norma antecedente (n.º 1), e dispõe que a apensação apenas pode ocorrer em processos (recursos) pendentes no mesmo tribunal (n.º 2); é feita ao recurso interposto em primeiro lugar (n.º 3); e pode ser ordenada oficiosamente pelo presidente da Relação (n.º 4).

A redacção do n.º 4 do artigo 274.º-A parece apontar no sentido de a apensação de processos em fase de recurso só poder ocorrer nas Relações e não, também, no STJ, já que só o presidente da Relação e não, também, o do STJ, pode ordená-la oficiosamente. Sugere-se que esta questão seja esclarecida pelo legislador.

O n.º 3 do artigo 291.º, introduz uma irrelevante alteração de redacção em sede de deserção de recursos – «consideram-se desertos», em vez de «são julgados desertos».

Ainda, face ao desaparecimento do agravo, é revogado o n.º 5 do artigo 463.º, que considerava de apelação, nos processos especiais, os recursos interpostos da sentença ou de quaisquer despachos que decidissem do mérito da causa.

Passando para os incidentes pós-decisórios, o artigo 669.º, sob a epígrafe «*Esclarecimento ou reforma da sentença*», introduz alterações de pormenor, irrelevantes para a presente análise.

Já o artigo 670.º, «*Processamento subsequente*», parece trazer um lapso de redacção.

Na verdade, o seu n.º 1 estabelece que «Nos casos previstos no n.º 3 dos artigos 668.º e 669.º, deve o juiz indeferir o requerimento ou emitir despacho a corrigir o vício, a aclarar ou a reformar a sentença, considerando-se o referido despacho complemento e parte integrante desta». Ora, a referência ao «n.º 3 dos artigos 668.º e 669.º», parece estar correcta quanto a este último, mas não já quanto ao primeiro.

Assim, o n.º 3 do artigo 668.º, na redacção projectada estabelece: «Quando a assinatura seja aposta por meios electrónicos, não há lugar à declaração prevista no número anterior [este número anterior, o 2, diz que a omissão prevista na alínea a) do número anterior (não contenha a assinatura do juiz) é suprida oficiosamente, ou a requerimento de qualquer das partes, enquanto for possível colher a assinatura do juiz que proferiu a sentença, devendo este declarar no processo a data em que apôs a assinatura»].

Por sua vez, o n.º 4 do artigo 668.º dispõe: «As nulidades mencionadas nas alíneas b) a e) do n.º 1 só podem ser arguidas perante o tribunal que proferiu a sentença se esta não admitir recurso ordinário, podendo o recurso, no caso contrário, ter como fimdamento qualquer dessas nulidades».

Quanto ao n.º 3 do artigo 669.º estabelece que «cabendo recurso da decisão, o requerimento previsto no n.º 1 é feito na alegação» – O requerimento previsto no n.º 1 pode ser feito por qualquer das partes pedindo o esclarecimento de alguma obscuridade ou ambiguidade relativa à decisão ou aos seus fundamentos, ou a reforma da sentença quanto a custas e multa.

O que se pretende com o n.º 1 do artigo 670.º, nos casos em que há recurso da sentença, é incluir na alegação a arguição da nulidade da sentença ou o seu esclarecimento ou reforma. O n.º 3 do artigo 668.º, na redacção ora projectada, nada tem a ver com esta questão.

Pelo exposto parece-nos verificar-se um lapso na redacção da norma em apreço, sugerindo-se a seguinte redacção (rectificação) do artigo 670.º: «1 – Nos casos previstos no n.º 4 do artigo 668.º e no n.º 3 do artigo 669.º (...)».

Numa breve nota quanto aos efeitos da sentença, o caso julgado material passa a abranger, para além da sentença transitada em julgado, apenas o despacho saneador que decida do mérito da causa, também transitado em julgado, e não, também, quaisquer despachos que decidam do mérito da causa, como anteriormente – n.º 1 do artigo 671.º do Projecto.

Quanto ao caso julgado formal previsto no artigo 672.º, continua a abranger as sentenças e os despachos que recaiam unicamente sobre a relação processual, ficando excluídos os despachos de mero expediente e os proferidos no uso legal de um poder discricionário.

2. Entrando agora na análise do Capítulo que concretamente respeita aos recursos, deparamos com a nova redacção do n.º 2 do artigo 676.º, que mantém a dicotomia recursos ordinarios/recursos extraordinários. Mas acrescenta: são ordinários a apelação e a revista, e extraordinários o recurso para uniformização de jurisprudência e a revisão.

Marco histórico desta reforma é o desaparecimento do agravo do nosso regime de recursos, que se consuma com a revogação dos artigos 733.º a 762.º do CPC.

No artigo 677.º, relativo à noção do trânsito em julgado, surge uma pouco significativa alteração, desaparecendo do texto o vocábulo «passada», restando apenas que «a decisão considera-se transitada em julgado (...)».

O artigo 678.º, sob a epígrafe «Decisões que admitem recurso», não traz novidades relevantes no n.º 1, mas apenas de pormenor, quanto à redacção. Por sua vez, o projectado n.º 2 congrega os anteriores n.ºs 2 e 3.

A alínea a) do agora projectado n.º 3 do artigo 678.º passa a ter a seguinte redacção: «Independentemente do valor da causa e da sucumbência é sempre admissível recurso para a Relação: (...) a) Nas acções em que se aprecie a validade, a subsistência ou a cessação de contratos de arrendamento com excepção dos arrendamentos para habitação não permanente ou para fins transitórios»,

Esta nova redacção corresponde em parte ao anterior n.º 5 do artigo 678.º, que dispunha: «Independentemente do valor da causa e da sucumbência é sempre admissível recurso para a Relação nas acções em que se aprecie a validade, a subsistencia ou a cessação de contratos de arrendamento para habitação».

Parece-nos que o legislador com a nova redacção quis alargar a admissibilidade de recurso até à Relação, para além dos contratos de arrendamento para habitação (mas aqui restringindo-os à habitação permanente), aos contratos de arrendamento destinados a comércio ou indústria ou a fins liberais.

Talvez nesta alínea se justificasse uma redacção mais precisa, para se evitarem dificuldades de interpretação, nomeadamente face ao seu elemento histórico, de só abranger arrendamentos para habitação.

Ainda relativamente ao artigo 678.º, é tacitamente revogado o anterior n.º 4, que previa o recurso de acórdãos conflituantes das Relações para o STJ, dos quais não coubesse recurso ordinário por motivo estranho à alçada do tribunal. Este n.º 4 do artigo 678.º ainda vigente é uma norma que sofreu algumas alterações ao longo do seu curto percurso e que suscitou algumas dúvidas no STJ quanto à interpretação das suas diversas redacções. Aliás, no âmbito do exercício da advocacia quase nunca foi correctamente interpretado.

Comparando a previsão do artigo 678.º deste Projecto de Decreto--Lei com a Proposta de Lei n.º 95/X/2, constatamos que desaparece qualquer menção bem como a definição de *«jurisprudência consolidada»* (correspondente a três acórdãos consecutivos no mesmo sentido), que iria trazer acrescidas dificuldades na identificação de requisitos como os do «domínio da mesma legislação» e da «mesma questão fundamental de direito».

Quanto à legitimidade para recorrer, é acrescentado o n.º 3 ao artigo 680.º, com referência à alínea *g)* do artigo 771.º, agora aditada, mas que não justifica anotação especial.

O artigo 682.º, sobre recursos independentes e subordinados, prevê no n.º 1 que «Se ambas as partes ficarem vencidas, cada uma delas deve recorrer na parte que lhe seja desfavorável (...)». Suscita-nos algumas dúvidas a utilização do vocábulo «deve». Não será mais adequado substituí-lo por «pode»?

3. Novidades relevantes surgem na matéria relacionada com o processamento dos recursos.

Assim, é aditado o artigo 684.º-B, com a epígrafe «Modo de interposição do recurso». O n.º 1 estabelece, um pouco à semelhança do anterior artigo 687.º, que o requerimento é dirigido ao tribunal que proferiu a decisão recorrida, no qual se indica a espécie, o efeito e o modo de subida. Nos casos já referidos, previstos nas alíneas *a)* e *c)* do n.º 2 do artigo 678.º, no recurso para uniformização de jurisprudência, e na revista excepcional (nova subespécie de recurso de revista previsto no projectado artigo 721.º-A, que adiante se analisará), tem de ser indicado o respectivo fundamento.

A grande inovação nesta matéria surge no n.º 2 deste artigo 684.º-B, segundo o qual o reguerimento de interposição do recurso «deve incluir a alegação do recorrente». É uma alteração que naturalmente vai simplificar a tramitação e imprimir uma maior celeridade aos recursos, e que já é seguida no processo penal e no processo do trabalho.

O n.º 3 do artigo 684.º-B dispõe que «Tratando-se de despachos ou sentenças orais, reproduzidos no processo, o requerimento de interposição pode ser imediatamente ditado para a acta». Nestes recursos o prazo corre do dia em que foram proferidos, se a parte esteve presente ou foi notificada para assistir ao acto, por força da nova redacção do n.º 3 do artigo 685.º (anteriormente a previsão constava do n.º 2). Vem consagrada uma excepção ao novo regime de o requerimento de interposição do recurso vir acompanhado da alegação. Pode surgir aqui uma situação de certo modo anómala, caso o recorrente queira ditar de imediato a alegação para a acta, o que poderá implicar o arrastamento da diligência em curso. Talvez fosse de acrescentar ao n.º 3 que a alegação deverá ser apresentada no prazo legal e não também no decurso daquele acto.

Segue-se o artigo 685.º, «*Prazos*». Nos termos do n.º 1 o prazo de interposição do recurso passa a ser de 30 dias, salvo nos processos urgentes e noutros previstos na lei, contando-se a partir da notificação da decisão. O alargamento do referido prazo justifica-se por a partir de agora vir já acompanhado da respectiva alegação. O n.º 3 refere-se aos já abordados recursos de despachos ou sentenças orais, reproduzidos no processo. No mais, o artigo que se analisa não traz alterações significativas.

Por sua vez, o artigo 685.º-A, também aditado, que tem por epígrafe «*Ónus de alegar e formular conclusões*» e corresponde ao anterior artigo 690.º. No essencial é idêntico ao anterior. Porém, desaparece do texto da lei o anterior n.º 3, segundo o qual, na falta de alegação, o recurso era logo julgado deserto. É uma norma que se torna inútil, já que a partir de agora, a alegação acompanha o requerimento de interposição do recurso (a correspondente norma vai surgir no artigo 685.º-C). De igual modo, desaparece a menção a possibilidade de os juízes-adjuntos poderem sugerir a diligência do convite ao recorrente para «aperfeiçoar» as conclusões, nos termos da parte final do ainda vigente n.º 4 do artigo 690.º. Parece-nos que com razão, já que, conforme veremos adiante, o recurso, a partir de agora, por regra, só chega ao conhecimento dos adjuntos numa fase mais adiantada, já acompanhado do projecto do acórdão.

O aditado artigo 685.º-B, sob a epígrafe «*Ónus a cargo do recorrente que impugne a decisão relativa à matéria de facto*», substitui o anterior artigo 690.º-A, aperfeiçoando-o e melhorando a sua redacção, não evidenciando, porém, alterações de relevo significativo, excepto

quando no n.º 3 passa a estabelecer a possibilidade do uso dos «poderes de investigação oficiosa» pelo tribunal, quanto à matéria de facto gravada.
Também vêm aditados os artigos 685.º-C e 685.º-D.
O primeiro, 685.º-C, tem a epígrafe *«Despacho sobre o requerimento»*, correspondendo ao despacho de admissibilidade ou de indeferimento do recurso.
Releva o seu n.º 2, que diz que o requerimento é indeferido quando se entenda que a decisão não admite recurso, que este foi interposto fora de prazo, ou que o requerente «não tem as condições necessarias para recorrer» [alínea *a*)], ou que «não contenha ou junte a alegação do recorrente ou quando esta não tenha conclusões», [alínea *b*)].
Por conseguinte, na presente reforma a falta de alegações não determina a deserção do recurso mas o indeferimento do requerimento que não contenha as alegações (e) ou as conclusões.
Anote-se que o n.º 5 do artigo 685.º-C determina, à semelhança do regime vigente (n.º 4 do artigo 687.º), que a decisão que admita o recurso, fixe a sua espécie, e determine o efeito, não vincula o tribunal superior, nem pode ser impugnada pelas partes, salvo o caso do n.º 3 do artigo 315.º (valor da causa).
O artigo 685.º-D reporta-se à omissão do pagamento das taxas de justiça e não traz alterações significativas.

— Anote-se, nesta parte, que o artigo 11.º do Projecto de Decreto-Lei sob análise revoga os artigos 686.º, 687.º, 689.º, 690.º, 690.º-A, e 690.º-B do CPC vigente.
Resta analisar o artigo 688.º, que tem por epígrafe «Reclamação contra o indeferimento», e que traz uma relevante novidade. Na verdade, com a nova redacção deste artigo «do despacho que não admita o recurso pode o recorrente reclamar para o tribunal que seria competente para dele conhecer».
A reclamação deixa então de ser feita para o presidente do tribunal que seria competente para dele conhecer e passa a ser feita para o próprio tribunal, o que parece traduzir simplificação e celeridade na tramitação do recurso, já que anteriormente o despacho de admissão do recurso proferido pelo presidente do tribunal que seria competente para dele conhecer não vinculava esse mesmo tribunal, que, apesar do referido despacho, poderia depois não o admitir.
No n.º 4 é fixado o prazo de 10 dias para o relator proferir decisão que admita o recurso ou manter o despacho reclamado.

4. A reforma em apreço avança depois para a secção da apelação, cujo artigo 691.º estabelece quais as decisões de que pode apelar-se.

O n.º 1 dispõe que da decisão do tribunal de primeira instância que ponha termo ao processo, cabe recurso de apelação.

Por sua vez, o n.º 2 acrescenta que cabe ainda apelação de inúmeras decisões do tribunal de primeira instância, que indica de *a)* a *m)*, correspondendo a maior parte delas a decisões interlocutórias de que anteriormente se recorria de agravo.

Nos termos do n.º 3, as restantes decisões proferidas pelo tribunal de primeira instância podem ser impugnadas no recurso que venha a ser interposto da decisão final, acrescentando o n.º 4 que se não houver recurso da decisão final, as decisões interlocutórias que tenham interesse para o apelante independentemente daquela decisão podem ser impugnadas num recurso único, a interpor após o trânsito da referida decisão.

Por fim, o n.º 5 do artigo 691.º, estabelece o prazo mais curto, de 15 dias, para a interposição de recurso e apresentação de alegações, nos casos previstos nas alíneas *a)* a *g)*, e *i)* a *m)* do n.º 2, no n.º 4, e nos processos urgentes, justificado, em nosso entender, por corresponderem a decisões que não incidem sobre o mérito da causa (correspondem a antigos agravos).

Vêm também aditados os artigos 691.º-A (modo de subida) e 691.º-B (instrução do recurso com subida em separado), que não merecem particular atenção.

Eis um conjunto de matérias, as dos artigos 691.º, 691.º-A, e 691.º-B, que só a sedimentação da jurisprudência poderá apurar da bondade ou inoportunidade da presente reforma.

Segue-se o artigo 692.º que estabelece o efeito da apelação, a qual, por regra, segundo o n.º 1, tem efeito devolutivo, vindo as excepções no n.º 2. Na alínea *a)* do n.º 2 deparamos com uma alteração relevante, nos termos da qual, a apelação nas acções sobre o estado das pessoas só passa a ter efeito suspensivo nas decisões que ponham termo ao processo, e não, como anteriormente, em todas as decisões.

O artigo 693.º, (traslado e exigência de caução) não traz significativas alterações.

— Anote-se que nesta Secção são revogados os artigos 694.º a 699.º.

5. A Subsecção III é dedicada ao julgamento do recurso.

O artigo 700.º estabelece as funções do relator, mas não traz alterações significativas.

O artigo 702.º, anteriormente designado *«Erro na espécie do recurso»* passa a ter por epígrafe *«Erro no modo de subida do recurso»*, o que se compreende face à revogação do recurso de agravo. O artigo 703.º continua a dirigir-se ao erro quanto ao efeito do recurso. Nenhum deles, para além do referido, traz alterações significativas.

O artigo 707.º, dirigido à preparação da decisão, traz uma relevante alteração, com particular incidência sobre a celeridade processual. Assim, passam a dispor os n.ᵒˢ 1 e 2, além do mais, que o relator elabora o projecto de acórdão no prazo de 30 dias, indo depois o processo, na sessão anterior ao julgamento do recurso, acompanhado do projecto, a vista simultânea, por meios electrónicos, aos dois juízes-adjuntos, pelo prazo de 5 dias. Por regra, não havendo questões prévias a decidir, só então, já com o projecto de acórdão, os juízes-adjuntos tomarão conhecimento do recurso.

O n.º 1 do artigo 709.º (julgamento do objecto do recurso) deixa-nos algumas dúvidas quanto à sua interpretação. Dispõe que «O processo é inscrito em tabela logo que se mostre decorrido o prazo para o relator elaborar o projecto de acórdão». Questiona-se: o processo passa a poder ser inscrito em tabela sem o projecto de acórdão? Qual a razão de ser da alteração? Motivos de natureza disciplinar?

A alteração introduzida na alínea *a*) do n.º 1 do artigo 712.º, sobre a modificabilidade da matéria de facto é de pormenor.

Já o n.º 5 do artigo 713.º, sobre a elaboração do acórdão, mantém a decisão por remissão, mas com o pertinente acrescento de «a questão a decidir [ser] simples».

Ainda no que concerne ao artigo 713.º, estabelece o n.º 7 que «O juiz que lavrar o acórdão deve sumariá-lo. A dúvida que nos resta é a de dever esclarecer-se se o sumário integra o acórdão ou se é uma peça à parte.

No artigo 715.º, que tem por epígrafe *«Regra da substituição ao tribunal recorrido»*, o n.º 1 introduz a seguinte alteração: na redacção vigente, embora o tribunal declare nula a sentença proferida na 1.ª instância, não deixará de conhecer do objecto da apelação; na redacção projectada, o tribunal de recurso que declare nula a decisão da 1.ª instância, só conhecerá do objecto da apelação se a declaração de nulidade for de decisão que ponha termo ao processo.

O n.º 2 do artigo 716.º revoga o segmento final da anterior redacção, matéria que não se nos afigura de particular relevância.

Por fim, nesta Subsecção, ao artigo 720.º, sob a epígrafe «*Defesa contra demoras abusivas*», é acrescentado o seguinte n.º 5: «A decisão impugnada através de incidente manifestamente infundado considera-se, para todos os efeitos, transitada em julgado». É uma norma que poderá resolver a questão cada vez mais premente da utilização de expedientes dilatórios para evitar o trânsito em julgado das sentenças.

— De anotar que nesta Subsecção são revogados os artigos 701.º, 706.º, e 710.º.

## III – Do recurso de revista

1. O artigo 721.º diz-nos os recursos que comportam revista. Assim, numa redacção que não suscita dúvidas, estabelece que «Cabe recurso de revista para o STJ do acordão da Relação proferido ao abrigo do n.º 1 e da alínea *h*) do n.º 2 do artigo 691.º».

Cabe, então recurso de revista da apelação que ponha termo ao processo, e da que incida sobre despacho saneador que, sem pôr termo ao processo, decida do mérito da causa.

Convém ainda referir que, na sequência da revogação do recurso de agravo, o n.º 2 do artigo 721.º acrescenta que os acórdãos proferidos na pendência do processo na Relação apenas podem ser impugnados no recurso de revista que venha a ser interposto nos termos do n.º 1, com excepção: (*a*) dos acórdãos proferidos sobre a incompetência relativa da Relação; (*b*) dos acórdãos cuja impugnação com o recurso de revista seria absolutamente inútil; (*c*) nos demais casos previstos na lei.

Inovatório é o n.º 3 do artigo 721.º, segundo o qual «Não é admitida revista do acórdão da Relação que confirme, sem voto de vencido e ainda que por diferente fundamento, a decisão proferida na 1.ª instância, salvo nos casos previstos no artigo seguinte».

Consagra este n.º 3 a irrecorribilidade, por regra, da «dupla conforme». As excepções serão abordadas um pouco mais à frente.

Anote-se que o n.º 4 do artigo 721.º prevê situações de recursos para o STJ em processos onde não houver ou não for admissível recurso de revista das decisões previstas no seu n.º 1.

O n.º 5 estabelece a inadmissibilidade de recurso de revista para o STJ de decisões interlocutórias impugnadas com a sentença final, nos termos do n.º 4 do artigo 691.º.

O n.º 6 dispõe que nos casos previstos nos n.ºs 2 e 4 e nos processos urgentes, o prazo para interpor recurso de revista e alegar é reduzido para 15 dias.

2. Retomando o n.º 3 do artigo 721.º (*decisões por remissão*), o «artigo seguinte» nele referido é o artigo 721.º-A, claramente inovador, a aditar com a aprovação do Projecto de Decreto-Lei que se analisa, e destinado a obstar a eventuais injustiças da «dupla conforme», ou à superior apreciação das grandes questões do Direito. Dispõe o seguinte:

«Artigo 721.º-A
*Revista excepcional*
1 – Excepcionalmente, cabe recurso de revista do acórdão da Relação referido no n.º 3 do artigo anterior quando:
   *a)* Esteja em causa uma questão cuja apreciação, pela sua relevância jurídica, seja claramente necessária para uma melhor aplicação do direito;
   *b)* Estejam em causa interesses de particular relevância social;
   *c)* O acórdão da Relação esteja em contradição com outro já transitado em julgado, proferido por qualquer Relação ou pelo Supremo Tribunal de Justiça, no domínio da mesma legislação e sobre a mesma questão fundamental de direito, salvo se tiver sido proferido acórdão de uniformização de jurisprudência com ele conforme.

2 – O requerente deve indicar, na sua alegação, sob pena de rejeição:
   *a)* As razões pelas quais a apreciação da questão é claramente necessária para uma melhor aplicação do direito;
   *b)* As razões pelas quais os interesses são de particular relevância social;
   *c)* Os aspectos de identidade que determinam a contradição alegada, juntando cópia, juntando cópia do acórdão-fundamento com o qual o acórdão recorrido se encontra em oposição.

3 – A decisão quanto a verificação dos pressupostos referidos no n.º 1 compete ao Supremo Tribunal de Justiça, devendo ser objecto de

apreciação preliminar sumária, a cargo de uma formação constituída por tres juízes de entre os mais antigos das secções cíveis.
4 – A decisão referida no número anterior é definitiva.»

Este artigo 721.º-A, na análise perfunctória a que o podemos submeter, que não abrange expressamente eventuais decisões por remissão na «dupla conforme», surge como uma nova espécie ou subespécie de recursos de revista, a «*Revista excepcional*», que aponta de imediato para a excepcionalidade da norma, não comportando, por conseguinte, aplicação analógica, mas admitindo interpretação extensiva, por força do artigo 11.º do Código Civil.

Ao não conter este normativo um segmento como o do n.º 2 do artigo 678.º «independentemente do valor da causa e da sucumbência, é sempre admissível recurso (...)», que no caso poderia ser «independentemente do valor da causa e da sucumbência, é sempre admitida revista excepcional», parece-nos que para se conhecer do recurso de revista excepcional a acção onde for interposto tem de ter valor superior ao da alçada da Relação.

À partida, este recurso de revista deverá ser conhecido nos termos gerais, salvo se se vier a entender a conveniência ou necessidade de uniformização da jurisprudência, caso em que a revista excepcional poderá ser conhecida como revista ampliada, nos termos dos artigos 732.º-A e 732.º-B do CPC.

Parece-nos um recurso cujo despacho de admissibilidade ou de indeferimento cairá no âmbito de uma elevada margem de livre apreciação, discricionária, por conseguinte, do tribunal (o STJ) a quem compete decidir definitivamente sobre a verificação dos necessários pressupostos.

O n.º 3 deste artigo necessita de regulamentação para definir o modo como serão escolhidos os «três juízes de entre os mais antigos das secções cíveis», que constituirão a formação que decidirá a título definitivo a admissibilidade do recurso.

Por fim, ainda no que concerne ao preenchimento dos pressupostos previstos no n.º 1, que nos parecem caber no âmbito dos conceitos vagos e imprecisos, só a sedimentação da jurisprudência poderá decidir da bondade ou inoportunidade da presente reforma nesta matéria.

Segue-se o artigo 722.º, sob a epígrafe «*Fundamentos da revista*», que engloba agora não só os fundamentos da revista, como os do revogado agravo interposto na 2.ª instância, incluindo as nulidades dos artigos 668.º e 716.º. O n.º 2, inovatório, acrescenta que «para os efeitos na alínea a) do n.º 1, consideram-se como lei substantiva as normas e os princípios de direito internacional geral ou comum e as disposições genéricas, de carácter substantivo, emanadas dos órgãos de soberania, nacionais ou estrangeiros, ou constantes de leis ou tratados internacionais».

Vem aditado o artigo 722.º-A, que prevê o modo de subida das revistas, subindo nos proprios autos as revistas interpostas das decisões previstas no n.º 1 do artigo 721.º e, em separado, as restantes. O n.º 3 do artigo 722.º-A estabelece que «formam um único processo as revistas que sobem conjuntamente, em separado dos autos principais». Talvez este n.º 3 corresponda a um afloramento da apensação de recursos anteriormente enfocada (cfr. artigo 275.º-A), mas cuja aplicação ao STJ pusemos em dúvida. Aliás, no artigo 275.º-A vem previsto que a apensação possa ser ordenada oficiosamente pelo presidente da Relação, nao havendo norma idêntica para o STJ.

O artigo 723.º mantém inalterado o corpo do artigo, passando, embora, para o n.º 1, e que dispõe: «O recurso de revista só tem efeito suspensivo em questões sobre o estado das pessoas».

O artigo 724.º, que mantém a epígrafe «Regime aplicável à interposição e expedição da revista», passa a ter a seguinte redacção: «Nos casos previstos nas alíneas a) a c) do n.º 2 do artigo 721.º e nos processos urgentes, o prazo de interposição do recurso é de 15 dias». Tal significa que o prazo regra de interposição da revista é de 30 dias, por força do artigo 685.º, sendo excepcional o prazo de 15 dias. Esta norma parece inútil, pois cabe na previsão do n.º 6 do artigo 721.º.

O artigo 275.º continua a prever o recurso *per saltum* para o STJ. As alterações, de âmbito estritamente processual, não oferecem dúvidas de interpretação. Apenas merece referência o facto de, na alínea b) do n.º 1, para a admissibilidade do recurso *per saltum*, a sucumbência passar a ser superior a metade da alçada da Relação e não, como anteriormente, superior à alçada da Relação.

Uma alteração relevante surge com o aditado artigo 727.º-A, que tem a epígrafe *«Alegações orais»*. Por força do n.º 1 deste preceito, a realização de audiência para discussão do objecto do recurso de revista pode ser determinada oficiosamente pelo relator, ou ser requerida fundamentadamente por alguma das partes. Acrescenta o n.º 2 que no dia marcado para a audiência ouvem-se as partes que estiverem presentes, não havendo lugar a adiamentos.

— Anote-se que nesta parte são revogados expressamente os artigos 724.º, n.º 2 e 728.º.

3. Na subsecção III, denominada *«Julgamento ampliado de revista»*, o artigo 732.º-A, que tem a epígrafe *«Uniformização de jurisprudência»*, sofreu apenas alterações de pormenor, que não justificam qualquer comentário.

Por sua vez, o artigo 732.º-B, sob a epígrafe *«Especialidades do julgamento»*, mantém a vista ao Ministério Público, por 10 dias, para emissão de parecer sobre a questão que origina a necessidade de uniformização de jurisprudência (n.º 1).

O n.º 2 consagra o direito de audiência prévia, ao estabelecer que se a decisão a proferir envolver alteração de jurisprudência anteriormente uniformizada, o relator ouve previamente as partes caso estas não tenham tido oportunidade de se pronunciar sobre o julgamento alargado, sendo aplicável o artigo 727.º-A (alegações orais). O n.º 5 (anterior n.º 4), mantém a publicação do acórdão na 1.ª série do *Diário da República*.

Anote-se que o acórdão uniformizador de jurisprudência vai continuar a não vincular os tribunais hierarquicamente subordinados ao Supremo Tribunal de Justiça, o que, em nosso entender, não envolveria violação do artigo 115.º, n.º 5 da Constituição, apesar de o Tribunal Constitucional ter declarado «a inconstitucionalidade, com força obrigatória geral, da norma do artigo 2.º do Código Civil [assentos], na parte em que atribui aos tribunais competência para fixar doutrina com força obrigatória geral».

Na verdade, a vinculação seria meramente interna, ou seja, destinar-se-ia apenas aos tribunais integrados na ordem do tribunal emitente, e conduziria a maior segurança jurídica e a um menor número de recursos, sendo uma hipótese que parece não repugnar ao próprio Tribunal Constitucional.

4. A presente reforma do processo civil retoma o recurso para o tribunal pleno, para uniformização de jurisprudência, embora, no que ora releva, circunscrito ao pleno das secções cíveis.

Na verdade, são agora aditados os artigos 763.º a 770.º, que tinham sido revogados pelo Decreto-Lei n.º 329-A/95, de 12 de Dezembro. Interessa de imediato o artigo 763.º, que dispõe o seguinte:

«Artigo 763.º
*Fundamento do recurso*
1 – As partes podem interpor recurso para o pleno das secções cíveis do STJ quando o Supremo proferir acórdão que esteja em contradição com outro anteriormente proferido pelo mesmo tribunal, no domínio da mesma legislação e sobre a mesma questão fundamental de direito.
2 – Como fundamento do recurso só pode invocar-se acórdão anterior com trânsito em julgado, presumindo-se o trânsito.
3 – O recurso não é admitido se a orientação perfilhada no acórdão estiver de acordo com a jurisprudência uniformizada do STJ.»

Num breve comentário, diremos que se mantêm os requisitos do anterior recurso para o tribunal pleno mas não se esclarece com clareza uma *vexata quaestio* de que os mais formalistas de então não prescindiam, ou seja, saber se se pode indicar um ou mais acórdãos em oposição. Bastava acrescentar-se que «só pode invocar-se um acórdão anterior (...)» se se seguisse o entendimento então maioritário, ou «só podem invocar-se acórdãos anteriores (...)» para ser ultrapassado um diferendo que fez jurisprudência.

Por outro lado, neste recurso, ao contrário do previsto no artigo 732.º-A, não é possível alterar-se jurisprudência uniformizada do STJ, por não ser admissível recurso se a orientação perfilhada no acórdão recorrido estiver de acordo com a jurisprudência uniformizada do STJ (cfr. n.º 3 do artigo 763.º).

Inovatória é a norma seguinte, que consagra solução idêntica à do Código de Processo Penal:

«Artigo 764.º
*Prazo para interposição*
1 – O recurso para uniformização de jurisprudência é interposto no prazo de 30 dias, contados do trânsito em julgado do acórdão recorrido.
2 – O recorrido dispõe de prazo idêntico para responder à alegação do recorrente, contado da data em que é notificado da respectiva apresentação.»

Segue-se o artigo 765.º que nos diz como se deve instruir o recurso. No n.º 2 vem prevista a junção de cópia pelo requerente do acórdão em oposição. Talvez desse mais garantias a junção de uma certidão, que é compatível com o prazo de interposição e de alegação.

Ressurge também o recurso de uniformização de jurisprudência a interpor pelo Ministério Público, («deve ser interposto pelo Ministério Público (...)», mesmo quando não seja parte na causa, e cuja previsão, a do artigo 766.º, acrescenta que o acórdão a proferir não tem qualquer influência na decisão da causa, destinando-se unicamente à uniformização sobre o conflito de jurisprudência.

Corresponde finalmente a um adequado poder vinculado do Ministério Público junto das secções cíveis do STJ. Na verdade, o Ministério Público é notificado de todas as decisões proferidas por esse Alto Tribunal, conhecendo melhor que ninguém, e independentemente das bases de dados acessíveis a todos os profissionais do foro, quais as decisões conflituantes.

O artigo 767.º destina-se ao exame preliminar do recurso, sendo apreciados os casos previstos no n.º 2 do artigo 685.º-C, e os ónus, requisitos e (ou) pressupostos previstos nos artigos 765.º e n.º 3 do artigo 763.º. Dada a especificidade deste recurso, aliada ao facto de o Ministério Público ter de emitir sempre parecer numa vertente de defesa da legalidade e de âmbito supra-partes, parece-nos que nesta fase do recurso para o pleno das secções cíveis o Ministério Público também devia ser ouvido para se pronunciar nomeadamente sobre a oposição de julgados.

O artigo 678.º diz que este recurso tem efeito meramente devolutivo, prevendo o artigo seguinte uma eventual prestação de caução.

Estabelece o n.º 1 do artigo 770.º que ao recurso para o pleno das secções cíveis para uniformização de jurisprudência aplica-se a tramitação prevista no artigo 732.º-B, com as necessárias adaptações.

Numa redacção pouco clara, o n.º 2 do artigo 770.º estabelece que, sem prejuízo do disposto no artigo 766.º (recurso do MP), a decisão que verifique a existência da contradição jurisprudencial revoga o acórdão recorrido e substitui-o por outro em que decide a questão controvertida. A dúvida que persiste é se o acórdão a proferir confirmar o acórdão recorrido, para quê revogá-lo? De qualquer modo, acrescenta o n.º 3 que a decisão de provimento do recurso não afecta qualquer sentença anterior àquela que tenha sido impugnada nem as situações jurídicas constituídas ao seu abrigo.

5. Também o recurso extraordinário de revisão, previsto nos artigos 771.º a 782.º do CPC sofre algumas alterações, muitas de pormenor, e uma ou outra de substância.

A mais relevante alteração, prende-se com a projectada alínea *f)* do artigo 771.º. Dispõe o seguinte: «A decisão transitada em julgado só pode ser objecto de revisão quando: (...) *f)* Seja inconciliável com uma decisão definitiva de uma instância internacional de recurso vinculativa para o Estado Português».

Com o acrescento desta norma parece-nos pretender-se adequar o respectivo regime à Convenção Europeia dos Direitos do Homem (CEDH) e às normas emanadas dos órgãos competentes das organizações internacionais de que Portugal seja parte. Nomeadamente, o artigo 46.º da CEDH estabelece que os Estados que tenham ratificado a Convenção obrigam-se a respeitar as sentenças definitivas do Tribunal Europeu dos Direitos do Homem (TEDH) nos litígios em que foram partes. Tais decisões devem ser respeitadas por todas as entidades, embora internamente cada Estado goze da faculdade de escolher os meios que considere adequados para a sua execução.

O problema coloca-se quando esteja em causa uma decisão interna transitada em julgado. Nessa situação, o nosso ordenamento não considera a decisão do TEDH como um facto novo susceptível de possibilitar a revisão da decisão interna. A inclusão desta nova alínea no artigo 771.º visa resolver o problema equacionado, correspondendo à interpelação dirigida aos Estados membros da Recomendação n.º 2/2000, de 29 de Janeiro, do Comité dos Ministros do Conselho da Europa.

Por fim, ainda no que concerne ao recurso de revisão, uma outra alteração, derivada certamente da desnecessidade da autonomização dessa figura, prende-se com a revogação dos artigos 778.º a 782.º que previam a oposição de terceiro. Tal processado passa a integrar o recurso de revisão, ficando previsto na alínea *g)* do artigo 771.º.

6. Ainda no que concerne aos recursos, agora em sede de processo executivo, são revogados os artigos 922.º e 923.º, e aditados os artigos 922.º-A, 922.º-B e 922.º-C

O primeiro manda aplicar aos recursos de apelação e de revista de decisões proferidas no processo executivo disposições reguladoras do processo de declaração, salvo o previsto nos artigos seguintes. Estes, por sua vez, dizem-nos quando há recurso de apelação e de revista no processo executivo. Designadamente, a revista cabe dos acórdãos da Relação proferidos em recurso das decisões sobre a liquidação não dependente de simples cálculo aritmético, da verificação e graduação de créditos e da oposição à execução.

## IV – Da prática de actos processuais por via electrónica

São inúmeras as alterações ao CPC derivados da futura prática de actos processuais por via electrónica, parecendo-nos despiciendo enumerá-los.

Desde já se chama a atenção para o n.º 2 do artigo 10.º do Projecto de Decreto-Lei que se analisa, e que preve que «enquanto não se verificarem as condições necessárias para proceder à distribuição diária e por meios electrónicos, nos termos definidos na portaria prevista no artigo 138.º-A do CPC, são aplicáveis àquele acto processual as disposições do CPC revogadas ou alteradas pelo presente decreto-lei, relativas à distribuição na 1.ª instância e nos tribunais superiores».

A Portaria referida tem o n.º 593/2007, de 14 de Maio, e segundo o respectivo sumário «define os meios de assinatura electrónica e os sistemas informáticos a utilizar na prática de actos processuais em suporte informático pelos magistrados e pelas secretarias judiciais».

De qualquer modo, parece-nos que o projecto de desmaterialização dos processos judiciais só deverá ser definitivamente atingido e aplicado quando o respectivo sistema informático tiver mecanismos suficientes e eficientes para ultrapassar com a urgência necessária as falhas do sistema. Recordo que, recentemente, conforme é de conhecimento público, o Tribunal Administrativo e Fiscal de Braga esteve bloqueado e quase parado durante cerca de um mês por avaria do sistema informático, sem que houvesse resposta rápida de quem deveria ter competência para o efeito.

# PARECER SOBRE O PROJECTO DE ALTERAÇÃO AO CÓDIGO DE PROCESSO CIVIL

Carlos Lopes do Rego (em coordenação com a direcção do SMMP)
*Sindicato de Magistrados do Ministério Público*

É duvidosa a necessidade e utilidade de uma reformulação total do regime de recursos em processo civil, antecipada relativamente à reforma global de tal Código.

Na verdade, será precisamente a área dos recursos que revela um funcionamento mais célere e eficaz dos tribunais – sendo o contraste particularmente gritante relativamente ao verdadeiro descalabro que representa a reforma da acção executiva, entendendo-se com dificuldade a ordem de prioridade adoptada, parecendo que o esforço do poder político deveria naturalmente ter incidido, em primeira linha, sobre o campo em que manifestamente se verificam os piores níveis de eficácia na realização e tutela dos direitos das partes.

Passando a analisar o projecto legislativo ora endereçado, importa começar por realçar que os principais problemas que se colocam no âmbito da disciplina dos recursos em processo civil – cuja eficácia e celeridade são, neste momento, razoázeis – prendem-se: (1) com a utilização imoderada e muitas vezes abusiva dos meios impugnatórios e, particularmente, dos incidentes pós-decisórios; (2) com as dificuldades suscitadas no que respeita ao exercício pelas Relações de um verdadeiro e substancial duplo grau de jurisdição quanto à matéria de facto; (3) com a necessidade de limitar, em termos razoáveis e proporcionais, o acesso ao Supremo Tribunal de Justiça, evitando a "massificação", ao nível de pendências, decorrente da facilidade e "banalização" com que se recorre até aquele Supremo Tribunal, permitindo-lhe concentrar-se de pleno na realização das tarefas de uniformização da jurisprudência.

A primeira questão é adequadamente enfrentada e resolvida, permitindo a nova redacção do artigo 720.º – decalcada de soluções já testadas ao nível do processo constitucional – pôr rapidamente termo às – demasiadamente vulgares e banais – manobras dilatórias da parte, quando confrontada com a decisão final de pleito.

Relativamente ao segundo problema – e parecendo que o legislador se orienta para a única solução realista e exequível, traduzida na imposição ao recorrente do ónus de transcrição – que o Estado, neste momento e com os meios técnicos utilizados para a gravação das audiências, não está em condições de suportar – nota-se que a formulação adoptada no artigo 685.º-A, n.ºˢ 2 e 4, para delimitar tal ónus, irá desencadear inúmeras dúvidas e controvérsias: na verdade, o ónus de transcrição (cujo incumprimento dita a "imediata rejeição" do recurso) é deixado na dependência de a gravação da audiência ser realizada através de "meio" que permita ou não a identificação precisa dos depoimentos (sendo certo que tal exigência parece ser explicitamente formulada no artigo 522.º-C, n.º 2). Nestas condições, é facilmente previsível a existência de interpretações diferenciadas – da parte e do juiz – sobre a verificação de tal requisito, considerando, v.g., a parte que ele se verifica, "dispensando-se" consequentemente do cumprimento do referido ónus de transcrição, mas entendendo o julgador que, no caso, a identificação dos depoimentos não é "precisa" e "separada", e, correspondentemente, rejeitando liminarmente o recurso.

Como é manifesto e incontroverso, e altamente inconveniente deixar a definição de factos processuais de grande relevância, constituindo ónus e preclusão pesadas e irremediáveis para as partes na dependência de normas assentes em conceitos indeterminados, facilmente susceptíveis de interpretações que, plausivelmente, poderão ser divergentes...

Finalmente – e quanto à terceira questão – para além da ampliação do valor da alçada da Relação, procura limitar-se substancialmente o acesso ao Supremo, mesmo quanto às decisões finais de mérito, proferidas em causas de valor Superior à dita alçada.

Importava, porém, que tal objectivo de triagem no acesso ao Supremo Tribunal de Justiça fosse prosseguido de modo proporcional, coerente e claro, designadamente por assente em normas claramente formuladas, que "poupassem" as infindáveis controvérsias jurisprudenciais e evitassem que o Supremo continuasse a ser assolado por inúmeras impugnações, assentes em pressupostos discutíveis.

A clareza das soluções processuais acaba por ser perturbada pela – desnecessária – tentativa de "semi-unificação" dos tipos de recursos (manifestamente desajustada do âmbito circunscrito de uma revisão parcial e sectorial do Código de Processo Civil em vigor): eliminando-se embora a dicotomia apelação – revista/agravo, não se chega a realizar uma verdadeira unificação dos tipos recursórios, à semelhança do processo penal, já que se conserva, quanto aos recursos ordinários, a dicotomia – apelação/revista.

Sucede, porém, que – ao definir o âmbito do recurso de revista, no artigo 721.°, n.° 1, – o legislador é insuficientemente claro, parecendo limitar tal recurso à impugnação:

– do acórdão da Relação "proferido ao abrigo do n.° 1 do artigo 691.°", isto é, o que se pronunciou sobre a decisão que "ponha termo ao processo";

– do acórdão da Relação proferido ao abrigo da alínea *h*) do n.° 2 do referido artigo 691.°, isto é, incidente sobre o despacho saneador que decidiu parcialmente do mérito da causa.

Tal delimitação "excessiva" do âmbito da revista coloca inúmeras dúvidas e dificuldades, nomeadamente:

– será admissível aceder ao Supremo Tribunal de Justiça, mediante a interposição de revista, para impugnar o segmento do acórdão da Relação que tenha dirimido questões processuais, resolvidas em despachos interlocutórios, nomeadamente quando não se verifique a "dupla conforme" e se invoque contradição da solução adoptada com jurisprudência das Relações ou do Supremo?

– como exercer o duplo grau de jurisdição quanto às decisões da Relação, proferidas no âmbito da tramitação do recurso da apelação (e que obviamente não são decisões finais do processo, embora contendam, de forma relevante, com os direitos das partes) sempre que a regra da dupla conforme quanto à decisão final inviabilizar o acesso ao Supremo?

– como recorrer para o Supremo Tribunal de Justiça na situação prevista no artigo 678.°, n.° 2, alínea *c*), sempre que a decisão que afronte "jurisprudência uniformizada" for uma decisão interlocutória (que obviamente não pôs termo ao processo, nem integra um saneador/sentença que julgou parcialmente do mérito)?

Se se vier, porventura, a entender que o âmbito da revista se circunscreve efectivamente apenas às duas situações aparentemente tipificadas no artigo 721.º, n.º 1, parece evidente que ocorre limitação excessiva e desproporcionada quanto ao direito ao recurso, que não poderá ser totalmente eliminado ou desfigurado no que concerne a colocação ao Supremo Tribunal de Justiça de relevantes questões processuais, mesmo que dirimidas em despachos interlocutórios, especialmente quando a solução acolhida divergir da jurisprudência do próprio Supremo Tribunal de Justiça.

Três notas finais quanto ao articulado ora apresentado:
- Embora se concorde com a eliminação, embora tardia, do regime que permitia o recurso, até ao Supremo, independentemente dos valores da alçada e da sucumbência, sempre que a decisão recorrida afrontasse jurisprudência "consolidada" do Supremo Tribunal de Justiça (expressa em três decisões no mesmo sentido) – e que, como foi oportunamente notado na discussão pública, iria implicar uma impressionante avalanche de recursos a desabar sobre os tribunais superiores, susceptível de aniquilar todos os objectivos de celeridade prosseguidos pela reforma – verifica-se que o texto ora apresentado se não conforma com o sentido e autorização da Lei n.º 6/2007, que expressamente previa, na alínea *f*) do n.º 1 do artigo 2.º, tal via de acesso ao Supremo Tribunal de Justiça;
- Considera-se de duvidosa conveniência e oportunidade a opção consubstanciada no artigo 691.º, n.º 3, de permitir que a generalidade das decisões interlocutórios apenas seja susceptível de impugnação em recurso não autónomo, interposto conjuntamente com a apelação da decisão final: este regime – que dispensa a parte de reagir de imediato aos despachos judiciais que considere ilegais – irá seguramente contribuir para o "gigantismo" desproporcionada da apelação final global, permitindo à parte reapreciar quase toda a tramitação processual no momento em que já conhece a decisão que lhe foi desfavorável, pondo seriamente em crise a própria figura do caso julgado formal, subjacente a generalidade dos despachos,
- Admitindo se que o rígido mecanismo da "dupla confome" seja temperado pela via da "revista excepcional" prevista no artigo 721.º-A – embora se afigure altamente problemática a concretização das cláusulas indeterminadas em que assenta tal via recursória – discorda-se da inclusão em tal mecanismo processual da situação tipificada na alínea *c*) do n.º 1, ligada a específica necessidade de uniformização da jurisprudência.

# OUTROS CONTRIBUTOS

# CÓDIGO DE PROCESSO CIVIL
## (ANTEPROJECTO – 1993)*

### TÍTULO IV
### **DOS RECURSOS**

### CAPÍTULO I
### **DISPOSIÇÕES GERAIS**

Artigo 537.º
**(Espécies de recursos)**

1. As decisões judiciais podem ser impugnadas por meio de recursos.
2. Os recursos dizem-se ordinárias ou extraordinários; são ordinários a apelação e a revista; são extraordinários a revisão e a oposição de terceiro.

Artigo 538.º
**(Noção de trânsito em julgado)**

A decisão considera-se transitada em julgado, logo que não seja susceptível de recurso ordinário, ou de reclamação nos termos dos artigos 523.º e 524.º

---

\* Cfr. *Código de Processo Civil (Anteprojecto)*, Ministério da Justiça, Lisboa, 1993, pp. 192 e ss.

## Artigo 539.º
### (Decisões que admitem recurso)

1. Só é admissível recurso ordinário nas causas de valor superior à alçada do tribunal de que se recorre, desde que a decisão impugnada seja desfavorável à pretensão do recorrente em valor superior a metade da alçada desse tribunal; em caso, porém, de fundada dúvida acerca do valor da sucumbência, atender-se-á somente ao valor da causa.
2. Tendo por fundamento a violação das regras de competência internacional, em razão da matéria ou da hierarquia ou a ofensa de caso julgado, o recurso é sempre admissível, seja qual for o valor da causa.
3. Também admitem sempre recurso as decisões respeitantes ao valor da causa, dos incidentes ou dos procedimentos cautelares, com o fundamento de que o valor excede a alçada do tribunal de que se recorre.
4. Nas acções que tenham por fim a extinção de arrendamento para habitação ou para o exercício do comércio, indústria ou profissão liberal e em todas aquelas em que se aprecie a subsistência de contratos de arrendamento com a mesma afectação, é sempre admissível recurso para a Relação, seja qual for o valor da causa.

## Artigo 540.º
### (Despachos que não admitem recurso)

Não admitem recurso os despachos de mero expediente, nem os proferidos no exercício de um poder discricionário.

## Artigo 541.º
### (Legitimidade para recorrer)

1. Os recursos, exceptuada a oposição de terceiro, só podem ser interpostos por quem, sendo parte principal na causa, tenha ficado vencido.
2. As pessoas directa e efectivamente prejudicadas pela decisão podem, no entanto, recorrer dela, ainda que não sejam partes na causa ou sejam apenas partes acessórias.

## Artigo 542.º
### (Renúncia ao recurso; desistência)

1. As partes podem renunciar aos recursos; mas a renúncia antecipada só produz efeito se provier de ambas elas.

2. Não pode recorrer a parte que, expressa ou tacitamente, aceite a decisão depois de proferida, considerando-se aceitação tácita a fundada na ocorrência de qualquer facto incompatível com a vontade de recorrer.
3. O recorrente pode desistir livremente do recurso interposto.
4. Não é aplicável ao Ministério Público o disposto no n.º 2.

Artigo 543.º
(Recurso independente e recurso subordinado)

1. Ficando ambas as partes vencidas, cabe a cada uma delas recorrer, se quiser obter a reforma da decisão na parte que lhe seja desfavorável; mas o recurso por qualquer delas interposto pode, nesse caso, ser independente ou subordinado.
2. O recurso independente há-de ser interposto dentro do prazo e nos termos normais; o recurso subordinado pode ser interposto dentro de sete dias, a contar da notificação do despacho que admita o recurso da parte contrária.
3. Se o primeiro recorrente desistir do recurso ou este ficar sem efeito ou o tribunal não tomar conhecimento dele, caduca o recurso subordinado, correndo todas as custas por conta do recorrente principal.
4. Salvo declaração expressa em contrário, a renúncia ao direito de recorrer, ou a aceitação da decisão, expressa ou tácita, por parte de um dos litigantes não obsta a interposiação do recurso subordinado, desde que a parte contrária recorra da decisão.
5. Se o recurso independente for admissível, o recurso subordinado também o será, ainda que a decisão nele impugnada seja desfavorável ao respectivo recorrente em valor igual ou inferior a metade da alçada do tribunal de que se recorre.

Artigo 544.º
(Extensão subjectiva do recurso; adesão ao recurso)

1. O recurso interposto por uma das partes aproveita aos seus compartes, no caso de litisconsórcio necessário.
2. Fora do caso de litisconsórcio necessário, o recurso interposto aproveita ainda aos não recorrentes:
   *a)* Se estes tiverem um interesse que dependa essencialmente do interesse do recorrente;

*b)* Se tiverem sido condenados como devedores solidários, a não ser que o recurso, pelos seus fundamentos, respeite unicamente à pessoa do recorrente;
*c)* Se, na parte em que o interesse for comum, eles derem a sua adesão ao recurso.

3. A adesão ao recurso pode ter lugar, por meio de requerimento ou de subscrição das alegações do recorrente, até ao início dos vistos para julgamento.

4. Com o acto de adesão, o interessado faz sua a actividade já exercida pelo recorrente e a que este vier a exercer; o aderente pode passar, em qualquer momento, à posição de recorrente principal, mediante o exercício de actividade própria e, se o recorrente desistir, deve ser notificado da desistência, para que possa seguir com o recurso como recorrente principal.

5. O litisconsorte necessário, bem como o comparte que se encontre na situação das alíneas *a)* ou *b)* do n.º 2, podem assumir em qualquer momento a posição de recorrente principal.

Artigo 545.º
**(Delimitação subjectiva e objectiva do recurso)**

1. Sendo vários as vencedores, todos devem ser notificados do despacho que admite o recurso; mas o recorrente pode, salvo no caso de litisconsórcio necessário, excluir do recurso, no requerimento de interposição, algum ou alguns dos vencedores.

2. Se a parte dispositiva da sentença contiver decisões distintas, pode o recorrente restringir o recurso a qualquer delas, especificando no requerimento a decisão de que recorre; na falta de especificação, o recurso abrange tudo o que na parte dispositiva da sentença for desfavorável ao recorrente.

3. Nas conclusões da alegação, pode o recorrente restringir, expressa ou tacitamente, o objecto inicial do recurso.

4. Os efeitos do julgado, na parte não recorrida, não podem ser prejudicados pela decisão do recurso, nem pela anulação do processo.

Artigo 546.º
**(Ampliação do âmbito normal do recurso)**

1. O tribunal de recurso só pode conhecer de questão que não tenha sido apreciada pela decisão impugnada nos seguintes casos:
*a)* Quando se trate de questão do conhecimento oficioso do tribunal;

*b)* Quando a sua apreciação seja requerida na alegação do recurso, ainda que a título subsidiário, por quem a tiver suscitado em qualquer dos seus articulados.

2. Sendo dois ou mais os fundamentos da acção ou da defesa, o tribunal de recurso conhecerá do fundamento em que a parte vencedora decaíu, desde que esta o requeira na respectiva alegação, prevenindo a necessidade da sua apreciação.

3. Se a ampliação do objecto do recurso for requerida pelo recorrido, pode o recorrente responder, dentro de catorze dias depois de notificado do requerimento, à matéria da ampliação.

4. Na falta de elementos de facto necessários à apreciação da questão, pode o tribunal de recurso mandar baixar os autos, a fim de as matérias serem julgadas no tribunal onde a decisão foi proferida.

### Artigo 547.º
### (Prazo de interposição)

O prazo de interposição dos recursos é de sete dias, contados da notificação da decisão; se a parte for revel, nos termos do n.º 1 do artigo 214.º, o prazo corre desde a publicação da sentença ou despacho.

### Artigo 548.º
### (Interposição do recurso quando haja rectificação, aclaração ou reforma da decisão)

1. Se alguma das partes requerer a rectificação, aclaração ou reforma da decisão, o prazo para interposição do recurso só começa a correr depois de notificada a decisão proferida sobre o requerimento.

2. Estando já interposto recurso da primitiva sentença ou despacho ao tempo em que, a requerimento da parte contrária, é proferida nova decisão, rectificando, esclarecendo ou reformando a primeira, o recurso fica tendo por objecto a nova decisão; mas pode o recorrente alargar ou restringir o âmbito do recurso em conformidade com a alteração da sentença ou despacho.

### Artigo 549.º
### (Interposição do recurso)

1. O recurso interpõe-se por meio de requerimento, entregue na secretaria do tribunal que proferiu a decisão recorrida, devendo o recor-

rente indicar a espécie de recurso interposto e, nos casos previstos no n.º 2 do artigo 539.º, especificar o fundamento do recurso.

2. Tratando-se de despachos ou sentenças orais, reproduzidos no processo, o requerimento de interposição pode ser ditado para a acta.

Artigo 550.º
**(Despacho sobre a admissão da recurso)**

1. A interposição do recurso é indeferida quando a decisão o não admita, o recurso seja interposto fora de tempo, ou o requerente não tenha as condições necessárias para recorrer.

2. Se houver erro na espécie de recurso ou se tiver omitido a sua indicação, mandar-se-ão seguir os termos do recurso apropriada.

3. Faltando no requerimento a menção do fundamento do recurso, no caso a que se refere o n.º 2 do artigo 539.º, será o recorrente convidado a completar o requerimento, sob pena de o recurso não ser admitido.

4. A decisão que admita o recurso, declare a sua espécie, determine o efeito que lhe compete ou fixe o regime de subida não vincula o tribunal superior, e as partes só a podem impugnar nas suas alegações.

Artigo 551.º
**(Reclamação para o presidente do tribunal superior)**

1. Do despacho que não admita a apelação ou a revista ou que retenha o recurso pode o recorrente reclamar para o presidente do tribunal que seria competente para conhecer do recurso.

2. Se, em vez de reclamar, a parte impugnar por meio de recurso qualquer do despachos a que se refere o n.º 1, mandar-se-ão seguir os termos próprios da reclamação.

Artigo 552.º
**(Termos da reclamação)**

1. A reclamação, dirigida ao presidente do tribunal superior, deve ser apresentada na secretaria do tribunal recorrido, dentro de sete dias, contados da notificação do despacho que não admita ou que retenha o recurso.

2. O reclamante exporá as razões que justificaria a admissão ou a subida imediata do recurso e indicará os elementos que devem instruir a reclamação.

3. A reclamação é autuada por apenso e logo notificada, independentemente de despacho, à parte contrária, e ao Ministério Público quando deva intervir, a fim de se pronunciarem sobre a reclamação e juntarem documentos.

Artigo 553.º
**(Julgamento da reclamação)**

1. Recebido o processo no tribunal superior, é imediatamente submetido à decisão do presidente, que, dentro de sete dias, resolverá se o recurso deve ser admitido ou subir imediatamente.

2. A decisão do presidente não pode ser impugnada; porém, se mandar admitir ou subir imediatamente a recurso, não obsta a que o tribunal ao qual o recurso é dirigido decida em sentido aposto.

3. O processo baixa dentro de dois dias, depois de proferida a decisão, para ser incorporado no processo principal; neste processo, o juiz ou o relator lavrará despacho em conformidade com a decisão superior.

Artigo 554.º
**(Ónus de alegar e formular conclusões)**

1. Na alegação de recurso deve o recorrente formular as suas conclusões, indicando sucintamente os fundamentos do recurso, e especificando a norma jurídica violada, sempre que o recurso seja interposto para o Supremo.

2. Na falta de alegação, o recurso é logo julgado deserto; faltando as conclusões ou não sendo especificada a norma violada, deve o juiz ou o relator convidar o recorrente a suprir a lacuna, sob pena de se não conhecer do recurso.

3. Suprida a lacuna, pode a parte contrária responder ao aditamento no prazo de sete dias a contar da sua notificação.

## CAPÍTULO II
## APELAÇÃO

### SECÇÃO I
### INTERPOSIÇÃO E EXPEDIÇÃO DO RECURSO

Artigo 555.º
**(De que decisões se pode apelar)**

Das decisões do tribunal de primeira instância cabe recurso de apelação para a respectiva Relação.

Artigo 556.º
**(Apelações que sobem imediatamente)**

1. Sobem imediatamente ao tribunal de recurso as apelações interpostas:
   a) Da decisão que ponha termo ao processo;
   b) Do despacho pelo qual o juiz se declare impedido ou indefira o impedimento oposto por alguma das partes;
   c) Do despacho que julgue o tribunal incompetente;
   d) Dos despachos proferidos depois da decisão sinal.
2. Sobe também imediatamente a apelação cuja retenção a tornasse absolutamente inútil.

Artigo 557.º
**(Apelações com subida diferida)**

1. A apelação não abrangida pelo artigo anterior sobe, diferidamente, com o primeiro recurso que, depois da interposição dela, haja de subir imediatamente.
2. Se não houver recurso da decisão que põe termo ao processo e, apesar disso, a apelação retida tiver interesse para o apelante, subirá esta a requerimento do interessado, depois de aquela decisão transitar em julgado.

Artigo 558.º
(Apelações que sobem em separado)

Sobem nos próprios autos as apelações interpostas das decisões que ponham termo ao processo no tribunal recorrido ou que suspendam a instância e aquelas que apenas subam com os recursos destas decisões.

Artigo 559.º
(Apelações que sobem em separado)

1. Sobem em separado dos autos principais as apelações não compreendidas no artigo anterior.
2. As apelações que sobem conjuntamente, em separado dos autos principais, formam um único processo.

Artigo 560.º
(Subida das apelações nos procedimentos cautelares)

Nos procedimentos cautelares, observar-se-ão as seguintes regras:
*a)* O recurso interposto do despacho que indefira liminarmente o respectivo requerimento ou que recuse a concessão da providência sobe imediatamente, nos próprios autos do procedimento cautelar;
*b)* A apelação do despacho que ordene a providência sobe imediatamente, mas em separado;
*c)* Os recursos interpostos de despachos anteriores sobem juntamente com as apelações mencionadas nas alíneas *a)* ou *b)*;
*d)* Os recursos de despachos posteriores só subirão quando o procedimento cautelar estiver findo;
*e)* O recurso interposto do despacho que ordene o levantamento da providência sobe imediatamente, em separado.

Artigo 561.º
(Subida das apelações nos incidentes e nos casos
de intervenção de terceiros)

1. As apelações interpostas nos incidentes, como tais designados na lei, estão sujeitas às seguintes regras:
*a)* A apelação interposta do despacho que não admita o incidente sobe imediatamente, e subirá nos próprios autos da incidente ou

em separado, consoante o incidente for processado por apenso ou juntamente com a causa principal;
b) Admitido o incidente, se este for processado por apenso, as apelações interpostas dos despachos que nele sejam proferidos só subirão quando o processo do incidente estiver findo;
c) Admitido o incidente, se este for processado juntamente com a causa principal, as apelações de despachos nele lavrados sobem com as apelações interpostas das decisões proferidas na causa principal.

2. Havendo apelações que devam subir nos autos do incidente processado por apenso, serão estes autos, para o efeito, desapensados da causa principal.

3. É aplicável às apelações interpostas nos casos de intervenção de terceiros, com as necessárias adaptações, o disposto nos números anteriores.

### Artigo 562.º
**(Apelações com feito suspensivo)**

1. Têm efeito suspensivo as apelações que subam imediatamente nos próprios autos.

2. Das outras, só gozam de efeito suspensivo:
a) As apelações interpostas de decisões sobre algum ou alguns dos pedidos formulados;
b) As apelações interpostas de despachos que tenham aplicado multas ou hajam ordenado a entrega de dinheiro;
c) As apelações de despachos que tenham ordenado o cancelamento de qualquer registo;
d) As apelações a que for concedido esse efeito, se o apelante o tiver pedido no requerimento de interposição do recurso e o juiz reconhecer, depois de ouvido o apelado, que a execução imediata da decisão pode causar ao apelante prejuízo dificilmente reparável;
e) As apelações a que a lei atribuir esse efeito.

## Artigo 563.º
### (Apelação de decisões sobre o mérito da causa, com efeito meramente devolutivo)

1. Nas sentenças condenatórias sobre o mérito da causa, a parte vencedora pode requerer que à apelação seja atribuído efeito meramente devolutivo nos seguintes casos:
   *a)* Quando a sentença se funde em título assinado pelo réu;
   *b)* Quando a sentença ordene demolições, reparações ou outra providências urgentes;
   *c)* Quando arbitre alimentos ou fixe a contribuição do cônjuge para as despesas domésticas;
   *d)* Quando a suspensão da execução ameace causar ao requerente prejuízo considerável.

2. A atribuição do efeito meramente devolutivo será requerida nos sete dias subsequentes à notificação do despacho que admita a apelação, pedindo-se desde logo a extracção do traslado, com a indicação das peças que, além da sentença, ele deva abranger; o traslado é pago pelo requerente.

3. No caso a que se refere a alínea *d)* da n.º 1 é ouvida a parte vencida, a qual pode impugnar o pedido de alteração do efeito do recurso e, bem assim, evitar a execução provisória, declarando-se pronta a prestar a caução que o juiz arbitrar.

## Artigo 564.º
### (Apelação de decisões sobre o mérito da causa com efeito suspensivo)

1. Não querendo ou não podendo obter a execução provisória da sentença relativa ao mérito da causa, pode a parte vencedora requerer que o apelante preste caução, se não estiver já garantida com hipoteca judicial suficiente.

2. A prestação de caução deve ser requerida dentro dos sete dias subsequentes à notificação do despacho que admita a apelação ou do despacho que indefira o pedido de atribuição do efeito meramente devolutivo à apelação interposta.

### Artigo 565.º
### (Fixação da caução)

1. Na fixação da caução, deve o juiz atender aos seguintes factores:
a) Ao montante da condenação, quando se trate de prestação em dinheiro ou em géneros;
b) Ao valor dos bens, determinado pelo valor da causa, quando se trate da entrega de bens móveis;
c) Ao rendimento dos bens durante dois anos, quando se trate da entrega de bens imóveis;
d) Ao custo provável da prestação, calculado pelo valor da causa, quando se trate de prestação de facto positivo ou negativo.

2. Se o apelante tiver sido condenado apenas em parte do pedido e houver dificuldade em fixar a caução correspondente, calcular-se-á, mediante avaliação feita por um único perito nomeado pelo juiz, a proporção existente entre a parte da condenação e a totalidade do pedido.

### Artigo 566.º
### (Traslado para o incidente da caução)

1. Quando a prestação da caução ou a falta dela ameace retardar em termos inconvenientes a expedição do recurso, deve o juiz mandar extrair traslado para o processamento do incidente, seguindo a apelação os seus termos.

2. O traslado conterá, além da sentença, as peças indispensáveis designadas no despacho.

### Artigo 567.º
### (Alegações na apelação com subimediata)

1. Nas apelações com subida imediata, a alegação do apelante deve ser apresentada dentro de catorze dias a contar da notificação do despacho que admita o recurso, podendo o apelado contra-alegar no mesmo prazo, a contar da notificação da entrega da alegação do apelante.

2. Havendo mais de um apelante com advogados diferentes, o prazo para a contra-alegação conta-se desde a notificação da entrega da alegação cujo prazo tiver findado em último lugar ou da notificação de que essa alegação não foi apresentada.

3. Se ambas as partes tiverem apelado, o primeiro apelante tem ainda a faculdade de contra-alegar depois de notificado da alegação do segundo, mas apenas para impugnar os fundamentos dá segunda apelação.

### Artigo 568.º
**(Alegações nas apelações com subida subida diferida)**

1. Nas apelações a que se refere o n.º 1 do artigo 557.º, suspensos os termos posteriores à notificação do despacho sobre o efeito do recurso, observar-se-á o seguinte:
   a) Alega em primeiro lugar o apelante no recurso que faz subir as apelações retidas, mas apenas quanto às apelações em que seja recorrente;
   b) Em seguida, alega a parte contrária, devendo a alegação abranger tanto a apelação em que é recorrida, como aquelas em que é recorrente;
   c) A parte que alegou em primeiro lugar cabe ainda contra-alegar nas apelações em que seja recorrida.

2. Nas restantes apelações com subida diferida, o regime das alegações é o seguinte:
   a) O recorrente das apelações retidas é notificado do trânsito em vjulgado da decisão que ponha termo ao processo ou no momento que a lei fixar para o efeito, equivalendo a notificação à dos despachos sobre o efeito do recurso;
   b) Cada uma das partes apresenta uma só alegação para as várias apelações em que seja apelante e uma só alegação para aqueles em que seja apelada.

### Artigo 569.º
**(Exame ou consulta do processo)**

Durante o prazo para a alegação, sem prejuízo do andamento regular da causa quando a apelação o não suspenda, a parte tem direito ao exame do processo ou à consulta dele no tribunal, incumbindo à secretaria passar as certidões necessárias à instrução do recurso.

Artigo 570.º
(Instrução das apelações com subida em separado)

1. Se a apelação houver de subir imediatamente e em separado, cabe a cada uma das partes, no prazo de sete dias a contar da notificação do despacho que admita o recurso, indicar as peças do processo de que pretenda certidão para instruir a apelação.

2. Independentemente de requerimento, são sempre transcritos pela secretaria por conta do apelante a decisão impugnada, o requerimento de interposição do recurso e o despacho que o admitir; e certificar-se-á, narrativamente, a data da proposição da acção, as datas da apresentação do requerimento de interposição do recurso e da notificação da decisão de que se recorre, o valor da causa e a identificação dos mandatários com procuração junta aos autos.

3. Os elementos que faltarem para a conveniente apreciação do recurso serão requisitados ao tribunal onde a decisão impugnada foi proferida.

Artigo 571.º
(Junção de documentos)

1. As partes podem juntar documentos às alegações nos casos especialmente previstos no artigo 417.º ou no caso de a junção só se tornar necessária por virtude do julgamento proferido na primeira instância.

2. Os documentos supervenientes podem ser juntos até se iniciarem os vistos aos juízes; até esse momento podem ser também juntos os pareceres de professores, advogados ou técnicos.

3. É aplicável à junção de documentos e pareceres, com as necessárias adaptações, o disposto nos artigos 430.º e 431.º, cumprindo ao juiz ou relator autorizar ou recusar a junção.

Artigo 572.º
(Expedição dos autos)

Juntas as alegações ou findos os prazos para a sua junção, instruído o recurso e cumpridas as determinações da lei de custas, são os autos expedidos para o tribunal superior, com a cópia dactilografada da decisão impugnada, na parte manuscrita.

## SECÇÃO II
## JULGAMENTO DO RECURSO

Artigo 573.º
**(Juízes que intervêm no recurso)**

1. Na decisão do recurso, e das questões que nele anterior ou posteriormente forem suscitadas, intervêm além do relator, os juízes que por ordem se lhe seguem na escala de antiguidade.
2. A designação de cada um dos adjuntos fixa-se no momento em que o processo lhe for com vista e subsiste, ainda que o relator seja substituído.
3. O relator é substituído pelo primeiro adjunto nas faltas ou impedimentos que não justifiquem nova distribuição e enquanto esta se não efectuar; se a falta ou impedimento respeitar a um dos juízes adjuntos, a substituição cabe ao juiz que na escala de antiguidade se seguir ao último deles.

Artigo 574.º
**(Atribuições específicas do relator)**

1. Incumbe ao relator deferir a todos os termos do recurso até final, designadamente:
   *a*) Ordenar a realização das diligências que considere necessárias;
   *b*) Corrigir a qualificação dada ao recurso, o efeito atribuído à sua interposição ou o regime fixado para a sua subida;
   *c*) Declarar a suspensão da instância, quando for caso disso;
   *d*) Autorizar ou recusar a junção de documentos e pareceres;
   *e*) Julgar extinta a instância por algum dos fundamentos indicados nas alíneas *a*) a *d*) do n.º 1 e no n.º 2 do artigo 239.º;
   *f*) Julgar os incidentes suscitados;
   *g*) Julgar findo o recurso, pelo não conhecimento do seu objecto.
2. Se qualquer dos actos compreendidos nas atribuições do relator for sugerido por algum dos adjuntos, cabe ao relator ordenar a sua prática, se concordar com a sugestão, ou submeter esta à conferência, no caso contrário.
3. Realizada a diligência ordenada pelo relator, podem os adjuntos ter nova vista para examinar o seu resultado.

Artigo 575.º
(Reclamação do despacho do relator)

1. A parte lesada por despacho do relator, que não seja de mero expediente, pode requerer que a matéria seja levada à conferência; quando assim seja, pode o relator, depois de ouvida a parte contrária e antes de levar os autos à conferência, mandar o processo a vistos.
2. A reclamação é decidida por acórdão a final, salvo se a natureza da matéria impuser decisão imediata.
3. Da decisão da conferência cabe recurso que subirá a final.

Artigo 576.º
(Exame preliminar do relator)

1. Recebido o processo no tribunal superior, o relator verificará se alguma circunstância obsta ao conhecimento do objecto do recurso, se é próprio o recurso interposto e se deve manter-se o efeito e o regime de subida que lhe foi fixado; e, sendo o despacho de admissão omisso quanto a algum dos pontos, suprirá a omissão.
2. Durante o exame preliminar, pode o relator elaborar o projecto de acórdão, dispondo nesse caso, para tal efeito, do prazo de vinte e um dias.

Artigo 577.º
(Erro quanto ao efeito ou quanto ao regime
de subida do recurso)

1. A decisão que corrija o efeito do recurso será executada, logo que o interessado requeira o seu cumprimento.
2. Depende de igual modo de requerimento do interessado o cumprimento da decisão de que deve subir em separado a apelação que subira nos próprios autos.

Artigo 578.º
(Visto ao Ministério Público e aos juízes)

1. Decididas as questões que devem ser apreciadas antes do julgamento do recurso, dá-se vista ao Ministério Público, se não tiver alegado nem respondido no tribunal superior, para promover as diligências que entenda legalmente necessárias.

2. O processo vai seguidamente com vista aos dois juízes adjuntos, pelo prazo de catorze dias a cada um, e depois ao relator, pelo prazo de vinte e um dias, se o projecto de acordão não tiver sido elaborado durante o exame preliminar.

3. Se entender que o recurso, pela sua extrema simplicidade, pode ser julgada independentemente de vistos, o relator levará o processo à sessão, para se proceder conforme a deliberação que for tomada.

### Artigo 579.º
### (Julgamento)

1. Findos os vistos, a secretaria faz entrar o processo em tabela para julgamento.

2. Na sessão do tribunal anterior à do julgamento ou, não sendo possível, no início da sessão do julgamento, o relator fará entrega ao presidente do tribunal ou da secção e aos juízes adjuntos de uma fotocópia do projecto de acórdão.

3. Discutido o projecto, darão o seu voto os juízes adjuntos, segundo a ordem dos vistos.

4. A decisão é tomada por maioria, sendo a discussão dirigida pelo presidente, que desempata quando não possa formar-se maioria.

### Artigo 580.º
### (Ordem de apreciação das apelações)

1. Nos recursos que tenham subido conjuntamente são apreciadas, em primeiro lugar, os que respeitem à relação processual, e, em seguida, os que interessem ao mérito da causa, num ou noutro caso segundo a ordem da sua interposiação, salvo se outra for a ordem imposta pela sua precedência lógica.

2. Não serão apreciadas as apelações que, por virtude do julgamento de outra logicamente anterior, segundo a ordem prescrita no número antecedente, percam todo o seu interesse para o recorrente.

### Artigo 581.º
### (Modificabilidade das respostas sobre a matéria de facto)

1. As respostas do tribunal de primeira instância sobre a matéria de facto podem ser alteradas pela Relação sempre que:

   a) Constarem dos autos todos os meios de prova que serviram de base à resposta;

b) Os elementos constantes dos autos impuserem uma resposta diferente, insusceptível de ser destruída por outras provas;
c) O recorrente apresentar documento novo superveniente, que seja suficiente, por si só, para destruir a prova em que a resposta assentou.

2. A Relação pode, mesmo oficiosamente, anular a resposta sobre algum ponto da matéria de facto, quando a repute deficiente, obscura ou contraditória com outra ou quando considere indispensável a averiguação de outros factos; a repetição do julgamento não abrange as respostas que não se mostrem viciadas, podendo o tribunal de primeira instância, no entanto, pronunciar-se sobre outros pontos de facto, com o fim exclusivo de evitar contradições entre as respostas.

3. Se alguma da respostas não contiver, como fundamentação, a menção dos meios concretos de prova em que, relativamente a determinado facto, se fundou a convicção dos julgadores e a resposta for essencial para a decisão da causa, a Relação pode, a requerimento da parte, mandar que o tribunal de primeira instância fundamente a resposta, repetindo a produção dos respectivos meios de prova, se tal for necessário; sendo a fundamentação impossível de obter com os mesmos juízes ou sendo impossível a repetição dos meios de prova necessários, o juiz de causa limitar-se-á a justificar a razão da impossibilidade.

Artigo 582.º
(Nulidade da sentença)

A declaração de nulidade da sentença proferida na primeira instância não impede a Relação de conhecer da objecto da apelação.

Artigo 583.º
(Elaboração da acórdão)

1. O acórdão definitivo é lavrado de harmonia com a orientação que tiver prevalecido, devendo o juiz vencido, quanto à decisão ou quanto aos fundamentos, assinar em último lugar, com a sucinta menção das razões de discordância.

2. São aplicáveis à elaboração do acórdão, na parte aplicável, as regras fixadas nos artigos 515.º a 517.º.

3. Nos casos de manifesta simplicidade, em que a Relação confirme inteiramente e sem voto de vencido o julgado de primeira instância, quer

quanto à decisão, quer quanto aos seus fundamentos, o acórdão pode limitar-se a negar provimento ao recurso, remetendo para os fundamentos invocados na decisão impugnada.

4. Quando o relator fique vencido relativamente à decisão ou a todos os fundamentos dela, é o acórdão lavrado pelo primeiro adjunto vencedor, o qual deferirá ainda os termos subsequentes, para integração, aclaração ou reforma do acórdão; se o relator for apenas vencido quanto a algum dos fundamentos ou relativamente a questão acessória, é o acórdão lavrado pelo juiz que o presidente designar.

### Artigo 584.º
**(Impossibilidade de elaboração imediata do acórdão)**

1. Se não for possível lavrar imediatamente o acórdão, consignar-se-á no processo o resultado do recurso, que será publicado, depois de exarado em nota que os juízes subscreverão; o processo fica com o juiz a quem competir a elaboração do acórdão, que o apresentará na primeira sessão seguinte.

2. O acórdão tem a data da sessão em que for assinado.

### Artigo 585.º
**(Vícios e reforma do acórdão)**

1. É aplicável ao acórdão da Relação, com ressalva da possibilidade de reforma da sentença prevista no n.º 2 do artigo 523.º, o disposto nos artigos 520.º a 524.º, para os vícios e reforma da decisão da primeira instância; mas o acórdão é ainda nulo quando lavrado sem o necessário vencimento.

2. O pedido de rectificação, aclaração ou reforma do acórdão, bem como a arguição de nulidade, são apreciados e decididos em conferência, podendo o relator, sempre que o julgue conveniente, mandar dar vista dos autos a cada um dos juízes adjuntos.

### Artigo 586.º
**(Baixa do processo)**

A secretaria fará baixar oficiosamente o processo à primeira instância dentro do prazo de sete dias a contar do trânsito em julgado da decisão final ou da ultimação das diligências que devam realizar-se na Relação.

Artigo 587.º
(Reacção contra as demoras abusivas)

Se ao relator parecer manifesto que a parte pretende, com qualquer requerimento, obstar ao cumprimento do julgado, à baixa do processo ou à sua remessa para o tribunal competente, levará o requerimento à conferência, podendo esta ordenar, sem prejuízo das sanções aplicáveis à litigância de má fé, que o respectivo incidente se processe em separado.

## CAPÍTULO III
## REVISTA

### SECÇÃO I
### REVISTA SIMPLES

Artigo 588.º
(Decisões que a comportam)

Cabe recurso de revista para o Supremo:
a) Do acórdão da Relação, proferido sobre recurso de apelação;
b) Do acórdão da Relação, de que não possa recorrer se por motivo estranho à alçada do tribunal, sempre que a decisão esteja em oposição com outra, dessa ou de diferente Relação, sobre a mesma questão fundamental de direito.

Artigo 589.º
(Fundamento do recurso)

A revista pode ter por fundamento a violação ou a errada aplicação da lei substantiva ou da lei de processo, bem como a nulidade do acórdão.

Artigo 590.º
(Revistas que sobem imediatamente)

1. Sobem imediatamente e nos próprio autos as revistas interpostas dos acórdãos da Relação que conheçam do objecto do recurso ou se abstenham de conhecer dele.
2. Sobem imediatamente, e em separado, as revistas cuja retenção as poderia tornar absolutamente inúteis.

### Artigo 591.º
**(Revistas com subida diferida)**

As revistas interpostas de acórdãos proferidos no decurso de processo pendente na Relação só subirão com o recurso interposto da decisão que puser termo ao processo, sem prejuízo do disposto no n.º 2 do artigo anterior.

### Artigo 592.º
**(Subida nos incidentes processados por apenso)**

1. Nos incidentes processados por apenso, sobem imediatamente as revistas interpostas do acórdão que não admita o incidente, bem como as interpostas do acórdão que lhe ponha termo.

2. Com a revista do acórdão que põe termo ao incidente sobem as revistas interpostas dos acórdãos anteriores, devendo para esse efeito desapensar-se o processo do incidente.

### Artigo 593.º
**(Termos da revista que não suba imediatamente)**

1. Não subindo a revista imediatamente, ficam suspensos os termos do recurso posteriores à notificação do despacho que o admita e lhe fixe o efeito; as alegações respectivas serão apresentadas juntamente com as do recurso que a faça subir, formando os dois recursos um único processo.

2. A revista interposta de decisão que não incida sobre o mérito da causa fica sem efeito se, por qualquer motivo, não tiver seguimento o recurso com o qual devia subir.

### Artigo 594.º
**(Efeito do recurso)**

1. O recurso de revista só tem efeito suspensivo nas questões sobre o estado das pessoas e nos casos a que se referem as alíneas *b)* a *e)* do n.º 2 do artigo 562.º.

2. Na revista de decisões que recaiam sobre o mérito da causa, observar-se-á o seguinte:

   *a)* Se o recurso for admitido no efeito suspensivo, pode o recorrido exigir a prestação de caução, sendo nesse caso aplicáveis, com as devidas adaptações, as disposições dos artigos 564.º e seguintes;

b) Se o efeito for meramente devolutivo, pode o recorrido requerer que se extraia traslado, observando-se nesse caso, com as necessárias adaptações, o disposto no n.º 2 do artigo 563.º.

Artigo 595.º
(Junção de documentos)

Com as alegações podem juntar-se apenas documentos supervenientes e sem prejuízo da inalterabilidade da matéria de facto.

Artigo 596.º
(Julgamento de revista)

1. Aos factos materiais que o tribunal recorrido considerou provados aplica o Supremo, no julgamento da revista, o regime que julgue adequado em face do direito vigente.

2. O Supremo não pode alterar a decisão da segunda instância sobre a matéria de facto, salvo se houver ofensa de disposição expressa de lei que exija certa espécie de prova para a existência do facto ou que fixe a força de determinado meio de prova.

Artigo 597.º
(Ampliação da matéria de facto)

1. Se entender que o conhecimento da matéria de facto pode e deve de ser ampliado para fundamentar a decisão de direito, mandará o Supremo julgar novamente a causa no tribunal de segunda instância, pelos mesmos juízes sempre que possível.

2. O Supremo fixará logo o regime jurídico aplicável ao caso; se, por insuficiência da matéria de facto, não for conveniente fazê-lo, ficará a nova decisão que o tribunal de segunda instância proferir sujeita a novo recurso de revista.

Artigo 598.º
(Aplicação subsidiária do regime da apelação)

Em tudo quanto não seja especialmente regulado na presente subsecção é aplicável ao recurso de revista, com as necessárias adaptações, o disposto para o recurso de apelação.

## SECÇÃO II
## REVISTA AMPLIADA

### Artigo 599.º
### (Uniformização da jurisprudência)

1. Quando durante a discussão do projecto de acórdão, ou antes dela, verificar que em determinado processo pode fazer vencimento doutrina que esteja em oposição com a de outro acórdão anterior do Supremo sobre a mesma questão fundamental de direito, pode o presidente do Supremo, ou o presidente da secção, determinar que o julgamento se faça com intervenção de todos os juízes da jurisdição cível.

2. Correndo o recurso pela secção social, devem intervir no julgamento da revista ampliada, além dos juízes dessa secção, todos os juízes da jurisdição cível.

3. O uso da faculdade reconhecida ao presidente do tribunal, ou ao presidente da secção, pode ser sugerido pelas partes, pelo Ministério Público, ou por qualquer dos juízes, nas intervenções que tenham no recurso.

### Artigo 600.º
### (Força vinculativa da decisão proferida)

A doutrina estabelecida pelas secções reunidas da jurisdição cível como base do julgamento proferido na revista ampliada designa-se por assento e estabelece jurisprudência obrigatória para quaisquer tribunais.

### Artigo 601.º
### (Vistas e julgamento)

1. Ordenado o julgamento pelas secções reunidas, o processo vai com vista ao Ministério Público, por catorze dias, para emissão de parecer, depois do que vai com vista, por sete dias, a cada um dos juízes que devam intervir.

2. Após o visto do Ministério Público, o relator promoverá, sempre que possível, a extracção de fotocópias das peças do processo essenciais à apreciação do recurso, sendo sobre a colecção destinada a cada juiz que se lhe abre vista, a fim de que o processo principal se mantenha na secretaria.

3. O julgamento só se realiza com a presença de quatro quintos, pelo menos, dos juízes em exercício nas secções cíveis.

4. As secções reunidas decidirão sempre a revista e só deixarão de formular assento quando a questão nela versada for diferente da solucionada do acórdão anterior; à formulação do assento é aplicável, com as necessárias adaptações, o disposto para o julgamento da revista simples.

Artigo 602.º
(Publicidade do assento)

1. O acórdão conterá, logo a seguir à decisão da revista, a formulação do respectivo assento e será imediatamente publicado na primeira série do jornal oficial e no Boletim do Ministério da Justiça.
2. O presidente do Supremo enviará ao Ministério da Justiça uma cópia do acórdão, acompanhada de cópia do parecer do Ministério Público e das considerações que julgue oportunas.

Artigo 603.º
(Revogação do assento)

1. Quando, em julgamento posterior, ao presidente do Supremo ou ao presidente da secção se afigure, com justificadas razões de convicção, que a maioria dos juízes da jurisdição cível se pronuncia pela alteração da jurisprudência fixada no assento, caber-lhe-á ordenar que o julgamento se faça com intervenção de todos os juízes das secções cíveis, nos termos prescritos nas disposições antecedentes.
2. Se no julgamento vingar doutrina diferente do asserto, o acórdão determinará a revogação deste e proferirá novo assento; caso contrário, o acórdão subordinar-se-á à doutrina do assento em vigor.

CAPÍTULO IV
REVISÃO

Artigo 604.º
(Fundamentos)

1. A decisão transitada em julgado pode ser objecto do recurso de revisão nos seguintes casos:
   a) Quando se mostre, por sentença passada em julgado, que foi proferida em consequência de violação intencional dos seus

deveres funcionais, por parte do juiz ou de algum do juízes que nela intervieram;
- b) Quando se reconheça, por sentença transitada, ter havido falsidade em documento ou acto judicial, em declaração da parte ou de perito, ou em depoimento de testemunha, capaz de ter determinado a decisão, a menos que a matéria da falsidade tenha sido discutida no processo em que a decisão foi proferida;
- c) Quando se apresente documento de que a parte não tivesse conhecimento ou de que não tivesse podido usar no processo em que a decisão foi proferida, sendo o documento suficiente, por si só, para modificar a decisão em sentido mais favorável à parte vencida;
- d) Quando tenha sido declarada nula ou anulada, por sentença já transitada, a confissão, desistência ou transacção em que a decisão se funde;
- e) Quando seja nula a confissão, desistência ou transacção, por força do preceituado no artigo 249.º;
- f) Quando, tendo corrido à revelia a acção e a execução ou só a acção, por falta absoluta de intervenção do réu, se mostre que faltou a citação ou é nula a citação efectuada;
- g) Quando tiver resultado de acção ou omissão de uma das partes, conseguida mediante dolo da outra;
- h) Quando seja contrária a outra que constitua caso julgado para as partes, formado antecipadamente.

2. Não é admissível revisão de decisão que já tenha sido impugnada por essa via, a não ser por fundamento que só posteriormente se tenha revelado.

Artigo 605.º
**(Prazo de interposição)**

1. O recurso é interposto no tribunal onde se encontrar o processo em que foi lavrada a decisão impugnada, mas é dirigido ao tribunal que proferiu a decisão.

2. O direito ao recurso caduca, se tiverem decorrido mais de cinco anos sobre o trânsito em julgado da decisão, sendo de um mês o prazo para a interposição do recurso, contado:
- a) Nos casos das alíneas a), b) e d) do n.º 1 do artigo 604.º, desde o trânsito em julgado da sentença em que a revisão se funda;

*b)* Nos outros casos, desde que a parte obteve o documento ou teve conhecimento do facto que serve de base à revisão.

3. As decisões proferidas no processo de revisão admitem os recursos ordinários a que estariam originariamente sujeitas, no decurso da acção em que foi proferida a sentença impugnada.

### Artigo 606.º
**(Instrução do requerimento)**

No requerimento de interposição, autuado por apenso ao processo, especificar-se-á o fundamento do recurso e com ele se apresentará, nos casos a que se referem as alíneas *a)*, *b)*, *c)*, *d)* e *h)* do n.º 1 do artigo 604.º, certidão da sentença ou o documento em que o pedido se funda; nos outros casos, procurará desde logo mostrar-se a verificação do fundamento invocada.

### Artigo 607.º
**(Indeferimento imediato)**

1. O processo é enviado ao tribunal a que for dirigido o recurso, se não for aquele em que a revisão é interposta.

2. Sem prejuízo da disposto no artigo 550.º, o pedido de revisão será liminarmente indeferido quando não tiver sido deduzido ou instruído aos termos do artigo anterior e também quando for manifesto que não há fundamento para a revisão.

### Artigo 608.º
**(Processamento e efeito do recurso)**

1. Sendo o recurso admitido, notificar-se-á pessoalmente a parte contrária para responder em vinte e um dias.

2. O recurso não tem efeito suspensivo.

### Artigo 609.º
**(Julgamento)**

1. Logo após a resposta do recorrido ou o termo do prazo respectivo, o tribunal conhecerá do fundamento da revisão, precedendo as diligências necessárias.

2. Se o recurso tiver sido dirigido a algum tribunal superior, pode este requisitar ao tribunal de primeira instância donde o processo subiu as diligências necessárias.

Artigo 610.º
(Procedência do recurso)

Se o fundamento da revisão for julgado procedente, é revogada a decisão, observando-se o seguinte:
a) No caso da alínea f) do n.º 1 do artigo 604.º, anular-se-ão os termos do processo posteriores à citação do réu ou ao momento em que a citação devia ter sido efectuada e ordenar-se-á que o réu seja citado para a causa;
b) Nos casos das alíneas a) e c) do n.º 1 do mesmo artigo, proferir-se-á nova decisão, procedendo-se às diligências indispensáveis e dando-se a cada uma das partes o prazo de sete dias para alegar por escrito;
c) Nos casos das alíneas b), d), e) e g), seguir-se-ão os termos necessários para a causa ser novamente instruída e julgada, aproveitando-se a parte do processo que tenha prejudicado.

Artigo 611.º
(Prestação de caução)

Se estiver pendente ou for promovida a execução de sentença, não pode o exequente nem qualquer outro credor ser pago em dinheiro ou em outros bens sem prestar caução.

CAPÍTULO V
OPOSIÇÃO DE TERCEIRO

Artigo 612.º
(Fundamento)

Mediante oposição de terceiro, pode a decisão final transitada em julgado ser impugnada por aquele cujos direitos ela dolosamente prejudique.

Artigo 613.º
(Legitimidade activa)

1. Considera-se terceiro, para o efeito da interposição do recurso, quem não interveio no processo em que foi proferida a decisão impugnada, nem representa quem nele decaiu, bem como o incapaz que só tenha intervindo na acção como parte por intermédio do seu representante legal.

2. Têm nomeadamente legitimidade para interpor o recurso os sucessores e os credores de qualquer das partes, quando a decisão impugnada for efeito de dolo ou de conluio entre estas, em prejuízo do recorrente.

Artigo 614.º
(Prazo de interposição)

1. O prazo para a interposição do recurso é de um mês, contado da data em que o recorrente teve conhecimento da decisão que pretende impugnar, desde que sobre o trânsito em julgado desta não hajam decorrido mais de cinco anos.

2. Relativamente ao incapaz, na situação a que se refere o n.º 1 do artigo anterior, o prazo de interposição do recurso não findará antes de decorrido um ano sobre o termo da incapacidade.

Artigo 615.º
(Processamento do recurso)

1. O recurso é dirigido ao tribunal que proferiu a decisão; se o processo já se encontrar em tribunal diferente, neste será apresentado o requerimento de interposição, que é autuado por apenso, remetendo-se para o tribunal competente.

2. Admitido o recurso, são as partes notificadas pessoalmente para, em catorze dias, responderem; em seguida à resposta ou ao termo do prazo respectivo, efectuada a prova sumária dos fundamentos alegados pelas partes, decidir-se-á se o recurso deve ter seguimento.

3. Tendo o recurso seguimento, observar-se-ão depois, como se findassem os articulados, os termos do processo correspondente à acção em que tiver sido proferida a sentença.

4. É aplicável à execução da decisão recorrida o disposto no artigo 611.º.

## Artigo 616.º
### (Oposição dirigida aos tribunais superiores)

Se for dirigido à Relação ou ao Supremo, o recurso segue os termos da apelação ou da revista, com as necessárias adaptações; mas as diligências de prova necessárias, que não possam ter lugar nesses tribunais, serão requisitadas ao tribunal de primeira instância donde o processo subiu.

## Artigo 617.º
### (Recursos)

A decisão proferida na oposição de terceiro está sujeita ao regime geral de recursos, tendo em conta o tribunal donde procede.

# RELATÓRIO PRELIMINAR DO GRUPO DE TRABALHO CONSTITUÍDO PELO XVI GOVERNO

## RELATÓRIO

**1.** Sua Excelência o Senhor Ministro da Justiça, Dr. José Pedro Aguiar Branco, criou informalmente um Grupo de Trabalho para a Reforma da Justiça, composto pelo Dr. Miguel Galvão Teles, advogado, que preside, pelo Conselheiro Dr. José António de Mesquita, pelo Procurador-Geral Adjunto, Dr. Carlos Lopes do Rego, pelo Desembargador Dr. Manuel José Aguiar Pereira e pelo Dr. Joaquim Taveira da Fonseca, advogado.

Na primeira reunião do Grupo de Trabalho, realizada em 11 de Novembro de 2004, com a presença do Senhor Secretário de Estado Adjunto do Ministério da Justiça, Dr. Paulo Rangel, este distribuiu uma agenda respeitante a um Pacto de Regime sobre a Justiça, do seguinte teor:

*"1. Agenda:*

*a) Questões de organização e "governo da justiça"*
*1. Unidade ou pluralidade de Conselhos Superiores;*
*2. Composição e presidência dos mesmos;*
*3. Função, estatuto composição dos tribunais supremos (verdadeiros "supremos" ou mera instância – com eventual necessidade de reequacionar as competências);*
*4. Responsabilidade parlamentar (via relatórios e presenças em comissão) do Procurador-Geral da República e dos Presidentes (ou das Vice-Presidentes) dos Conselhos;*

*b) Qestões de ordenamento, estatuto e formação das profissões jurídicas*
1. Revisão do modelo da formação dos magistrados:
2. Estudo da introdução das "carreiras planas" nas magistraturas;
3. Revisão dos estatutos profissionais, no sentido de fomentar a unidade das profissões jurídicas;
4. Mecanismos de responsabilização deontológica interprofissionais;
5. Problemas de mobilidade na carreira dos oficiais de justiça;
6. Organização dos serviços dos tribunais em torno do "gabinete do juiz" (secretariado pessoal e assessoria)".

Definiu ainda o encargo do Grupo de Trabalho nos seguintes termos:
*"i) Formular sugestões e proceder ao acompanhamento e monitorização das negociações com os representantes dos Grupos Parlamentares e das Profissões Judiciárias, para efeitos de elaboração de um Pacto de Regime para a área da Justiça;*
*ii) Elaboração de diplomas legislativos concretizadores dos princípios vertidos no Pacto da Justiça;*
*iii) Acompanhamento de aspectos pontuais e sectoriais implicados nas reformas em causa".*

**2.** O Grupo de Trabalho realizou oito reuniões, nos dias 11.11.04, 17.11.04. 25.11.04, 07.01.05, 14.01.05, 28.01.05, 04.02.05 e 14.02.05.

A primeira reunião foi preparatória. Houve unanimidade do Grupo no sentido de que, para que o trabalho progredisse, era necessário que algumas opções políticas fundamentais fossem definidas nas conversações entre partidos e do Governo com as profissões jurídicas. De toda a maneira, enquanto as conversações não se iniciassem, entendeu-se que valia a pena discutir preliminarmente alguns pontos da agenda. Escolhera-se, para começar, as matérias da unidade ou pluralidade dos Conselhos Superiores e da função, estatuto e composição dos tribunais supremos, com a qual se considerou estar necessariamente ligada a matéria das recursos para os mesmos.

Sobre o primeiro ponto, o Conselheiro José António de Mesquita produziu uma exposição oral. Sobre o segundo, o Dr. Miguel Galvão Teles distribuiu uma nota para discussão. Houve consenso no sentido de estimular o acesso aos Supremos Tribunais de juristas que não sejam magistrados de carreira.

**3.** Depois da dissolução da Assembleia da República e da demissão do Governo, que passou a ter competências de gestão, o Senhor Secretário de Estado Adjunto do Ministro da Justiça solicitou ao Grupo de Trabalho que se concentrasse nas matérias dos recursos (para o Supremo Tribunal de Justiça) e da formação das profissões jurídicas. O Grupo de Trabalho assim fez, tendo sido produzido um projecto de articulado de alteração do Código de Processo Civil no que toca a recursos para o Supremo Tribunal de Justiça, que resultou de um anteprojecto preparado pelo Procurador-Geral Adjunto Dr. Carlos Lopes do Rego (Anexo I[1]); um projecto de alteração da lei do Centro de Estudos Judiciários (Lei n.º 16/95, de 8 de Abril), que resultou de um anteprojecto elaborado pelo Desembargador Dr. Manuel José Aguiar Pereira (Anexo II); e uma nota sobre a formação dos advogados, resultante de um texto preparado pelo Dr. Joaquim Taveixa da Fonseca (Anexo III).

**4.** Houve consensos que estiveram pressupostos nas análises efectuadas e um ponto em que não se chegou a tomar posição, mas que pode envolver alteração parcial de uma das propostas apresentadas.

Matérias em que se verificou consenso foram:

*a)* que se devem manter magistraturas de carreira, sem prejuízo da adopção de medidas que assegurem o efectivo ingresso nos Supremos Tribunais de pessoas provindas de fora da carreira;

*b)* que as magistraturas judicial e do Ministério público devem ser mantidas separadas, sem prejuízo de possibilidade de interpenetração em termos a precisar e de se manter a garantia de aceso dos magistrados do Ministério Público aos Supremos Tribunais;

*c)* que, em consequência, se devem manter separados Conselhos Superiores para a magistratura judicial e para a magistratura do Ministério Público (sem que se tenha chegado a abordar o tema da respectiva composição).

Na primeira fase dos trabalhos, trocaram-se impressões, conforme se referiu, acerca da manutenção da dualidade entre Conselho Superior da Magistratura e Conselho Superior dos Tribunais Administrativos e Fiscais, mas a troca de impressões não foi conclusiva.

---

[1] Em virtude de os restantes anexos não respeitarem à maneira dos recursos publica-se apenas o anexo I.

**5.** Matéria que não pôde chegar a ser analisada foi a da formação dos juízes dos Tribunais Administrativos e Fiscais, associada à questão da criação de carreiras próprias. Se se vier a entender que a formação deve ser efectuada no Centro de Estudos Judiciários, haverá que fazer significativos aditamentos no anteprojecto que segue em anexo.

**6.** No que toca ao tema dos recursos, entendeu-se que era cedo para sugerir modificações no âmbito do processo nos tribunais administrativos. A reforma é muito recente e há que dar tempo para que a experiência possa ser avaliada. Não se abordaram também, directamente, as matérias dos recursos em processo penal, em processo do trabalho e era processo tributário. Isso significa que a atenção do Grupo de Trabalho se centrou no processo civil.

Para além de uma elevação das alçadas, a principal proposta do Grupo de Trabalho consiste numa adopção moderada da regra da "dupla conforme". Houve, desde o início, unanimidade no sentido de exceptuar alguns casos: aqueles em que já há sempre recurso até o Supremo Tribunal de Justiça independentemente do valor, os casos de contradição de acórdãos e as situações de especial importância da questão em jogo, caracterizada no Código de Processo nos Tribunais Administrativos como aquela que, *"pela sua relevância jurídica ou social, se revista de importância fundamental ou quando a admissão do recurso seja claramente necessária para uma melhor aplicação do direito"* (artigo 150.º, n.º 1).

Acabou por se estabelecer consenso no sentido de uma solução moderada, em que o regime da "dupla conforme" apenas funcionasse em processos com valor situado entre a alçada da Relação (€ 50.040) e € 250.000, não abrangendo também os processos respeitantes interesses imateriais. Um membro do Grupo de Trabalho que sugeriu um valor mais baixo aceitou aquele que é proposto e outro membro que sugeriu um regime de "dupla conforme" independentemente do valor da causa aceitou a solução do anteprojecto, sem prejuízo de, em momento oportuno, se efectuar um balanço da experiência, para apurar a medida em que aquela alivia o Supremo Tribunal de Justiça de questões menores.

No que toca às causas sobre interesses imateriais, propõe-se que sejam excluídas do regime da "dupla conforme" sem que se lhes eleve o valor, para que as partes não sejam penalizadas em custas. Diga-se, de passagem, que houve consenso no sentido de que a matéria do valor da causa carece de revisão, no sentido de alargar a intervenção do juiz, muito em particular nos casos em que é pedida condenação em montante a liquidar.

Propôs-se também a reintrodução do recurso para a uniformização de jurisprudência e aproveitou-se a ocasião para abordar algumas outras matérias, designadamente a dos recursos dos actos do Conselho Superior da Magistratura. A este propósito, uma solução alternativa consistiria em o recurso ser interposto para o Tribunal de Conflitos, com regime paralelo para os recursos do Conselho Superior dos Tribunais Administrativos e Fiscais. Mas tal solução, que justificaria uma reformulação da composição do Tribunal de Conflitos, parece exigir revisão constitucional (artigo 209.º n.º 3, da CRP).

Utilizou-se o ensejo para formular outras sugestões, como as relativas à transcrição de prova gravada.

**7.** Verificou-se ainda consenso no Grupo de Trabalho no sentido da necessidade de rever a competência que, com redacção nalguns pontos infeliz, se encontra atribuída no art. 89.º da LOFTJ aos tribunais de comércio. As questões de redacção são fáceis de resolver: falar de sociedades *comerciais* nas alíneas *a*) e *e*) do n.º 1, na alínea *b*) referir "*os processos de jurisdição voluntária*" relativos ao exercício dos direitos sociais, na alínea *d*) suprimir a referência a suspensão, mencionando-se os procedimentos cautelares no n.º 3.

Ponto mais melindroso é o de saber qual o âmbito de competência que deve ser atribuído aos tribunais de comércio. Quanto se julga, estes surgiram principalmente como foro pessoal dos comerciantes e assim se mantêm em França, onde apresentam composição mista, muito criticada hoje. Em Portugal, nos termos do Código de Processo Comercial de 1905, a decisão da matéria de facto pertencia em princípio a um júri (artigo 16.º, §§ 3.º e 4.º), formado por comerciantes (artigos 59.º e 60.º). O Grupo de Trabalho pensa que nem uma tal solução deve ser restaurada, nem a competência dos tribunais de comércio pode ser definida por referência genérica a matérias do direito comercial (à semelhança do que fazia o artigo 4.º do Código de 1905, que a determinava em função dos actos de comércio), sob pena, hoje, de constantes incertezas quanto a saber qual é o tribunal competente e de frequentíssimos conflitos de competência.

Actualmente, os tribunais de comércio são tribunais de recuperação de empresas e insolvência, de sociedades comerciais, de registo comercial e de propriedade industrial. A sugestão do Grupo de Trabalho orientar-se-ia no sentido de algum alargamento de competência, mas dentro dessas matérias, acrescentando a estas as que dizem respeito aos mercados financeiros. Tratar-se-á principalmente dos valores mobiliários e dos instrumentos financeiros derivados, podendo abranger-se a impugnação de actos administrativos em matéria contra-ordencional e mesmo noutras, pelo menos quando estiver em causa violação de normas sobre tais mercados. A definição de competências nesses termos exige, porém, uma cuidadosíssima análise, que não pôde, por ora, ser feita.

Julga-se, em qualquer caso, que a extensão da competência que vier a ser atribuída aos tribunais de comércio justificará a criação de secções em matéria comercial e de direito marítimo nas Relações e no Supremo Tribunal de Justiça.

**8.** Não fez parte do mandato do Grupo de Trabalho a matéria respeitante à aceleração dos processos. O Grupo de Trabalho quer, porém, sublinhar a necessidade de se identificar o peso das diversas causas de demora e de se tomarem medidas para as renover ou para atenuar os seus efeitos.

**Grupo de Trabalho para a Reforma da Justiça:**

    Presidente – Dr. Miguel Galvão Teles
    Juiz Conselheiro – Dr. José António de Mequita
    Procurador Geral Adjunto – Dr. Carlos Lopes do Rego
    Juiz Desembargador – Dr. Manuel José Aguiar Pereira
    Dr. Joaquim Taveira da Fonseca

Lisboa, 17 de Fevereiro de 2005

## ANEXO I
### Alteração do Regime de Recursos
### para o Supremo Tribunal de Justiça

**1. A regulamentação da matéria dos recursos** – com vista nomeadamente à *"agilização"* do funcionamento dos Tribunais Superiores e, muito em particular, dos Supremos – implica a adopção de medidas tendentes:
- a racionalizar o regime do recurso quarto à matéria de facto, instituindo um efectivo duplo grau de jurisdição que se possa perspectivar como realizável no plano prático, permitindo um controlo razoável da decisão tomada em 1.ª instância sobre a valoração das provas produzidas em audiência, mas sem se tornar – ele próprio – em factor de inadmissível agravamento da morosidade na tramitação dos processos;
- a limitar o acesso ao Supremo Tribunal de Justiça às causas que pelo seu valor ou pela relevância das questões de direito que nelas se controvertem – podem justificar o exercício de um triplo grau de jurisdição, de modo a permitir ao Supremo a efectiva concentração no que deverá ser a sua actividade essencial e preponderante: a tarefa de uniformização da jurisprudência, cujos mecanismos carecem, aliás, no processo civil, de ser reformulados, face ao relativo insucesso do mecanismo da revista ampliada, criado na reforma de 1995/96, com a expectativa de que iria possibilitar uma prevenção *"espontânea"* e informal, pelo próprio Supremo Tribunal de Justiça, das conflitos jurisprudenciais;
- finalmente, a instituir o reforço de mecanismos processuais fortemente desincentivadores de manobras dilatórias, generalizadamente utilizadas como forma de – mesmo nos Supremos Tribunais – protelar, em termos inadmissíveis, o trânsito em julgado da decisão final, nomeadamente através do abuso de incidentes pós-decisórios carecidos, em absoluto, de qualquer razoabilidade ou fundamento sério, complicando desmesuradamente a tramitação dos recursos e sobrecarregando injustificadamente o Supremo com a necessidade de proferir sucessivos acórdãos num mesmo processo.

**2.** Os objectivos anteriormente definidos implicam, desde logo, **alterações à Lei Orgânica dos Tribunais Judiciais.** Assim:

a) Importa redefinir o valor das alçadas, passando a dos tribunais de 1.ª instância para 6000 € a da Relação para 50.000 €;

b) Por outro lado, e ainda na âmbito da LOTJ, afigura-se desejável – pela especialização e aprofundamento jurisprudencial que poderá potenciar em matérias de elevada complexidade e especificidade a previsão de uma **secção especializada**, nos Tribunais da Relação e no Supremo Tribunal de Justiça, competente para o julgamento dos **recursos** interpostos em acções da competência dos **tribunais de comércio e marítimos**.

Parece, aliás, justificar-se a clarificação das normas que regem a **competência dos tribunais de comércio** (artigo 89.º da LOTJ – pondo termo a dúvidas jurisprudenciais surgidas com o preenchimento da *"cláusula geral"* constante da alínea c) do n.º 1 (acções relativas ao exercício de *"direitos sociais"*) – nelas integrando, além dos processos de jurisdição voluntária relativos ao exercício de direitos sociais, as acções (tramitadas segundo a forma da processo comum) visando a exclusão de sócios e a efectivação de responsabilidade civil entre a sociedade e os respectivos sócios, esclarecendo ainda (n.º 3) que a competência desses tribunais abrange sempre os procedimentos cautelares desencadeados no âmbito dessas acções.

Tem-se ainda por desejável a inclusão na competência dos tribunais de comércio de determinadas acções e procedimentos relativos a **valores mobiliários**, nomeadamente a *"acção popular"* e as acções de responsabilidade civil previstas no CMVM, os recursos interpostos em processos de registo, regidos por tal Código, e os recursos de certas decisões proferidas pela CMVM no exercício dos poderes de supervisão dos mercados e, bem assim, no âmbito do ilícito de mera ordenação social, nos termos do respectivo o Código (o que implicaria alteração do disposto na artigo 417.º do CMVM);

c) Finalmente – e ainda no âmbito da LOTJ – afigura-se necessária a reestruturação da **secção de contencioso do Supremo Tribunal de Justiça**, face ao previsível aumento da volume dos recursos das decisões do Conselho Superior da Magistratura, em que se aprecie o mérito ou exerça a acção disciplinar contra funcionários.

Assim – e quanto às competências dos Conselhos para a apreciação do mérito e disciplina dos funcionários de justiça, na sequência da declaração de inconstitucionalidade decretada pelo Acórdão n.º 73/02 do Tribunal Constitucional – concorda-se com o regime substancialmente estabelecido no Decreto-Lei n.º 96/42, de 12 de Abril, ao atribuir a cada Conselho competência para proferir a "*última palavra*" (na sequência de recurso da decisão do COJ ou da avocação do processo) relativamente aos respectivos funcionários, que coadjuvam os juízes integrados em cada ordem jurisdicional e o Ministério Público.

Apenas importaria, por um lado, ultrapassar a questão de uma possível imputação ao Decreto-Lei n.º 96/42 do vício de inconstitucionalidade orgânica, decorrente de a reestruturação de competências dos vários Conselhos se poder configurar como inovatória, tendo sido realizada por simples decreto-lei, desprovido de credencial parlamentar.

E, por outro lado, ponderar se o artigo 218.º, n.º 3, da Constituição não implicará, porventura, que dos Conselhos devam fazer parte funcionários de justiça, para a efeito aí previsto, "*repristinando*" eventualmente os regimes que a Lei n.º 10/194, de 5 de Maio, tinha eliminado, na pressuposição de que tais competências tinham passado integralmente para o COJ.

**Apresentam-se em seguida os preceitos da Lei n.º 3/99 (para além da possível reformulação do artigo 89.º) a alterar:**

Artigo 24.º
(...)

1 – Em matéria cível, a alçada das tribunais da Relação de € 50.000 e a dos tribunais do 1.ª instância é de € 6000.
2 – (...).
3 – (...).

Artigo 27.º
(...)

1 – O Supremo Tribunal de Justiça compreende secções em matéria cível, em matéria comercial e de direito marítimo, em matéria penal e em matéria social.

2 – Para efeitos de uniformização de jurisprudência, as secções cíveis e a secção comercial e de direito marítimo constituem um único pleno de secção.

3 – No Supremo Tribunal de Justiça há ainda uma Secção de contencioso para julgamento das recursos das deliberações do CSM, presidida pelo mais antigo dos vice-presidentes do Supremo, que tem voto de qualidade.

4 – Quando o volume de serviço o permitir, pode o Presidente do Supremo afectar a outra secção os juízes que integram a Secção de Contencioso, prevista no número anterior.

Artigo 34.º

(...) e a secção comercial e de direito marítimo julgam as causas referidas nos artigos 89.º e 90.º.

**3.** No que respeita ao **regime aplicável quanto ao duplo grau de jurisdição na matéria de facto**, propõe-se:

*a)* a derrogação do regime estabelecido quanto à transcrição da prova gravada ou registada pelo Decreto-Lei n.º 183/00, repristinando-se, no essencial, o regime emergente da reforma de 1995//96, colocando a cargo do recorrente que impugne a matéria de facto o ónus de extractar os depoimentos em que se funda para sustentar a existência de erro na apreciação de certos pontos da matéria de facto, por ele claramente individualizado;

*b)* a aplicação deste regime ao processo penal, com a derrogação do acórdão uniformizador de jurisprudência do Supremo Tribunal de Justiça (e tendo em conta que o Tribunal Constitucional, no acórdão n.º 677/99, havia considerado não inconstitucional o regime que cometia ao arguido/recorrente o ónus de transcrever as provas que impunham decisão sobre a matéria de facto, diversa da proferida).

**Apresentam-se em seguida os preceitos a alterar, em conformidade com o proposto:**

## CÓDIGO DE PROCESSO CIVIL

### Artigo 690.º-A

1 – (...).

2 – No caso previsto na alínea *b)* do número anterior, quando o meios probatórios invocados como fundamento do erro na apreciação das provas tenham sido gravadas, incumbe ainda ao recorrente, sob pena de imediata rejeição do recurso no que se refere à impugnação da matéria de facto, proceder à transcrição das passagens da gravação em que se funda, com referência ainda ao assinalado na acta, nos termos do disposto no n.º 2 do artigo 522.º-C.

3 – Na hipótese prevista no número anterior, incumbe à parte contrária, sem prejuízo dos poderes de investigação oficiosa do tribunal, proceder, na contra-alegação que apresente, à transcrição dos depoimentos gravados que infirmem as conclusões do recorrente, com referência ainda ao assinalado na acta, nos termos do n.º 2 do artigo 522.º.

4 – (...).

5 – Revogado.

### Artigo 698.º

1 – (...).
2 – (...).
3 – (...).
4 – (...).
5 – (...).

6 – Se o recurso tiver por objecto a reapreciação da prova gravada, são acrescidos de 15 dias os prazos referidos nos números anteriores.

## CÓDIGO DE PROCESSO PENAL

### Artigo 363.º
### (Gravação das declarações orais perante o colectivo)

As declarações prestadas oralmente na audiência, perante o colectivo, são sempre gravadas, nos termos previstas no artigo 522.º do Código de Processo Civil.

### Artigo 364.º
### (...)

1 – As declarações prestadas oralmente em audiência que decorrer perante tribunal singular são gravadas, nos termos previstas no artigo anterior, salvo se, até o início das declarações do arguido, previstas na artigo 343.º, o Ministério Público, o defensor ou o advogado do assistente declararem unanimemente para a acta que prescindem da gravação.
2 – (...).
3 – Quando a audiência se realizar na ausência do arguido, nos termos do artigo 333.º, n.ᵒˢ 1 ou 4, as declarações prestadas oralmente são sempre gravadas, nos termos previstos no artigo 522.º do Código de Processo Civil.
4 – Revogado.

### Artigo 411.º
### (...)

1 – (...).
2 – (...).
3 – (...).
4 – (...).
5 – (...).
6 – (...).
7 – É aplicável o disposto na n.º 6 do artigo 698.º do Código de Processo Civil, quando o recurso tenha por objecto a reapreciação de prova gravada ou registada.

### Artigo 412.º

1 – (...).

2 – (...).
3 – (...).
4 – Quando as provas tenham sido gravadas, as especificações previstas nas alíneas b) e c) do número anterior fazem-se por referência aos suportes técnicos, aplicando-se à transcrição o disposto no artigo 690.º-A, n.ᵒˢ 2 e 3, do Código de Processo Civil.
5 – (...).

Artigo 413.º

1 – (...), aplicando-se ainda o disposto no n.º 7 do artigo 411.º
2 – (...).
3 – (...).
4 – (...).

**4.** No que respeita à **limitação do acesso, em via de recurso, ao Supremo Tribunal de Justiça**, propõe-se:

a) a manutenção dos limites à recorribilidade para o Supremo de **decisões processuais interlocutórias**, quando estiver assegurado o **duplo grau de jurisdição**, previsto no artigo 754.º, n.ᵒˢ 2 e 3 do Código de Processo Civil, esclarecendo que a *"decisão final"* a que, nos casos de pluralidade objectiva ou subjectiva, incide sobre uma parcela do objecto do processo ou dele exclui alguma das partes;

b) quanto aos agravos em 2.ª instância, interpostos da decisão processual que põe termo ao processo, e ao recurso de revista, nos casos em que o valor da causa e da sucumbência se compreenda entre a alçada da Relação e o valor de 250.000 €: consagração do regime de *"dupla conforme"*, não sendo admissível o recurso sempre que a Relação tenha confirmado, ainda que por diferente fundamento, decisão proferida em 1.ª instância, salvo se;

– o acordão proferido estiver em oposição com outro, proferido no domínio da mesma legislação, pelo Supremo Tribunal de Justiça ou por qualquer Relação e não houver sido precedentemente uniformizada jurisprudência com ele conforme pelo Supremo;

– for sempre admissível recurso, nos termos do artigo 678.º;
– for excepcionalmente admitido o recurso para o Supremo, por se entender que está em causa uma questão que, pela sua relevância jurídica ou social, se revista de importância fundamental ou quando a admissão do recurso seja claramente necessária para uma melhor aplicação do direito, em termos análogos aos previstos no artigo 150.º do CPTA.

c) agravo em 2.ª instância de decisões finais e revista em acções em que o valor da causa ou da sucumbência seja igual ou superior a 250.000 €: admissibilidade plena do recurso, mantendo-se os mecanismos de filtragem mediante decisão sumária do relator, nos casos de falta de pressupostos processuais, recurso manifestamente infundado ou questões já jurisdicionalmente apreciadas, de modo uniforme e reiterado (artigos 704.º e 708.º do Código de Processo Civil), bem como as formas simplificadas da decisão, previstas no artigo 713.º, n.ºs 5 e 6.

**Apresentam-se em seguida os preceitos a alterar, em conformidade com o proposto:**

## CÓDIGO DE PROCESSO CIVIL

### Artigo 721.º-A
**(Limitação da revista)**

1 – Não é admitida revista nos casos em que, estando o valor da causa ou da sucumbência, nos termos do n.º 1 do artigo 678.º, compreendido entre a alçada da Relação e o valor de € 250.000, o acórdão da Relação tiver confirmado, ainda que por diferente fundamento, a decisão proferida em 1.ª instância, salvo se:

a) o acórdão estiver em oposição com outro, proferido no domínio da mesma legislação pelo Supremo Tribunal de Justiça ou por qualquer Relação, e não houver sido uniformizada jurisprudência com ele conforme pelo Supremo;

b) a causa versar sobre o estado das pessoas ou tiver como objecto interesses imateriais;

c) for sempre admissível recurso para o Supremo, independentemente do valor.

2 – No caso previsto no número anterior, pode ser excepcionalmente admitido o recurso para o Supremo quando estiver em causa questão que, pela sua relevância jurídica ou social, se revista de importância fundamental ou quando a admissão do recurso seja claramente necessária para uma melhor aplicação do direito.

3 – A apreciação do específico pressuposto de admissibilidade da revista, previsto no número anterior, cabe ao relator, após audição da parte contrária; da decisão do relator que rejeite o recurso cabe reclamação, nos termos dos artigos 688.º e 689.º, sendo, porém, neste caso, definitiva a decisão proferida pelo Presidente do Supremo Tribunal de Justiça.

4 – Sendo o recurso admitido na Relação, a verificação do pressuposto a que alude o número 2 é objecto de apreciação preliminar sumária, a cargo da conferência à qual caiba o julgamento da revista.

Artigo 754.º
(...)

1 – (...).

2 – Não é admitido agravo do acórdão da Relação, proferido sobre decisão da 1.ª instância, salvo se:

*a)* for impugnada decisão que ponha termo à causa, relativamente à totalidade ou parte do objecto do processo, ou dela excluir alguma das partes;

*b)* o agravo tiver como específico fundamento alguma das situações previstas nos n.ºs 2, 3 e 6 do artigo 678.º;

*c)* o acórdão estiver em oposição com outro, proferido no domínio da mesma legislação pelo Supremo Tribunal de Justiça ou por qualquer Relação, e não houver sido uniformizada pelo Supremo jurisprudência com ele conforme.

3 – No caso previsto na alínea *a)* do número anterior, à admissibilidade do agravo, interposto de decisão final, é aplicável o estatuído, quanto à revista, nos artigos 721.º e 721.º-A.

**5.** No que respeita ao **Código de Processo Penal**, o Tribunal Constitucional tem reiteradamente considerado não inconstitucional o regime constante do artigo 400.º do Código de Processo Penal, no que se refere às limitações à recorribilidade aí prescritas, incluindo as que radicam em interpretação jurisdicional restritiva do Supremo (inadmissibilidade de acesso ao Supremo nos processos em que – apesar da gravidade das penas abstractamente aplicáveis ao crime ou crimes – o recurso seria insusceptível de agravar, pelo princípio da proibição da *reformatio in pejus*, a pena concretamente aplicada ao arguido, inferior aos limites que consentem, em geral, o acesso ao Supremo – Acórdãos n.ºs 49/03, 377/03, 262/04, 390/04, 640/04, 189/01, 369/01, 435/01, 102/04, 490/03, 451/03 e o recente Acórdão n.º 44/05.

Do mesmo modo, tem sido julgado não inconstitucional o regime estabelecido no n.º 2 do artigo 400.º, quanto aos pressupostos específicos de recurso no enxerto cível – Acórdãos n.ºs 94/01, 100/02, 201/94, 548/94, 138/98 e 722/98.

Importa, porém, ponderar os dois julgamentos de inconstitucionalidade já verificados quanto às situações enquadráveis na alínea *c)* do n.º 1 do artigo 400.º:

– no acórdão n.º 597/00, foi julgada inconstitucional a interpretação normativa de tal preceito que vedasse o acesso ao Supremo relativamente a decisões que pusessem termo à causa com base em razões de direito processual penal (e não de direito substantivo); no acórdão n.º 686/04, o Tribunal Constitucional julgou inconstitucional a mesma norma quando interpretada no sentido da irrecorribilidade de uma decisão da Relação que se pronunciara, pela primeira vez, no âmbito de um recurso, sobre a especial complexidade do processo.

É duvidoso que se deva aplicar, no que respeita ao recurso da decisão proferida no enxerto cível, o regime especial de limitação à recorribilidade para o Supremo, nomeadamente em função da regra da "*dupla conforme*", desde que a matéria penal admita o triplo grau de jurisdição e o valor da sucumbência faculte o acesso ao Supremo.

**Apresenta-se em seguida o preceito a alterar, em conformidade com o proposto:**

Artigo 400.º
(...)

1 – (...).
*a)* (...).
*b)* (...).

c) De acórdãos proferidos, em recurso, sobre decisão da 1.ª instância, pelas relações, que não ponham termo à causa;
d) (...).
e) (...).
f) (...).
g) (...).

2 – Nos casos previstos nas alíneas e) e f) do número anterior, não é admissível o recurso para o Supremo quando, independentemente da moldura penal abstractamente aplicável, as penas efectivamente aplicadas ao arguido não excedam a máximo ali previsto, não podendo ser agravadas no recurso por força da proibição da *reformatio in pejus*.

3 – [actual n.º 2].

**6.** No que respeita à **uniformização de jurisprudência pelo Supremo Tribunal de Justiça**, propõe-se:

a) a manutenção da mecanismo de uniformização dos **conflitos jurisprudenciais** ao nível das **relações**, em matérias **insusceptíveis de acesso** ao Supremo, previstas no artigo 678.º, n.º 4, com a clarificação emergente do Decreto-Lei n.º 38/03;

b) a manutenção do regime de **revista ampliada**, facultando ao Supremo a possibilidade de prevenir, em termos prudenciais, o surgimento de conflitos jurisprudenciais, consagrando-se expressamente que – no caso de o Supremo **inflectir** jurisprudência anteriormente *"uniformizada"* ou *"consolidada"* – tem necessariamente de **ouvir previamente** as partes, nos termos do artigo 3.º, n.º 3 do Código de Processo Civil;

c) a consagração de uma **via de recurso ulterior para o Plenário**, nos casos em que o julgamento ampliado da revista não for despoletado – tendo o **Supremo Tribunal de Justiça, em Secção,** proferido **acórdão em contradição** com outro, anteriormente proferido pelo **Supremo Tribunal de Justiça** sobre a mesma questão fundamental de direito, no domínio da mesma legislação. Tal recurso será liminarmente indeferido se a orientação perfilhada estiver de acordo com a jurisprudência mais recentemente consolidada do Supremo, expressa na prolação de, pelo menos, 3 decisões consecutivas no mesmo sentido;

*d*) no que se refere à estruturação deste recurso para o Pleno das Secções Cíveis, a sua configuração depende de uma opção fundamental: deve manter-se como recurso **ordinário**, como ocorria na versão anterior da Código de Processo civil, ou como recurso **extraordinário**, à semelhança dos processos penal e administrativo?

Parece de optar por esta segunda via, tendo especialmente em conta as vantagens, a nível de celeridade e exequibilidade imediata da decisão proferida pelo Supremo, em nada afectada pela eventual interposição e pendência de recurso para uniformização de jurisprudência.

Optou-se por não incluir no âmbito deste recurso o mecanismo de uniformização da jurisprudência contraditória das Relações, em matéria insusceptível de normal acesso ao Supremo, previsto no artigo 678.º, n.º 4, deixando na disponibilidade da Presidente do Supremo o ser tal recurso decidido em Secção ou logo pelo Plenário.

Para além disso:

– prevê-se, em conformidade com o artigo 152.º, n.º 3, do CPTA, a indmissibilidade do recurso quando o acórdão impugnado for conforme à jurisprudência mais recentemente "*consolidada*" do Supremo;
– estabelece-se a regra da apresentação conjunta de requerimento de interposição e alegação, ampliando o prazo para 30 dias, cominando ao recorrente ónus de clareza e fundamentação absolutamente preclusivos, que desincentivem manobras dilatórias;
– confia-se à conferência (e não ao plenário) a decisão sobre a existência dos pressupostos do recurso – e, em particular, da oposição de acórdãos.

**Apresentam-se em seguida os preceitos do Código de Processo Civil a alterar, em conformidade:**

Artigo 732.º-A
(...)

1 – Sem prejuízo do disposto nos artigos 763.º e seguintes, o Presidente do Supremo Tribunal de Justiça pode determinar (...)
2 – (...) que esteja em oposição com jurisprudência anteriormente consolidada, no domínio da mesma legislação e sobre a mesma questão fundamental de direito.

Artigo 732.º-B
(...)

1 – (...).
2 – (...).
3 – (...).
4 – Se a decisão a proferir envolver alteração de jurisprudência anteriormente uniformizada ou consolidada, o relator deve ouvir previamente as partes, nos termos do n.º 3 do artigo 3.º.
5 – [actual n.º 4].

Artigo 676.º
(...)

1 – (...).
2 Os recursos são ordinários ou extraordinários: são ordinários apelação, a revista, o agravo; são extraordinários os recursos para uniformização de jurisprudência, a revisão e a oposição de terceiros.

Artigo 687.º
(...)

1 – (...), bem como no recurso para uniformização de jurisprudência, o respectivo fundamento.

Secção V
**Recurso para uniformização de jurisprudência**

Artigo 763.º
**(Fundamento do recurso)**

1 – As partes e o Ministério Público podem interpor recurso para o Plenário das Secções Cíveis da Supremo Tribunal de Justiça, destinado a uniformizar a jurisprudência, quando o Supremo, em Secção, proferir, sobre a mesma questão fundamental de direito, acórdão que esteja em contradição com outro, anteriormente proferido pelo Supremo, no domínio da mesma legislação.

2 – O recurso é interposto no prazo de 30 dias, contado do trânsito em julgado do acórdão impugnado.

3 – Como fundamento do recurso, só pode invocar-se acórdão anterior, com trânsito em julgado, e que não constitua caso julgado para as partes; presume-se, porém, o trânsito, salvo se o recorrido demonstrar que o acórdão-fundamento não transitou.

4 – O recurso não é admitido se a orientação perfilhada no acórdão recorrido estiver de acordo com a jurisprudência já uniformizada ou mais recentemente consolidada do Supremo.

5 – Considera-se consolidada a jurisprudência quando tiverem sido proferidos pelo Supremo sobre a questão três acórdãos consecutivos no mesmo sentido, sem acórdão subsequente e em oposição.

Artigo 764.º
**(Interposição e efeito)**

1 – No próprio requerimento de interposição, o recorrente identifica, de forma precisa, sob pena de o recurso ser imediatamente rejeitado, o acórdão com o qual o acórdão recorrido se encontra em oposição, justificando a identidade da questão de direito que determine o conflito de jurisprudência invocado.

2 – Deve ainda o recorrente juntar certidão do acórdão recorrido e do respectivo trânsito, bem como do acórdão fundamento ou, se este estiver publicado, da respectiva cópia, com indicação do lugar da publicação.

3 – O requerimento de interposição deve ser acompanhado de alegação, em cujas conclusões o recorrente indicará o sentido em que deve uniformizar-se a jurisprudência.

4 – O recurso não tem efeito suspensivo.

Artigo 765.º
(Apreciação liminar)

1 – Os autos irão com vista ao Ministério Público, sempre que não seja o recorrente, pelo prazo de 10 dias, a fim de se pronunciar sobre a existência do invocado conflito jurisprudencial.

2 – De seguida, é o processo concluso ao relator para exame preliminar, devendo ser o recurso rejeitado, para além dos casos previstos no artigo 687.º, sempre que o recorrente não haja cumprido os ónus estabelecidos no artigo 764.º, não exista a oposição que lhe serve de fundamento ou acorra a situação prevista no n.º 4 do artigo 763.º.

3 – Da decisão do relator pode o recorrente reclamar para a conferência a que alude o artigo 700.º; ouvida a parte contrária, a conferência decide da verificação dos pressupostos do recurso, incluindo a oposição invocada como seu fundamento.

4 – A decisão da conferência, prevista no número anterior, não é impugnável pelas partes, sem prejuízo de o plenário das Secções cíveis, ao julgar o recurso, poder decidir em sentido contrario.

Artigo 766.º
(Contra-alegações do recorrido)

Se o recurso dever prosseguir, é notificado o recorrido para alegar, em 30 dias, sobre a solução do conflito jurisprudencial.

Artigo 767.º
(Visto do Ministério Público)

Seguidamente, é o processo concluso ao Ministério Público para, no prazo de 20 dias, emitir parecer sobre a solução do conflito jurisprudencial.

Artigo 768.º
(Julgamento)

Ao julgamento do recurso é aplicável o disposto nos n.ºs 2, 3 e 4 do artigo 732.º-B.

Artigo 769.º
(Efeito da decisão)

A decisão que verifique a existência de contradição jurisprudencial revoga o acórdão impugnado e substitui-o por outro em que se decide a questão controvertida.

Artigo 770.º
(Prestação de caução)

Admitido liminarmente o recurso, e estiver pendente ou for promovida a execução da sentença, não pode o exequente ou qualquer credor ser pago sem prestar caução, nos termos do n.º 4 do artigo 818.º.

7. No que respeita **ao recurso *"per saltum"*** propõe-se a sua limitação aos casos em que o valor da causa ou da sucumbência for igual ou superior a 250.000 €, nos seguintes termos:

Artigo 725.º
(...)

1 – Quando o valor da causa ou da sucumbência, nos termos do n.º 1 do artigo 678.º, for superior a € 250.000, ou a acção tiver como objecto de estado das pessoas ou interesses imateriais (...)
2 – (...).
3 – (...).
4 – (...).
5 – (...).
6 – (...).

8. Propõe-se o estabelecimento de mecanismos fortemente desincentivadores da suscitação de **anómalos incidentes pós-decisórios** nos tribunais superiores, de cariz ostensivamente **dilatório**, desprovidos em absoluto de fundamento sério e visando tão-somente obstar à baixa do processo ao tribunal "*a quo*" e ao cumprimento do julgado – reforçando o regime já prescrito no n.º 2 da artigo 720.º do Código de Processo Civil e estendendo ao processo civil o estatuído no artigo 84.º, n.º 8, da Lei do Tribunal Constitucional – e podendo ainda perspectivar-se no CCJ um

substancial agravamento, nestes casos, da taxa de justiça, à semelhança do prevista no Decreto-Lei n.º 303/98, de 7 de Outubro.

De salientar que – mesmo em matéria penal – o Tribunal Constitucional entende que não viola qualquer princípio constitucional a interpretação do n.º 2 do artigo 720.º do Código de Processo Civil, segundo a qual a extracção de traslado e a imediata remessa dos autos ao Tribunal *"a quo"*, originam a formação de um caso julgado *"provisório"* e sujeito a *"condição resolutiva"*, permitindo o imediato cumprimento pelo arguido da própria pena privativa de liberdade que lhe foi aplicada – Acórdão n.º 547/04.

Propõe-se ainda – enquanto não for globalmente objecto de revisão tal matéria – a atribuição de natureza **urgente** aos procedimentos e recursos no âmbito dos incidentes de impedimentos ou suspeições de magistrados.

**Apresentam-se em seguida os preceitos a alterar, em conformidade com tais propostas:**

Artigo 720.º
(...)

1 – (...).

2 – O disposto no número anterior é também aplicável aos casos em que a parte procure obstar ao trânsito em julgado do acórdão, através do requerimento de incidentes, a ele posteriores, manifestamente infundadas; neste caso, a decisão da conferência que qualificar como manifestamente infundado o requerimento ou o incidente suscitado determina a imediata extracção de traslado, prosseguindo os autos os seus termos no tribunal recorrido.

3 – No caso previsto no número anterior, apenas é proferida decisão no traslado depois de, contadas as custas a final, o requerente as ter pago, bem como todas as multas e indemnizações que hajam sido fixadas pelo tribunal.

4 – O acórdão impugnado através de incidente manifestamente infundado considera-se, para todos os efeitos, transitado em julgado, sob condição resolutiva de, no caso de eventual provimento, em consequência da decisão prevista no número anterior, se anular o processado.

Artigos 136.º-A CPC 46.º-A CPP
**(Urgência dos procedimentos)**

Os procedimentos e recursos previstos neste Capítulo têm sempre natureza urgente.

# TABELA DE CORRESPONDÊNCIAS

## – Advertências –

1 – Tabela meramente auxiliar, exclusivamente indicativa e não vinculativa.

2 – Segue-se o critério de coincidência da matéria abordada, conquanto a solução adoptada seja, nalguns casos, sensivelmente diversa.

| Código de Processo Civil Revisto Redacção do DL 303/2007, de 24 Agosto (artigos) | Código de Processo Civil Redacção anterior (artigos) |
|---|---|
| 12.º, n.º 3 | 12.º, n.º 3 |
| 46.º, n.º 1, al. b) | 46.º, n.º 1, al. b) |
| 116.º, n.º 1 | 116.º, n.º 1 (1.ª parte) |
| 116.º, n.º 2 | 116.º, n.º 1 (2.ª parte) |
| 116.º, n.º 3 | 116.º, n.º 2 (1.ª parte) |
| 116.º, n.º 4 | 116.º, n.º 2 (2.ª parte) |
| 117.º, n.º 1 | Sem correspondência |
| 117.º, n.º 2 | 117.º, n.º 1 |
| 117.º, n.º 3 | Sem correspondência |
| 117.º-A, n.º 1 | Sem correspondência |
| 117.º-A, n.º 2 | Sem correspondência |
| 118.º, n.º 1 | Sem correspondência |
| 118.º, n.º 2 | Sem correspondência |
| 118.º, n.º 3 | Sem correspondência |
| 121.º/corpo | 121.º/corpo |
| 123.º, n.º 1 | 123.º, n.º 1 (1.ª parte) |
| 123.º, n.º 2 | 123.º, n.º 2 (1.ª parte) |
| 123.º, n.º 3 | 123.º, n.º 3 (1.ª e 2.ª parte) |
| 123.º, n.º 4 | 123.º, n.º 3 (3.ª parte) |

| Código de Processo Civil Revisto Redacção do DL 303/2007, de 24 Agosto (artigos) | Código de Processo Civil Redacção anterior (artigos) |
|---|---|
| 123.º, n.º 5 | 123.º, n.º 1 (2.ª parte) |
| 138.º-A, n.º 1 | 138.º-A |
| 138.º-A, n.º 2 | Sem correspondência |
| 143.º, n.º 4 | 143.º, n.º 4 |
| 150.º, n.º 1 | 150.º, n.º 1, al. e) e 150.º, n.º 2 |
| 150.º, n.º 2, al. a) | 150.º, n.º 1, al. a) |
| 150.º, n.º 2, al. b) | 150.º, n.º 1, al. b) |
| 150.º, n.º 2, al. c) | 150.º, n.º 2, al. c) |
| 150.º, n.º 3 | 150.º, n.º 3 |
| 150.º, n.º 4 | Sem correspondência |
| 150.º, n.º 7 | Sem correspondência |
| 150.º, n.º 8 | Sem correspondência |
| 150.º, n.º 9 | Sem correspondência |
| 152.º, n.º 5 (*revogado*) | 152.º, n.º 5 |
| 152.º, n.º 7 | 152.º, n.º 7 |
| 152.º, n.º 8 | Sem correspondência |
| 154.º, n.º 1 | 154.º, n.º 1 |
| 154.º, n.º 2 | 154.º, n.º 3 |
| 154.º, n.º 3 | 154.º, n.º 1 |
| 154.º, n.º 4 | 154.º, n.º 4 |
| 154.º, n.º 5 | 154.º, n.º 6 (1.ª parte) |
| 154.º, n.º 6 | 154.º, n.º 6 (2.ª parte) |
| 163.º, n.º 2 | 163.º, n.º 2 |
| 164.º, n.º 3 | Sem correspondência |
| 165.º, n.º 3 | Sem correspondência |
| 186.º, n.ºs 2 e 3 | 186.º, n.ºs 2 e 3 |
| 209.º-A, n.º 1 | 209.º-A, n.º 1 |
| 209.º-A, n.º 2 | 209.º-A, n.º 2 |
| 209.º-A, n.º 3 | 209.º-A, n.º 3 |
| 211.º, n.º 1, al. a) | 211.º, n.º 1, al. a) |
| 211.º, n.º 1, al. b) | 211.º, n.º 1, al. b) |
| 211.º, n.º 2 | 211.º, n.º 2 |
| 213.º, n.º 1 | 213.º, n.º 1 |
| 213.º, n.º 2 | Sem correspondência |
| 214.º, n.º 1 | 214.º, n.º 1 |
| 214.º, n.º 2 (*revogado*) | 214.º, n.º 2 |
| 219.º, n.º 1 | 219.º, n.º 1 |

| Código de Processo Civil Revisto Redacção do DL 303/2007, de 24 Agosto (artigos) | Código de Processo Civil Redacção anterior (artigos) |
|---|---|
| 219.º, n.º 2 | 219.º, n.º 2 |
| 219.º, n.º 3 (*revogado*) | 219.º, n.º 3 |
| 223.º, n.º 1 | 223.º, n.º 1 |
| 223.º, n.º 2 (*revogado*) | 223.º, n.º 2 |
| 223.º, n.º 3 | 223.º, n.º 3 |
| 224.º, 1.ª | 224.º, 1.ª |
| 224.º, 2.ª | 224.º, 2.ª |
| 224.º, 3.ª | 224.º, 4.ª |
| 224.º, 4.ª | 224.º, 5.ª |
| 224.º, 5.ª | 224.º, 6.ª |
| 225.º, 1.ª | 225.º, 1.ª |
| 225.º, 2.ª | 225.º, 3.ª |
| 225.º, 3.ª | 225.º, 4.ª |
| 225.º, 4.ª | 225.º, 5.ª |
| 225.º, 5.ª | 225.º, 6.ª |
| 226.º, n.º 1 | Sem correspondência |
| 226.º, n.º 2 | 226.º, n.º 1 |
| 226.º, n.º 3 (*revogado*) | 226.º, n.º 3 |
| 226.º, n.º 4 (*revogado*) | 226, n.º 4 |
| 228.º, n.º 4 | Sem correspondência |
| 229.º-A, n.º 1 | 229.º-A, n.º 1 |
| 229.º-A, n.º 2 | 229.º-A, n.º 2 |
| 233.º, n.º 2, al. a) | Sem correspondência |
| 233.º, n.º 2, al. b) | 233.º, n.º 2, al. a) |
| 233.º, n.º 2, al. c) | 233.º, n.º 2, al. b) |
| 234.º-A, n.º 2 | 234.º-A, n.º 2 |
| 234.º-A, n.º 3 | 234.º-A, n.º 3 |
| 254.º, n.º 2 | 254.º, n.º 2 |
| 254.º, n.º 5 | 254.º, n.º 5 |
| 259.º | 259.º |
| 260.º-A, n.º 2 | Sem correspondência |
| 260.º-A, n.º 3 | 260.º-A, n.º 3 |
| 261.º, n.º 5 | Sem correspondência |
| 262.º, n.º 1 | 262.º, n.º 1 |
| 262.º, n.º 2 | 262.º, n.º 2 |
| 275.º-A | Sem correspondência |
| 291.º, n.º 2 | 291.º, n.º 2 |

| Código de Processo Civil Revisto Redacção do DL 303/2007, de 24 Agosto (artigos) | Código de Processo Civil Redacção anterior (artigos) |
|---|---|
| 315.º, n.º 1 | 315.º, n.º 1 |
| 315.º, n.º 2 | 315.º, n.ºˢ 2 e 3 |
| 315.º, n.º 3 | Sem correspondência |
| 379.º, n.º 1 | 379.º |
| 379.º, n.º 2 | Sem correspondência |
| 380.º, n.º 1 | 380.º, n.º 1 |
| 467.º, n.º 1, al. a) | 467.º, n.º 1, al. a) |
| 467.º, n.º 4 | Sem correspondência |
| 467.º, n.º 5 | 467.º, n.º 4 |
| 467.º, n.º 6 | 467.º, n.º 5 |
| 467.º, n.º 7 | 467.º, n.º 6 |
| 467.º, n.º 8 | 467.º, n.º 7 |
| 474.º/corpo | 467.º/corpo |
| 474.º, al. f) | 474.º, al. f) |
| 475.º, n.º 2 | 475.º, n.º 2 |
| 486-A, n.º 1 | 486.º, n.º 1 |
| 506.º, n.º 6 | 506.º, n.º 6 |
| 522.º-C, n.º 2 | 522.º-C, n.º 2 |
| 657.º, n.º 1 | 657.º/corpo |
| 657.º, n.º 2 | Sem correspondência |
| 667.º, n.º 2 | 667.º, n.º 2, § 1.º |
| 667.º, n.º 3 | 667.º, n.º 2, § 2.º |
| 668.º, n.º 1 | 668.º, n.º 1 |
| 668.º, n.º 2 | 668.º, n.º 2 |
| 668.º, n.º 3 | Sem correspondência |
| 668.º, n.º 4 | 668.º, n.º 3 |
| 669.º, n.º 1, al. a) | 669.º, n.º 1, al. a) |
| 669.º, n.º 2, al. a) | 669.º, n.º 2, al. a) |
| 669.º, n.º 2, al. b) | 669.º, n.º 2, al. b) |
| 669.º, n.º 3 | Sem correspondência |
| 670.º, n.º 1 | 668.º, n.º 4 e 670.º, n.º 1 |
| 670.º, n.º 2 | 670.º, n.º 2 (1.ª parte) |
| 670.º, n.º 3 | 686.º, n.º 2 |
| 670.º, n.º 4 | Sem correspondência |
| 670.º, n.º 5 | Sem correspondência |
| 671.º, n.º 1 | 671.º, n.º 1 |
| 672.º, n.º 1 | 672.º |

| Código de Processo Civil Revisto Redacção do DL 303/2007, de 24 Agosto (artigos) | Código de Processo Civil Redacção anterior (artigos) |
|---|---|
| 672.º, n.º 2 | Sem correspondência |
| 676.º, n.º 2 | 676.º, n.º 2 |
| 678.º, n.º 1 | 678.º, n.º 1 |
| 678.º, n.º 2, al. a) | 678.º, n.º 2 |
| 678.º, n.º 2, al. b) | 678.º, n.º 3 (1.ª parte) |
| 678.º, n.º 2, al. c) | 678.º, n.º 6 |
| 678.º, n.º 3, al. a) | 678.º, n.º 5 |
| 678.º, n.º 3, al. b) | 678.º, n.º 3 (2.ª parte) |
| 678.º, n.º 4 (*revogado*) | 678.º, n.º 4 |
| 678.º, n.º 5 (*revogado*) | 678.º, n.º 5 |
| 678.º, n.º 6 (*revogado*) | 678.º, n.º 6 |
| 680.º, n.º 1 | 680.º, n.º 1 |
| 680.º, n.º 2 | 680.º, n.º 2 |
| 680.º, n.º 3 | 778.º, n.ºs 1 e 3 |
| 682.º, n.º 1 | 682.º, n.º 1 |
| 682.º, n.º 2 | 682.º, n.º 2 |
| 683.º, n.º 3 | 683.º, n.º 3 |
| 684.º -B, n.º 1 | 687.º, n.º 1 |
| 684.º -B, n.º 2 | Sem correspondência |
| 684.º-B, n.º 3 | 687.º, n.º 2 |
| 685.º, n.º 1 | 685.º, n.º 1, 698.º, n.º 2 e 743.º, n.º 1 |
| 685.º, n.º 2 | 685.º, n.ºs 1 (2.ª parte) e 4 |
| 685.º, n.º 3 | 685.º, n.º 2 |
| 685.º, n.º 4 | 685.º, n.º 3 |
| 685.º, n.º 5 | 698.º, n.º 2 (2.ª parte) |
| 685.º, n.º 6 | Sem correspondência (81.º/3 CPT) |
| 685.º, n.º 7 | 698.º, n.º 6 |
| 685.º, n.º 8 | 698.º, n.º 5 |
| 685.º, n.º 9 | 698.º, n.º 4 |
| 685.º-A, n.º 1 | 690.º, n.º 1 |
| 685.º-A, n.º 2 | 690.º, n.º 2 |
| 685.º-A, n.º 3 | 690.º, n.º 4 (1.ª parte) |
| 685.º-A, n.º 4 | 690.º, n.º 5 |
| 685.º-A, n.º 5 | 690.º, n.º 6 |
| 685.º-B, n.º 1 | 690.º-A, n.º 1 |
| 685.º-B, n.º 2 | 690.º-A, n.º 2 |

| Código de Processo Civil Revisto<br>Redacção do DL 303/2007, de 24 Agosto<br>(artigos) | Código de Processo Civil<br>Redacção anterior<br>(artigos) |
| --- | --- |
| 685.º-B, n.º 3 | 690.º-A, n.º 3 |
| 685.º-B, n.º 4 | Sem correspondência |
| 685.º-B, n.º 5 | 690.º-A, n.º 4 |
| 685.º-C, n.º 1 | Sem correspondência |
| 685.º-C, n.º 2, al. a) | 687.º, n.º 3 |
| 685.º-C, n.º 2, al. b) | 690.º, n.º 3 |
| 685.º-C/3 | 698.º, n.º 1 |
| 685.º-C/4 | Sem correspondência |
| 685.º-C/5 | 687.º, n.º 4 |
| 685.º -D | 690.º -B |
| 686.º (*revogado*) | 686.º |
| 687.º (*revogado*) | 687.º |
| 688.º, n.º 1 | 688.º, n.º 1 |
| 688.º, n.º 2 | Sem correspondência<br>(688.º, n.º 4, 2.ª parte) |
| 688.º, n.º 3 | 688.º, n.ºs 2 e 3 |
| 688.º, n.º 4 | 689.º, n.º 1 (1.ª parte) |
| 688.º, n.º 5 | 689.º, n.º 1 (2.ª parte) |
| 688.º, n.º 6 | 688.º, n.º 4 (1.ª parte) |
| 689.º (*revogado*) | 689.º |
| 690.º (*revogado*) | 690.º |
| 690.º-A (*revogado*) | 690.º-A |
| 690.º-B (*revogado*) | 690.º-B |
| 691.º, n.º 1 | 691.º, n.º 1 e 734, n.º 1, al. a) |
| 691.º, n.º 2, al. a) | 734.º, n.º 1, al. b) |
| 691.º, n.º 2, al. b) | 734.º, n.º 1, al. c) |
| 691.º, n.º 2, al. c) | 740.º, n.º 2, al. a) |
| 691.º, n.º 2, al. d) | 740.º, n.º 2, al. b) |
| 691.º, n.º 2, al. e) | 740.º, n.º 2, al. c) |
| 691.º, n.º 2, al. f) | 736.º |
| 691.º, n.º 2, al. g) | 734.º, n.º 1, al. d) |
| 691.º, n.º 2, al. h) | 695.º, n.º 1 |
| 691.º, n.º 2, al. i) | Sem correspondência |
| 691.º, n.º 2, al. j) | 739.º |
| 691.º, n.º 2, al. l) | 738.º |
| 691.º, n.º 2, al. m) | 734.º, n.º 2 |
| 691.º, n.º 2, al. n) | 740.º, n.º 2, al. e) |

## Tabela de Correspondências

| Código de Processo Civil Revisto<br>Redacção do DL 303/2007, de 24 Agosto<br>(artigos) | Código de Processo Civil<br>Redacção anterior<br>(artigos) |
| --- | --- |
| 691.º, n.º 3 | Sem correspondência (511.º, n.º 3) |
| 691.º, n.º 4 | Sem correspondência (735.º, n.º 2) |
| 691.º, n.º 5 | 743.º, n.º 1 |
| 691.º-A, n.º 1, al. a) | 736.º |
| 691.º-A, n.º 1, al. b) | 736.º |
| 691.º-A, n.º 1, al. c) | 736.º, 1.ª parte |
| 691.º-A, n.º 1, al. d) | 736.º, 1.ª parte |
| 691.º-A, n.º 2 | 737.º, n.º 1 |
| 691.º-A, n.º 3 | 737.º, n.º 2 |
| 691.º-B, n.º 1 | 742.º, n.º 2 |
| 691.º-B, n.º 2 | Sem correspondência |
| 691.º-B, n.º 3 | Sem correspondência |
| 692.º, n.º 1 | 692.º, n.º 1 |
| 692.º, n.º 2 | 740.º, n.º 1 |
| 692.º, n.º 3, al. a) | 692.º, n.º 2, al. a) |
| 692.º, n.º 3, al. b) | 692.º, n.º 2, al. b) |
| 692.º, n.º 3, al. c) | 739.º, n.º 1, al. a) e 740.º, n.º 1 |
| 692.º, n.º 3, al. d) | 738.º, n.º 1, al. a) e 740.º, n.º 1 |
| 692.º, n.º 3, al. e) | 740.º, n.º 2, als. a), b) e c) |
| 692.º n.º 3, al. f) | 740.º, n.º 2, al. e) |
| 692.º, n.º 4 | 692.º, n.º 3 e 740, n.ºˢ 3 e 4 |
| 692.º-A/1 | 692.º, n.º 3 e 818, n.º 3 |
| 692.º-A, n.º 2 | 694.º, n.º 1 |
| 693.º, n.º 1 | 693.º, n.º 1 |
| 693.º, n.º 2 | 693.º, n.º 2 |
| 693.º-A, n.º 1 | 696.º |
| 693.º-A. n.º 2 | 697.º, n.º 1 e 2 |
| 693.º-B | 706.º |
| 694.º (*revogado*) | 694.º |
| 695.º (*revogado*) | 695.º |
| 696.º (*revogado*) | 696.º |
| 697.º (*revogado*) | 697.º |
| 698.º (*revogado*) | 698.º |
| 699.º (*revogado*) | 699.º |
| 700.º, n.º 1, al. a) | 700.º, n.º 1, al. b) |
| 700.º, n.º 1, al. b) | 701.º, n.º 1 |
| 700.º, n.º 1, al. c) | 700.º, n.º 1, al. g) |

| Código de Processo Civil Revisto<br>Redacção do DL 303/2007, de 24 Agosto<br>(artigos) | Código de Processo Civil<br>Redacção anterior<br>(artigos) |
|---|---|
| 700.º, n.º 1, al. d) | 700.º, n.º 1, al. a) |
| 700.º, n.º 1, al. e) | 700.º, n.º 1, al. d) |
| 700.º, n.º 1, al. f) | 700.º, n.º 1, al. f) |
| 700.º, n.º 1, al. g) | 700.º, n.º 1, al. c) |
| 700.º, n.º 1, al. h) | 700.º, n.º 1, al. e) |
| 700.º, n.º 2 | 700.º, n.º 2 (1.ª parte) |
| 700.º, n.º 4 | 700.º, n.º 4 |
| 700.º, n.º 5 | 700.º, n.º 5 |
| 701.º (*revogado*) | 701.º |
| 702.º, n.º 1 | 751.º, n.º 1 |
| 702.º, n.º 2 | 751.º, n.º 2 |
| 703.º, n.º 1 | 703.º, n.º 1 |
| 703.º, n.º 2 | 703.º, n.º 2 |
| 704.º, n.º 2 | 704.º, n.º 2 |
| 706.º (*revogado*) | 706.º |
| 707.º, n.º 1 | 707.º, n.º 1 |
| 707.º, n.º 2 | 707.º, n.º 2 e 3 |
| 707.º, n.º 3 | Sem correspondência (707.º, n.º 1) |
| 707.º, n.º 4 | 707.º, n.º 2 |
| 709.º, n.º 1 | 709.º, n.º 2 |
| 709.º, n.º 2 (*revogado*) | 709.º, n.º 2 |
| 709.º, n.º 4 (*revogado*) | 709.º, n.º 4 |
| 710.º (*revogado*) | 710.º |
| 712.º, n.º 1, al. a) | 712.º, n.º 1, al. a) |
| 713.º, n.º 5 | 713.º, n.º 5 |
| 713.º, n.º 7 | Sem correspondência |
| 715.º, n.º 1 | 715.º, n.º 1 |
| 716.º, n.º 2 | 716.º, n.º 2, § 1.º |
| 720.º, n.º 2 | 720.º, n.º 2 |
| 720.º, n.º 3 | 720.º, n.º 2 (2.ª parte) |
| 720.º, n.º 4 | Sem correspondência |
| 720.º, n.º 5 | Sem correspondência |
| 720.º, n.º 6 | Sem correspondência<br>(720.º, n.º 2, 2.ª parte) |
| 721.º, n.º 1 | 721.º, n.º 1 e 754.º, n.º 1 |
| 721.º, n.º 2/corpo | 757.º, n.º 1 |
| 721.º, n.º 2, al. a) | 757.º, n.º 2, al. a) |

## Tabela de Correspondências

| Código de Processo Civil Revisto Redacção do DL 303/2007, de 24 Agosto (artigos) | Código de Processo Civil Redacção anterior (artigos) |
|---|---|
| 721.º, n.º 2, al. b) | 757.º, n.º 2, al. b) |
| 721.º, n.º 2, al. c) | Sem correspondência (754.º, n.º 2, 1.ª parte) |
| 721.º, n.º 3 | Sem correspondência |
| 721.º, n.º 4 | Sem correspondência |
| 721.º, n.º 5 | 754.º, n.º 2 (2.ª parte) |
| 721.º -A, n.º 1, al. a) | Sem correspondência |
| 721.º -A, n.º 1, al. b) | Sem correspondência |
| 721.º -A, n.º 1, al. c) | 754.º, n.º 2 |
| 721.º -A, n.º 2 | Sem correspondência |
| 721.º -A, n.º 3 | Sem correspondência |
| 721.º -A, n.º 4 | Sem correspondência |
| 722.º, n.º 1, al. a) | 721.º, n.º 2 |
| 722.º, n.º 1, al. b) | 755.º, n.º 1, al. b) |
| 722.º, n.º 1, al. c) | 755.º, n.º 1, al. a) |
| 722.º, n.º 2 | 721.º, n.º 3 |
| 722.º, n.º 3 | 722.º, n.º 2 |
| 722.º -A | Sem correspondência |
| 723.º, n.º 1 | 723.º/corpo |
| 723.º, n.º 2 | 724.º, n.º 2 (1.ª parte) |
| 723.º, n.º 3 | 724.º, n.º 2 (2.ª parte) |
| 724.º, n.º 1 | Sem correspondência |
| 724.º, n.º 2 (revogado) | 724.º, n.º 2 |
| 725.º, n.º 1 | 725.º, n.º 1 |
| 725.º, n.º 2 | 725.º, n.º 2 |
| 725.º, n.º 3 | 725.º, n.º 6 |
| 725.º, n.º 4 | 725.º, n.º 4 |
| 725.º, n.º 5 | 725.º, n.º 5 |
| 725.º, n.º 6 (revogado) | 725.º, n.º 6 |
| 727.º | 727.º |
| 727.º -A | Sem correspondência |
| 728.º (revogado) | 728.º |
| 729.º, n.º 2 | 729.º, n.º 2 |
| 732.º-A, n.º 1 | 732.º-A, n.º 1 |
| 732.º-A, n.º 2 | 732.º-A, n.º 2 (1.ª parte) |
| 732.º -A, n.º 3 | 732.º-A, n.º 2 (2.ª parte) |
| 732.º-A, n.º 4 | Sem correspondência |

| Código de Processo Civil Revisto Redacção do DL 303/2007, de 24 Agosto (artigos) | Código de Processo Civil Redacção anterior (artigos) |
|---|---|
| 732.º-B, n.º 2 | Sem correspondência |
| 732.º-B, n.º 3 | 732.º-B, n.º 2 |
| 732.º-B, n.º 4 | 732-B, n.º 3 |
| 732.º-B, n.º 5 | 732.º-B, n.º 4 |
| 733.º a 762.º (revogados) | 733.º a 762.º |
| 763.º a 770.º | Sem correspondência |
| 771.º, al. a) | 771.º, al. a) |
| 771.º, al. b) | 771.º, al. b) |
| 771.º, al. c) | 771.º, al. c) |
| 771.º, al. d) | 771.º, al. d) |
| 771.º, al. e) | 771.º, al. e) |
| 771.º, al. f) | Sem correspondência |
| 771.º, al. g) | 778.º, n.º 1 |
| 772.º, n.º 1 | 772.º, n.º 1 |
| 772.º, n.º 2, al. a) | 772.º, n.º 2, al. a) |
| 772.º, n.º 2, al. b) | Sem correspondência |
| 772.º, n.º 2, al. c) | 780.º, n.º 1 |
| 772.º, n.º 2, al. d) | 772.º, n.º 1, al. b) |
| 772.º, n.º 3 | 780.º, n.º 3 |
| 772.º, n.º 4 | 772.º, n.º 3 |
| 772.º, n.º 5 | 772.º, n.º 4 |
| 773.º, n.º 1 | 773.º e 779.º, n.º 1 |
| 773.º, n.º 2 | 773.º e 779.º, n.º 1 |
| 774.º, n.º 1 | 774.º, n.º 2 |
| 774.º, n.º 2 | 774.º, n.º 3 |
| 774.º, n.º 3 | 774.º, n.º 4 |
| 774.º, n.º 4 (revogado) | 774.º, n.º 4 |
| 775.º, n.º 1 | 775.º, n.º 1 |
| 775.º, n.º 2 | 775.º, n.º 2 |
| 775.º, n.º 3 | 775.º, n.º 3 |
| 776.º, n.º 1, al. a) | 776.º, al. a) |
| 776.º, n.º 1, al. b) | 776.º, al. b) |
| 776.º, n.º 1, al. c) | 776.º, al. c) |
| 776.º, n.º 2 | Sem correspondência |
| 777.º | 777.º |
| 778.º a 782.º (revogados) | 778.º a 782.º |
| 922.º -A | Sem correspondência |

| Código de Processo Civil Revisto<br>Redacção do DL 303/2007, de 24 Agosto<br>(artigos) | Código de Processo Civil<br>Redacção anterior<br>(artigos) |
| --- | --- |
| 922.º -B, n.º 1, al. a) | 922.º, al. a) |
| 922.º -B, n.º 1, al. b) | 922.º, al. b) |
| 922.º -B, n.º 1, al. c) | 922.º, al. c) |
| 922.º -B, n.º 1, al. d) | Sem correspondência |
| 922.º -B n.º 2 | Sem correspondência |
| 922.º -B, n.º 3 | Sem correspondência |
| 922.º -B, n.º 4 | Sem correspondência |
| 922.º -C | Sem correspondência |
| 953.º, n.º 2 | 953.º, n.º 2 |
| 1030.º, n.º 6 | Sem correspondência |
| 1086.º, n.º 2 | 1086.º, n.º 2 |
| 1087.º | 1087.º |
| 1089.º, n.º 1 | 1089.º, n.º 1 |
| 1099.º, n.º 1 | 1099.º, n.º 1 |
| 1099.º, n.º 2 | 1099.º, n.º 2 |
| 1382.º, n.º 2 | 1382.º, n.º 2 |
| 1396.º, n.º 1 | 1396.º, n.º 1 |
| 1396.º, n.º 2 | Sem correspondência |
| 1396.º, n.º 3 (*revogado*) | 1396.º, n.º 3 (*revogado*) |

# ÍNDICE

**NOTA PRÉVIA** .................................................................................... 9

**CONFERÊNCIAS**
Programa da conferência "Reforma do Sistema de Recursos em Processo Civil e Processo Penal" – Faculdade de Direito da Universidade Nova de Lisboa – 17 de Maio de 2005

*Palavras de boas vindas* – José Lebre de Freitas ............................... 19

*Algumas linhas para uma reforma do sistema de recursos* – Miguel Galvão Teles ............................................................................. 23

*Intervenção* – José Lebre de Freitas ...................................... 31

*O direito ao recurso em processo civil* – Carlos Lopes do Rego ....... 41

*O direito de recurso em processo civil (Breve reflexão em torno da possível alteração do regime)* – Manuel José Aguiar Pereira .. 47

*Notas para a intervenção no colóquio de apreciação do relatório do GPLP sobre "Avaliação do Sistema de Recursos em Processo Civil e em Processo Penal* – Armindo Ribeiro Mendes ................ 59

Programa da conferência "Reforma do Sistema de Recursos em Processo Civil e Processo Penal" – Escola de Direito da Universidade do Minho – 7 de Julho de 2005

*O recurso de revista – A reforma desejável* – António da Costa Neves Ribeiro .................................................................................. 69

*Notas soltas sobre apelação e agravo* – José M. C. Vieira e Cunha ...... 81

Programa da conferência "Reforma do Sistema de Recursos em Processo Civil e Processo Penal" – Faculdade de Direito da Universidade do Porto – 22 de Setembro de 2005

Programa da conferência "Reforma do Sistema de Recursos em Processo Civil e Processo Penal" – Faculdade de Direito da Universidade Lusíada de Lisboa – 22 de Novembro de 2005

*Subsídios para o estudo do direito processual recursório na área judicial com especial ênfase no processo civil* – J. O. Cardona Ferreira ................................................................................. 95

Programa da conferência "Reforma do Sistema de Recursos em Processo Civil e Processo Penal" – Faculdade de Direito da Universidade de Coimbra – 25 de Novembro de 2005

*Recursos sobre a matéria de facto em processo civil* – António Santos Abrantes Geraldes ................................................................. 119

*Modificação da decisão da matéria de facto pelo tribunal de segunda instância* – Carlos Ferrer ................................................................. 129

*Breve contributo para a reforma dos recursos cíveis* – Maria José Capelo/Miguel Mesquita/Lucinda Dias da Silva/Diogo Duarte Campos .. 135

Programa da conferência "Reforma do Sistema de Recursos em Processo Civil e Processo Penal" – Faculdade de Direito da Universidade de Lisboa – 15 de Dezembro de 2005

*Reforma de direito processual recursório* – J. O. Cardona Ferreira ......... 153

Programa da conferência "Reforma do Sistema de Recursos em Processo Civil" – Centro de Estudos Judiciários – 1 de Fevereiro de 2006

*O papel do Supremo Tribunal de Justiça enquanto órgão superior da hierarquia dos tribunais* – Mariana França Gouveia ................. 159

*Tópicos da intervenção no Centro de Estudos Judiciários* – António Santos Abrantes Geraldes ................................................................. 167

**ANTEPROJECTO**
Pareceres

*Parecer do Conselho Superior de Magistratura sobre o Anteprojecto do Regime de Recursos em Processo Civil* – António Santos Abrantes Geraldes ................................................................. 217

*Parecer do Gabinete de Estudos da Ordem dos Advogados. Parecer n.º 1/06* – José Lebre de Freitas ....................................................... 229

*Relatório sobre o Anteprojecto da Revisão do Sistema dos Recursos em Processo Civil* – Rui Macedo ....................................................... 239

*Comentários sobre o anteprojecto de revisão do regime dos recursos em processo civil* – Procuradoria-Geral da República .................... 257

**PROJECTO QUE ACOMPANHOU A PROPOSTA DE LEI DE AUTORIZAÇÃO**
Proposta de Lei de Autorização n.º 94/X/2 ......................................... 269

Pareceres e Acta

Parecer sobre a proposta de lei que autoriza o governo a alterar o regime dos recursos em processo civil e o regime de conflitos de competência e sobre o anteprojecto do Decreto-Lei autorizado – João Cura Mariano (Associação Sindical dos Juízes Portugueses) .. 317

Parecer sobre o projecto de proposta de lei que autoriza o governo a alterar o regime de recursos em processo civil e o regime dos conflitos de competências – Carlos Manuel de Andrade Miranda (Conselho Superior dos Tribunais Administrativos e Fiscais) ............... 325

Parecer sobre o projecto legislativo sobre o sistema de recursos em processo civil – José Lebre de Freitas (Ordem dos Advogados) ... 331

Acta da discussão parlamentar da Proposta de Lei de Autorização n.º 94/X/2 – (Assembleia da República) ....................................... 343

Lei de autorização legislativa n.º 6/2007, de 2 de Fevereiro ............... 363

## PROPOSTA DE DECRETO-LEI AUTORIZADO SUBMETIDO A AUDIÇÕES PÚBLICAS
Decreto-Lei n.º /2007, de de ........................................................ 371

Pareceres

Parecer – Armindo Ribeiro Mendes ........................................................ 423
Parecer – Associação Sindical dos Juízes Portugueses ....................... 427
Parecer – Comissão Nacional de Protecção de Dados ........................ 439
Parecer – Conselho de Acompanhamento de Julgado de Paz .............. 447
Parecer – Conselho Superior da Magistratura ........................................ 449
Parecer – Conselho Superior dos Tribunais Administrativos e Fiscais .. 455
Parecer – CSTAF e Supremo Tribunal Administrativo ........................ 461
Parecer – Gabinete de Estudos da Ordem dos Advogados .................. 465
Parecer – Procuradoria-Geral da República ........................................ 469
Parecer – Sindicato dos Magistrados do Ministério Público ............... 489

## OUTROS CONTRIBUTOS
Código de Processo Civil (Anteprojecto – 1993) ................................. 495
Relatório Preliminar do Grupo de Trabalho Constituído pelo XVI Governo .................................................................................................. 525

## TABELA DE CORRESPONDÊNCIAS ................................................. 549